江西方言、文学与区域文化研究丛书

主编 胡松柏

赣方言研究（第二辑）

——2009南昌赣方言国际学术研讨会论文集

胡松柏 主编

李军 副主编

江西省高校人文社会科学重点研究基地
南昌大学客赣方言与语言应用研究中心
南昌大学国家211工程重点学科『赣学』
基金共同资助

中国社会科学出版社

图书在版编目（CIP）数据

赣方言研究（第二辑）——2009南昌赣方言国际学术研讨会论文集／
胡松柏主编 . —北京：中国社会科学出版社，2012.5
ISBN 978 - 7 - 5161 - 0929 - 8

Ⅰ.①赣… Ⅱ.①胡… Ⅲ.①赣语－方言研究 Ⅳ.①H175

中国版本图书馆 CIP 数据核字（2012）第 107719 号

出　版　人	赵剑英	
责任编辑	任　明	
责任校对	李　莉	
责任印制	李　建	

出　　版	中国社会科学出版社	
社　　址	北京鼓楼西大街甲 158 号　（邮编 100720）	
网　　址	http：//www.csspw.com.cn	
	中文域名：中国社科网　　010 - 64070619	
发　行　部	010 - 84083685	
门　市　部	010 - 84029450	
经　　销	新华书店及其他书店	

印　　刷	北京奥隆印刷厂	
装　　订	北京市兴怀印刷厂	
版　　次	2012 年 5 月第 1 版	
印　　次	2012 年 5 月第 1 次印刷	

开　　本	710×1000　1/16	
印　　张	27.25	
插　　页	2	
字　　数	486 千字	
定　　价	75.00 元	

《江西方言、文学与区域文化研究丛书》序

南昌大学客赣方言与语言应用研究中心于 2002 年整合学科力量组建，2003 年批准为江西省普通高校人文社会科学重点研究基地。2006 年，通过省教育厅的首轮评审验收。2010 年，遴选进入"优秀重点研究基地"行列。

作为学校内独立建制的实体研究单位，南昌大学客赣方言与语言应用研究中心一直以其所凝练的学科方向参与并承担南昌大学"211 工程"重点学科的建设任务。2003 年，"客赣方言研究"列为南昌大学"211 工程"第二期建设重点项目"赣学"的子项目之一。2008 年，"赣学"重点项目第三期建设启动，根据"赣学"学科的发展构想和所依托的学科力量情况，本研究中心所承担的研究方向拓展为"江西方言、文学与区域文化"，再次确定纳入南昌大学"211 工程""赣学"重点项目的子项目之列。

已经获得国家立项批准的"赣学"重点项目的《"211 工程"三期重点学科建设项目申报书》关于"江西方言、文学与区域文化"方向有如下表述：

> 本方向包括方言与区域文化、文学与区域文化两个方面的研究。
>
> 江西方言与区域文化研究是在"十五"项目赣客方言研究基础上的拓展。从时间和空间上，由研究赣客方言的现状拓展到对赣客方言历史开展研究，由研究江西省境内的赣客方言拓展到对由江西向省境外发展的赣客方言开展研究，同时也对文化生存状态融入赣地主流文化的江西省境内的其他方言开展研究。从研究对象和研究方法上，由单纯研究赣客方言拓展到对与方言密切联系的经济社会和文化相结合开展研究，由主要采用描写语言学方法拓展到与社会语言学方法相结合开展研究。
>
> 江西文学与区域文化研究立足于江西历史上颇具特色的地域性文学流派、文艺形式、家族文学研究，将其置于区域社会文化变迁的大背景下进行探讨，把文献整理与区域文化相结合，从大量的史料中梳理、提炼带规律性的理论观点，立足江西区域特色，坚持考证求实的学风，开

拓视野，力求创新。

围绕上述目标，近年来我们所着力开展研究的项目主要有：赣客方言单点的深入研究，赣客方言的地理语言学研究，近代江西赣客方言方言史研究、近代赣客方言历史文献资料整理，江西畲族语言研究、江西闽方言研究、江西吴方言研究、江西徽州方言研究，江西省境内社区语言状况调查研究、江西省境内普通话现状调查研究；江西诗派与区域文化研究，宋以来江西家族文化研究，明清江西文人别集文献研究，江西地方戏曲（赣剧、采茶戏、傩戏等）的全方位和新角度（如舞台音韵）研究等。

在"211工程"第二期建设阶段，本研究中心曾组织编纂出版了《客赣方言研究系列丛书》（一套十二种，中国社会科学出版社出版）。进入第三期建设阶段以来，我们继续以"凝聚力量、锻炼队伍、多出成果、提高水平"为宗旨，组织本研究中心的专职和兼职研究人员，以项目组队伍，以项目促成果，从上述研究项目成果中择优编成本研究中心所组织编写的第二套系列研究丛书《江西方言、文学与区域文化研究丛书》。这套丛书的编纂出版，体现了各位著者的辛勤劳动，得到了中国社会科学出版社的大力支持，也得到了江西省高校人文社会科学重点研究基地和南昌大学"211工程"重点学科"赣学"的基金资助，我们在此表示衷心的感谢。

胡松柏

二〇一一年十月六日

目　录

赣方言研究概述

刘纶鑫　钟永超

（南昌大学客赣方言与语言应用研究中心）

　　赣方言主要分布在江西的中部和北部，即广昌、南丰、宜黄、乐安、永丰、吉水、泰和、万安、遂川一线以北，共 63 个县市，是江西第一大方言。在江西，使用赣方言的人口约 3000 余万，约占全省总人口的四分之三，所以人们称这种方言为"赣方言"。不过，除了江西上述地区之外，赣方言还分布在湖南省东部的临湘、平江、浏阳、醴陵、攸县、茶陵、酃县、桂东、汝城、常宁、耒阳、永兴、资兴、安仁，湖北省东南的通城、蒲圻、崇阳、通山、阳新、咸宁、嘉鱼、大冶，安徽省西南的望江、东至、宿松、怀宁、太湖、潜山、岳西，福建省西北的邵武、光泽、泰宁、建宁。这些地区都与江西省邻近，这些地区的居民也大都是在历史上的某个时期从江西迁移过去的。

　　与汉语的其他方言相比，"赣方言"这一名称的产生很迟。章太炎、黎锦熙，乃至 1934 年赵元任在给汉语方言分区时，都还没有单独说到"赣方言"。李芳桂在 1937 年曾有"赣客家"的提法，罗常培 1940 年在他的《临川音系》一书中论及"客赣方言"，认为它们是同系异派的方言。赵元任在 1948 年对他的原学说进行了修订，也提出了"客赣方言"的名称。1948 年，中央研究院历史研究所所编《中国分省新图》（第五版）中的"语言区域图"将汉语分为 11 个单位，首次将"赣语"独立出来；董同龢在 50 年代主张将"赣方言"和"客家话"分立；1955 年，丁声树、李荣提出汉语八大方言区的理论，再次将"赣方言"独立出来，"赣方言"从此就作为一门独立的汉语方言深入学术界并广泛为人所知。

　　与汉语其他方言的研究相比，赣方言研究起步较晚，20 世纪 30 年代以前，只有一些地方志对方言词汇作过一些零星而不成系统的记录。赣方言的专门研究肇始于罗常培先生于 1936 年完成的《临川音系》。1935 年春，赵元任和李芳桂两位先生到南昌调查江西方言。50 年代，为了配合全国汉语方言普查，余心乐先生等组织人员对江西各地方言特别是赣方言作了调查，积累了不少的材料。但这些材料后来在"文革"中散失，大部分未能整理发表。1979 年《方言》季刊创刊，熊正辉先生率先在上面就南昌方言发表系列论文，从此揭开了赣方言研究的新篇章。

1991 年，陈昌仪教授出版了《赣方言概要》，这是第一部比较全面地介绍赣方言的专著。此前此后，他还在《方言》等杂志上发表了一些研究赣方言的论文，使学术界逐步系统地了解到赣方言的一些情况。"九五"期间，刘纶鑫教授负责并完成了国家社科基金"九五"重点项目"江西境内的客赣方言比较研究"，由中国社会科学出版社出版了专著《客赣方言比较研究》。在"十五"期间，胡松柏教授负责并完成了国家社科基金项目"赣语、吴语、徽语、闽语、客家话在赣东北的交接与相互影响"，写成了专著《赣东北方言调查研究》。陈昌仪、徐阳春教授等完成了江西省第一部省级方言志《江西省方言志》，并于 2005 年出版。

2001 年，南昌大学"十五"第二期"211 工程"将"客赣方言研究"列为重点建设学科，并作了较大的投入。2003 年，南昌大学客赣方言与语言应用研究中心正式挂牌，江西省教育厅将它列为省高校人文社科重点研究基地。从此，江西省社科规划办公室、江西省教育厅社科处几乎每年都下达有关客赣方言研究的专项研究项目。

2002 年 7 月初，第五届客家方言暨首届赣方言学术研讨会在南昌召开，这是赣方言规模研究的开端。事过几年以后，2009 年，第二届赣方言学术研讨会又在南昌召开了，毫无疑问，这届会议将是赣方言研究进入新阶段的标志。

一　赣方言的综合研究

1. 通论性著述。主要有曾康《江西方言杂读》（《光明时报》1950 年 8 月 27 日），杨时逢《江西方言的内部分歧现象》（《清华大学学报》1982 年新 14 期），颜森《江西方言的分区（稿）》（《方言》1986 年第 1 期），何大安《论赣方言》（《汉学研究》1986 年第第 5 卷 1 期），颜森《赣语及其抚广片的若干特点》（《江西师范大学学报》1990 年第 4 期），陈昌仪《赣方言概要》（江西教育出版社 1991 年版）和《论赣方言的形成》（《江西大学学报》1991 年第 3 期），沙迦尔（Laurent Sagart）《赣方言研究》（法国国家科学院亚洲东方语言研究所 1993 年版），颜森《江西方言研究的历史与现状》(《江西师范大学学报》1995年第1期),周静芳《赣方言的形成与发展》[《南昌大学学报》(哲社版)1998年第3期],孙宜志、陈昌仪、徐阳春《江西境内赣方言述评及再分区》[《南昌大学学报》(人社版)2001年第2期],谢留文《赣语的分区(稿)》(《方言》2006年第3期),李冬香《湖南赣语的分片》(《方言》2007年第3期)。

2. 单一方言描写研究。主要有夏剑钦《浏阳南乡方言记略》(《方言》1993年第1期),张贤豹《说邵武方言》(《汉学研究》,1984年第2卷第1期),魏刚强《萍乡方言志》(语文出版社1990年版),颜森《黎川方言研究》(社会科学文献出版社1993年版)及《南昌方言纵横谈》(《语文应用与研究》1993年第1期),陈昌仪《论景德镇话的形成》(《社会语言学第二届年会论文集》,江西高校出版社1993年版),罗杰瑞(Jerry Norman)《邵武方言的归属》(《方言》1987年第2期),冯爱珍《福建顺昌县境内方言的分布》(《方言》1987年第3期),张双庆、万波《从邵武几个语言特点的性质看其归属》(《语言研究》1996年第1期),肖九根《八都方言研究》(广西大学硕士学位论文,2001年),肖萍《江西吴城方言研究》(苏州大学博士学位论文,2006年),谢留文、张骅《江西泰和方言记略》(《语文研究》2006年第1期),吕晞《九江市浔阳区方言中的赣方言成分研究》(南昌大学硕士学位论文,2007年)。

3. 有关在赣方言内方言区推普的论述不多,主要有王光间《谈谈江西人怎样学习普通话》(《教育工作》1956年第13期),50年代未予编写《学话手册》,还有就是马宾的《余干县普通居民普通话现状调查分析与对策》(《上饶师范学院学报》2005年第1期),以及周汉清的《赣方言区提高普通话水平测试等级的策略研究》(《江西教育科研》2006年第3期)。

4. 2007年,在江西、湖南、广东、四川、安徽、福建、台湾等地的客、赣方言研究者的支持和参与下,刘纶鑫教授主编了一套客赣方言研究丛书,由中国社会科学出版社出版。该丛书共12本,它们是《都昌方言研究》(卢继芳)、《抚州方言研究》(傅欣晴)、《铅山方言研究》(胡松柏)、《芦溪方言研究》(刘纶鑫)、《宿松方言研究》(唐爱华)、《贵溪樟坪畲话研究》(刘纶鑫)、《南昌方言研究》(张燕娣)、《岳阳柏祥方言研究》(李冬香)、《汝城方言研究》(曾献飞)、《泰兴方言研究》(兰玉英)、《瑞金方言研究》(刘泽民)、《诏安方言研究》(吕嵩雁)。这套丛书,对赣方言的七个点、客家方言五个点作了重点调查,对它们的语音、词汇和语法分别作了较系统较深入的研究。由于作者大都来自各个方言点,所以,这套丛书调查研究的成绩是非常可喜的。

二　赣方言语音研究

1. 综合研究

如余心乐、何姿文《江西方音辨正》（《争鸣》1964 年第 2 期），杨时逢《江西方言声调的调类》（《史语所集刊》43 本第 3 分册，1973 年），何一凡《赣方言的来母三四等》（《宜春师专学报》1983 年第 2 期），颜森《江西方言的声调》（《江西师范大学学报》1988 年第 3 期），陈昌仪《赣语止摄开口韵知章组字今读的历史层次》[《南昌大学学报》（社科版）1997 年第 2 期]，谢留文《赣语古上声全浊声母字今读阴平调现象》（《方言》1998 年第 1 期），辛世彪《赣方言声调的演变类型》[《暨南学报》（哲社版），1999 年第 3 期]，刘纶鑫《客赣方言的声调系统综述》[《南昌大学学报》（社科版）2000 年第 4 期]，孙宜志、陈昌仪、徐阳春《江西赣方言语音的特点》[《南昌大学学报》（社科版）2001 年第 4 期]，陈敏燕、孙宜志《江西赣方言中古两呼四等》（《江西社会科学》2001 年第 10 期），孙宜志《江西赣方言来母细音今读舌尖塞音现象的考察》[《南昌大学学报》（社科版）2003 年第 1 期]，刘泽民《客赣方言的知章精庄组》（《语言科学》2004 年第 4 期），李冬香《湖南赣语语音研究》（暨南大学博士学位论文，2005 年），蒋平、谢留文《古入声在赣、客方言中的演变》（《语言研究》2004 年第 4 期），谢留文《赣语"公鸡"的本字及其反映的读音层次》（《语言科学》2006 年第 5 期），庄初升《论赣语中知组三等读如端组的层次》（《方言》2007 年第 1 期），孙宜志《江西赣方言古全浊声母今读新论》（《汉语学报》2008 年第 3 期），孙宜志《江西赣方言见溪群母的今读研究》（《方言》2009 年第 2 期），龙安隆《赣语的语音研究》[《井冈山大学学报》（社科版）2010 年第 5 期]，夏俐萍《赣语中的合流型浊音》（《语言科学》2010 年第 3 期）。

2. 单一方言语音研究

（1）对单一方言语音系的综合描写研究，有王练《吉安语音概述》（《井冈山大学学报》1960 年 1 期），杨时逢《南昌音系》（《历史语言研究所集刊》39 本，1969 年），余直夫《奉新音系》（台北艺文出版公司 1975 年版），颜森《高安（老屋周家）方言的语音系统》（《方言》1981 年第 2 期），陈章太《邵武方言的语音系统》（《语言研究》1984 年第 1 期），万波

《南城方言的语言系统暨特点》（江西师范大学出版社 1985 年版），万波《南城方言的语音特点》（《江西师范大学学报》1987 年第 1 期），邱尚仁《南城方言的语言系统》（《方言》1991 年第 1 期），陈昌仪《新建方言音系》（《抚州师专学报》1991 年第 3 期），大岛广美《南丰音系》[《中山大学学报》（社科版）1995 年第 3 期]，肖九根《江西吉水县八都话音系》[《广西大学学报》（社科版），2000 年第 3 期]，李奇瑞《庐山方言语音系统概貌》）（《九江师专学报》2001 年第 4 期），钟明立《江西武宁礼溪话音系》（《方言》2004 年第 4 期），王志勇《弋阳方言语音研究》（南京大学硕士论文，2005 年），尹喜清《湖南洞口赣语音韵研究》（华南师范大学硕士论文，2005 年），余颂辉《上高（镇渡）音系》（南昌大学硕士学位论文，2006 年），赖汉林《石城话语音分析》（福建师范大学硕士学位论文，2007 年），孙宜志《江西万载方言的音韵特点》[《江西教育学院学报（社科版）》2007 年第 2 期]，徐小兵《泰兴方言音韵研究》（南京师范大学硕士学位论文，2008 年），胡斯可《湖南永兴赣方言同音字汇》（《方言》2009 年第 3 期），张睫《宁冈话的语音系统》（江西师范大学硕士学位论文，2007 年），王晓军《江西新余赣方言音系》（《方言》2010 年第 3 期）。

（2）对单一方言声、韵、调的分项描写及语音特色研究，如熊正辉《光泽、邵武话里的古入声字》（《中国语文》1960 年第 10 期）、《南昌方言的声调及其演变》（《方言》1979 年第 4 期）和《南昌方言的文白读》（《方言》1982 年第 3 期），林纾《抚州方言的同一性和多样性》（《江西师范学院学报》1981 年第 2 期），陈章太《邵武方言的入声》（《中国语文》1983 年第 2 期），陈昌仪《都昌（土塘）方言的两个特点》（《方言》1983 年第 4 期）、《余干话音变》（《赣江语言论丛》1983 年第 1 期）、《永修话的声调兼论鄱阳湖地区赣方言声调的演变》（《江西大学学报》1983 年第 2 期）、《宜丰话全升调的性质》（《修志文丛》，1989 年，南昌）及《余干方言入声调的不连续成分》（《方言》1992 年第 2 期），高福生《南昌话里的 n 和 f》（《争鸣》1983 年第 3 期）、《安义话的入声》（《江西师范学院学学报》1987 年第 1 期）和《安义话同音字汇》（《方言》1988 年第 2 期），万波《南城方言的语音特点》（《江西师范学院学学报》1987 年第 1 期），万西康《古代透定二母在宜黄方言中的塞音擦化》（《抚州师专学报》1989 年第 1 期），魏刚强《赣语中带［-n］尾的"女"字》（《方言》1997 年第 3 期），谌剑波《高安（灰埠）方言的轻声研究》（江西师范大学硕士学位论文，2005 年），曾莉莉《丰城方言的连读变调研究》（江西师范大学硕士学位论文，

2006 年），邵慧君、万小梅《江西乐安县万崇话的小称变调》（《方言》2006 年第 4 期），曹振中《余干（明湖）方言轻声研究》（南昌大学硕士学位论文，2007 年），万波《赣语建宁方言支脂之三分现象——兼论〈切韵〉支脂之三韵音值的构拟》（《方言》2010 年第 1 期）。

（3）对单一方言语音历时、共时的比较，如熊正辉《南昌方言里曾摄三等读如一等的字》（《方言》1982 年第 3 期），颜森《咸山两摄字在广昌方言中的异同》（《语言研究》1985 年第 2 期），宁忌浮《中原音韵与高安方言》（《陕西师范大学学报》1990 年第 1 期），邱尚仁《南城方音与中古音系声母比较》（《江西师范大学学报》1990 年第 2 期）和《南城方言与中古音系韵母比较》（同上书，1991 年第 4 期），胡经修《南昌方言与北京语音对应关系的探索》（《方言与普通话集刊》第 4 本，1958 年），邱尚仁《南城方音与中古音系声调比较》（《江西师范大学学报》1993 年第 3 期），祝敏鸿、尤翠云《从中古音看咸宁话与普声母差异及对应关系》（《咸宁师专学报》2000 年第 1 期），何琳珊《南昌方言阳声韵尾与入声韵尾演变研究》（天津师范大学硕士学位论文，2007 年），肖萍《江西吴城方言与南昌方言的语音差别》[《南昌大学学报》（社科版）2007 年第 1 期]，贝先明《浏阳境内湘语、赣语的语音比较研究》（湖南师范大学硕士学位论文，2005 年），李军《二十世纪二十年代的江西高安方音》（《方言》2009 年第 3 期）。

三　赣方言词汇研究

在概述方面，有肖九根《凌绝顶而览众山——赣方言词汇研究之概观》（《时代文学》2009 年第 1 期）及《从赣方言词汇的形成与发展看其内外运行机制》（江西省语言学会 2008 年年会论文集，2008 年），至于其他论述，主要可以分为以下几类：

1. 对单一方言词汇的描写，如娄伯平《浏阳方言的 zi 尾》（《中国语文》1958 年第 10 期），熊正辉《南昌方言词汇（一）、（二）》（《方言》1982 年第 4 期，1983 年第 1 期），颜森《高安（老屋周家）方言的词汇》（《方言》1982 年第 1—3 期），夏剑钦《浏阳方言词语漫谈》（《湘潭大学学报》，湖南方言专辑，1983 年），陈昌仪《赣方言"霞"、"砣"、"贺"本字考》[《南昌大学学报》（社科版）1994 年第 1 期]，陈昌仪《江西余干方言词汇（一）—（五）》（《方言》1996 年第 1—3 期），曹廷玉《赣方言特

征词研究》（暨南大学博士学位论文，2001 年），邵宜《赣语宜丰话词汇变
调的类型及其表义功能》（《方言》2006 年第 1 期），肖九根《赣方言古语
词及其在汉语史研究中的实践价值》（《江西社会科学》2007 年第 6 期），
伍巧平《新化方言称谓语研究》（暨南大学硕士学位论文，2010 年），徐芳
《湖南洞口赣方言词汇的初步研究》（暨南大学硕士学位论文，2010 年）。

2. 方言词典编纂，有熊正辉《南昌方言词典》（江苏教育出版社 1994
年版）、颜森《黎川方言词典》（江苏教育出版社 1995 年版），以及魏刚强
《萍乡方言词典》（江苏教育出版社 1998 年版）。

3. 对赣方言词汇的历时比较，如颜森《新干方言本字考》（《方言》
1983 年第 3 期），陈昌仪《赣方言"霞"、"砣"、"贺"本字考》（《南昌大
学学报》1994 年第 1 期），徐新华《临川方言与〈金瓶梅〉部分词语对应
拾零》（《抚州师专学报》1999 年第 4 期），曹廷玉《南昌方言中的近代汉
语词例释》[《江西教育学院学报》（社科版）2001 年第 1 期]，邵百鸣《南
昌话词汇的历史层次》（《江西社会科学》2003 年第 6 期），肖九根《从词
汇成分看古汉语对赣语形成与发展的影响》[《江西师范大学学报》（社科
版），2009 年第 4 期]。

4. 对赣方言词汇的共时比较，主要有居锦文《武穴方言称呼与普通话
称呼之比较》[《荆门大学学报》（社科版）1996 年第 4 期]，练春招《从词
汇看客家方言与赣方言的关系》[《暨南大学学报》（社科版）2000 年第 3
期]，肖萍《江西吴城方言与南昌方言的词汇差别》[《南昌大学学报》（社
科版）2008 年第 5 期]，张振兴《赣语几个重要字眼的方言研究启示》
（《汉语学报》2010 年第 1 期）。

四 赣方言语法研究

与语音和词汇研究相比，赣方言的语法研究一向显得薄弱，论述不多，
但进入 21 世纪以来，出现了一批对赣方言语法研究的论述，并且研究的方
向与角度都得到了丰富。

1. 对赣方言某一语法现象的研究，有何清强《江西地方戏曲中的客赣
方言语法现象》[《江西教育学院学报》（社科版）2003 年第 4 期]，陈敏
燕、孙宜志、陈昌仪《江西境内赣方言指示代词的近指和远指》（《中国语
文》2003 年第 6 期），肖萍、陈昌仪《江西境内赣方言人称代词单数的
"格"之考察》[《南昌大学学报》（社科版）2004 年第 6 期]，陈凌《赣方

言的"两个"》(《语言研究》2009 年第 3 期)。

2. 对赣方言中单一方言语法的综合研究,这类论述较少,主要有汪国胜的专著《大冶方言语法研究》(湖北教育出版社 1994 年版)。

3. 对单一方言中某种语法现象的研究,此类对赣方言区内某方言点的一种语法现象进行研究的论述在近年来大量涌现,并且研究的角度与方法也呈现出多样化的趋势,极大地丰富了赣方言语法的研究。如饶星《新余方言的"加"》(《宜春师专学报》1985 年第 4 期),肖世民《吉安方言中的"个"》(《吉安师专学报》1989 年第 1 期),高福生《南昌的句尾"着"》(《江西师范大学学报》1990 年第 2 期),陈昌仪《江西铅山方言人称代词单数的"格"》(《中国语文》1995 年第 1 期),万波《赣语永新方言量词的清声浊化》(《语文研究》1996 年第 3 期),肖渠《南昌方言中用于语尾的"是"和"着"》(《宜春师专学报》1998 年第 4 期),徐阳春《南昌方言的体》[《南昌大学学报》(社科版)1999 年第 3 期],《吉安市方言的指示代词》(《吉安师专学报》2000 年第 1 期)。刘平《宜春话的语气助词"着"》(《语言研究》2002 年第 1 期),阮绪和《江西武宁(上汤)话一种特殊的动词重叠结构》[《江西教育学院学报》(社科版)2003 年第 2 期],曹保平、冯桂华《赣方言都昌话的语法现象》[《江西教育学院学报》(社科版)2003 年第 2 期],伍巍《吉安赣语的常用后缀》(暨南大学硕士学位论文,2003 年),聂国春《丰城方言代词概要》(《新余高专学报》2004 年第 1期),储泽祥《赣语岳西话的过程体与定格体》(《方言》2004 年第 2 期),汪高文《彭泽方言代词研究》(南昌大学硕士学位论文,2006 年),付婷《樟树方言的词缀研究》(江西师范大学硕士学位论文,2006 年),阮绪和《江西武宁话中的"拿字句"》[《江西教育学院学报》(社科版)2006 年第 1 期],陈海波《宜春话的将来时态助词"格"及其来源》[《武汉大学学报》(人社版)2006 年第 2 期],孙多娇《宜春(袁州区)方言代词研究》(南昌大学硕士学位论文,2007 年),雷冬平、胡丽珍《江西安福方言表复数的"物"》(《中国语文》2007 年第 3 期),肖瑜、肖琼《赣语泰和方言中的三个常用动词》(《河池学院学报》2008 年第 3 期),言岚《醴陵方言中的"咖"和"哒"》[《湘潭师范学院学报》(社科版)2008 年第 2 期],段福德《永新话中的程度副词"恶"》(《萍乡高等专科学校学报》2008 年第2 期),刘辉明《赣语乐安(湖溪)话的完成体》[《东华理工大学学报》(社科版)2008 年第 1 期],罗芬芳《修水赣方言动词的体》(《南宁师范高等专科学校学报》2009 年第 4 期),陈芳芳《湖南省洞口县山门镇赣方言特色词法研究》（云南师范大学硕士学位论文，2009 年），郝玲玲《江西永修话的语缀研究》（华东师范大学硕士学位论文，2009 年），黄拾全《安徽岳西赣语 "AXA" 式量词重叠及其主观性》[《南昌大学学报》（社科版）2010 年第 5 期]。

4. 赣方言语法共时、历时的比较，主要有冯桂华《普通话与都昌方言话题句的比较研究》（首都师范大学硕士学位论文，2006 年），邵宜《从几个标记助词看赣方言与近代汉语的关系》[《暨南大学学报》（社科版）2007 年第 2 期]，邵宜《赣方言语助词 "时" 的语法功能及与近代汉语之比较》[《暨南大学学报》（社科版）2010 年第 4 期]。

五 客赣方言比较研究

客家方言和赣方言不仅地域相连，历史、文化、经济、民俗诸方面都有千丝万缕的联系，语言的特点也多有交叉。所以，客家方言和赣方言究竟是合为一个大方言还是分为两个大方言？它们各自的语言特点是什么？学术界长期争论不休，至今没有定论。客、赣方言的比较研究无疑是当前学术研究的焦点。

（一）问题的提出

1936 年罗常培先生在《临川音系》（科学出版社 1958 年版）一书中，最早注意到客赣方言之间的关系，并且通过对梅县、临川两地具体的方言特点进行的比较研究，"发现这种方言（按：江西临川方言）和客家话有许多类似的地方"。在比较临川话和以梅县为代表的客家话在语音特征上的异同之后，他写道 "从音系的全部来看，总算是大同小异的。所以我颇疑心这两种话是同系异派的方言"，为此，他还以大量篇幅从移民史的角度，对客家先民三次南迁和江西的关系进行了考察。但是罗先生又说他的观点只是个 "假定"，"只是一个问题的发端"，"很值得有人来继续探讨"（《语言与文化》附录三：《从客家这徒的踪迹论客赣方言的关系》，语文出版社 1989 年版），由此引发了语言学界对客赣方言关系问题的争鸣，极大地推动了客赣方言比较研究的发展。

（二）汉语方言的分区及对客赣方言分合问题的争鸣

1. 分区

赵元任 1934 年在为上海申报馆 60 周年纪念印行的《中华民国分省地

图》中将语言区域图分为九区：北方官话、上海官话、下江官话、吴语、闽方言、潮汕方言、客方言、粤方言和皖方言。1937 年李言桂在《中国年鉴·中国的语言和方言》(商务印书馆 1937 年版) 中则分为八区：北方官话、西南官话、下江官话、吴语、赣客家话、闽语、粤语和湘语。赵元任20 世纪 40 年代以后又将其九区说修订为：广州方言、客赣方言、厦门—汕头方言、福州方言、吴方言、湘方言、北方官话、南方官话、西南官话。赵、李的分区基本一致，在赣客的关系上都是重合的。

20 世纪 40 年代王力先生将汉语方言分为五个大支：官话、吴语、闽语、粤语、客家语。客家独立而赣语却归入了官话之中。丁声树、李荣1955 年提出"八大方言"说：北方方言、吴方言、湘方言、赣方言、客家方言、粤方言、闽南方言、闽北方言。董同龢在 50 年代，也对汉语方言作了九区的划分，即：北方官话、西南官话、下江官话、吴语、湘语、客家话、赣方言、粤语、闽语。以上各家都注重客赣方言的差异性，而且丁声树、李荣和董同龢都将赣语单独立为一区。

詹伯慧《现代汉语方言》(湖北人民出版社 1981 年版) 率先采用目前通行的"七区"说，虽然客赣分合争议不息，但客家话、赣方言仍维持两区分立。

2. 争鸣

近几十年来，海内外不少的学者对客赣方言的关系问题，发表了自己的意见和观点，从分从合，见仁见智，下面简要加以回顾。

李荣先生在《汉语方言的分区——〈中国语言地图集〉图 [A2] 与图[B8] 的说明稿》中强调"客家话和赣方言毕竟有明显的区别，应该划分为两个不同的方言区"。台湾何大安、张光宇等学者也力主客、赣分立，罗美珍《谈谈客、赣分立方言区的问题》(《第二届客方言国际研讨会论文集》，暨南大学出版社 1997 年版) 也支持这种观点。

詹伯慧在《现代汉语方言》(湖北人民出版社 1981 年版) 和《汉语方言和方言调查》(湖北教育出版社 1991 年版) 两书中，均将客家方言和赣方言分立。但他在《汉语方言和方言调查》中又说"近几年颇有一些方言学者赞成客赣还是合为一区好。从发展的趋势看，今后也许会逐步倾向于把客赣方言合并为一个大方言区"，后来他终于还是改变了从分的看法，认为"还是从大处着眼，把客、赣合为一个大区更妥"。王福堂在《关于客家话和赣方言的分合问题》(《方言》1998 年第 1 期) 中指出："客家话和赣方言不存在真正能成为方言分区的依据的语音差异"，支持客赣合一之说。

罗杰瑞《汉语概论》（张惠英译，语文出版社 1995 年版）中根据其提出的十条标准，将汉语方言分为北方话区、中部方言区和南方方言区。并且认为不能把客家人口来源与客家方言来源相混同。他指出："客家话和赣语的相似只是表面现象"，并举出六点证据说明客赣方言在基本词汇上很不相同。由此，他认为"客赣属于不同的方言"，并根据袁家骅先生的意见（《汉语方言概要》，语文出版社 1983 年版），"把赣语和客家语分立"。

沙迦尔《论客赣方言》（《清华大学学报》1988 年新 18 卷第 1 期）认为赣语与客语有密切的亲属关系。他从历史人口统计的角度对客赣方言的形成过程进行了讨论，认为：唐初涌入赣北（鄱阳湖一带平原地区）的北民，带来了一种接近早期中古汉语的语言，这种语言与唐朝前期开拓者所说的南方方言融合后，就形成了今天赣北方言的祖语——前赣北语。唐中叶和唐末继续涌入江西的北民多定居赣中，说以前赣北语为基础而带有浓厚北方色彩的新方言——前赣南语。前赣南语是今赣中方言的祖语，而客家话则为前赣南语与早期东南沿海方言接触之结果。赣中方言与客家话都系前赣南语的不同分支。赣中方言在某些重要语音特点上与客家话之间具有极大的相似性，以及客、闽、粤方言之间存在的某些共同特点，说明了沙迦尔的推测具有一定的合理之处。

鲁国尧《客、赣、通泰方言源于南朝通语说》（《鲁国尧自选集》，河南教育出版社 1994 年版）认为客、赣方言和属江淮官话的通泰方言均源于南朝通语，为同源关系。他认为客家先民从中原迁至长江流域生息繁衍，后代操的即南朝通语。其后再度南迁，逐渐形成了独具特色的客家话。赣方言既如罗常培所言与客语同出一门，则其渊源亦当自南朝通语。

（三）客赣方言比较研究的新阶段

李如龙、张双庆主编的《客赣方言调查报告》（厦门大学出版社 1992 年版）以丰富、翔实的语言材料，全面比较了客赣方言在语音、词汇、语法等方面的特点，对客赣方言的特点及其分合问题提出了信而有证的看法，将客赣方言的比较研究推到了一个新阶段。《客赣方言调查报告》的作者调查了分布在广东、香港、广西、福建、江西、湖南、湖北、安徽等八省（区）的 34 个方言点（客、赣各 17 个），通过 1320 个单字和 1120 条词语的比较研究，总结出客赣方言语言上的 14 个共同点和 17 项明显差异，各地一致的词语 150 条，明显不同的词语 478 条，进而分析论证，得出了客赣方言尽管联系紧密，相似之处甚多，但终究应划为两大方言区的结论。对于词汇语法问题,《调查报告》特别指出:"和语言方面的共同性相比,客赣方言在词汇方面的一致性要差点","它们的这种词汇语法差异更能显示出方言的区域界限",因此"用词汇语法去区分客赣方言,较之用语音特点的条目更加有效"。

刘纶鑫主编主撰的《客赣方言比较研究》一书是国家社科基金"九五"重点项目"江西境内的客赣方言比较研究"的最终成果。该书共分八章:概述、代表方言声韵调系统、单字音比较表、语音比较与研究、词汇比较与研究、词汇比较表、语法比较与研究、结语。书末并附方言地图36幅。该书选取了江西境内35个方言点材料,包括1179个单字字音、1462条词汇以及几处代表点语法项目的比较,语言材料比较丰富。基于客赣方言与居民来源及居民迁徙年代的密切关系,在方言调查的同时还特别注重了居民史的调查,注重了对地方史志和民间谱牒的搜集。该书既尽量反映学术界已取得的研究成果,又提出了不少新的观点,如在客赣方言的形成问题上提出了"原始客赣语"和"古客赣语"构想〔参见刘纶鑫《客赣方言史简论》,《南昌大学学报》(哲社版)1999年第3期〕,指出在切韵时代以前,它已属古南方方言的范畴。本书还用充分的语言事实对客赣方言的一些语言特点如"浊上部分归阴平"、"次浊部分随清流"〔参见刘纶鑫《客赣方言的声调系统综述》,《南昌大学学报》(社科版)2000年第4期〕等重新作了鉴定,得出了信实可靠的结论。该书主要采用比较研究的方法,并注意了横向的比较与纵向的比较结合,内部的比较与外部的比较结合,语音的和语法、词汇的比较结合,语言的和文化的比较相结合。就方言比较的方法论而言,本书也不失为一次成功的探索和试验。

六　赣方言研究的展望

总而言之,赣方言的研究业已取得了一定的成就,但是与其他方言的研究状况相比,就显得相对滞后和单薄。而且,就目前的成果而言,我们可以看出,对语音层面上的研究成果较多,词汇和语法的研究虽有所涉及,但远不够深入。总的说来,赣方言研究目前在系统性、综合性,广度和深度上尚觉不够,多零星分散的描写,缺宏观的材料排比和事实规律的提炼。赣方言是丰富而复杂的,可以说是汉语方言中的一座"富金矿"。只要我们精心组织"开采",做到深入细致,大量的语言事实必将得以揭示,赣方言研究也必将有一个质的飞跃。

　　赣方言的研究虽然还很稚嫩，但也已经积累了相当可观的研究成果。以前各类研究的成绩还在于：（1）揭示了大量的方言事实，为更深入的研究奠定了坚实的基础。（2）对赣方言的语言特征进行了许多有益的探索。（3）在研究方法上也日趋科学和实事求是。

　　作为汉语的一个大方言，人们对赣方言的语言特色仍然有不识庐山真面目之感。赣方言的研究还有许多工作要做，今后的任务仍然是继续开展广泛深入的调查研究，用描写的方法将它们的语音、词汇和语法特点作切实的反映，揭示更多的语言事实，揭示它们的真实面目。考虑到赣方言的特殊性，在方言调查的同时，还要将方言的研究与文化的研究结合起来，将方言的研究与居民史的研究、与民俗的研究结合起来，将语言学的研究与历史学、考古学、人类学结合起来。还要加强方言理论、特别是方言分区理论的研究，逐步统一思想，解决客赣方言的分合问题。

　　此外，近些年来，在前一辈研究者的培养与教育下，一批年轻一代的方言研究者正在成长，一批优秀的硕士、博士论文已经问世。它们有的已经正式出版或正准备出版，有的则收录在优秀硕士、博士论文文库中可供研究者查阅（本文辑录了其中部分篇目，惜限于资料搜集工作的欠缺，未能一一载入）。这是一笔可贵的财富，标志着赣方言研究后继有人，前途无量。

赣语几个重要字眼的方言研究启示

张振兴

（中国社会科学院语言研究所/华中师范大学
语言与语言教育研究中心）

赣语是汉语最主要的方言之一。赣语主要分布在江西省，并逐步扩散到毗邻的湖北省的东南部、湖南省的东部、安徽省的南部、福建省的西北部。据最新的调查报道，陕西汉中地区，以及广西的个别地方也有赣语分布。本文从"渠、园、敆、徛"这几个重要字眼说起，顺带着说说赣语在汉语方言里的重要地位。其中"渠"字、"敆"字在李荣先生的《吴语本字举例》（1980）一文里曾有过详细讨论，本文只是根据赣语的情况略加延伸而已。

——

一

首先说"渠"字。赣语单数第三人称很多地方说"渠"，本字当作立人旁的"倨"字，《集韵》去声鱼韵："倨，吴人呼彼称，通作渠"，求於切。《通鉴》卷一〇三东晋孝武帝宁康元年（公元 373 年），有一条记录桓冲跟他哥哥桓温的谈话，桓温说："渠等不为汝所处分。"胡三省注："吴俗谓他人为渠侬。"据吕叔湘先生《吕叔湘文集》（1992）第 3 卷《汉语语法论文续集》第 15 页所考，这个字作代词，始见于《三国志·吴书》十八《赵达传》："[公孙]滕如期往。至乃阳求索书，惊言失之，云：女婿昨来，必是渠所窃。"又杜甫《遗兴》诗："世乱怜渠小"，《遭田父泥饮美严中丞》诗："渠是弓弩手，名在飞骑籍"。不过"渠"当"他"字讲最好的例子，是《全唐诗》卷八〇六寒山诗第三百三首："蚊子叮铁牛，无渠下嘴处。"李荣先生所写《丁声树》（1989）一文，说到丁、李二人引用这两句诗作互为唱和喻事，则把这个字眼说得活灵活现，非常生动。

赣语常见把"渠"字作第三人称代词，分布非常广泛。据刘纶鑫（1999：476），除了江西北部湖口说"伊 i¹"，星子说"□ hɛ³"之外，其他客赣方言都说“渠”。熊正辉（1995：72）记录南昌话，渠 tɕʻie^{24}，渠们 tɕʻie^{24} mɨn。张燕娣（2007：156）南昌话记录略有差别，写作“倮”，音 ᶜtɕʻie，“他们”写作“倮恁”（ᶜtɕie · nen）。“倮”是不送气声母。南昌这个字读上声，是受“我、你”的感染。这两个代词南昌都是读上声的。据颜森（1995：20）记录，南昌之南的黎川话“渠”字老派说 kɛ^{44}，新派多说 tɕiɛ^{44}，声母也是读不送气的。又据卢继芳（2007：179）记录，南昌之北都昌阳峰话，他说“渠侬 iɛ^{214}nuŋ”，“渠”读零声母了。最值得注意的是南昌之西的萍乡话。魏钢强（1990）记录的萍乡话第三人称代词“渠、他”并用，但分布的具体乡镇不同。第 17 页萍乡方言图七“第三人称代词”记载：渠 kɛ，分布于东部芦溪镇、宣凤镇、万龙山、张佳坊、麻田；他꜀hã，分布于中部萍乡市及周围乡镇，“他”又读꜁han、꜀tʻa、꜀a，分布于北部、西部和南部与湖南相邻的大部分地区。

“渠”字作单数第三人称代词，有别于官话地区的“他”。有的方言直接起用魏晋时期汉语的三身代词“其”，也可以看做是同音字。这个用法除了闽语地区以外，几乎可以覆盖东南方言的其他地区。往北一直延伸到江淮地区的一些官话方言，例如湖北黄梅话说［꜁kʻɛ］，安徽的安庆、桐城一带也用这个说法。闽语单数第三人称，福州、厦门、台北、潮州、海口等大多数地区都说“伊꜀i”，但福建北部和中部地区的闽语一般都说“渠”，例如崇安 kəu꜄，松溪 kyo꜅，政和、建瓯 kyᵓ，永安、三明꜁ŋy，沙县꜁gy。这个说法可能是受到相邻地区吴语、客家话影响的结果。我们知道吴语、客家话地区都是说“渠”的，很少有例外。值得注意的是湘语的说法。方平权（1999）记录岳阳话说“他 na^{45}”；曾毓美（1999）记录韶山话、鲍厚星等（1998）记录长沙话都说“他 tʻα^{33}”，“他们”长沙话也可以说“他屋里 tʻəu^{24} u^{24} li”，但许宝华、宫田一郎（1999：2032）记录的长沙话是“佢 tɕi^{41}”；罗昕如（1998）记录湖南中部老湘语的新化话也是“其 tɕi^{21}”。可见湘语“渠、他”两见。赣语在这个字眼的用法上，基本上跟除了闽语以外的其他南部方言保持一致，只有萍乡话“渠、他”并用，跟湘语的表现是相同的。

二

其次说“园”字。赣语很多地方把东西藏起来说“园”，《集韵》去声宕韵：“园，藏也”，口浪切。一般字书收录这个字眼，都用的是《集韵》

的音注，有的常用字书如《辞源》新旧版本干脆就不收这个字。文献里也难得见到这个字。1986 年出版的《汉语大字典》（四川辞书出版社/湖北辞书出版社）第 716 页引《中国歌谣资料·沪谚外编·山歌》："小姑嫌少心不愿，爷娘面前说长短，说的嫂嫂私底园一碗，厨里不见一只红花碗。"吴语里用到这个字眼并不稀罕。不过，跟"园"字同义的还有"摒"、"俜"这两个字，却是常见于很多字书的。摒，《广韵》去声劲韵："摒，摒除也"，畀政切。俜，《广韵》去声劲韵："隐僻也，无人处"，防正切，又蒲径切。俜、摒，通作"屏"，朱骏声《说文通训定声》："经籍皆以屏、以屏为之。"此说甚是。除了上面说的三个字以外，还有一个"弆"字，也是"园"字的同义词。弆，《广韵》上声语韵："弆，藏也"，居许切。《辞源》1980 年修订本（商务印书馆）第 1036 页收录这个字眼，引用的文献却是《左传·昭公十九年》"纺焉以度而去之"，唐孔颖达疏："去，即藏也。字书去作'弆'，羌莒反。"孔疏大概不错。

　　颜森（1986）说："藏东西"的"藏"，江西全省有"弆、摒、收、园"四种说法。赣语这四种说法都有，但主要是"弆、摒、园"三种说法。张燕娣（2007：144）南昌说"弆ᶜkie"。卢继芳（2007：152）都昌阳峰说"园 goŋ³¹"。颜森（1995：174）黎川收录条目"园起来 kʻɔŋ⁵³ kʻi　lɛi³⁵（把东西）藏起来"，"园正 tʻɔŋ⁵³ tsaŋ⁵³（把东西）收藏好"。魏钢强（1990：124）萍乡说"摒，pã¹¹"，特别说明"被藏的人和物是被动的"，同页有"躲 tɔ³⁵"可能是主动的。魏钢强（1998：261）也收录"摒"字，条目后面有一段很重要的说明，指出萍乡"摒"读如二等 pã¹¹，本字可能是"摒"，当是《广韵》梗摄劲韵蒲径切。萍乡并母今读不送气音的字还有"笨蒲本切"、"脖蒲没切。脖子眼：肚脐"、"抔蒲没切，拔"等。魏说可信，赣语各地所说的"摒"，都是"蒲径切"来的"俜"。江西境内的客家话也说"俜"，不过是一个梗摄三等字，属于劲韵畀政切，就是"摒"字。

　　把东西藏起来的"藏"，东南方言的说法颇有分歧，可以分为三类。一类说"园"，主要通行于吴语、闽语、徽语、平话土话等方言，吴语和闽语地区用得尤其多。例如，许宝华、宫田一郎（1999：2681）记录上海话说 kʻã³⁵，口语说"脚盆～辣床底下｜拿伊人～起来"，许宝华、陶寰（1997：253）收录"园肉 kʻã³⁵⁻³³ ŋyoʔ¹³⁻⁵³"，指面庞显瘦而躯体丰腴（的身材）。周长楫（1998：251）记录厦门话说 kʻŋ¹¹，口语说"～在眠床骹床下｜伊～在倒落?"，还可以说"搵园 ŋ⁵⁵⁻¹¹ kʻŋ¹¹"，也是掩藏、隐藏的意思。"园"的这种用法一直延伸到江淮官话和西南官话的一些地区。另一类说

"俬"，说"弄"，主要通行于粤语、湘语地区。例如，李新魁等（1995：239）记录广州话说"屏 pɛŋ³³，收藏"，引《尚书·金滕》："尔不许我，我乃屏璧与珪。"孔传："屏，藏也。"白宛如（1998：373）写作"併"，除了"收藏"义外，还有"收拾、拾掇"义。这两个义项是相通的。广州的"屏、併"从读音看，就是赣语的"俬"或"摒"。鲍厚星等（1998：99）记录长沙话说"弄 kə⁴¹"，口语说"哥哥来哒，快些把它～起｜那把东西～得哪里去哒唻?"第三类是既有说"园"，又有说"俬"的，但主要以说"俬"为主，通行于客家话地区。例如，黄雪贞（1983）记录福建永定客家话说"园 k'ɔŋ⁵³"，口语里说"钱～好来"。李如龙、张双庆（1992：371）收录"藏（物）"条，其中广东东部揭西，福建诏安、秀篆两处的客家话也说"园"原书误写作"固"，广东、福建、江西其他各地的客家话都说"俬"。很显然，赣语的说法也分歧很大。除了个别地点说"收"外，赣语兼容了东南方言的三类说法。刘纶鑫（1999）"客赣方言词汇比较表"收录江西境内赣语方言点23个，第617页"藏（东西）"条，记述只有北部湖口、星子两处说"收"，跟很多官话方言一致。有修水、波阳、乐平、横峰、东乡、临川、南丰、宜黄、黎川等九处说"园"，跟吴语、闽语一致。永修、南昌、高安、奉新、上高、万载六处说"弄"，新余、萍乡、莲花、吉安、永丰、泰和六处说"俬"，跟粤语、湘语，以及大部分的客家话一致。陈昌仪（2005）第四章"常用词、特色词对照表"也收录江西境内赣语关于这几个词语的说法，证实以上所说的分布地域不差。

三

再说"敨"字。把东西解开，官话方言一般说"解"；休息一下，官话方言一般说"歇"。但东南方言很多地方说"敨"。赣语也说这个字眼。《集韵》上声厚韵："敨，展也"，他口切。一般字书很少有收录这个字眼的，例如新旧版的《辞源》也不收这个字。但1979年版的《辞海》（上海辞书出版社）中卷第3132页收录这个字，注释是："方言。把包卷的东西打开。"文献上这个字几乎都写作从手从斗的"抖"字。《水浒全传》（1954年第1版第1次印刷）第401页第26回，武松盘问何九叔那一段："酒已数盃，只见武松揭起衣裳，飕地掣出把尖刀来，插在桌子上，量酒的都惊得呆了，那里肯近前。看何九叔面色青黄，不敢抖气。"《水浒全传》第420页校记："'不敢抖气'全传本，芥子园本'抖'作'敨'，观华堂本作'斠'。"

不过，赣语这个字眼使用范围有一定限制。刘纶鑫（1999）"客赣方言词汇比较表"第 601 页"休息"条，记述属于赣语的只有高安、奉新、上高、万载、新余等五处说"敨"或"敨一下"，其他赣语地点都说"歇"。熊正辉（1995：120）南昌单说"敨"，t'ɛu²¹³，"把捂着的东西敞开，使见风，使变凉：许包喫个要打开来～｜汤都～凉了，你还不赶紧喫泼去"。张燕娣（2007：128）记录南昌管乘凉叫"敨凉ᶜt'eu　liɔŋᶜ"。颜森（1995：105）黎川收录"敨气 hɛu⁴⁴　k'i⁵³①让空气流通：打开门～　②喘气（如爬山时）"。魏钢强（1990：44）萍乡"同音字汇"收录"敨"，t'œ³⁵，没有说明用法，但魏钢强（1998：182）有"抖被窝蹬被子"，"抖"标注为同音字读 tœ³⁵，这个"抖"可能就是"敨"，声母读作不送气了，跟上面所说文献上的用法是一致的。

"敨"字几乎通行于东南所有方言，显示了高度的一致性。许宝华、宫田一郎（1999）第 4 卷第 6251—6253 页，收录通行"敨"字各种说法的方言，就遍及东南地区各地。根据已有调查报告，吴、闽、粤、客家涉及带"敨"字的条目和义项尤其多。例如，周长楫（1998：153～154），厦门话"敨 t'au⁵³"字可以单说，有①解开（～行李），②通行无阻，不堵塞（～风），③中医指用发汗的药使体内的热散发出来（要食食的药吃完，被被子盖咧互伊～～咧），还有"敨气、敨风、敨退、敨开、敨脱"等不同说法。白宛如（1998：189），广州话口语里也经常用"敨 t'ɐu³⁵"字，可以说"～气｜～大气出大气｜～咁气歇下来喘口气｜等我～下让我先歇一下｜～下脚歇歇脚｜～凉歇凉｜～凉｜～工歇工"。广州本地有人也写作"□"，是一个方言字。赵元任（1956：58）："抖﹝'au¹³﹞歇，休息"，这个送气读音的"抖"其实就是"敨"。可见粤语口语里关于这个字眼的记录，已经有好些年头了。上海话、梅州话、长沙话等其他方言皆如此。我们注意到，"敨"字的使用范围也扩散到与东南方言相邻的官话方言里，西南官话见的最多，往北一直延伸到河南南部的中原官话，甚至山东地区的冀鲁官话、胶辽官话。赵元任（1939）第 44 页："抖文﹝təu⁵³﹞，抖白﹝t'əu﹞使物抖"，第 139 页："抖白﹝t'əu﹞拿着东西抖它"，这个送气的"抖"也是"敨"。赣语在这个字眼的用法上，是跟东南方言保持一致的，但是它的使用范围和义项明显少于其他南部方言，跟相邻的一些官话方言比较接近。

四

最后说到"徛"字。赣语很多地方管站立说"徛"。这个字眼两见于《广韵》：一是上声纸韵："徛，立也"，渠绮切，赣语当读阳去调；一是去声寘韵："徛，石杠，聚石以为步渡。"居义切，如果赣语也用的话，当读阴去调。《辞源》1980 年修订本第 1078 页收录"徛"字，注云："石桥"。引说文："徛，举胫有渡也。"《尔雅》释宫："石杠谓之徛。"注："聚石水中，以为步渡彴也。"这个"徛"，用的是去声寘韵"居义切"的那个字。根据现在的调查报告，赣语不用这个字眼，其他地方的方言好像也没有见到用这个字眼的。赣语跟其他方言用的都是上声渠绮切的"徛"。

赣语很多地方站立既说"徛"，又说"站"。熊正辉（1995：150）南昌说"徛 tɕ'i¹¹"，也说"站 ts'an³⁵"。但说"站"似乎更常见："～得路当中｜都坐下来，不要～到｜脚坐麻了，～不起来。"张燕娣（2007：143）记录的南昌话也一样。魏钢强（1990：123）记录萍乡话：徛，tɕ'i¹¹，站 ts'a¹¹立，萍乡"车站"的"站"读［ts'a¹¹］。魏钢强（1998）关于萍乡话的记录更加详细：徛，tɕ'i¹¹，徛开 tɕ'i¹¹⁻¹k'œ¹³：站开，让开：～些，人家要做事！｜～，～，等我来！（第 35 页）。站 ts'a¹¹：站队；站脚：①立足②比喻在某个地方待下去或在某个位置上维持下去；站街檐个：卖农副产品的小商贩；站劲：（物体）立起，不瘫软的性质（多指食品）（第 271 页）。但卢继芳（2007：151）记录的都昌阳峰话，把"徛"写作"企"：企 i³¹站立，企起来 i³¹ i³⁵² lɛi3⁴⁴，没有"站"。颜森（1995：45）记录的黎川话也只有"徛"，没有"站"：徛，k'i²²，徛柜台：站柜台；徛栏：幼儿用具，四周有栏杆，人站立其中，不致摔倒；徛人旁：汉字偏旁。我们注意到，刘纶鑫（1999）"客赣方言词汇比较表"第 460 页"站"条目下，赣语只有江西北部的湖口、中南部的泰和说"站"，还有新余、莲花、永丰三处说"立"，其他赣语地点都说"徛"，南昌、萍乡都没有"站"的说法，这可能是受到表格空间限制，跟材料取舍有关。

"徛"通行于除了部分北部吴语以外的东南地区所有方言。多数官话方言都说"站"或"立"，部分北部吴语，包括苏州、上海、杭州、宁波一带的吴语都说"立"。"徛"这个字眼在东南方言所显示出来的高度的一致性，使我们有理由相信，这可能是一个有资格成为南北方言区别词的少数词语之一。陈章太、李行健（1996）"普通话基础方言基本词汇对照表"收录 93

处官话方言点，词汇卷上第 2654 页有"站着"条，记述大多数地点说"站着"或"站倒"，少数地点说"立着"或"立得（嘚）"，只有安徽歙县说"徛在那 ᶜk'ε　ᶜts'ε　na"。显然，把歙县话看成普通话的基础方言是不合适的。许宝华、宫田一郎（1999：5583）"徛"字条，收录北京说［tɕi⁵³］。据查，这个说法只见于旧时北京曲艺戏文，口语里是不说的。常见的北京话词典，例如陈刚的《北京方言词典》（商务印书馆 1985 年版）、徐世荣的《北京土语词典》（北京出版社 1990 年版）都没有收录这个字。"徛"字用得最多的是闽语和粤语。周长楫（1998：40—41）记录厦门话说 k'ia¹¹，有"站立、居住、竖立、直立的、建立、登记、分设、掌管、独占、物体中能起支撑作用的部分、使产生某种效果、做量词，用于竖立的东西"等 12 个义项；又说声母不送气的 kia¹¹，指山路不平，崎岖。厦门话口语里还有"徛起、徛骹、徛厝、徛票、徛家、徛秋、徛泅、徛名、徛鼎、徛丧"等一批常用词语。白宛如（1998：151）记录广州话说 k'ei²³，有"站立、陡"两个义项，口语里有"徛市、徛柜、徛身、徛头暗病、徛身煲、徛长寿庵、徛堂、徛桶"等一批常用词语。厦门、广州这些词语里"徛"字的意义，都是从"站立"的基本义项派生出来的。

　　上文讨论的四个字眼，赣语的范围仅限于江西省境内。扩大赣语的范围，我们可以把眼光投向湖北省的东南部和安徽省的南部。湖北东南部大冶、咸宁、嘉鱼、赤壁、黄石、崇阳、通城、通山、阳新、监利十县市，安徽南部怀宁、岳西、潜山、太湖、望江、宿松、青阳七县市，以及东至、石台、池州等三县市部分地区，都属于赣语。前些时候承汪国胜先生电子邮件告知：湖北大冶方言不说"敊"字，其他三个字都说。第三人称单数说"渠"，境内有两读，金湖音 k'ε³¹，大箕音 tɕ'i³¹；藏东西说"囥"读 k'ɔŋ³⁵；站立也说"徛"，读阴平的 tɕ'i³³。黄群建（1994）记录通山方言，第 179 页第三人称单数说"其"，就是"渠"，读 ki²¹；也说"囥 k'ŋ⁴⁵"；管吐气说"敊气 t'ɛu⁴² tɕ'i⁴⁵"；"徛"字读 tɕi³³。黄群建（1995）记录阳新方言，他也说"渠 k'ε²¹²"；藏东西说阴平调的"囥 k'ɔŋ³³"，阳新方言古阴去字今读阴平；管喘气、呼吸说"敊气 t'ε²¹ tɕ'i³³"，衣服搓好后再清洗也说 t'ε²¹，第 160 页写作同音字"投"，其实也是"敊"字；但站说成"立 lǝi⁴⁵"了。唐爱华（2005）记录安徽南部的宿松方言，第三人称单数说"渠"或"渠侬"，复数说"渠者、渠几、渠照"，"渠"读 k'æ³⁵；第 173 页藏说"阅 k'aŋ²¹"，这是一个笔误，应作"囥"；用清水漂洗说"敊 t'ǝu³¹"；站立也说"徛 tɕ'i¹³"。唐爱华老师电子邮件又告知，太湖、岳西、怀宁、望江、潜山几处，"渠、园、敁"的说法跟宿松相同，只是这几处方言不说"徛"，也都说"站"了。以上大冶、宿松等地方言的说法，可以证实江西周围的赣语这几个字眼的说法，跟江西境内赣语是大体一致的。

汉语方言首先分别南北。笼统说来，官话习惯上都被看成北方方言，尽管其中的西南官话很多方言在地理位置上并不在北方，江淮官话有的也分布于长江南岸；吴语、闽语、粤语、客家话、湘语、赣语、徽语、平话土话都属于南方方言，因为这些方言大多在中国东南部地区，有时候又总称为东南方言。晋语在地理位置上处于北方地区，但从方言特征来说，具有特殊性，需要另外讨论。区分南北方言，有各种不同的办法和途径。有时候也可以选用不同的字眼，只要这些字眼的语义对于所有方言都是等值的，都是口语里很常用的。对于赣语来说，选用以上所说的"渠、园、敁、徛"等几个字眼，可能是合适的。从这几个字眼着手，可以看到南北方言明显的差别，也可以看到东南方言的一致性和分歧性。

从这几个字眼也可以看到赣语在汉语方言里的特殊地位。赣语基本上都说"渠"，说"敁"，跟毗邻的吴语、粤语、客家话、湘语保持高度一致，完全表现了东南方言的词语特点。赣语既说"徛"，又说"站"，这个说法明显介于南北方言之间。赣语兼有"园"、"屏（偋、摒）"、"弄"三种说法，内部分歧明显，表现了区别于其他东南方言的独特性质，但在跟官话方言保持距离这一点上，是跟东南方言一致的。因此，赣语处于东西的吴语与湘语之间，又处于南北的闽、粤、客与官话方言之间。首先要说它属于东南方言，但有自己的明显的特性；其次要说比起其他的东南方言来，它可能更加接近官话，或者说更多地受到了官话方言的影响。赣语显著的过渡特征，再次有力地印证了地理上"吴头楚尾"的说法。在汉语方言分区的历史上，赣语跟湘语是最后从官话里分立出来，这不是偶然的。

参考文献

［1］鲍厚星、崔振华、沈若云、伍云姬：《长沙方言词典》，江苏教育出版社1998年版。

［2］白宛如：《广州方言词典》，江苏教育出版社1998年版。

［3］陈昌仪主编：《江西省方言志》，方志出版社2005年版。

［4］陈章太、李行健主编：《普通话基础方言基本词汇集》，语文出版社1996年版。

［5］方平权：《岳阳方言研究》，湖南师范大学出版社1999年版。

［6］黄群建：《通山方言志》，武汉大学出版社 1994 年版。

［7］黄群建：《阳新方言志》，中国三峡出版社 1995 年版。

［8］黄雪贞：《永定（下洋）方言词汇（二）》，《方言》1983 年第 3 期。

［9］李　荣：《吴语本字举例》，《方言》1980 年第 2 期。

［10］李　荣：《丁声树》，《方言》1989 年第 2 期。

［11］李新魁、黄家教、施其生、麦　耘、陈定方：《广州方言研究》，广东人民出版社 1995 年版。

［12］李如龙、张双庆：《客赣方言调查报告》，厦门大学出版社 1992 年版。

［13］罗昕如：《新化方言研究》，湖南教育出版社 1998 年版。

［14］唐爱华：《宿松方言研究》，中国社会科学出版社/文化艺术出版社 1995 年版。

［15］熊正辉：《南昌方言词典》，江苏教育出版社 1995 年版。

［16］张燕娣：《南昌方言研究》，中国社会科学出版社/文化艺术出版社 2007 年版。

［17］颜　森：《黎川方言词典》，江苏教育出版社 1995 年版。

《江西方言的分区（稿)》，《方言》1986 年第 1 期。

［18］卢继芳：《都昌阳峰方言研究》，中国社会科学出版社/文化艺术出版社 2007 年版。

［19］魏钢强：《萍乡方言志》，语文出版社 1990 年版。

［20］《萍乡方言词典》，江苏教育出版社 1997 年版。

［21］刘纶鑫主编：《客赣方言比较研究》，中国社会科学出版社 1999 年版。

［22］吕叔湘：《吕叔湘文集》，商务印书馆 1992 年版。

［23］许宝华、宫田一郎主编：《汉语方言大词典》，中华书局 1999 年版。

［24］许宝华、陶　寰：《上海方言词典》，江苏教育出版社 1997 年版。

［25］曾毓美：《韶山方言研究》，湖南师范大学出版社 1999 年版。

［26］周长楫：《厦门方言词典》，江苏教育出版社 1998 年版。

［27］赵元任：《钟祥方言记（历史语言研究所单刊甲种之十五)》，商务印书馆 1939 年版。

［28］《中山方言》，科学出版社 1956 年版。

［附记：本文系教育部人文社科重点研究基地重大项目“湖北东南片语言问题研究”（项目号 08JJD740066）成果，研讨会宣读后发表于《汉语学报》2010 年第 1 期。］

大力开展交界地区方言的调查研究

詹伯慧

（暨南大学汉语方言研究中心）

现代汉语方言的调查研究，溯自 20 世纪二三十年代语言学大师赵元任等的大力倡导和率先实践，经历了从萌芽状态到逐步发展，从处于"冷门"到日渐繁荣，以至于如今成为我国语言学中硕果累累、极具潜力，堪称举足轻重的一门学科。回顾七八十年来现代汉语方言研究的历史，期间产生过多少令人刮目的皇皇巨著，涌现出多少专心致志、成果丰硕的方言学者，以其辉煌的业绩向世人展示出汉语方言这块语言学中的沃土，存在着多么精彩的语言现象，蕴藏着多么丰富的语言资源。特别值得大书特书的是近 30 年来，方言工作者乘改革开放、学术振兴的大潮，面对复杂多彩的方言现象，不辞辛劳地奔走在祖国辽阔的土地上，展开了从点到面、从南到北的实地方言调查，开垦了许许多多前人尚未触及的方言处女地，挖掘出许许多多语言中罕见的现象，给祖国语言科学宝库增添了许多珍贵的财富，把汉语方言的调查研究引上了可持续发展的康庄大道。最令人欢欣鼓舞的莫过于 20 世纪八九十年代几项方言研究特大工程的相继完成：如由李荣教授策划、主持的，历经十多载艰辛、凝聚着全国几十位方言学者心血的《现代汉语方言大词典》分地本 42 卷及综合本 6 大卷，又如由许宝华教授和日本学者宫田一郎主编的 6 大卷《汉语方言大词典》，都是在汉语方言研究史上堪称伟大工程，具有突破性历史意义的重大成果。与此同时，近几十年来，在全国各方言区内可以称得上"重大成果"的大型方言专著还很多，少说也有好几十种。汉语方言研究这一空前大好的发展势头，是老一辈语言学家们所始料不及的。尽管如此，汉语方言中有待开发的资源仍然很多，值得关注的问题也仍然不少。众所周知，汉语方言的调查研究，向来都是以南方各省方言最受瞩目，长江以南各地方言比起中原地区和广大北方地区来，其复杂的程度无疑是大大超过的。方言的复杂不仅表现为方言本身的语言体系比较复杂，更表现为同一方言内部分歧较多和同一地区同时存在属于不同系属的方言。而在南方多种方言交界的地区，往往由于不同方言相互接触、相互影响，会出现一些"非驴非马"的方言现象。这些现象导致某些方言不容易归入已有的方言系属中，因而有所谓"混合方言"、"过渡方言"之说，也有学者把这类一时难定系属的方言统称为"土语"、"土语群"。进入新世纪以来，在汉语方言学界，调查研究某种"土语"、某些不同方言接壤地带的方言以及某些被认为处于"濒危"状态的方言，都受到特别的关注和重视。单是针对粤、湘、赣等地存在的"土语"而举行的研讨会，几年来就已轮流在三省开过四次，反映出方言工作者对于这些难以归入哪一个方言区的特殊方言是多么的重视。至于濒危方言，中央相关部门更视之为当前语言和方言研究中的当务之急，在国家语委的规划报告中，在中国社会科学院的重大科研项目中，都被冠以必须"抢救"，亟待调查研究的字眼。可见这事非同小可了。

在南方交错复杂的方言中，有些多种方言交界地带的方言接触点一直受到方言学界的关注，被认为有必要尽快开展对这些地方方言的调查研究，揭示其独特的语言面貌，并以此为基础就方言间的相互接触和相互影响进行认真的剖析。例如湘、粤、桂边界地区湘语、粤语、客家话接触、交错的地方，闽、粤、赣边界地区闽语、粤语、客家话接触、交错的地方，就都十分引人注目。上面提到围绕湘、粤、桂三省"土语"展开的多次讨论，其主要目的正是为了要弄清这些"土话"的性质，尽可能给它们以科学的、准确的定位。这类引人注目而尚乏人问津的交界地区方言，当然远不只上举两处。在东南诸省方言复杂地带，不同方言犬牙交错的现象比比皆是，只是限于调查力量，方言资源未能得到充分开发，"养在深闺人未识"罢了，这类方言一旦有幸得到方言工作者的青睐，那些鲜为人知的语言现象，也就有望见诸天日，大白于世了。近日南昌大学胡松柏教授把他和他的课题组成员花了多年的工夫写成的、即将付梓的书稿《赣东北方言调查研究》让我先睹为快。我一看作者在卷首列出的目录，再翻阅书中的前言和打头一章的《绪论》，就被此书深深吸引住了。我的第一感觉就觉得这是一处很值得认真调查，很值得深入挖掘的、不可多得的特殊方言地区。这正是当今方言调查研究的热点所在！接下来当我一口气读完这本详尽记录、描述赣东北多方言交界地区方言的著作时，我从书中记录的丰富语料和作者对这些很有价值的语料所进行的剖析中，更受到极大的启发。专业的敏感使我想起许多在汉语方言研究中常常思考的问题，包括方言性质的厘定、方言区属的划分等实际的问题；也包括方言间相互接触、相互影响，以至方言势力的强弱消长、方言间的交汇和融合等理论上的问题。好一个"解剖麻雀"的实例！

在这样一个处处呈现出"你中有我、我中有你"的影子，处处给人以"非驴非马"印象的方言地带中，有心的方言学人，只要肯一头钻进去，只要肯下足工夫，用足力气，该可以写出多少有分量的文章，可以提炼出多少有价值、有新意的论点来啊！其书其人，我不免想起多年来和本书作者接触的情景来，今天在深入挖掘赣东北这一方言"富矿"终于获得可喜收获的松柏教授，正是我心目中一位对方言研究事业情有独钟的"有心人"！他从早年跟随闽语名家周长楫教授攻读方言硕士学位，到后来又转到我这里来继续攻读博士学位，直到学成回赣，已经年近半百了！这真是一位对方言工作"从一而终"的好"粉丝"啊！正是他的这份"有心"，激发起他那孜孜不倦、苦苦求索的精神和毅力，才使他有可能穷八载之功，一竿子插到底地带领他的课题组成员，在成功把这一课题申报为国家社科基金项目，得到国家大力支持以后，终于能够结出硕果，为我国方言学宝库增添了不菲的一笔新财富。松柏教授在 2000 年为国家社科基金获准立项的项目全称是"赣语、吴语、徽语、闽语、客家话在赣东北的交接与相互影响"，从这个长长的题目，我们就可以想象到这样的课题，做下来该有多大的难度，接触到的语言内涵该有多大的分量，需面对的语言问题该有多复杂，而需要调查、需要掌握的语料又该有多少，需要解决的难题该有多大！幸亏松柏教授对此已有长期的积累，早有大量的前期成果，否则恐怕难得有勇气敢于提出这样的课题来。正如他自己在本书前言中所说："由于我较长时间在高校中从事语言科学的教学，赣东北方言自然也就成了自己所倾力关注的一个研究课题……从写作第一篇方言学论文《广丰方言的儿尾》算起，20 年来对赣东北方言的认识也有了一些积累。"多么的不简单！20 年的长期关注，20 年的丰厚积累，正是如今在经历多年艰辛之后终于能够结出果实来的原因！这本著作的产生，实际上是松柏教授 20 年醉心于开发赣东北语言资源的一个阶段性小结！他是从小生活在这块方言热土上的地道赣东北人。我想，对家乡的一往情深多少也在他这 20 年的学术生涯中起了不可低估的作用。本书"后记"中作者在"谢词"里劈头的一段话正好印证了我的这种揣测并非空穴来风。他说："首先要感谢养育了我的赣东北家乡。赣东北不唯有人文荟萃的历史（如朱熹的思想、辛弃疾的词章）和红色斗争的历史（如方志敏、'上饶集中营'的英烈），而且有着非常宝贵的语言矿藏。它是一片可以供我永远勘探、开掘的富矿区。"这样的肺腑之言，不但道出了作者对家乡的深情，也反映出他将持续开发家乡语言资源，乐此不疲的决心！人生在世，要想干出一番无愧此生的事业来，总得有点精神上的支撑！一辈子做语言的"矿工"，一辈子扑在赣东北方言的调查研究上，我们只要看看本书所附这 20 年来松柏教授发表的三四十篇（册）赣东北方言调查研究的文章，对他那矢志不移的决心和意志，自然也就可以深信不疑了。近半个世纪来，我接触过许许多多的方言研究课题，可是，像松柏教授所做的这样在一项课题中论及如此多种方言，几乎涉及汉语各主要方言的项目，却是很少见的。记得松柏教授攻读博士学位期间，在参加我们举办的粤方言国际研讨会时，曾经提交过一篇题为《广丰话与广州话的词汇联系》的论文，不久又在广东省中国语言学会的学术年会上提交了《赣东北绕二"广东腔"记略》。可见在赣东北各式各样的方言群体中，除了本书所论及的赣语、吴语、闽语、徽语和客家话外，连粤语也沾上了边，只不过本书无暇论及罢了。本书以大量翔实的材料显示出，在赣东北这块分属上饶、鹰潭、景德镇三市所辖的 15 个县（市）4 个区，纵横 31613 平方公里的 790 万人口中，语言情况的复杂程度是其他多方言交界地区所不可比拟的。面对多种不同类型的方言犬牙交错的局面，要为这一带方言勾画出一个面目比较清晰的大致轮廓来，谈何容易！值得称道的是：课题组在纷繁驳杂的方言现象面前并没有知难而退，而是迎难而上，始终踏踏实实地调查，一步一步地深入。尤其难能可贵的是：在头绪纷繁中，他们特别着力于寻找理论上的支撑点。在这一课题的研究实践中，紧紧抓住了"交接"、"接触"、"影响"这样几个关键词来做文章，当初申请课题的名称也就开宗明义地落脚到这几个关键词上来，这正是调查研究多方言地带的焦点所在！课题内容的理论含量无疑会大大增强项目的重要性，难怪当年国家社科基金评审专家们就一致看中了胡松柏教授牵头的这个方言研究课题，认为这是具有理论意义的，值得大力支持的方言研究项目。如今经过课题组多年来的努力奋斗，终于基本达到预期目的，大功告成，也就没有辜负国家社科基金会的殷殷厚望了！

如前所述，这本方言专著的价值不容置疑，比较突出的表现当然还是方言接触方面的研究。为了解剖汉语方言接触的"小麻雀"，作者在书中通过语音、词汇、语法的考察了解赣东北方言因方言接触而产生语言变化的实际情况，归纳出接触方式和接触表现的类型。与此同时，书中还通过核心词的共有率来考察、归纳赣东北方言接触的特点，从而展望了未来的发展。对此，作者的自评是恰如其分的。作者说："本书在为汉语方言接触研究提供语料的同时，也为之提供了可供借鉴的理论思考。"又说："……对赣东北方言接触的研究还只是开始。我们愿意以此作为一个新的起点。"本书的主要内容是概括而系统地阐明赣东北方言的语音、词汇、语法现象，在全书的八章中，前七章就是分别叙述方音、词汇、语法的特点。这本是一般方言论著的通常做法。但作者在这方面也显得有一些个性。例如第四章论述语音特点，除了综述赣东北方言的语音特点和分述赣东北各方言的语音特征，概括出赣东北各方言的共同性和差异性外，还专列一节"专题考察"，以中古音韵的发展演变为纲，逐一论述古音跟赣东北方音的演变分合关系。这就使得语音特点的论述能以共时与历时相结合的方式得出较为全面系统的结论来。

总起来说，《赣东北方言调查研究》是调查研究汉语方言交界地区方言接触的可喜成果。它所揭示的语言现象和它所接触到的理论问题，都对正在成为方言研究热点的多方言相互接触、相互影响的研究提供了有益的借鉴。这一研究在理论与实践相结合的层面上还并非十全十美，无懈可击。作者只是接触到了理论上的问题，有了从理论上思考的意识。我们认同作者所表示的：这只是一个新的起点。我们期望作者能在此新起点上继续前进，使赣东北方言的调查研究不断登上新的台阶。在现有的基础上，希望作者能发扬长期作战、持之以恒的艰苦奋斗学风，进一步当好开挖赣东北方言富矿的"矿工"，就本书所提到的每一个方言点再逐一进行深入的探讨（如同已完成的《铅山方言研究》那样），让以赣东北方言为实例的方言间相互接触、相互影响的研究更上一层楼。

［附记：本文系为《赣东北方言调查研究》（江西人民出版社 2009 年版）一书所作"代序"。］

从湖南永兴方言的系属说开去

鲍厚星

（湖南师范大学文学院）

在湖南方言区划的研究中，有一些比较突出的难点，从湘东北到湘东南的某些方言就在这个范围之内。

今年《方言》第 3 期刊载了一篇关于湖南永兴方言的文章，题目是《湖南永兴赣方言同音字汇》。

一

永兴是湖南省东南部的一个县份，属郴州市管辖。永兴县周边接触的方言有西南官话、赣语、客家话，县内方言也不单一，且有湘语的地盘。关于永兴方言的系属有过多种看法：或说属于赣语区，或说属于西南官话区，或说属于湘语区，或说属于官话和湘语混杂区，或说可以看做混合型方言。这一说又有不同的处理意见，或说"融合了赣方言特征的混合型方言"，或说"看做底层属于湘方言、现今兼有西南官话和湘方言特征而前者较为突出，并且带有少数赣方言色彩的混合型方言，可以按照较宽的尺度暂把它划为西南官话处理"。

对永兴方言的归属问题，看法分歧，我认为，这至少说明两点：其一，永兴方言处在多种方言交接的环境里，各种方言长期的碰撞、接触，导致永兴方言的发展演变出现了各种变异，方言色彩不再单一，方言特征呈现出多样性，因而给方言区划工作造成了一定的障碍。

其二，持不同意见者，各自调查的情况不尽一致，这很容易导致各有侧重。表面看来，出现了这样那样的分歧，实际上往往是需要相互补充，才得以反映事物本身复杂的性质。

2007 年笔者曾调查了永兴城关方言，发音人是胡斯可，后来结合胡的学位论文的研究，笔者认为以下几点值得思考。

一、永兴方言中蟹、假、果摄主要元音的连锁变化，与湘方言似乎是一脉相传，这应看做永兴方言中早期的现象。

二、永兴境内普遍存在的舌面元音［i］舌尖化的现象与湘方言中保守性较强的祁阳、东安等方言可说是遥相呼应。

三、永兴方言古全浊声母今读的演变状况体现了不同历史层次的叠加。

（1）并、定母不论平仄今读为不送气清音，这属于永兴方言中较早的层次。永兴境内有些地区（柏林镇、金龟镇、太和乡、洞品乡、樟树乡五个乡镇）不仅并、定母，而且是全部浊声母今逢塞音、塞擦音时，平声一律读不送气清音，仄声大部分不送气，少部分送气，这种带湘语色彩的特点与上述一、二点恰好是吻合的。

（2）永兴方言除并、定以外的全浊声母今逢塞音、塞擦音时读送气清音，这是又一个层次，它源自赣语大举深入湖南而官话还不强大的时期。湘东一带随着江西移民浪潮的汹涌，一方面出现了由赣语取代本土方言的类型，如萍、浏、醴等地的方言；一方面也形成了某些本土方言受到赣语严重侵蚀的局面，永兴方言里，"坐、直、昨、共、就"等常用字白读层保留送气读法，说明受赣语影响之深。

（3）永兴方言并、定母平声字出现成系统的文白异读，白读不送气，文读送气，而且声调也跟着变化，白读为35，文读为21，文读的调型、调值乃西南官话的郴州方言的直接移植。

例如：排：pa^{35}（~长）/p^he^{21}（~球）

平：$pən^{35}$（~地）/$p^hən^{21}$（水~）

驼：$tʊ^{35}$（~背）/t^ho^{21}（骆~）

同：$toŋ^{35}$（~学）/$t^hoŋ^{21}$（合~）

另外，全浊声母仄声字今读不送气已超过了送气，其中不少是常用字范围，笔者记录的有："在、罪、白、舅、旧、赵、兆、暂、俭、件、健、倦、巨、拒、距、具、惧、咎、枢、载满~、尽、丈、仗、净、静、靖、杂、闸、捷、集、辑、铡、杰、截、绝、掘、疾、佺、籍、镯、笛、敌、寂、族、局"。

从全浊声母演变的角度观察，这些变化，特别是并、定母平声与郴州方言趋同的现象，应属较晚的层次。这里并、定母乃至其余全浊声母平声今读送气这一特点，可说是官话和赣语色彩重合在一起了，但永兴方言阳平调的文读打上官话烙印以及仄声中多不送气的现象，就说明本地区的官话方言在势力变得愈益强盛时，对永兴方言的影响已经逐步后来居上了。

以上所述永兴方言古全浊声母今读演变所体现的不同历史层次的叠加，是我们在给永兴方言确认系属时举棋不定的重要原因。

从明显地兼具多种方言特色，而不是一种方言稍稍带上他种方言色彩这一层意义来说，把永兴方言看成一种混合型方言是合宜的。在进行区划时考虑到周边的耒阳、常宁、安仁、资兴这一片方言的特点，暂划入这一赣语片也不属牵强。

二

说了湘东南，再说湘东北。从湘、赣两大方言的接触来看，湘东北一带深入的程度不亚于湘东南，其中岳阳县方言的研究就是一个很好的个案。迄今为止，对岳阳县方言系属的论定，有赣语说，有湘语说，或者干脆就说难以定论。

岳阳县境内方言分歧，需要分片对待，其中应以县城关镇荣家湾话为代表，它一直是岳阳县的强势方言，影响较大。2002 年笔者带学生赴荣家湾实地进行调查，后根据其主要特点古全浊声母舒声字今逢塞音、塞擦音读不送气清音以及多数调类的调值与长沙方言一致，并结合"上巴陵、下巴陵"有关说法，把荣家湾一带的方言划入湘语。

数年后又让岳阳籍学生在硕士学位论文中专题研究岳阳县方言，该文将岳阳县内的方言分为五个小片：第一小片又称月田片，以月田镇话为代表；第二小片又称黄沙街片，以黄沙街镇话为代表；第三小片又称荣家湾片，以荣家湾话为代表；第四小片又称新开片，以新开乡话为代表；第五小片又称西塘片，以西塘镇话为代表。作者比较了毛田、公田、花苗、渭洞、黄沙街、大明、荣家湾、新墙、步仙、菱口、新开、西塘 12 个地点的古全浊声母舒声塞音、塞擦音今读的情况，指出荣家湾片、黄沙街片和新开片与湘语（长沙方言类型）一致，声调上多数调类的调值与长沙方言表现出惊人的相似，地理位置有相当部分与湘语区相连，"因此将这三片所在地区看做是赣语色彩的浓厚的湘语比较合适"。而西塘片、月田片与赣语趋同，地理位置也紧连赣语区，"因此，最后将这两片地区看做湘语色彩较浓的赣语比较合适"。

这种分析与判断来源于深入实际的田野调查，具有较高的可信度。

三

以上通过湘东南和湘东北两个方言点方言系属的讨论略微说明在湘赣边界地区由于方言接触、交融所形成的复杂状况。它固然会给方言区划工作带来困难，但我们可以从中获得对于方言发展演变研究颇有价值的语言事实。这一层次研究还应加大力度。其实，不仅在湘赣边界，就是在湖南内地的一些地区也会遇到湘、赣方言接触带来的问题。以下略举两例。

湘潭市、县的方言属湘语长株潭片，这本是湘语核心的地区。但湘潭县内的一些特点，如白石镇、中路铺镇的方言却具有湘、赣两种方言混杂的特色。以白石镇为例，白石话古全浊声母今读塞音、塞擦音时，平声送气，仄声大部分也送气，这与隔着株洲县南部的赣语醴陵方言有较大的一致性。除了这个明显的赣语特点外，白石话的韵母、声调与湘潭市、县的方言具有湘语特点。像白石话这样的方言仍可以看做带有赣语色彩的湘语为宜。

再如在长沙地区，距离中心较远的东北端，有的方言，如白沙、开慧、金井等地出现了声调变异现象，即这些方言的上声和入声的调值恰好与长沙市区话发生声调易位：长沙市区话的入声调值［24］在白沙等地变成上声调值，而长沙市区话的上声调值［41］在白沙等地又变成了入声调值。这种交错变化就与赣语平江、浏阳方言同长沙方言的接触有直接关系。

参考文献

［1］鲍厚星、颜森：《湖南方言的分区》，《方言》1986 年第 4 期。

［2］李　蓝：《湖南方言分区述评及再分区》，《语言研究》1994 年第 2 期。

［3］永兴县地方志编纂委员会：《永兴县志》，中国城市出版社 1994 年版。

［4］周振鹤、游汝杰：《湖南省方言区划及其历史背景》，《方言》1985 年第 4 期。

［5］李冬香：《湖南赣语语音研究》，博士学位论文，暨南大学，2005 年。

［6］胡斯可：《湖南郴州地区的汉语方言接触研究》，博士学位论文，湖南师范大学，2009 年。

［7］李冬香：《湖南赣语的分片》，《方言》2007 年第 3 期。

［8］陈　晖、鲍厚星：《湖南省的汉语方言（稿）》，《方言》2007 年第 3 期。

［9］方平权：《岳阳方言研究》，湖南师范大学出版社 1999 年版。

［10］鲍厚星：《湘方言概要》，湖南师范大学出版社 2006 年版。

［11］马兰花：《岳阳县方言语音研究》，硕士学位论文，湖南师范大学，2006 年。

［12］翁砺锋：《湖南省湘潭县白石话语音研究》，硕士学位论文，湖南师范大学，2009 年。

探论赣方言的形成

肖九根

（江西师范大学文学院）

一　引论

人类语言文化史告诉我们，人类的形成与发展始终伴随着人类语言文化的形成与发展。自从有了人，有了人类社会，也就有了与之相适应的语言文化。可以说，人类社会形成与发展的历史，同时也是一部人类语言文化产生与发展的历史。

赣省的人类社会史与语言文化史，也是这样演绎着、发展着的。

考古发现，远在数十万年前的旧石器时代，赣省便揭开了其人类社会历史发展的序幕。① 在那石器研磨敲打的漫长岁月里，赣鄱地区演出了一部民族史诗的前奏，创造着与其自然环境、生产生活方式相适应的语言文化，这使赣鄱的地平线升起了一缕冒出桅杆之巅的民族希望的曙光。从那时起，赣鄱先民就在这块土地上，不仅创造着自己的民族历史，同时还创造着自己的语言文化。

赣省有着得天独厚的地理优势。它地处长江中下游相交的南岸，为华东地区的腹地。它北顶中原，南连百粤，西毗荆楚，东面吴越，素有"吴头楚尾，粤户闽庭"之称，唐代王勃誉之为"控蛮荆而引瓯越"。这种地理位置不单决定了赣省政治经济的开放性，还决定了其语言文化也是一个开放多元的体系。

二　关于赣方言形成问题的探讨

赣方言究竟形成于何时？从 20 世纪三四十年代起，学者们就一直对之

---

① 李国强、傅伯言：《赣文化通志》，江西教育出版社 2004 年版，第 53 页。

进行多方面的探讨和论述，虽未取得一致的意见，但这使人们对赣方言的性质有了进一步的认识。

对于赣方言的形成问题，最早论及的是罗常培先生《临川音系》（1936）关于客、赣方言"同系异派"说。随后，袁家骅先生《汉语方言概要》（1960）也谈到北人南迁，中原汉语对赣方言形成的影响。但令人遗憾的是，两部专著均未明确指出赣方言形成的时间。

此后，又有不少学者对赣方言的形成问题，作了较为深入的探索与研究，提出了许多不同的观点。其中最有代表性的是：

（1）周振鹤、游汝杰先生主张赣客方言形成于中唐。"中唐以后这样大量的北方人民进入江西，使赣客语基本形成，而且随着北方移民逐步向赣南推进，赣客语这个楔子也越打越深，不但把吴语和湘语永远分隔了开来，而且把闽语限制在东南一隅。"①

（2）陈昌仪先生主张赣方言形成于东汉。"两汉县的设置在赣语形成的第一阶段起了决定性的作用。中原人第一次大批涌入，促使了中原文化的传播，促进了中原汉语与土著语言的融合。这一融合过程大约到东汉末期才完成。这大概就是具有特色的原始赣语没能引起扬雄的关注，没能在《方言》中得到应有的反映的原因。"②

（3）颜森先生主张赣方言形成于西汉。"汉高祖时设豫章郡，郡治南昌，下辖 18 个县。赣语区的形成当从这个时期起就已开始初具规模。据通志记载，豫章郡的分布遍及今江西四方。西汉豫章郡的居民已达 6.7 万多户，人口 35 万多人。既有人口就有语言和方言，有了人口也才谈得上设置郡县。所以，豫章郡和 18 县的设置是江西地区经济文化发展的必然结果，也是赣方言开始形成的具体表现和证据。"③

上述学者所谈赣方言的形成问题，大多聚焦于汉代以后几次北民南徙大潮对赣方言形成的影响。④ 不可否认，这是影响赣方言形成因素中最重要的一个方面。但是，秦汉之前的族群互动、地域文化传统或语言文化底层等，

---

① 周振鹤、游汝杰：《方言与中国文化》，上海人民出版社 1986 年版，第 42 页。

② 陈昌仪：《赣方言概要》，江西教育出版社 1991 年版，第 4 页。

③ 颜森：《赣语》，见侯精一主编《现代汉语方言概论》，上海教育出版社 2002 年版，第 141 页。

④ 颜森先生主要从郡县设置、人口增长、经济发展诸方面对赣方言的形成作出时间上的定位，可谓另辟蹊径。

这些重要因素对赣方言的形成与演化产生过不可忽视的共同作用，则没有得到应有的关注和重视。

三　赣方言形成的三个历史阶段

赣方言是南方方言中具有多源结构体的一种，这主要与赣省所具有的语言文化形成所独具的人文环境密切相关。先秦时期，其民族文化历史的发展大致经历过以下几个阶段：远古苗蛮集团中的"三苗"文化（五帝至夏）→百越体系中"干越"文化（商、西周）→角逐争雄的吴越楚文化（春秋、战国中期）→全境归楚（又称"南楚"之地），即楚文化（战国末期至楚被灭），与之相应的也就出现了苗蛮语→百越语→吴楚语→南楚语。它们既表现出一种整体的连续性，又带有特征纷呈的阶段性。它们相互之间不可分割，有着千丝万缕的渊源关系——都是在吸收北来华夏汉语成分的基础上，相互传承，交互作用，共同构成先秦原始赣语母体的基础。

依据赣省民族文化历史的发展特点，我们认为赣语或赣方言的形成大体经历了以下三个阶段：赣语胚胎孕育期（远古时代—西周时期）；赣语原体萌芽期（春秋、战国—秦统一）；赣方言形成期（秦汉以后）。

1. 赣语胚胎孕育期：远古时代—西周时期

这是一个十分漫长的历史过程。太古时代，赣域究竟有什么部落，其语言面貌又该是怎样，这无从稽考。但是，从五帝时代至夏朝，苗蛮族长期活跃在赣鄱地区，成为赣地土著居民，这是不争的事实。因此，人们通常把苗蛮族时的语言文化作为赣域语言文化古老的源头。

自古以来，赣省就是开放的，对各种语言文化兼收并蓄，但又不是简单的、不加选择的继承，而是在不断整合中加以兼容、吸收。

复杂的人文环境，独特的地理位置，使赣省语言文化集多源性、多样性与立体性于一体。西周之前，除土著语言文化外，赣鄱受到过东南沿海一带语言文化的影响，也受到过华南地区语言文化的影响，而更多的还是来自中原华夏族语言文化的影响。它们交汇、撞击、重组，最终融合于一体，共同孕育着赣语的原始胚胎。

据史料记载，赣域苗蛮族活动时期，是中原华夏族尧、舜、禹统治时期。尧舜时，原始华夏语已经形成，其影响远达赣鄱地区。因为"昔尧以天下让舜，三苗之君非之，帝杀之，有苗之民，叛入南海，为三苗国"。（郭璞注《山海经·海外南经》）这次三苗族与尧帝发生战争，败后被迫从中原迁于南方（包括赣鄱地区）。这是有史可稽的一次较大规模的北语南下。其后，华夏族为了向南扩展势力和领域，舜、禹继尧之后又连续多次南征三苗族。其结果是，三苗族部分被迫迁徙，部分留下与他族融合。与他族融合的苗裔，后来又融入南方庞大的"百越"族，成了殷商、西周时代主宰赣鄱大地沉浮的主人。

　　考古材料也发现，新石器时代，赣鄱先民与中原地区就开始了文化交流。樟树营盘里新石器时代的古文化遗址，与中原地区的文化面貌有颇多相似之处。不仅如此，先民还同长江中下游的湘、鄂、皖、苏以及东南沿海的浙、闽、粤等地的文化交流也已存在。[①] 夏、商、西周三代，赣鄱地区对外的文化交往已呈强劲发展的态势，这从 20 世纪中叶至末期赣省发掘的大量三代时期的文化遗址中得到证明。在三代文化遗址中，不少是受中原文化影响的，而商代最多，几乎遍布赣域各地。如九江龙王岭遗址的陶器，其陶片中原式的占 77.8%，土著式的仅占 22.2%；德安石灰山遗址中原式陶器的器形，甚至连受中原文化强烈影响的吴城遗址都未曾见过。专家认为，中原文化首先从赣北进入，而石灰山遗址即是其中的一块"跳板"。鹰潭角山陶窑址发现了刻符与文字，其五进制运算体系与商代晚期殷墟甲骨文属同一个计算体系。特别是吴城文化遗址的发掘，彻底否定了"商文化不过长江"的传统陈见，人们惊呼中国古代史将要改写。吴城遗址文化内涵十分丰富，单青铜器时代的堆积就分为早、中、晚三期，最晚甚至到西周初期，延续时间达数百年之久。最值得注意的是，首次发现刻画在陶器和石范上 170 多个文字符号，其笔画和形体既有自身特点，又与殷墟甲骨文相同或相似，如"五、土、中、祖、甲、网、田"字等。[②] 著名文字学家唐兰先生说："商代的吴城居民是越族，吴城文字是越族文字，受中原商文化影响而渐趋于统一。这反映吴城越文化同中原商文化的紧密联系。"[③] 吴城商代文化遗址的发现，专家们认为，它揭示了在原始社会解体、奴隶社会建立的转轨时期，赣江中游地区的吴城已经"成为中原强大的商王朝的南土方国领地"[④]。80年代末，新干又发掘了商代大墓，它被学术界誉为"长江中游的青铜王国"。大墓文物如青铜农具、青铜兵器、青铜礼器、青铜雕饰等，既有中原

①　李学勤：《新干大洋洲商墓的若干问题》，《文物》1991 年第 10 期。

②　江西博物馆：《江西清江吴城商代遗址发掘简报》，《文物》1975 年第 7 期。

③　邓晓华：《人类文化语言学》，厦门大学出版社 1993 年版，第 40 页。

④　李国强、傅伯言：《赣文化通志》，江西教育出版社 2004 年版，第 40 页。

商代中期的文化因素，又有中原西周初年的文化因素，还有吴城土著的文化因素。尤其是器物造型、纹饰上的崇虎风格，给人以强烈印象，这表明此地当时居住着信虎图腾的先民。对于此，有学者指出："吴城文化的民族中，有一部分是来自中原氏羌族团的夏人、虎人、灌人和戈人，他们分批南迁，来到赣江鄱阳湖一带，与当地的土著民族结合，创造自己的文化。这也正是吴城文化中中原文化因素的来源。"①

西周文化遗址中，影响最大的莫过于新干"列鼎"墓了。据文献记载，西周时代，随葬列鼎有严格的规定。《公羊传·桓公二年》向休注："礼祀天子九鼎、诸侯七、大夫五、元士三也。"可见，这座随葬五件列鼎的大墓，是西周中期的大夫墓。70 年代，新干大洋洲在仅数公里范围内，发掘了商代方国首领墓一座、西周大夫墓一座、商周至春秋时期的遗址两处。不可否认，新干乃至赣中一带在商周时期具有政治、经济上的重心地位。"如果说，吴城文化中尚存的土著性质证明中原商王朝的统治范围尚未直接抵达赣江流域的话，那么，新干西周列鼎墓的发现则说明：最迟到西周中期，中原西周王朝的政治版图便已经达到江西境内。这与《古本竹书纪年》所记载的相符：'（周穆王）三十七年，伐越，大起九师，东至于九江。'"② 其实，20 世纪发掘的"应监"、"艾监"文物，更为明确地表明，西周王朝在赣域不仅建立了"应"（今余干县境内）、"艾"（今修水县境内）等地方政权，而且还直接从中央向赣域派驻"监国"一级的官员，以加强其对赣地的统治。③ 萍乡彭高遗址出土的甬钟，也说明了中原宗周文化对赣鄱地区文化的深刻影响。

与此同时，赣鄱文化还受到东南沿海、江汉流域乃至华南一带的广泛影响，并且涉及各个层面。在众多的新石器文化遗址中，人们发现：万年仙人洞、吊桶环洞遗址，其出现的原始稻作文化面貌与东南沿海（如浙江余姚河姆渡遗址、江苏吴县草鞋山遗址）和华南地区（如广东阳春独石仔遗址、广西桂林甑皮岩遗址、湖南玉蟾岩遗址等）的文化面貌有着密切的联系；新余拾年山遗址第一期，其陶系特征与浙江马家浜文化相似，而其大折角纹等纹饰特征又与湖南大溪文化纹饰相同；修水山背遗址的陶器文化则与江汉

---

① 李国强、傅伯言：《赣文化通志》，江西教育出版社 2004 年版，第 71 页。

② 同上书，第 74 页。

③ 郭沫若：《释应监甗》，《考古学报》1960 年第 1 期。李学勤：《应监甗新说》，《江西历史文物》1987 年第 1 期。

流域的原始文化有着密切的关联，樟树筑卫城——樊城堆遗址的陶器文化又同东南沿海、华南各地的原始文化有一定的联系。此外，赣域的许多风俗如干栏建筑、短发文身、山驾舟船等，也受到古越地区的深刻影响。如广丰社山头遗址的墓葬，其葬俗显然就受东南沿海古越"割首葬仪"的影响；樟树营盘里遗址，出现了一种悬山式顶的陶质建筑模型，学者们认为它是古越"干栏式"建筑模型。这样的影响，在商周的文化遗址中也得到了反映，如信奉鸟凤等。新干商代大墓，其青铜器立耳上的浮雕鸟装饰和边栏装饰上的燕尾纹，尤其是伏鸟双尾虎形器，给人以虎鸟结合的鲜明印象。这无疑是受东南沿海东夷文化以及良渚文化的影响，也是尔后"赣巨人"、"枭"及凤文化传统的根源。①

上述情况表明，赣都地区与外界语言文化的接触、交流、影响，其历史十分久远，范围十分广泛，内容十分丰富。

文化语言学告诉我们，语言是一定文化的表现形式，而文化又是一定语言的表达内容，二者密不可分。因此，我们认为，有文化交流，就有语言接触；有语言接触，也就有语言的相互渗透、相互影响、相互融合。

从太古时代到夏、商、西周三代，赣省语言文化史已经走过了漫长的岁月。当人类社会翻开三代历史崭新一页的时候，孕育的赣语原始胚胎也已日趋成熟。这与人类社会历史发展的大背景也是分不开的。夏、商、西周，是我国社会由部落联盟到统一的国家体制形成并逐步走向完备的时代。商周(尤其西周)，大肆向周边地区扩张，其统治范围南方已扩展到了长江流域，并直达赣中吴城地区，还在赣都地区建立了地方政权，以此引起民族、语言间的相互融合，甚至同化。史料以及考古材料，均作出了有力的证明。

2. 赣语原体萌芽期：春秋、战国—秦统一

春秋、战国时期，赣省为吴、越、楚争锋之地，因而也受到了吴、越、楚语言文化的影响。

在春秋战国时期的文化遗址中，人们会发现这一现象：赣地同吴越、荆楚的联系十分紧密，赣都文化与吴越、荆楚文化甚至出现了不同程度的交融局面。赣省各地发掘的遗址和墓葬，就客观而真实地反映了这一变化过程，这与赣地那时所处的特定历史阶段是相吻合的。如贵溪仙水岩崖墓群，根据其仿铜木器加上"干栏式"建筑习俗，专家推测其墓主为古越人的一支，而其陶瓷器与江苏春秋时代土墩墓中的遗物有密切关系；高安太阳墟春秋墓

---

① 李国强、傅伯言：《赣文化通志》，江西教育出版社2004年版，第71页。

与苏、浙、皖的越式或吴式墓是同一风格，其出土的青铜器既沿袭了商周形制，又具有南方越式特征；70—90年代，樟树观上连续发现春秋及战国的越国贵族墓群，这进一步说明赣中一带继商代、西周之后，在政治、经济、文化上仍处于中心地位；在新建昌邑乡，还发现了地道的楚墓，其墓葬形制、随葬器物均与荆州之地的楚墓相同，这为探索"吴头楚尾"的赣文化内涵，提供了极为宝贵的实物资料。

这一时期，尽管赣鄱地区迭属吴、越、楚，但是不论吴、越，还是楚，都与中原地区在政治、经济、文化方面有着频繁的交往。很显然，它们之间的频繁交往，实质上也就是赣鄱地区与中原华夏族的密切交往。其时，中原华夏人也常常涉足赣鄱地域，或进行传教活动，或从事商贸交易，或建立自己的据点。据《史记·仲尼弟子列传》记载，春秋时，鲁国孔子门徒子羽，因"状貌甚恶"，孔子瞧不起他。后来，子羽"南游至江，从弟子三百人"，积极传播儒家思想，"名施乎诸侯"。"孔子闻之，曰：'我以言取人，失之宰予；以貌取人，失之子羽。'"子羽南游，率弟子在赣鄱境内传教。死后，当地人民为他树碑立亭，建"友教堂"，设"友教书院"。据说，南昌城内进贤门，城东南进贤县，就是为纪念子羽这位贤人的到来而取名的。当然，这仅是无数事例中的一例。不过，这也足以说明，赣地与中原语言文化的接触与交流，更为直接，更加密切。

考古材料也发现，春秋战国时期有北方部族南迁赣地。70年代末，靖安发掘了一处春秋徐国遗址，这是最早活动于苏、皖一带的淮夷徐戎。因后与楚成为南方强国，屡遭周人征战，故被迫从苏、皖一带南徙而进入赣域。郭沫若曾据高安出土的带有铭文徐器推定，徐人是在周人压迫下逐渐移入赣省西北部的。靖安徐器的再次出土，无疑证明郭氏推断的正确性。

春秋、战国至秦灭楚统一，吴、越、楚的语言文化尤其是楚地的语言文化给赣鄱打下了许多烙印。但是，由于悠久的历史积淀，赣省的语言文化更多的还是具有自身的独特风格，这正如清人高璜所说的："（江西）大不如吴，强不如楚，然有吴之文而去其靡，有楚之质而去其犷。"[1] 缘于受到吴、楚语言文化源流的较深影响，加之中原语言文化与赣鄱苗蛮、百越语言文化之间长期的交互作用，因而一个独特的赣语混血原体就这样萌芽了。

它也是时代的产儿。春秋战国时期，是中国人类语言文化史的轴心时期。这个时期，不仅是中国历史大变革、大分化的时期，更是各个民族大改

---

[1] 李国强、傅伯言：《赣文化通志》，江西教育出版社2004年版，第5页。

组、大融合的时期，这也引起了语言文化的大融合。而孔、墨、老、庄等文化巨人的出现，又开创了一个决定中华民族文化走向的"元典时代"，它孕育着语言文化大统一时代的即将来临。这一时期（甚至在西周），中原区域性的共同语（以华夏语为基础），已经发展为黄河流域以至长江流域的共同语（汉代以后成为全民共同语的基础），并且出现了共同的统一的文学语言——雅言。这对南方各个语言文化区产生了巨大的影响，促使了南北语言文化的快速发展，加速融合。"春秋战国时期，中原毗邻的华、夷、戎、狄、蛮等大规模地融合，战国以后，秦、楚、吴、越以至徐戎、姜戎、淮夷、蜀人、庸人等都包括在'华'的概念里了。"① 赣语的原体，正是在这一特定的社会大变革时期萌芽的。尽管它与共同语或雅言存在较大的差异，但这近乎于是一个语言系统内的方言差异了，并不影响人们的正常交际。否则，中原子羽在赣怎么传教呢？

　　3. 赣方言形成期：秦汉以后

　　先秦时期，赣省民族历史的发展经历过由苗蛮、百越（包括吴、楚）等民族与中原华夏族的融合之后，终于形成了独特的而又与吴、楚同属一个语言文化圈的原始赣语（实质上属于南楚语范畴）。而秦汉以后，原始赣语又发生了一次蜕变性的深刻变化，它由南楚语支已经逐渐演变为南方的汉语方言——赣方言。

　　众所周知，春秋战国的文化大潮，已经汇成了一股巨流涌进秦汉的江流之中；而秦汉的大统一以及帝国的空前强大，又不可动摇北方汉语成为全国"通语"（实质上已经取得了民族共同语的地位）的统治地位。在秦汉开展的全国性"地同域、书同文、度同制、行同伦"的"文化大统一运动"（西汉初完成）中，北方汉语以很快的速度扩散并影响全国各地，加之在统一全国的过程中，秦汉多次南下征战、移民。这一切好似催化剂，无疑加速了原始赣语的进一步汉化。据史料记载，在赣鄱地区，秦始皇数次至少投放了逾百万来自中原地区的军民。一次是始皇二十四年（公元前 223 年），王翦率秦 60 万大军南下赣鄱灭楚（时赣鄱属楚地）；始皇二十五年（公元前 222年），又挥师降越，设置会稽郡，统一长江流域。第二次是始皇二十六年（公元前 221 年），尉睢率领 50 万大军征讨闽越、南越，五路大军中的两路集结、运动于赣鄱地区；赵佗统领四五万楼船水师南进，一路也途经赣境大庾岭。70 年代，遂川藻林挖掘的一处秦代兵器窖藏遗址，也证明了这一点。

① 李葆嘉：《中国语言文化史》，江苏教育出版社 2003 年版，第 169 页。

以后，秦始皇又谪迁六国官吏、贵胄、将卒、商贾南下，征发成千上万乃至数十万中原军民或"罪犯"去戍岭南，不少却在赣地扎根；还有北人南征楚越后，自愿或被迫留下而融入赣鄱本土的。

西汉，在开疆拓土、平南越、灭闽越的战争中，高祖、武帝均把赣省作为汉军集结、军备补给基地，并不断地进行北民南迁运动。尤其是郡府县治建立与增设之后，大批北人迁入赣域。如汉武帝时，就徙汝南上蔡（今河南新蔡县）人到建城（今江西高安、上高两县）。（《太平寰宇记》卷一○○）公元前 111 年，汉武帝破番禺，诛吕嘉，后又屡徙中原罪人经赣鄱，进岭南。西汉末年，北方横遭天灾兵祸，入赣北民为数不少。东汉末年，又有大批北人南迁，甚至连豪强地主也携其宗族逃灾南方。秦汉时期，是赣地人口激剧增长的一个时期，以致赣地"从西汉平帝元始二年到东汉永和五年的一百多年间，人口净增了 1316941 丁，而同一时期全国的人口总数呈现下降趋势，豫章郡却增加极快，由居全国第 53 位跃居全国第 2 位，显然不完全是江西地区人口自然增长的结果，而是北方移民大量涌入而造成的人丁兴旺景象"[①]。

秦汉帝国为了加强赣鄱的统治，都在赣鄱地区设立县、郡地方政区。秦皇承西周至战国设置的地方政权之后，又增设了数个县治政权；而汉高祖不仅再次增设县治政权，更为重要的是设置了豫章郡，统辖几乎等同于今赣域大小的 18 个县。郡级政区的建立，从此使赣鄱地区在政治、经济、文化、军事等领域开始步入了发展的快车道，同时也加快了赣鄱地区土著民族变为南方汉人、南楚语言转变为汉语方言的步伐。

就是在这种历史条件下，原始赣语在北方汉语的强大攻势下，不断地增加语言的新质要素，而其旧质要素一部分自行消亡，另一部分则沉积为语言成分的底层，剩下的逐渐地融汇到语言的新质成分中去。这样经过长期的日积月累，最终形成了具有新质成分的南方汉语方言——赣方言。诚然，这并不意味着北方汉语消灭了赣鄱土著语（或曰南楚语），而是南北族群之间经过长期的语言内核的相互作用，强势的北方汉语影响弱势的原始赣语而形成了一种独具特色的南方汉语方言，而其每次影响都会给弱势语留下不同历史层次的底层成分。正因为这样，我们考察今天的赣方言时，发现不少古苗、百越、吴楚等语孑遗的底层成分。这正如潘悟云先生所说的："南方方言从百越时代一直到现代，不断接受北方汉语的影响，每一次影响都会留下历史

---

① 张翊华：《赣文化纵横说》，中国文联出版社 2000 年版，第 64 页。

层次。"①

四　余　论

　　一种语言的形成是一个复杂而漫长的历史过程，因其新质要素的增长与旧质要素的消亡，是要经过一个从量变到质变长期积累的过程，不可能一蹴而就。赣方言形成于秦汉以后，这也是质量互变规律作用的结果。这既是民族历史长期发展的必然趋势，也是民族政治、经济、文化发展的客观要求，还与其人口迁徙、土地开发等因素密不可分，是其主观因素与客观条件在类似于平行四边形合力的作用下所完成的。

　　因此，从源流上看，赣域所反映的语言具有多源体的特征，而其中华夏语（或北方汉语）是构成赣语成分中的最主要、最基本、最具决定发展方向意义的基础成分。秦汉统一全国以后，赣省已成为华夏汉民族大家庭中的一员，与之相应的语言文化也融入汉民族的语言文化圈中，并形成了南方汉语六大方言中的一支。

　　魏晋之后，赣方言进入到它的发展时期。尽管经历了两晋"永嘉之乱"、唐朝"安史之乱"、南宋"靖康之难"这几次移民大潮，但是这不可能从根本上动摇赣方言起码从"元典时代"到秦汉时期近千年来所奠定的汉语方言的根基。俞理明先生指出："由于旧有的词语成分的高使用率，它缩小了各个时代用语之间的差异，体现了语言的延续性和稳定性，保证了它作为交际工具而得以长期的使用。"② 事实也是如此，今天我们追溯赣民（包括七八十岁高龄的文盲）日常用语的语源，其中先秦两汉的古汉语词就占有相当大的比重，这难道还不能说明问题吗？也难怪，由"大统一"到"大一统"的"元典时代"（甚至三代时期）以及秦汉时期的华夏汉族文化，就决定了中国绵延几千年来的文化走向，而且具有超越时空的穿透力。所以，我们认为，魏晋以后的语言发展变化，是属于同一语言体系内部的发展变化，它只是语言系统内部的调整，充其量只是一个量的变化，而不是质的飞跃。实际上，从古至今，语言是经常处于不断发展变化之中的（包括

---

① 潘悟云：《语言接触与汉语南方方言的形成》，见邹嘉彦主编《语言接触论集》，上海教育出版社 2004 年版，第 313—314 页。

② 俞理明、潭代龙：《共时材料中的历时分析——从〈根本说一切有部毗奈耶破僧事〉看汉语词汇的发展》，《四川大学学报》2004 年第 5 期。

今天汉民族共同语以及汉语的各大方言），只是变化的性质有所不同。可以说，这应该是一条亘古不变的规律。

从上述分析中，人们不难发现，复杂多变的人文历史与错综交汇的语言文化，是培植多元体赣语或赣方言的沃土，是它们交互作用所形成的结果。邓晓华先生曾经在论及南方汉语方言形成的基础时，则从人类文化语言学的角度进行分析，认为古代南方文化区包括了几个区域性的文化，它们共同构成了一个文化交互作用圈，这是南方汉语方言形成的基础。这个方言形成基础（除客家话）分布的地理格局，在先秦时期就已奠定好了，因为"南方古印纹陶文化各区的分布与现代汉语南方方言的格局是基本相符的"①。不仅如此，古代南、北还有两大语言文化区域，这两大区域南方与北方、南方各区系之间的语言文化由于频繁交往而相互影响、相互渗透、相互交融。所以，"南方汉语的形成既非完全是'土生土长'，也绝非完全是'北方迁入'。这是一个多元结构体，它的最底层系以古百越语言为基础的南方'区域共同传统'，其中又可划分为若干个文化区系，如福建的闽越，广东的南越，江西的干越，江、浙的吴越等，这是现代南方汉语方言分区的基础"②。因此，南方汉语方言（自然也包括赣方言在内），实际上是南方与北方、南方与南方族群或族际之间语言文化经过长期的交互作用而产生的，这也反映了南方诸方言之间为什么形成"你中有我，我中有你"的文化特征。这种多来源、多元性、多层次的南方汉语方言，其所存在的客观事实与谱系理论指导下的南方方言来自于北方汉语"单线"移植论，无论如何都是会有抵触的，这也是许多人按照"单线"移植论去构拟原始吴语、原始闽语、原始赣语不能成功的深层原因。

参考文献

［1］李国强、傅伯言：《赣文化通志》，江西教育出版社 2004 年版。

［2］周振鹤、游汝杰：《方言与中国文化》，上海人民出版社 1986 年版。

［3］陈昌仪：《赣方言概要》，江西教育出版社 1991 年版。

［4］颜　森：《赣语》，见侯精一主编《现代汉语方言概论》，上海教育出版社 2002

---

① 邓晓华：《人类文化语言学》，厦门大学出版社 1993 年版，第 208 页。

② 邓晓华：《试论古南方汉语的形成》，载《语言接触论集》，上海教育出版社 2004 年版，第279 页。

年版。

　　[5] 李学勤:《新干大洋洲商墓的若干问题》,《文物》1991 年第 10 期。

　　[6] 江西博物馆:《江西清江吴城商代遗址发掘简报》,《文物》1975 年第 7 期。

　　[7] 邓晓华:《人类文化语言学》,厦门大学出版社 1993 年版。

　　[8] 郭沫若:《释应监甗》,《考古学报》1960 年第 1 期。

　　[9] 李学勤:《应监甗新说》,《江西历史文物》1987 年第 1 期。

　　[10] 李葆嘉:《中国语言文化史》,江苏教育出版社 2003 年版。

　　[11] 张翙华:《赣文化纵横说》,中国文联出版社 2000 年版。

　　[12] 潘悟云:《语言接触与汉语南方方言的形成》,见邹嘉彦主编《语言接触论集》,上海教育出版社 2004 年版。

　　[13] 俞理明、潭代龙:《共时材料中的历时分析——从〈根本说一切有部毗奈耶破僧事〉看汉语词汇的发展》,《四川大学学报》2004 年第 5 期。

　　[14] 邓晓华:《人类文化语言学》,厦门大学出版社 1993 年版。

　　[15] 邓晓华:《试论古南方汉语的形成》,《语言接触论集》,上海教育出版社 2004 年版。

从音韵比较看湖南赣语的形成

李冬香

（韶关学院中文系）

根据《中国语言地图集》（1987，以下简称《地图集》），赣语在湖南境内主要分布在湘东的华容、岳阳、临湘、平江、浏阳、醴陵、攸县、茶陵、酃县（今炎陵）、安仁、耒阳、常宁、永兴、资兴以及湘西南的隆回、洞口、绥宁等县市。① 我们在占有大量第一手材料和充分利用第二手材料的基础上，全面、深入地比较了华容、岳阳市区、临湘、岳阳县、平江、浏阳、醴陵、攸县、茶陵、安仁、耒阳、常宁、永兴、资兴、隆回、洞口、绥宁等17个县市的赣语，发现湖南赣语有比较强的一致性，但差异性也不容忽视。根据语音特点并参考词汇、历史行政区划等情况，我们把湖南赣语分为四片：岳醴片、攸炎片、耒洞片及永资片。岳醴片包括华容、岳阳市区、临湘、岳阳县、平江、浏阳和醴陵等。这一片又可以分为两个小片：岳州小片和浏醴小片。岳州小片包括华容、岳阳市区、临湘、岳阳县和平江，浏醴小片包括浏阳和醴陵。攸炎片包括攸县、茶陵、炎陵三县。耒洞片包括安仁、耒阳、常宁、隆回、洞口、绥宁等。这一片又可以分为两个小片：安常小片和隆绥小片。安常小片包括安仁、耒阳和常宁，隆绥小片包括隆回、洞口和绥宁。② 本文拟把湖南赣语的语音与省外赣语和周边湘语进行全面的比较，在此基础上探讨湖南赣语的形成。限于篇幅，本文只罗列比较的结果，不举例说明。

---

① 中国社会科学院、澳大利亚人文科学院：《中国语言地图集》，B11《江西省与湖南省的汉语方言》，香港朗文（远东）出版有限公司1987年版。

② 李冬香：《湖南赣语的分片》，《方言》2007年第3期。

一　湖南赣语与省外赣语的语音比较

通过比较发现，湖南赣语与省外赣语既有相同点，也有不同点。

（一）湖南赣语与省外赣语的相同点

湖南赣语和省外赣语普遍存在的特点有：古全浊声母逢塞音、塞擦音时一般读送气清音，精庄知章有全混、全分和部分相混部分分立三种类型，尖团音在细音前多合少分，晓匣母在合口前读擦音［f］，存在轻唇读重唇的现象，泥来母洪混细分，泥日疑母在细音前合流，影疑母在开口洪音前读［ŋ］，效摄一二等无别，咸山摄一二等有别，蟹摄一二等有别，遇止蟹三摄合口三等合流，鼻音韵尾和塞音韵尾简化，咸山摄合流，宕江摄合流，深臻曾梗文读摄合流，通摄独立，梗摄存在文白异读，鱼虞两韵存在区别的痕迹，次浊上与清上合为一类，全浊上归去等。

（二）湖南赣语与省外赣语的不同点

根据是否见于江西赣语，可以把这些不同点分为两类：见于江西赣语的和不见于江西赣语的。

1. 见于江西赣语的

根据省外赣语是否多见，又可以分为省外赣语少见和省外赣语多见两类。

（1）省外赣语少见的

依据地缘上的相接情况又可以分为三个小类。

第一小类，湖南赣语与省外赣语基本相接的。如古全浊声母逢塞音、塞擦音与次清声母合流为浊音，覃谈有别的现象见于湖南岳州小片与江西北区、鄂东南方言，这些地区基本上连成一片。

第二类，湖南赣语与省外赣语部分相接、部分不相接的。如非敷奉母读擦音［x］主要见于湖南岳醴片、隆绥小片、江西北区和鄂东南，其中岳醴片与江西北区、鄂东南相接。透定母读擦音见于湖南华容、攸县、隆绥小片及江西南区，其中攸县与江西南区连成一片。溪母读擦音见于湖南平江及湘东南部、江西奉新片，平江与江西奉新片等方言相接。蟹效流三摄读单元音见于湖南岳州小片、茶陵及耒安小片，江西见于奉新片、泰和片，还见于鄂东南，其中耒安小片与江西泰和片连成一体。流摄与效摄合流现象在湖南见于岳醴片、攸茶片和隆绥小片，江西赣语则普遍存在，其中岳醴片、攸茶片与江西赣语相接。四等齐韵今读洪音见于湖南平江及耒洞片、江西奉新片，其中平江与江西奉新片相接。此外，塞音韵尾消失在湖南赣语中普遍存在，江西却只见于分宜片，湖南赣语与江西分宜片相接。

第三类，湖南赣语与省外赣语不相接的。如见组三四等和知三章在洪音前合流湖南见于平江、浏阳以及耒洞片，江西只见于南城。知组口语常用字读如端组湖南见于攸茶片、耒洞片，江西只见于莲花，闽西北邵武也存在。泥日疑母在细音前读零声母、影疑母在开口洪音前存在读零声母的现象湖南见于耒洞片，江西只见于莲花。次浊上今读阳上见于湖南平江和江西安福。总之上述具有相同特点的湖南赣语与省外赣语在地缘上不相连。

（2）省外赣语主要是江西赣语多见的

如知三章读塞音湖南仅见于浏醴小片的部分方言，江西赣语却大范围存在。来母读塞音湖南仅见于浏阳、平江和临湘，江西赣语也大范围存在。此外，浊上、浊去归阴平湖南见于洞口，江西见于崇仁片、都昌片。全浊上部分归去、部分读阳上湖南见于平江、绥宁，江西见于安福、遂川和莲花。浊上口语常用字部分归阴平湖南见于资兴，江西见于崇仁片、泰和片。

2. 不见于江西赣语的

依据省外其他赣语是否存在又可以分为两个小类，见于省外其他赣语的和不见于省外其他赣语的。

第一类，见于省外其他赣语的。如古全浊声母逢塞音、塞擦音送气与否以声调为条件见于湖南岳阳、安仁及鄂东南通山部分方言。梗摄白读的主元音为［o/ɔ］见于湖南岳阳县、浏阳、耒洞片及鄂东南。梗摄白读与宕江摄合流见于湖南赣语、鄂东南。遇合一端系合三庄组与合一帮组见系有别见于湖南岳醴片、鄂东南和皖南。全浊上部分归去、部分今读上声见于耒洞片及闽西北。全浊入部分读入声、部分归入阳调类见于湖南常宁、鄂东南和闽西北。阳声韵今读阴声韵的现象见于湖南绥宁、鄂东南黄沙。深臻曾梗文读通摄合流见于湖南浏醴小片、鄂东南通山。

第二类，不见于省外其他赣语的。主要有"班搬"两字同音、明母阴声韵读阳声韵、"鲜癣贱浅"等字与同韵摄精组其他字有别、浊入部分读入声、部分归入其他阴调等。要指出的是上述特点都分布在耒洞片。

二　湖南赣语与湘语的语音比较

1. 相同点

湖南赣语和周边湘语普遍存在的特点有：精庄知章有全混、全分和部分相混部分分立三种类型，尖团音在细音前多合少分，见组三四等与知三章不分洪细合流，晓匣母在合口前读擦音［f］，非敷奉母部分读擦音［x］，泥来母洪混细分，影疑母在开口洪音前读［ŋ］，存在轻唇读重唇的现象，泥日疑母在细音前合流，咸山摄一二等有别，效摄一二等无别，蟹效流三摄读单元音，鼻音韵尾弱化，塞音韵尾消失，梗摄白读主元音为［o/ɔ］，梗摄白读与宕江摄合流，鱼虞存在区别的痕迹，去声分阴阳等。

2. 不同点

根据湘语的出现情况，可以把这些不同点分为两类：见于湘语的和不见于湘语的。

（1）见于湘语的

依据地缘上是否相接又可以分为三个小类。

第一小类，湖南赣语和湘语基本相接的。如蟹摄开一读合口呼，"鲜癣贱浅"等字与同韵摄精组其他字有别，全浊上部分读上、部分归去，古入声字部分读入声、部分归入其他阴调等见于湖南赣语耒洞片和与其相接的湘语娄邵片。泥日疑母在细音前读零声母、影疑母在开口洪音前读零声母、明母阴声韵读阳声韵、清入浊入都有部分归入其他调类在湖南赣语耒洞片中较多存在，但在湘语中只见于与耒洞片中的隆绥小片相接的新化方言。入声为独立的调类、深臻曾梗通摄合流见于湖南赣语岳醴片和与其毗邻的湘语长益片。全浊入归阳平湖南赣语仅见于常宁，湘语见于衡阳、祁东新派、祁阳，两者连成一片。此外，遇合一端系合三庄组与合一帮组见系有别、去声分阴阳等，湖南赣语仅见于岳醴片，湘语却大范围地存在，岳醴片和湘语长益片相接。

第二小类，湖南赣语和湘语部分相接的。有的特点在湖南赣语中分布较散，因而与湘语只有部分相接。如溪母读擦音湖南赣语见于平江及湘东南部，湘语见于与湘东南部赣语相接的方言。阳声韵今读阴声韵湖南赣语主要见于绥宁，湘语见于溆浦及娄邵片，绥宁与湘语娄邵片相接。蟹摄一二等有别、知组口语常用字读如端组见于湖南赣语攸茶片、耒洞片，其中前者还见于湖南赣语岳醴片中的浏醴小片，湘语见于娄邵片，耒洞片与湘语娄邵片相接。

第三小类，湖南赣语和湘语不相接的。如古全浊声母逢塞音、塞擦音送气与否以声母为条件湖南赣语见于岳阳县、安仁，湘语见于娄邵片。知三章读塞音湖南赣语见于岳醴片中的浏醴小片，湘语主要见于娄邵片。来母读塞音湖南赣语见于岳醴片，湘语见于祁阳和新宁。浊去归阴平湖南赣语见于洞口，湘语见于新化。入声分阴阳湖南赣语见于岳阳县方言，湘语见于祁东老派。总之上述具有相同特点的湖南赣语与湘语在地缘上不相接。

（2）不见于湘语的

这类特点主要有古全浊声母逢塞音、塞擦音时与次清声母合流为送气清音、透定母读擦音、泥来母不分洪细合流、"班搬"两字同音、覃谈有别、次浊上部分读阳上、部分归去等。

三　湖南赣语与省外赣语、湘语共有成分的性质

从地理位置来看，湖南赣语分布在湘东及湘西南；从语言环境来看，湖南赣语处在湘语和赣语的交界处。因此，要考察湖南赣语的形成，必须区分湖南赣语与省外赣语、湘语的共有成分是接触性共有成分还是同源性共有成分。同源性共有成分指方言之间具有共同语源的方言共有成分；接触性共有成分指方言之间无共同语源，只是因方言接触而形成的方言共有成分。同源性共有成分反映方言之间的纵向联系，接触性共有成分反映方言之间的横向联系。纵向联系主要体现在历时层面上，横向联系主要体现在共时层面上。[1] 我们区别湖南赣语与省外赣语、湘语共有成分性质的方法是：如果某个语言现象只见于湖南赣语，或还见于省外赣语，不见或少见于湘语，我们就认为这是湖南赣语与江西赣语的同源性共有成分。如果某个语言现象只见于湖南赣语和湘语，而不见于省外赣语，而且具有这些特点的方言在地缘上相接，我们就认为这是湘语影响湖南赣语的结果，是湖南赣语与湘语的接触性共有成分。有些特点在湖南赣语、湘语和省外赣语中都存在，则可能是受其他方言影响的结果，这类特点我们将另文讨论。

从湖南赣语与省外赣语、湘语的比较来看，我们认为，湖南赣语与江西赣语的同源性共有成分主要有：古全浊声母逢塞音、塞擦音时一般读送气清音，透定母读擦音，来母读塞音，四等齐韵存在今读洪音的现象，覃谈有别

---

① 胡松柏：《赣东北汉语方言接触研究》，博士学位论文，暨南大学，2003年。

等。湖南赣语与湘语的接触性共有成分主要有：见组三四等与知三章不分洪
细合流，梗摄白读的主元音为［o/ɔ］，梗摄白读与宕江摄合流，咸山摄合
流，宕江摄合流，深臻曾梗文读通摄合流，遇合一端系合三庄组与合一帮组
见系有别，明母阴声韵读阳声韵，"鲜癣贱浅"等字与同韵摄精组其他字有
别，浊入部分读入声、部分归入其他阴调等。

四　湖南赣语的形成

上文分别把湖南赣语与省外赣语、湘语的音韵特点进行了比较，下面以
此为基础，结合历史人文背景来探讨湖南赣语的形成。

**（一）历史上来自不同时期、不同地区、不同数量的江西移民
是形成湖南赣语及其地域差异的主因**

前文指出，湖南赣语与江西赣语有很多同源性共有成分，特别是古全浊
声母逢塞音、塞擦音时一般读送气清音，这个特点一直是我们区别湘语和赣
语最重要的语音标准。

湖南赣语的形成，主要是因为历史上湖南接受了大量来自江西的移民。
谭其骧（1987）早年对湖南人的由来进行了深入的研究，得出五点结论：
"一曰：湖南人来自天下，江、浙、皖、闽、赣东方之人居其什九；江西一
省又居东方之什九；而庐陵一道，南昌一府，又居江西之什九。""二曰：
江西人之来移湖南也，大都以稼穑耕垦……""三曰：江西南部之人大都移
湖南南部，江西北部之人大都移湖南北部……""四曰：湖南人来自历古，
五代、两宋、元、明居其什九；元、明又居此诸代之什九；而元末明初六七
十年间，又居元、明之什九。""五曰：五代以前，湖南人多来自北方；五
代以后，湖南人多来自东方。南宋以前，移民之祖籍单纯，几尽是江西
人……"[①] 谭先生的弟子曹树基（1990）在其先生的指导下进一步研究湖南
人的由来，他分别考察了湘北、湘南、湘中和湘西移民情况。他指出，在
1947 年湘北人口中，63% 左右是江西移民后裔，10.5% 左右是来自广东、
湖北和苏浙。就迁入时间而论，1947 年湘北人口中，41% 左右是宋以前移
民后裔，22% 左右是宋代移民后裔，30% 左右是元末明初移民后裔，等等。
湘北地区的人口来源奠基于唐及五代时期的外来移民，元末明初对湘北的移

---

① 谭其骧：《湖南人由来考》（1931 年），见《长水集》（上），人民出版社 1987 年版。

民是在已有一定规模的人口的基础上进行的，是可称之为补充式的移民。尽管如此，元末明初的大移民因其时间短促却规模巨大，使之成为湘北移民史上最值得重视的事件。而 1937 年的湘南人口中，50% 左右是江西移民后裔，就迁入时间而论，25% 左右是宋以前移民后裔，53% 左右是宋代移民后裔，18% 左右是元及明初移民后裔。元末明初的移民对湘南的影响有限，是典型的人口补充式移民。湘中他又分为湘江亚区和资水亚区。元末战争几乎使长沙亚区人口损失殆尽。元明之际的移民可称之为人口重建式移民，而与平江、汝城同时代的人口补充式移民有很大的差别。资水亚区即明清时期的宝庆府。以移民原籍计，1947 年资水亚区人口中，78% 左右为江西移民后裔；宋代以前移民占 9% 左右，宋代占 53% 左右，元代明初占 34% 左右。湘西土著是个令人困惑的问题。湘西具有少数民族血统的土著数量之多，为湖南其他各区瞠乎莫及，以及湘西氏族中土客蛮汉混淆之复杂，也为他区所不见。但即使如此，湘西也接受了大量的江西移民。宋代及 14 世纪对湘西的移民是极其重要的。其中，尤以明初时间短而移入多显得最为重要。湘西江西移民后裔估计至少占湘西移民后裔的 60% 以上。① 周振鹤、游汝杰（1985）也指出江西向湖南移民具有五个主要特点：（1）外来移民以江西人为最多；（2）江西移民自东向西减少；（3）江西移民的来源地（出发地）十分集中，主要来自赣北和赣中；（4）湘北移民来自赣北，湘南移民来自赣中；（5）江西移民自唐末五代始，宋元递增，至明代而大盛。②

　　江西对湖南这种大规模的移民，深深地影响了湖南方言的地域分布。周振鹤、游汝杰（1985）认为："从五代至明末长达七个多世纪时间内，江西持续不断地向湖南实行大量移民，即使是僻远县份也有江西人的足迹，与江西结邻的县份则有尽为江西人占据的。这种情况自然使湖南方言发生深刻的变化，不但在湘赣边界形成明显的赣语片，而且赣语特征显著的成分自东北深入西南……直达湖南之僻壤。"③ 当然，由于移民多少的不同，赣语对湖南方言的影响大小不同。"在普遍影响之中，各地又有程度深浅的不同。一般而言，是距江西越远，影响越弱。"④ 因此，距离江西越近的地方，与江西赣语同源性共有成分就越多。如岳州小片中的覃谈有别的现象与江西北

---

①　曹树基：《湖南人由来新考》，见《历史地理》第 9 辑，上海人民出版社 1990 年版。

②　周振鹤、游汝杰：《湖南省方言区划及其历史背景》，《方言》1985 年第 4 期。

③　同上。

④　同上。

区、鄂东南赣语正好连成一片；临湘方言古全浊声母逢塞音、塞擦音与次清声母合流读浊音的现象也与江西北区接壤，而这些特点在湖南其他赣语中不存在。岳醴片中来母读塞音等现象也与江西赣语相接，而湖南其他地方的赣语尚未发现。当然，湖南赣语中有的特点虽然今天在地理位置上远离江西，但应该也是江西移民带来的结果。如透定母读擦音的现象在湖南见于华容、攸县及隆绥小片方言，湘语暂时还没发现，在江西见于赣语南区。攸县正好与江西南区接壤。隆绥小片的移民的来源地正是今天的赣语南区。"良以湘阴、平江而北之人，其祖先为南昌人，自此以南之人，其祖先为吉安人。"①华容方言的形成也与江西移民密切相关。②

　　尽管湖南赣语都是受江西移民影响所致，但由于移民时间不同，形成的时间也可能不同。我们认为，湘东中部的赣语，应该形成于元末明初。从曹树基先生的研究中我们发现，尽管都是接受江西中北部的移民，但移民的时间不同。湘东北部、南部以及湘西南主要来自于唐宋时期，是补充式移民。只有湖南中部即湘江亚区接受的移民主要来自元末，是重建式的移民。正是因为元末明初这种大规模的重建式的移民，直接把赣语带到了这里。葛剑雄等（1993）也指出："从唐末五代开始，江西作为长江流域的人口输出中心的地位日益突出。五代时，江西人迁往湘北及长沙一带已有相当数量，北宋开梅山后迁入的汉人，亦多来自江西……通过元末明初大移民，赣语深刻地影响了湖南的方言分布……"③ 张伟然（1995）也认为：湖南的"赣语区在宋代似乎尚未形成。刘克庄从江西萍乡进入醴陵后有句云'市上俚音多楚语'，说明醴陵与萍乡二地的方言差别比较明显，否则作为福建人的他难以感觉出来，醴陵一带为湘赣交通便利之处，这里既未流行赣语，则其他邻赣县份均应如此。至晚在明代，赣语区的格局当已初具规模……"。④ 唐宋时期补充式的移民，使今天的湘语区以及湘南土话区深深地打上了赣语的烙印，只在湘西南部分地区形成了赣方言区，即赣语隆绥小片；湘东北部则仍保留了许多古老的特点。

①　谭其骧：《湖南人由来考》（1931 年），见《长水集》（上），人民出版社 1987 年版。

②　吴泽顺、张作贤：《华容方言志》，湖南人民出版社 1989 年版。

③　葛剑雄、吴松弟、曹树基：《中国简明移民史》，福建人民出版社 1993 年版。

④　张伟然：《湖南历史文化地理研究》，复旦大学出版社 1995 年版。

（二）方言或语言之间的接触是形成湖南赣语地域差异的另一原因

湖南赣语内部尽管存在比较强的一致性，但差异性也较大。造成这个现象的原因除了跟移民有关以外，方言之间的接触也是一个重要的原因。

前文我们指出了湖南赣语有、省外赣语无的一些音韵特点，而这些音韵特点中，有的普遍见于湘语，如见组三四等与知三章在细音前合流。我们认为，这是湘语影响湖南赣语的结果。当然，由于湘语内部存在比较大的差异，因此，相邻湘语的性质直接影响了湖南赣语与湘语的接触性共有成分。由于与湘语娄邵片方言相接，耒洞片方言产生了与湘语娄邵片方言相同的语音特点，如蟹摄开一读合口呼，"鲜癣贱浅"等字与同韵摄精组其他字有别，入声部分保留、部分派入其他阴调等。

此外，有的音韵特点不仅见于湖南赣语、湘语，还见于鄂东南赣语，却不见于江西赣语。这些音韵特点中，有的在湖南赣语中呈现出明显的地域差异。如遇合一端系三等庄组与合一帮组见系有别、深臻曾梗_{文读}通摄合流则只见于岳醴片，不见于其他赣语。我们认为，这是江西赣语进入湖南、湖北之后受官话影响的结果，是湖南赣语与官话的接触性共有成分。有的音韵特点在湖南赣语中没有明显的地域差异，如梗摄白读主元音为［o/ɔ］、梗摄白读与宕江摄合流等，这是不是与这些地方原来的语言底层有关呢？据今人研究，湖南和鄂东南历史上的语言非常接近。此外，塞音韵尾消失在湘语、江西省外的赣语中普遍存在，在江西赣语中则只见于分宜片方言。我们认为，湖南赣语的这一特点也是受湘语影响的结果。鄂东南、皖南、闽西北的塞音韵尾消失也可能是受到当地其他方言影响而形成的。

有些音韵特点在湖南赣语中呈现地域差异，但在省外赣语、湘语中却比较普遍。如去声分阴阳主要见于湖南赣语岳醴片、耒洞片中的隆绥小片，而不见于湘东茶陵及以南的赣语。我们认为，这是明代以来官话影响湘东茶陵以南方言的结果。尽管今天这些方言区不讲官话，但是，历史上这些地区是官话进入湘南土话区的通道。曹树基（1990）指出，在宜章明初迁入的53个氏族中，就有51族自茶陵因军屯调防而来，故具军事移民的典型特征。这些来自茶陵的军户非完全是茶陵土著，他们多来自浙、徽、鲁、苏诸省区。① 民国的《宜章县志·风土志》也记载："民多汉语，亦有乡谈。军音

---

① 曹树基：《湖南人由来新考》，见《历史地理》第9辑，上海人民出版社1990年版。

类茶陵，商音类江西，新民音类福建。"① 而湘南土话地区的官话"主要是到湘南做官的官员和驻守湘南的官兵带来的"②。常宁方言的全浊入归阳平与周围的衡阳、祁阳等湘语以及鄂东南、闽西北的赣语相同，其他湘语和赣语很少见。除闽西北赣语以外，这些方言中的全浊入归阳平也应该是受官话影响所致，闽西北的赣语可能另有原因。

绥宁方言中出现的阳声韵今读阴声韵的现象也见于部分湘语，还见于相邻的湘南土话、赣语永资片方言，这些特点很可能来自这些地区当地土著的语言。

此外，高山的阻隔也是形成湖南赣语地域差异的原因之一。在湘东北部赣语中，平江方言显得比较独特，很多较老的音韵现象在这里得以继承下来了。如入声保留了［-t］尾和喉塞尾、溪母读如晓母、四等韵今读洪音、上声分阴阳等。原因在于平江地理位置闭塞，与外界的来往很少，因而受其他方言的影响也就相对较小。

参考文献

［1］中国社会科学院、澳大利亚人文科学院：《中国语言地图集》，B11《江西省与湖南省的汉语方言》，香港朗文（远东）出版有限公司1987年版。

［2］李冬香：《湖南赣语的分片》，《方言》2007年第3期。

［3］胡松柏：《赣东北汉语方言接触研究》，博士学位论文，暨南大学，2003年。

［4］谭其骧：《湖南人由来考》（1931），见《长水集》（上），人民出版社1987年版。

［5］曹树基：《湖南人由来新考》，见《历史地理》第9辑，上海人民出版社1990年版。

［6］周振鹤、游汝杰：《湖南省方言区划及其历史背景》，《方言》1985年第4期。

［7］吴泽顺、张作贤：《华容方言志》，湖南人民出版社1989年版。

［8］葛剑雄、吴松弟、曹树基：《中国简明移民史》，福建人民出版社1993年版。

［9］张伟然：《湖南历史文化地理研究》，复旦大学出版社1995年版。

［10］曾献飞：《湘南方言的形成》，《湘潭师范学院学报》（社会科学版）2004年第1期。

［11］陈　晖：《湘方言语音研究》，湖南师范大学出版社2006年版。

---

① 张伟然：《湖南历史文化地理研究》，复旦大学出版社1995年版。

② 曾献飞：《湘南方言的形成》，《湘潭师范学院学报》（社会科学版）2004年第1期。

［12］曾毓美：《韶山方言研究》，湖南师范大学出版社 1999 年版。

［13］吴泽顺、张作贤：《华容方言志》，湖南人民出版社 1989 年版。

［14］陈满华：《安仁方言》，北京语言学院出版社 1995 年版。

［15］李志藩：《资兴方言》，海南人民出版社 1996 年版。

［16］吴启主：《常宁方言研究》，湖南教育出版社 1998 年版。

［17］夏剑钦：《浏阳方言研究》，湖南教育出版社 1998 年版。

［18］方平权：《岳阳方言研究》，湖南师范大学出版社 1999 年版。

［19］罗兰英：《耒阳方言音系》，《湘南大学学报》2005 年第 1 期。

［20］陈立中：《湖南攸县（新市）方言同音字汇》，《株洲师范高等专科学校学报》2005 年第 6 期。

［21］李如龙、张双庆主编：《客赣方言调查报告》，厦门大学出版社 1992 年版。

［22］刘纶鑫主编：《客赣方言比较研究》，中国社会科学出版社 1999 年版。

［23］孙宜志：《江西赣方言语音研究》，语文出版社 2007 年版。

［24］黄群建：《通山方言志》，武汉大学出版社 1994 年版。

［25］黄群建：《阳新方言志》，中国三峡出版社 1995 年版。

鄂东南方言归属再思考

李　佳

（武汉大学文学院）

鄂东南方言属赣语，这是从《湖北方言调查报告》到《中国语言地图集》半个世纪以来学界的既定结论。后者将其定名为大通片，涵盖江南的阳新、大冶、通山、咸宁（咸安）、嘉鱼、蒲圻、崇阳、通城和江北的监利，凡八县一区。从现行的一级方言分区标准来看，这一结论大体上是明确的。

但该片方言又有比较明显的湘语特质，前人研究多有提及，但较少深入定性。近年来湘语的研究取得了长足进展，这也引发了我们对鄂东南方言归属的新思考。

一　对前人研究的梳理

1. 在湖北方言分区问题上，《中国语言地图集》（以下简称《地图集》）跟《湖北方言调查报告》（以下简称《报告》）一脉相承，大同中有小异，试比较如下表：

表1

	鄂西、江汉平原、武汉三镇	石首、公安、松滋、鹤峰	监利	鄂东南	鄂东北、鄂城、竹溪、竹山
报告	第一区：北方派	第四区：介乎一二之间，近于湖南，别列为一区		第三区：赣语	第二区：楚语
地图集	西南官话成渝、鄂北、武天片	西南官话常鹤片		赣语大通片	江淮官话黄孝片

《报告》对第三区定性时提到的三个"江西派"和三处比较（cf.）：

（1）通山全浊不论平仄皆不送气，崇阳、通城溪群今洪开读 x、h，崇阳近代送气塞擦变浊擦、全浊塞音读送气清音，蒲圻、通城次清全浊平仄皆读浊送气，这些都是江西派；

（2）崇阳来细 t^h，蒲圻、通城来细 d^h，这 t^h、d^h 可以认为是江西派；

（3）效流界限交错起来，例如嘉鱼、通山"造"-au ≠"照"="奏"-eu，这是江西派的一个特点；

（4）通城一部分字有-l尾（cf. 江西都昌）；

（5）阳（声）韵外转二等韵读细音时不与四等混，如"眼"ian ≠"演"ien，"贪、感、官"一部或全部读 œ、ɛ 等元音，与"谈、间、关"等 a 元音分别（cf. 吴语、湘语）；

（6）"十、直、骨"少数地方有-ə、-ɤ 读法（cf. 吴语）。

正是基于这些特点，尽管"这第三区的内部最不一致，几乎一处自成一派"，但"大体看起来是赣语系统的方言"。

2. 然而本地学者对鄂东南方言的归属却颇显踌躇，以陈有恒先生的《鄂南方言志略》为代表，他"不轻断本区方言的系属，一是因为内部分歧太大，二是因对周围仍然了解太少"。他还指出："我们目前的肤浅感觉是，以本区方言主要特征与湘语及省内东北部方言比，它们之间很难完全分开，与赣语比，似乎也很难完全吻合，联系詹伯慧教授在《现代汉语方言》中所叙情况看，则湘鄂赣这一三角边缘地带的语言特征，实在是你中有我，我中有你。"

陈先生列出了以下七条论据：

（1）像蒲圻、通城以及崇阳那样成套地清、浊对立的现象，也可以在双峰找到。

（2）近半数的地方（嘉鱼、咸宁、大冶、阳新）是把古浊塞音、浊塞擦音声母字读为送气清音，崇阳限塞音。这是与南昌相同的。

（3）泥来母洪混细分的情况在南昌、长沙、双峰都能找到。但江西临川有与蒲圻、崇阳、通城一样把来细读为舌尖塞音的。

（4）知章组读音的一些现象可见于赣方言，而所有现象都可以从湘方言中找到。

（5）多鼻化韵。这是武汉、南昌都没有而长沙、双峰都有的现象。

（6）单元音多，圆唇元音多，这是与双峰相近的。

（7）声调分为六类，同长沙、南昌，但字的归类没有南昌那样以古浊平归去和古去声入上的，而是在字类分派上与长沙一样。

3. 1991 年 6 月，北大中文系方言调查队对咸宁地区七个方言点进行了为期一个月的调查。徐通锵老师指导、姜松的硕士论文《鄂东南方言初探》即在此基础上写成。姜松论文最大的特色在于用"历史的眼光"和"系统的视角"来观察鄂东南方言的底层归属,我们将其主要观点及结论制成下表。

表2

项目	表现	跟赣语的比较	跟湘语的比较
古全浊声母演变	蒲圻、通城变浊送气	是次清加盟全浊,反映了高安全浊声母未清化前的样子,跟高安是演变时间的先后关系	为两项对立,性质不同于湘语的三项对立
	咸宁、大冶、阳新、嘉鱼读清送气	音值和系统归并均与高安一致	
	通山为清不送气	通过方志中的移民材料推断,通山方言不大可能和湘语有密切和直接的关系。通山的古全浊声母在中古也是读为送气的,由于某种有待于深入研究的地域性原因,发生变异,送气成分丢失	
知系声母今读	知三、章组字在湘、赣语中由于介音的不同,在以"前"为特性的-i-介音影响下向舌尖塞音发展,在以"后"为特性的-u-介音影响下向舌根塞音发展。鄂东南方言区内知章组字复杂表现,反映的是共同演变趋向上的不同发展阶段,是一种平行演变,并不能反映鄂东南方言与湘、赣语孰远孰近的亲属关系		
梗摄文白读的归并方向	通城、高安,梗摄白读层保持独立地位;咸宁、通山,梗摄白读层与通摄合流,与宕江摄依然分立	通城、高安梗摄-ŋ尾白读在音类分合关系上的一致性说明,鄂东南方言的底层与湘语在早期有一个共同的演变阶段	双峰白读层也丧失了独立地位,但不和通摄发生纠缠,而是与宕江摄合流,体现了不同于鄂东南方言的另一种演化途径
	蒲圻、咸宁、通山旧文读层与咸山摄一二等合流,宕江摄独立发展,通摄在咸宁、通山与梗摄-ŋ尾层合流	双峰梗二鼻化层为文读系统,其演变方向跟鄂东南方言一致,与咸山摄一二等合流。鄂东南方言在早期与赣方言没有共同的发展时期,但在语言发展中,可能由于受某一权威方言的影响产生了文读形式,在文读层中经历了一段共同的发展时期	
登痕韵今读	主元音高化或滋生-i-介音,从而与咸、山摄开三、四的合并很普遍	部分见系字产生-i-介音,非见系则并未产生,但都与咸山开三四合流	双峰登、痕两韵与咸、山摄开三、四等韵保持严格分立状态
果遇蟹假等主元音格局	鄂东南方言多样的元音演变状态,是在高安所代表的原始底层之上,经过通城、蒲圻、咸宁、通山等不同阶段演变形成的。从这一动态过程来看,说鄂东南方言的底层与赣语同属一类较为合适		
流摄一等字的归并	侯韵字与效摄三等宵韵和四等萧韵有合流趋向	跟高安相同	双峰未发生过这种合流,侯韵和宵萧两韵处于分立状态
结论	无论是声、韵系统中的音类分合关系还是音系的结构格局和演变方式,鄂东南方言和赣语有着十分明确的一致性,说明它们经历过不少共同的发展历程和演变阶段,和湘语则缺少这种一致性。因此,鄂东南方言的底层和赣语一致,而与湘语关系不大		

二　对湘语界定标准认识的深化

近年来湘语研究取得了长足进展，这为我们重新审视鄂东南方言的性质提供了思路。"历来对湘语的确认，是以声母的发音方法，即古全浊声母的今读为标尺的。"（鲍厚星，2006）可是陈晖的研究发现，古全浊声母今读不仅湘语内部差异很大，其演变模式也跟以往的提法不同。我们将鲍厚星先生在《湘方言研究丛书·总序》中对此进行的总结列成下表。

表3

	旧说	新说
代表	《中国语言地图集》、《现代汉语方言概论》的湘语部分	陈晖的博士论文《湘语语音研究》
浊音问题	（娄邵片各点）古全浊声母今逢塞音和塞擦音时，不论平仄，一般都念不送气浊音	在整个湘语娄邵片，除祁阳、祁东外，古全浊声母入声字全部或绝大多数都已清化；除绥宁及有争议的娄底、涟源外，古全浊声母舒声字绝大多数今仍保留浊音
送气问题	古全浊声母今逢塞音和塞擦音时，无论保留浊音或浊音清化，不管平仄，一般都念不送气音	湘方言中，除极少数地方外，古全浊声母舒声字清化后一般读不送气音，入声字清化后部分送气、部分不送气，有不少地方送气占绝对优势

陈晖（2006）选取以下四条特征作为确定湘方言的标准：

①古全浊声母舒声字今逢塞音、塞擦音时，无论清浊，一般念不送气音；

②古入声字今读无塞音韵尾［-p -t -k］，也无喉塞尾［-ʔ］；

③绝大多数方言去声分阴阳；

④蟹、假、果摄主要元音形成［-a］、［-o］、［-ɷ］序列。

虽然陈晖强调标准①最为重要，但她也承认"这一标准又有一定的局限性，有时，仅凭古全浊声母的演变这一标准并不能很好地判定方言的归属"。她又用了较大篇幅来论证标准④的重要性，我们引述如下。

（1）地处湘中腹地、一直被认为是典型湘语区的娄底市古全浊声母不论舒入一律读送气清音，这是客赣方言的典型特征。而与娄底市紧密相邻的一些县市，例如双峰、湘乡、涟源一带的方言，古全浊声母舒声字今读不送气浊音或清音，入声字一般读送气清音，这是典型的湘语特征。如果从古全浊声母今读来看，它们完全应划入不同的方言大区。但事实上人们对古全浊声母读音差别的感觉并不像我们想象的那样敏感，这四地的人们能用各自的方言自如地交流，而其他地方的人都一致认为湘方言中最难懂的就是双峰、湘乡、涟源、娄底一带的话。

（2）再如涟源桥头河方言，古全浊声母无论舒入都已清化，清化后舒声字逢塞音、塞擦音不送气，这与长沙等长益片方言相一致，而明显不同于双峰、湘乡等娄邵片方言。如果仅凭古全浊声母的演变这一条标准将涟源桥头河方言放入湘语长益片，也难以得到当地人们的认同。

陈晖认为，这种"土人感"的形成，"韵母的演变格局或演变模式不容忽视"，"这几个地方蟹、假、果摄主要元音形成〔-a〕、〔-o〕、〔-ɷ〕序列，符合标准④，此外，在入声韵与舒声韵的合并规律以及各韵摄的演变规律等问题上，也表现非常一致"。更发人深思的是，陈晖论文所附娄底、涟源（桥头河）、双峰三点同音字汇，其"古全浊声母的演变各不相同，有的差别还非常大"，但都符合标准④。

三 鄂东南方言归属的再思考

陈晖将蟹、假、果摄主元音格局作为湘语的重要判别标准，实际上反映了近年来历史方言格局、特别是吴楚连续体学说的最新进展，这也启发我们对鄂东南方言的归属进行再思考。黄群建先生最新出版的《鄂东南方言音汇》提供了鄂东南八市县方言详尽的语音特点和同音字表，我们的讨论以之为据。

（一）蟹、假、果摄读音

表4

	娄底	涟源	双峰	萍乡	修水	黎川
古全浊归次清	+	-	-	+	+	+
次清化浊	-	-	-	-	+	-
河	₋ʁɷ	₋xɷ	₋ʁɷ		₋ho	
虾（~米）	₋xo 白 ₋ɕio 文	₋xo 白	₋xo 白 ₋ɕio 文		₋ha	
蟹	ˡka	xa²	ʁa²		ˡhai	
湖	₋ʁu	₋xu	₋ʁɤu		₋fu 胡	

续表

	蒲圻	通城	崇阳	嘉鱼	咸宁	通山	大冶	阳新
古全浊归次清	+	+	+	+	+	-	+	+
次清化浊	+	+	+	-	-	-	-	-
河	⊂ho	⊂ho	⊂hø	⊂xo	⊂xo	⊂xø	⊂xo	⊂xo
虾（~米）	⊂ha 白 ⊂çia 文	⊂ha 白 ⊂çia 文	⊂ha	⊂xɒ 白 çiɒ 文	⊂xa	⊂xɒ 白 çiɒ 文	⊂cɔ 白 çiɒ 文	⊂xɒ 白 çiɒ 文
蟹	hai⊃ 白 çiai⊃ 文	⊂hai	⊂hæ	⊂xai 白 çiə⊃ 文	⊂kha 白 çia 文	⊂xa 白 çia 文	⊂xæ	⊂xæ
湖	⊂hu	⊂fu	⊂fu	⊂xu	⊂fu	⊂fu	⊂xu	⊂xu

鄂东南方言蟹、假、果摄读音可以分为三类：

（1）蒲圻、通城为［-ai］、［-a］、［-o］，音值跟赣语完全一致，我们称为西片。

（2）咸宁、通山、大冶、阳新为［-a/æ］、［-ɑ/ɒ/ɔ］、［-o/ø］，这样归并乍看起来很乱，但如果从系统性上来观察就会发现：首先，大冶、阳新中古阴声韵来源的［-æ］只分布在蟹摄，所以也就相当于湘语的［a］。其次，假摄的读音，除咸宁外均为后圆唇元音；咸宁虽为不圆唇的后［ɑ］，但其与蟹摄来源的前［a］形成对立，其系统价值跟另外三点相同。同样，通山果摄读［ø］在系统上也可等同于［o］。这样一来，这四个点蟹、假、果摄读音序列归一化为［-a］、［-ɔ］、［-o］，这跟赣语的表现相去甚远，跟陈晖不断强调的标准④却能对应。所不同的是，这四个点假摄、果摄主元音都比湘语略低。

崇阳也可归入此类，但由于其阳声韵转入阴声韵的现象较为普遍，如［æ］韵除蟹摄来源外，还有山摄来源，我们推断这是晚近的合流。

这五个点我们称为东片。

（3）嘉鱼蟹摄表现同（1），假摄表现同（2），可以认为是一种过渡类型，我们暂且归入东片。

类型学相似不能作为同源关系的判别标准，这是历史语言学的常识。然而像蟹、假、果摄这样，不仅在共时上音值相似，并且在历时上音类相同，即历史音位价值的相似，这跟经典的类型学相似大异其趣。也许有人会问，蟹摄-i韵尾脱落造成韵母单化，继而跟假摄形成两个单元音音值的对立，这在官话也并不鲜见，比如山东方言蟹摄、效摄韵尾单化现象就十分突出。《山东省志·方言志》所收 36 个点"菜"字读音如下表。

表 5

"菜"字读音	tsʰɛ	tθʰɛ	tsʰai	tsʰɑi	tsʰaɛ
方言点个数	27	4	3	1	1

由于-i 韵尾的代偿作用，ai 单化后主元音舌位升高是很正常的，山东的 31 个方言点无一例外地升到 ɛ。这跟鄂东南方言的-a∕æ 或许是平行演变，但在时间深度上却相去甚远。

（二）入声韵尾

如果我们能再找到一条与蟹、假、果摄演变无关的分组条件，得到与其相似的分组结果，那么类型耦合的可能性就会大大降低。陈晖提出的标准②，"古入声字今读无塞音韵尾［-p -t -k］，也无喉塞尾［-ʔ］"，不仅是湘语的一大共性，也是湘赣两大方言的显著区别点。孙宜志（2007）将江西赣方言中古入声字今读韵尾分为四大类共十四种类型：

（1）三个辅音韵尾，集中在南部的临川片；

（2）两个辅音韵尾，分布于丰城片、南昌片；

（3）一个辅音韵尾，分布于鹰潭片、南昌片，包括南城、乐平、修水、万载 b 等类型；

（4）无辅音韵尾，集中于吉安片和宜春片，包括樟树型和永新型。

我们重点关注后两大类，先将其中包括的六种小类型的表现摘录如下，同时附上属于（2）的余干型（"ø"表示无辅音韵尾）。

表 6

	咸	深	山	臻	宕	江	曾	梗	通
南城	iʔ ʔ	ʔ	iʔ ʔ	ʔ	ʔ	ʔ	ʔ	ʔ	ʔ
乐平	ʔ	ʔ	ʔ	ʔ	ʔ	ʔ	ʔ	ʔ	ʔ
修水	t	t	t	t	ø	ø	ø	ø	ø
万载 b	uʔ	uʔ	iʔ	iʔ	ʔ	ʔ	ʔ	ʔ	ʔ
樟树	i ø	ø	i ø	ø	ø	ø	ø	ø	ø
永新	ø	ø	ø	ø	ø	ø	ø	ø	ø
余干	tn	tn	tn	tn	kŋ	kŋ	kŋ	kŋ	kŋ

　　修水型咸深山臻四摄入声为-t 尾，其他韵摄韵尾脱落；万载 b 型中古-p 尾变为-u?，中古-t 尾变为-i? 尾；樟树型咸山摄入声开口洪音，主元音不变，韵尾转化为-i。我们所掌握的鄂东南方言材料没有这三种类型，因此下文不再考虑。下面将孙宜志（2007）观点中南城、乐平、永新、余干四种类型的示例跟鄂东南方言以及陈晖（2006）提供的三个湘语方言点对比如下表。

表7

	答	叶	粒	达	活	滑	热	一	出
南城	tai?⌐	ie?⌐	ti?⌐	hai?⌐	fei?⌐	uai?⌐	ȵie?⌐	i?⌐	tɕʰy?⌐
乐平	tæ?⌐	ie?⌐	ti?⌐	tæ?⌐	uo?⌐	fæ?⌐	ye?⌐	i?⌐	tɕʰ?⌐
永新	₌ta	iɛ⌐	₌liɛ	₌ta	fɛ⌐	ua⌐	ȵiɛ⌐	₌i	tɕʰyɵ
余干	tatn⌐	iɛtn⌐	lətn⌐	tʰatn⌐	uotn⌐	uatn⌐	iatn⌐	itn⌐	tʃʰatn⌐
蒲圻	ta?⌐	ie?⌐	di?⌐	da?⌐	₌hue	₌hua	ɥe?⌐	i?⌐	dzuʔ⌐
通城	ta?n⌐白 / tai?⌐文	iɛ?n⌐白 / ie?⌐文	dʱi?⌐	dʱa?n⌐	ua?n⌐白	ua?n⌐挖白 / ₌ua 挖文	ȵiɛ?n⌐白 / yɛ?⌐文	i?⌐白 / i?⌐文	dzə?n⌐
崇阳	tæ⌐	iɛ⌐	dʱi⌐	dʱiæ⌐	xuɤ⌐	₌fɑ	ȵiɛⁱ⌐	i⌐	dʱə⌐
嘉鱼	ta⌐	iə⌐	ni⌐	tʰa⌐	xuə⌐	₌uɒ	zeⁱ⌐	i⌐	tɕʰy⌐
咸宁	tɒ⌐	i⌐	næ⌐	tʰɒ⌐	xue²	₌uɒ	ze⌐	i⌐	tɕʰy⌐
通山	tɒ⌐	i⌐	læi⌐	tɒ²	vuə²白 / uə²文	xua⌐	zɛ²	i⌐	tɕʰy⌐
大冶	tɔ⌐	iɛ⌐	lɐi⌐	tɔ⌐	₌xo	xuɤ⌐	zæ⌐	i⌐	tɕʰy⌐
阳新	tɒ⌐	iɛ⌐	lɐi⌐	tʰɒ⌐	xo⌐	₌uɒ	zɛ⌐	i⌐	tɕʰy⌐
娄底	₌ta	ie⌐	li⌐	₌ta	xue⌐	ua⌐	₌ie	₌i	₌tʰy
涟源	ta⌐	i⌐	li⌐	ta⌐	xue⌐	ua⌐	ȵi⌐	₌i	tʰy⌐
双峰	₌ta	ia⌐	li⌐	₌tʰa 獭	xua⌐	ua⌐	₌ȵiĩ / i⌐ia	₌i	₌tʰy

表8

	薄（~厚）	北	力	白	踢	族	烛	绿
南城	pʰo?⌐	pei?⌐	ti?⌐	pʰa?⌐	tʰia?⌐	tʰu?⌐	tu?⌐	tiu?⌐
乐平	pʰo?⌐	pe?⌐	ti?⌐	pʰa?⌐	tʰia?⌐	tsʰeu?⌐	tseu?⌐ *	tiu?⌐ *
永新	pʰo⌐	₌pɛ	₌liɛ	pʰa⌐	₌tʰi	tsʰo⌐	₌to	₌nio
余干	pʰokŋ⌐	pɛkŋ	likŋ⌐	pʰakŋ⌐	tʰikŋ⌐	tsʰukŋ⌐	tʃukŋ⌐	lukŋ⌐
蒲圻	₌bo	pe?⌐	di?⌐	₌ba 白 / ₌be 文	di?⌐	dzou?⌐	tɕou?⌐	diou?⌐白 / nou?⌐文
通城	bo?⌐	pɛ?⌐	dʱi?n⌐白 / dʱii?⌐文	ba?⌐白 / bɛ?⌐文	dʱiia?⌐白 / dʱii?⌐文	dzou?⌐	tɕy?⌐	dʱiou?⌐白 / nou?⌐文
崇阳	bʱø⌐	piɛ⌐	dʱi⌐	bɑ⌐	dʱiɑ⌐	dzəu⌐	təu⌐	dʱiəu⌐
嘉鱼	₌pʰo	pə⌐	çi⌐媳	₌pʰə	tʰi⌐	tsʰəu⌐	tɕəu⌐粥	nəu⌐

续表

	薄（~厚）	北	力	白	踢	族	烛	绿
咸宁	pʰə꜒	pe꜒	næ꜒	mɑ꜒麦白 pe꜒文	tʰiɑ꜒白 tʰæ꜒文	tsʰau꜒	tsau꜒	nɑu꜒
通山	pu꜒	pɛ꜒	læi꜒	pɒ꜒白 pɛ꜒文	tʰæi꜒	tsau꜒	tsɑu꜒	lau꜒白 liu꜒文
大冶	꜂pʰo	mæ꜒墨	lɐi꜒	꜂pʰɛ白 pæ꜒文	tʰɐi꜒	꜂tsʰɑu	tsɑu꜒粥	lɑu꜒
阳新	po꜒	pɛ꜒	ləi꜒	pʰɛ꜒	tʰəi꜒	tsʰɑu꜒	tsɑu꜒	lɑu꜒
娄底	pʰɤ꜒	꜍pe	li꜒	pʰo꜒白 ꜍pe文	꜍tio꜒滴白 ꜍ti滴文	tsʰəu꜒	꜍tɷ	ləu꜒
涟源	pʰə꜒	pe꜒	li꜒	pʰo꜒白 pe꜒白	tio꜒滴白 ti꜒滴文	tsʰau꜒	ʈau꜒	lau꜒
双峰	pʰɷ꜒	꜍pia	li꜒	pʰo꜒白 ꜍pia文	꜍tio滴白 ꜍ti滴文	tsʰəu꜒	꜍tiɷ	ləu꜒

（注：乐平原书为-k 尾，前文说乐平型中古-p、-t、-k 今读均为-ʔ 尾，可能为排印错误，今改之。）

从以上表格不难发现，鄂东南方言都有入声韵，按有无喉塞尾可以明显分为两类：西片的蒲圻、通城一类，东片的另外六个点一类。通城白读的鼻喉塞音跟余干的鼻塞音存在相似性，文读也反映出类似南城那样咸山摄洪音入声韵尾变-iʔ 的情况。可见在入声韵尾问题上，西片方言在音类、音值两方面都是赣语性的。

东片全无喉塞尾，韵母归入阴声韵，仅有入声调，跟赣语明显不同。永新等靠近湖南的赣语方言点，入声韵也归入阴声韵，但入声调不独立，以清浊为条件派入平声或去声。陈晖（2006）将湘语入声演变分为三类：

（1）古入声字绝大多数今读自成一类，仍为入声，如长益片；

（2）古入声字部分今读入声，部分按声母清浊派入舒声，如衡阳、邵阳、新化等地；

（3）无入声的方言，以声母的清浊和送气为条件派入舒声，包括老湘语的大多数方言点。

永新型的情况显然跟第（3）类相似，却跟鄂东南东片方言不同。东片方言一方面保存了入声调，另一方面也有部分浊入派入舒声调的情况，我们将黄群建先生书中提供的各点古今声调演变关系摘录如下。

表9

	阳新	大冶	通山	咸宁	嘉鱼	崇阳	蒲圻	通城
清入	入	入	入	入	入	入	入	入
次浊入			入、阳去					
全浊入		入、阴平		入、阳去			入、阳平	

可见，东片的大冶、通山、咸宁跟湘语的第（2）类一致，而阳新、嘉鱼、崇阳派入舒声调的字要少得多，我们认为其代表更早期的状态。东西两片的差别归根结底在于喉塞尾是否消失，西片保存喉塞尾，因此入声韵类和调类都十分稳定（蒲圻少数全浊入归阳平，如上表中的"活、滑、白"，可以留待进一步讨论）；东片喉塞尾消失，所以会有入声调不同程度派入舒声调的情况。

四　移民史的证据

作为一个相对独立的地理单元，鄂东南地区既有封闭性，又具开放性。封闭性在于南面的幕阜山、西北和东北面的长江所形成的自然阻隔，开放性在于其地扼三省交界，同外界始终保持密切联系。宋代以后，两件大事深刻影响了鄂东南地区的历史进程，也跟前述方言的东西分片暗合。

一是兴国军的设立。有宋一代，边患日笃，全国遍设州军。阳新地理位置十分险要，《读史方舆纪要》称其"襟山带江，土沃民萃；西连江夏，东出豫章，此为襟要"。宋初（977年）即以阳新为中心置永兴军，次年改兴国军，辖兴国、大冶、通山三县，其后300年一直隶属江西，到元代至元三十年（1293年）始还湖广。其间移民难以查考，但州军对当地方言的影响却有一个研究较为深入的例子可资参照。现在划为闽语独立次方言的莆仙话，一般认为其最早为闽南方言，宋设兴化军后逐渐演变为闽南、闽东的过渡方言，其韵母文白异读系统跟闽南方言接近，而声母类化现象跟闽东方言接近。虽然各地情况不能简单比附，但莆仙的情况却启发我们，兴国军所辖地区古全浊声母多读清送气也有可能是行政划归江西之后，赣语影响使然；而划归江西之前，该地方言应该跟两湖地区更为接近。

二是洪武大移民。南唐和宋代是鄂东南开发的关键期，现代鄂东南行政区划的基本格局在北宋初年就已奠定。其间也有一些载籍的移民事件，但对鄂东南方言地理产生实质性影响的却是明初的洪武大移民。曹树基先生

（1997）在研究"江西填湖广"时，发现民国《蒲圻乡土志》明确记载，"元末明初，江右民族多自进贤瓦子街移居蒲圻，近月盈千累万之盛族，皆此种类"，据此推断，蒲圻一代定居的江西移民来自南昌府。他又根据现有的氏族材料判断，武昌府南部山区是一个人口补充式的移民区，并粗略估计其主体来自南昌府，人口至少应有 7 万。我们认为，西片方言正是这些江西移民带来的赣方言。

五　结语

根据以上语言内部的比较和语言外部的移民史证据，我们认为，鄂东南方言至少应该包括东西两个次方言群，即将大通片拆分为以大冶为中心的东片和以通城为中心的西片。东片还包括阳新、通山、咸宁、嘉鱼、崇阳；西片则只含通城、蒲圻两地。除通山外，东西两片在中古全浊归派上都跟赣语相符；但在蟹、假、果摄读音和入声韵尾表现上，却呈现出东湘西赣的特点。嘉鱼带有一定过渡性，而崇阳则是东片唯一有次清化浊的点，这两地的性质尚需进一步澄清。

表 10

	西片		东片					
	蒲圻	通城	崇阳	嘉鱼	咸宁	通山	大冶	阳新
古全浊归次清	+	+	+	+	+	-	+	+
次清化浊	+	+	+	-	-	-	-	-
蟹、假、果摄读 [-a]、[-ɔ]、[-o]	-	-	+	-	+	+	+	+
入声是否有喉塞尾	+	+						

参考文献

［1］鲍厚星：《湘方言概要》，湖南师范大学出版社 2006 年版。

［2］曹树基：《中国移民史第五卷（明时期）》，福建人民出版社 1997 年版。

［3］陈晖：《方言语音研究》，湖南师范大学出版社 2006 年版。

［4］陈有恒：《鄂南方言志略》，内部出版，1991 年。

［5］黄群建：《鄂东南方言音汇》，华中师范大学出版社 2002 年版。

　　[6] 姜　松:《鄂东南方言初探》,硕士学位论文,北京大学,1993 年。

　　[7] 刘纶鑫:《客赣方言比较研究》,中国社会科学出版社 1999 年版。

　　[8] 山东省地方史志编纂委员会:《山东省志·方言志》,山东人民出版社 1993 年版。

　　[9] 孙宜志:《江西赣方言语音研究》,语文出版社 2007 年版。

　　[10] 赵元任等:《湖北方言调查报告》,商务印书馆 1948 年版。

材料来源:

蒲圻、通城、崇阳、嘉鱼、咸宁、通山、大冶、阳新:黄群建(2002)

娄底、涟源、双峰:陈晖(2006)

萍乡、修水、黎川:刘纶鑫(1999)

南城、乐平、永新、余干:孙宜志(2007)

　　[附记:本文系国家社科基金项目"重建汉语方言音韵史的方法及个案研究"系列成果之一,项目编号(06BYY011),研讨会宣读后发表于《方言》2010 年第 2 期。本文写于攻读博士学位期间,深深感谢导师王洪君教授的辛勤指导。]

从词汇语法的角度看海南西部一种与客赣方言关系密切的非官话汉语方言——付马话

刘新中

（广州暨南大学中文系/暨南大学汉语方言研究中心）

一　概况

付马村在海南省西部的东方市四更镇，位于昌化江下游的南岸，离南面的八所镇约 16 公里，西面 6 公里处便是北部湾。20 世纪 60 年代人口有 600多人，2007 年约 1700 人。村名由"英德"而来，"英德"是早期讲哥隆话的人对老付马村称呼的音译。"付马"与"驸马"没有关系，虽然清光绪二十三年（1896）编撰的《昌化县志》有"附马村"的记载。据发音人介绍，此村 1958 年之前叫"副马"。全村共有 12 个姓，其中最大的姓氏为文，根据族谱记载，他们的始祖文普镌来自江西省吉安府庐陵县罗菪村里，明朝中叶到海南，至今已有 22 代。其他超过 100 人的姓氏为吉、符、张、郭，不足 100 人的姓氏是王、赵、刘、卢等。

付马话源自江西，现在的付马话与其始发地的庐陵（今江西吉安）现在的语言已经很不相同，可以把它当做一种独立的方言。它的许多特点既有历史层次问题，也有语言接触与语言变异的因素。文白异读、训读等现象都很突出。付马话是一个较为典型的濒危方言，操付马话的人无一例外都是双语人。付马村的周围都是讲哥隆话（村话，属于壮侗语族黎语支）的村落，四更镇则讲海南话（海南闽语）。付马村里的人讲付马话，他们与周围村落的人讲哥隆话，出去镇上就能讲一点海南话，到东方市则需要讲海南话或者普通话。付马村的人受教育的程度普遍比较低，大多数只能完成义务教育，语音中错误类推的情况特别突出就反映了这种情况的一个侧面。2003 年春至 2009 年夏，笔者先后五次对付马话进行了调查。本文的主要发音人吉呈明，是付马小学的退休教师，生于 1942 年 10 月；另一位主要发音人文业光，付马村农民，生于 1945 年，未离开过付马村。

对付马话影响大的是海南话和普通话，这是付马话文读最重要的两个来源。本文在需要区别时，遇到有两种以上读音的标出文读或者白读以及其他读音时，文读下画线为双横杠，如"文"，白读下画线为单横杠，如"白"，训读下画线为单波浪线，如"训"。其他情况在右下角标出。

二　付马话的声韵调

1. 声母 19 个，包括零声母：

ɓ p' m f v ɗ t' n l ts ts' s ɻ tθ k k' h ŋ ø

声母的主要特点：

（1）ɓ、ɗ 虽然有时候发成浊音的 b、d，但主要与海南闽语的 ɓ、ɗ 一样，在年轻人中更明显。

（2）ts、ts'、s 的被动发音部位与普通话的差不多，在齐齿呼前读做 tɕ、tɕ'、ɕ，如"纸、车、世"。

（3）有一个齿间音 tθ，有时读为擦音 θ，tθ、θ 不构成音位对立，齿间的擦音和塞擦音不区别意义，多数为齿间塞擦音；tθ 这个音在海南西部的语言和方言中比较常见，如海南闽语的板桥、感城、新龙，村话，儋州中和的军话等。

（4）ɻ 比 z 的摩擦要轻，在付马话中摩擦重的时候也是 z，但一般都是 ɻ。

（5）未见 t 声母，但是在年轻人中"心"、"层"等字有时读 tθ、θ，有时读 t。

（6）n 在齐齿呼前读为 ȵ。

（7）声母的文白异读现象也较突出，但大都是音类的转变，也就是原有语音系统内进行重新的调配，没有产生新的辅音。声母中的文读主要受周围哥隆话和海南话的影响，"病"白读为 p'，文读 ɓ；"毒"白读为 t'，文读 ɗ；"无"白读为 m，文读为 v。有些文读则是受了普通话的影响，如"鱼"白读为 ŋ，文读为零声母。

2. 韵母 63 个：

ɻ	a	ai	au	am	an	aŋ	ap	at	ak
ɛ	ɛi				eŋ			ɛt	ɛk
i	ia	iai	iau	iu	ɯ	im	iam	in ian	iaŋ iɯŋ
ip iap				it	iɛt		ik	iɯk	

ɔ　ɔi　ɔm　ɔn　ɔŋ　ɔp　ɔt　ɔk
　　　　　　　　　oŋ　　　　ok
u　ua　uai　ui　uɔ　un　uan　uaŋ　uɔŋ　ut　uat　uak
ɯ　ɯi　ɯu　　　　ɯn　ɯŋ　ɯp　ɯt　　　ɯk

韵母的主要特点：

（1）韵母有 63 个，比吉安等地的赣语要复杂。

（2）韵尾有-m、-n、-ŋ、-p、-t、-k 六个。

（3）ʅ 和 ɯ 是与海南闽语不同的，但在海南西部的军话以及黎语、村话中 ɯ 都较常见，ʅ 只在年轻人的文读中出现。

（4）韵母有丰富的文白异读。iŋ、ei、ou 等韵母只在文读中出现。韵母有较为明显的文白读音分工，如，ɔ 和 uɔ 中，文读多读为 uɔ，如"贺祸锅座初多"；与此相似，ei 与 ɛi 之间没有音位对立，白读多读为 ɛi，如"碎累悲背碑"。ɯu 和 ou 等韵母也有文白读音的分工，文读多读为 ou。eŋ 很多时候读为 iŋ，尤其是文读的时候，如"冰病精轻称升兴蝇京令"。ɯn 的文读形式是 in 和 ian，如"犬"。我们把单纯的因文白异读不同而产生的韵母归入相应的白读中。

（5）ɔn/t ~ uɔn/t、ɔk ~ uɔk 双双互补，在与舌根音相拼时 ɔn 多为 uɔn，如"衔"。

（6）u 韵母有时读得像 o。

（7）ɯn 有时读得像 ən，如"分"。

（8）oŋ 有时读为 uŋ，如"横轰宏"；"用"ɹoŋ 因为有了声母 ɹ，oŋ 韵母前面似乎有一个 i；肉的韵母为 ok，但有时读为 iok。

（9）在付马话中偏旁错误类推的情况很严重，对于那些不认识的字几乎都用这个办法，如 au 韵母的"曝、袍、钞"。

3. 声调 6 个，见下表：

表1

调类	①阴平	②阳平	③上声	④去声	⑤阴入	⑥阳入
白读	35	53	44	31	4	2
文读	44	23	31	35	5	5
例字	东冬通	门铜情	儿草五老	动卖送	谷百拍	六毒绿

声调的主要特点：

（1）声调有 6 个，平声分阴阳，上声、去声不分调，但是古上声、去声中有很多字归入别的声调。入声分阴阳，阴调高，阳调低。仅从调类分化而言与今吉安的泰和县类似。

（2）入声中有一部分，主要是来源于次浊的字，调型接近23，如"叶、月"，我们还是把它归入阳入。

（3）声调有系统的文白异读，入声文白异读中产生了专事文读的声调，阳平的文读也是白读中没有的23调，其他调类则是相互交叉，阴平白读=去声文读：35，上声白读=阴平文读：44，去声白读=上声文读：31。声调的文读明显趋于简化，主要是受官话方言的影响以及周围方言的影响，比如阴平、阳平、上声有较明显的普通话的影子；去声则明显接近东方的海南话。词汇中的没有汉字对应的音写成"□"，右下角注出出现的环境和语义；声调用数字加圈表示，与声调表中六个调类的序号是一样的。

三　词汇

我们在中国社科院语言研究所编制的《词汇对照手册》以及北京语言文化大学《汉语方言地图集》词汇对照所列词的基础上，选择一些词与相应的客赣方言的词列出来进行比较。本文选录了付马话的200多条词，将它们与相对应的客赣方言的词进行比较，比较项的顺序为付马话、吉安话、南昌话、于都话、梅县客家话。顺序是按丁声树先生编的《方言调查词汇手册》的顺序，有些词由于比较项的材料不足，就暂时空下来。对比所用材料来源见文后注3-6。词汇尽可能反映与他们的生活密切相关的那些部分，表格中空白的是表示暂时没有这个词的材料。

（一）亲属称谓词语的特点

常见的亲属称谓举例，见下表。

表2

词条	父亲	母亲	祖父	祖母
付马话	爹 $d\varepsilon^{35}$	□ $ɯi^{31}$	□□ $lau^{33}loŋ^{35}$	老姆 $lau^{44}mai^{21}$
吉安	爸爸	姆妈	爷爷	婆婆
南昌	爸	妈	公	婆婆
于都	爸爸	□ $mε^{3}$	公爹	婆奶
梅县	阿爸	阿姆	阿公	阿婆

续表

词条	父亲	母亲	祖父	祖母
海南村话	dɛ³⁵	ʔɛi²¹；bai¹³	kuŋ³³	ʔɛi²¹ zɔ³⁵

词条	外祖父	外祖母	伯父	伯母
付马话	翁 aŋ³¹	老姆 lau⁴⁴mai²¹	□□ vɛk³tθin³⁵	□ mai³¹
吉安	外公	婆婆	大伯	大妈
南昌	阿公	婆婆	大爸	大妈
于都	外公	婆奶	伯佬	伯奶
梅县	外阿公	阿婆	阿伯	伯姆
海南村话	ʔɛi²¹ zɔ³⁵	dɛ³³ nɔ³³	bɤk³³ dɛ³⁵	ʔɛi²¹；bai¹³

词条	叔父	叔母	舅	舅母
付马话	叔爹 sut⁴dɛ³⁵	□ mai²¹	□ ou⁴²	□ mou⁴⁴
吉安	叔叔	婶婶	舅公	舅母
南昌	叔	婶	母舅	舅母
于都	叔佬	叔母	舅公公	舅母
梅县	阿叔	叔姆	阿舅	舅姆
海南村话	sok³³dɛ³⁵	bai¹³liək¹³	bɤk³³	nɛn³³

词条	姑	姨母之妹	兄	弟
付马话	□ tsɛt⁴	姨 zi⁵³	己隆 ki⁴⁴lɔŋ³⁵	叔 sok⁴
吉安	姑姑	姨娘	哥	老弟
南昌	姑娘	姨娘	哥哥	老弟
于都	姑姐	姨	哥哥	老弟
梅县	阿姑	阿姨	阿哥	老弟
海南村话	nɛn³³	nɛn³³	kɔ³³lɔŋ³⁵₋³³	sok³³

词条	姊	妹	儿子	儿媳妇
付马话	大姐 tʰai³¹tθɛ⁴⁴	□ tsɛt²	□□ nam⁴⁴mɯi⁴⁴	新妇 tθin³⁵fu³¹
吉安	姐姐	妹仂	崽	新妇
南昌	姐姐	妹口得	崽	新妇
于都	姐姐	妹子	子	新妇
梅县	阿姊	老妹	赖儿	心舅
海南村话	ʔɛi²¹lɔŋ³⁵₋³³tθɛi³³	tsɛt³³	tθiək³³	tθɤk³³lɔi³⁵

词条	女儿	女婿	夫	妻
付马话	□□□ fen³⁵ mau⁴⁴ tθai⁴⁴	女郎 ni⁴⁴ lɔŋ⁴²	老公 lao⁴⁴ koŋ³⁵	妇□ fu³¹ mou⁴⁴
吉安	崽女	姑丈	老公	老婆
南昌	女	郎	老公	老婆
于都	女	女婿	老公	老婆
梅县	妹儿	婿郎	老公	老婆
海南村话	tθiək³³ bai¹³	tθiək³³ tθou³⁵	ŋa：u³⁵ phɔ⁴²	ŋa：u³⁵ bai

亲属分类很多，这里以颜师古注《汉书》的"父母兄弟妻子"为参照。父母的称呼与客赣都不同了，父亲的称呼与海南闽语一样，同时在语音上与村话的也一样，母亲则完全是与村话的一致。"兄弟"虽然在语音形式上与村话有些差异，但是构词理据是一样的，"兄"这个词中表示修饰成分的"大"lɔŋ³⁵都是放在中心语之后，这是非汉语的形式，是受村话影响的结果；"弟"的词形与"叔父"的"叔"是同一个语素，而且付马话和村话完全一致，这个词的来源显然是古汉语，我们可以理解为是两种语言同时受到古汉语影响的结果。"妻"和"子"的形式与村话不同。加上对其他亲属称谓词的观察，我们看到多数都与村话有关，而与客赣的一致性却减弱了很多，这显然是语言接触的结果。

（二）身体五官词语

身体词语举例，见下表。

表3

词条	头	脸	眼	眼珠儿
付马话	头 tʻau⁵³	面 mian³¹	眼 ŋan⁴⁴	眼核 ŋan⁴⁴ hut³
吉安	脑壳	面	眼睛	眼珠
南昌	头	脸	眼睛	眼珠仂
于都	脑盖	面	眼珠	眼珠
梅县	头那	面	眼（珠）	眼珠仁
海南村话	vau⁴²	naŋ³⁵ tse：ŋ³⁵	khan²¹ hɔ³⁵	vat²¹ hɔ³⁵
词条	耳	眉毛	鼻子	口

词条	头	脸	眼	眼珠儿
付马话	耳 ɯ³¹/ŋɔi⁴⁴	眼毛 ŋan³¹mau⁵³	□ k'at⁴	□ k'au⁴⁴
吉安	耳□tʰo³	眉毛	鼻子	嘴巴
南昌	耳朵	眉毛	鼻公	口
于都	耳朵	眼眉毛	鼻公	嘴角
梅县	耳朵	目眉毛	鼻公	嘴
海南村话	ŋau³⁵lai¹³	mɛi³⁵hɔ³⁵	khiu²¹khat³³; thiu²¹khat³³	boŋ¹³

词条	舌头	脖子	左手	右手
付马话	落舌 lɔk²sit²	颈 kiŋ³¹	□手 hu³¹sou⁴⁴	精手 tɕiŋ³⁵sou⁴⁴
吉安	舌头	颈		
南昌	舌头	颈骨里		
于都	舌头	颈茎		
梅县	舌嫲	颈筋	左手	右手
海南村话	tθɔ³³tθin⁴²	ki²¹lɔŋ¹³		

词条	手指	指甲	膝盖	男阴
付马话	手指 sou⁴⁴tsi³¹	指甲 tɕi⁴⁴kap³	脚膝头 iɯk³tθɯ⁴⁴t'au⁵³	卵 lun⁴⁴
吉安	指甲		膝头牯仂	卵
南昌		指甲	□sɛ³头	卵
于都		手指甲	膝头脑	卵
梅县	手指	手指甲	膝头	㑩棍
海南村话	zak¹³mou³⁵		vau⁴²zen¹³	zum³⁵

词条	女阴	交合 动宾	屁股	肛门
付马话	□ mui⁴⁴	□□ tiɯ³¹mui³⁵	□ bɔk⁴	粪门 fun³⁵mun⁵³
吉安	屄	戳	屁股	屁股眼
南昌	屄	戳	屁股	屁眼
于都	屄□piɛ³thɤ²	屌	屎□fa⁴	屎□fa⁴眼
梅县	娿□pai¹¹	鸟娿□pai¹¹	屎窟	屎窟门
海南村话	mui³³		ŋam¹³so³⁵	sen³³so³⁵

人的五官"耳目口鼻舌"中,"鼻子"是从村话中借来的,其他还是以

客赣为基础的；只是"舌头"变成了动宾式的构词方式"落舌"。左右手的构词理据显然与海南闽语的一样，但是手指、指甲则是与客赣相一致。付马话中"腿"和"脚"都用"脚"来表示，这与客赣以及粤闽等南方方言都是一样的。"膝盖"也与客赣的构词理据相类似。男阴是赣语的词语，女阴用的是村话的词语，这可能反映了一种婚姻状况：付马村的媳妇多为讲村话的村子里的女性。由此推论，本村的女性也是多嫁到附近的讲村话的村子中去。"屁股"和"肛门"也叫"屎窟"和"阿屎窟"，这与梅县客家话的几乎一样，另外从这些词的构词理据来看也是与客赣一致的。

（三）时间与方位词语

时间与方位词举例，见下表。

表4

词条	今年	明年	去年	今天
付马话	今年 kin³⁵ nin⁵³	来年 lai⁵³ nin⁵³	去年 k'ɯi⁴⁴ nin⁵³	今日 kin³⁵ nit²
吉安	今年	明年	旧年	今日
南昌	今年	明年	旧年	今日
于都	今年	明年	旧年	今日
梅县	今年	明年	上春/旧年	今晡日
海南村话	ba²¹ na²¹	ba²¹ hau²¹	ba²¹ phan⁴²	hon¹³ na²¹
词条	明天	后天	昨天	前天
付马话	明□meŋ⁵³ kian³⁵	后日 hau³¹ nit²	昨日 tθa⁵³ nit²	前日 tθin⁵³ nit²
吉安	明日	后日	昨日	前日
南昌	明日	后日	昨日	前日
于都	明朝	后日	昨日	前日
梅县	辰朝日	后日	秋晡日	前日
海南村话	bi²¹ hiau²¹	hu²¹ nou³⁵	ʔa²¹ phan⁴²	ʔa²¹ phou³⁵
词条	上面	下面	里面	外面
付马话	上头 sɔŋ⁵³ t'au⁵³	下□ ha³¹ pai³⁵	□头 ts'a³⁵ t'au⁵³	□□头 ts'au³¹ mai⁵³ t'au⁵³
吉安	上面	下面	里头	外头
南昌	上头	下头	里头	外头
于都	上里	下里	□（ie（¹里	外里
梅县	上背	下背	里背	外背
海南村话	ki²¹ tsou¹³	ki²¹ fau³⁵	ki²¹ tsɛn¹³	phui³³ lin⁴²

从上述所举的表示时间和方位的词来看，付马话主要与赣语相类似，个别也有受海南闽语的影响，如下面的"前面"付马话说成"过前"。

表5

词条	付马话	吉安	南昌	于都	梅县	海南村话
前面	过前 ku^{44}tθin^{53}	前面	前头	前头	前背	phui^{33}tse：ŋ^{35}

虽然付马话处在村话的强势包围之中，村里的人全部都是双语人，但是表示时间和方位的这些词却未受村话的影响。

（四）居所与饮食词语

时间与饮食词语举例，见下表。

表6

词条	水泥	热水	砖	村
付马话	水泥 sui^{44}nai^{53}	热水 nit^{2}sui^{44}	砖 tɕin^{35}	村 tθun^{35}
吉安	水泥	滚水	砖	村子
南昌	水泥	热水	砖	村头
于都	水泥	滚水	砖	山庄
梅县	士敏土	烧水	砖	村
海南村话			tsɯn^{21}	
词条	胡同	房子全所	屋子单间	卧室
付马话	□□ iaŋ^{31}kou^{44}	屋 ɔk^4	屋 ɔk^4	觉屋 kau^{44}ɔk^4
吉安		屋	房间	
南昌	巷子	屋	房间	
于都	巷子	屋	房间	
梅县	巷儿	屋	房间	
海南村话		kɯn^{35}	hɔ^{42}kɯn^{35}	
词条	祠堂	窗	门槛	厕所
付马话	祠堂 tθɯ^{53}t'aŋ^{53}	窗 tsuaŋ^{35}	门槛 mun^{31}kai^{35}	阿屎庐 a^{44}ɕi^{44}lu^{31}
吉安	祠堂	窗门	门槛	茅坑
南昌	祠堂	格子	地门	茅缸
于都	祠堂	窗子	门口	屎坑
梅县	祠堂	窗儿		屎窖
海南村话		tshuaŋ^{33}	muən^{35}sui^{35}	kɔŋ^{33}ba：ŋ^{21}

词条	灶	稻子	稻谷	麦
付马话	□□ ha⁴⁴lu⁵³	禾 hɔ⁵³	谷 kok⁴	麦 muk²
吉安	灶	禾	谷	
南昌	灶	禾	谷	麦子
于都	灶	禾	谷	麦子
梅县	灶头	禾	谷	麦儿/小冬
海南村话	tθai⁴²	mət³³	kuək⁴²	

词条	玉米	高粱	菠菜	西红柿
付马话	番共= fɯŋ⁵³koŋ³⁵	□梁 liaŋ⁴⁴liaŋ⁵³	菠菜 pɔ⁴⁴tsʻai³¹	□□ sa⁴⁴li³¹
吉安	包粟	高粱	菠菜	西红柿
南昌	玉米	芦粟	菠菜	番茄
于都	包粟	高粱粟	波菱	西红柿
梅县	包粟	鲁粟		番茄
海南村话	mɔ³³ʔau³⁵	kau³³liaŋ¹³	bɔ³³tshai³⁵	ham³⁵li³³

词条	茄子	白薯	马铃薯	辣椒
付马话	茄 kiɯ⁵³	□ sen⁵³	□□□ lai³¹kai⁴⁴sen⁵³	辣椒 lai³¹tθiu³⁵
吉安	茄子	番薯		辣椒
南昌	茄仂	山薯	马铃薯	辣椒
于都	茄子	番薯	马铃薯	辣椒
梅县	茄儿		马铃薯	辣椒
海南村话	ham³⁵lem²¹thɔk²¹	hɔi¹³	hɔi¹³tsɛŋ³⁵	lit⁵⁵tθiau³³

词条	面粉	面条	馒头	包子
付马话	面粉 mian⁴⁴fɯn³¹	面 mi³⁵	馒头 man⁵³tʻɯɯ³⁵	包子 pau⁴⁴tθɯ³¹
吉安		面		
南昌	面粉	面		
于都	面粉	面	馒头	包子
梅县	面粉	面	馒头	包儿
海南村话	mian³⁵fən²¹			bau³³tθə²¹

词条	饺子	菜饭~	醋	盐
付马话	饺子 tθiau⁴⁴tθɯ³¹	菜 tθai³¹	酸醋 tun³⁵sɔ³⁵	盐 im⁵³

续表

词条	饺子	菜饭~	醋	盐
吉安		菜	小酒	盐
南昌		菜	醋	盐
于都	饺子	菜	小酒	盐
梅县	饺儿	菜	酸醋	盐
海南村话		ʔuən^{35}	sou^{35}	ȵa：u^{42}；niau^{42}

词条	吃饭	茶	喝茶	喝酒
付马话	吃饭 hit^{4}fan^{31}	茶 ts'a^{53}	吃茶 hit^{4}ts'a^{53}	吃酒 hit^{4}tθou^{44}
吉安	吃饭	茶	吃茶	吃酒
南昌	吃饭	茶	吃茶	吃酒
于都	食饭	茶	食茶	食酒
梅县	食饭	茶	食茶	食酒
海南村话	la^{21}tshɔ^{21}	tsa^{35}	la^{21}tsa^{35}； tsep^{33}tsa^{35}	la^{21}phe：u^{35}； tsep^{33}phe：u^{35}

在居所词语方面，付马话与客赣方言的关系较为密切。作为主要食用植物的水稻还是与客赣的一致而与村话不同。外来的那些植物，明代之前的与客赣一致，明代以后的，如"西红柿、马铃薯"等则与村话的差不多；这也从另一个侧面印证了讲付马话的人来海南的时间在明代中叶以后。至于由大陆传到海南的"麦、辣椒、面、馒头、包子"之类的名称付马话与客赣、村话都是差不多的。

（五）表示动物词语

下面是一些常见的动物词语举例，见下表。

表7

词条	猪圈	公猪	母猪	牛
付马话	猪栏 tsɯ^{35}lan^{53}	猪头 tsɯ^{35}t'au^{53}	猪母 tsɯ^{35}mai^{31}	牛 nau^{35}
吉安	猪栏	猪牯	猪婆	牛
南昌	猪栏	公猪	猪婆	牯
于都	猪栏	猪牯	猪婆	牛
梅县	猪栏	猪哥	猪嫲	牛

词条	猪圈	公猪	母猪	牛
海南村话	koŋ²¹vɔi¹³	phɔ⁴²vɔi¹³公猪 vau⁴²vɔi¹³种猪	bai¹³vɔi¹³生过子 hɔ:(i)¹³vɔi¹³未生子	de:u³⁵；na:u³⁵

词条	狗	猫	公鸡	母鸡
付马话	犬 k'ɯn⁴⁴	猫 miu³⁵	鸡公 kai³⁵koŋ³⁵	鸡母 kai³⁵mai³¹
吉安	狗		鸡公	鸡婆
南昌			鸡公	鸡婆里
于都			鸡公	鸡婆
梅县	狗		鸡公	鸡嫲
海南村话	khak²¹	miu²¹	phɔ⁴²khai³⁵	bai¹³khai³⁵

词条	麻雀	蛇	老鼠	蚯蚓
付马话	□□□ pu³³lau⁵³tθiət⁴	蛇 siɯ⁵³	老鼠 lau⁴⁴tɕ'iu⁴⁴	□□ iau³¹ou³⁵
吉安	麻雀		老鼠	蚯蚓
南昌	间雀		老鼠	寒虫董
于都	麻鸟子		老鼠	河虫宪
梅县	禾笔儿	蛇哥	老鼠	虫宪　公
海南村话	siat⁵⁵feŋ⁴²	nai⁴²	tsɔi¹³	nian²¹ʔuən³⁵

词条	蚂蚁	苍蝇	蚊子	蜘蛛
付马话	蚁□ ŋɔi⁵³tθ⁴⁴	蝇 ziŋ⁵³	蠓 maŋ⁴⁴	aŋ³⁵mɔ³³
吉安	蚂蚁	苍蝇	蚊虫	蜘蛛
南昌	蚂蚁	苍蝇子	蚊僆	
于都	蚂蚁	乌蝇	蚊子	蜘□ tɕit⁶ 口得
梅县	蚁公	乌蝇	蚊儿	□□tɕhia²¹ ¹¹
海南村话	bət¹³	zui³⁵	noŋ³⁵	hɛm⁴²

　　动物中六畜与人的生活的关系最为密切，在南方农村除了马之外，牛、猪、鸡、狗等都是生活的一部分，这些词语与客赣方言的词语差不多，但是付马话把"狗"叫"犬"在汉语方言中是很少见的。蛇、鼠、蚊、蝇等让人摆脱不了的害虫到处都少不了，而且古已有之，说付马话的人在江西时就是很常用的了，因此词根与客赣基本上保持了一致。

　　与普通生活较远的老虎、猴子等词根与客赣闽等方言都是一样的，但语音形式与海南闽语较为近似，见下表。

表 8

词条	付马话		南昌	梅县	于都	海南村话
老虎	老虎	lau^{44} fiu^{44}		老虎		liu^{33} ho^{33}
猴子	猴□	kau^{31} nau^{31}		猴哥		ki^{21} nɔk^{21}

从上述这些距离性质的词语我们可以看出，虽然付马话与客赣方言的关系密切，但还是有一定的差距的。讲付马话的人是从江西卢陵（吉安）迁来的，但从词汇方面来看差别是相当大的，就目前掌握的情况相同的还不足四分之一，有些最基本的词语都不同，比如亲属称谓中的父母、兄弟、祖父、祖母等。有些词是从海南闽语中借来的，比如"过前_{前边、以前}、索_{绳子}、箸_{筷子}、精手_{左手}"。有一些词是与村话有关，见下表。

表 9

普通话	妹妹	鼻子	狗	鱼
村话	tset^{33}	k'at^{33}	k'ak^{21}	ŋɔi^{35}
付马话	tset^{2}	k'at^{4}	k'ɯn^{44}	ŋui^{53}

这些词都是最基本的词，"鼻子、狗、鱼"都在（Swadesh）所设计的200基本词中。这种情况告诉我们，语言间的影响是非常大的，这种影响甚至可以到达语言的核心部分。

四　语法

本文选取一些词法句法项目进行讨论。

（1）有"阿"、"老"等词头，如"阿-"：阿明、阿东、阿三、阿二；"老-"：老王、老张、老弟。

（2）有用于构词的词尾，如"仔-"：凳仔、台仔_{桌子}、笔仔_笔、索仔_{绳子}、屋仔、路仔，鸟仔、老鼠仔、鸡仔、猪仔，nam^{33} mau^{33} 仔_{小男孩}、fən^{35} mau^{33}仔_{小女孩}。

（3）有名词、动词、形容词的重叠形式：爹爹、哥哥，行行、问问、看看，清清楚楚、高高兴兴。

（4）表示动物性别的词放在动物名称之后：猪头_{公猪}、猪母_{母猪}、鸡公、鸡母、牛公、牛母。

（5）双宾句中表示人的宾语放在表示物的宾语的后面：给十块钱我。

（6）比较句：我高过佢。我大过佢三岁。

（7）人称代词的形式，见下表。

表10

词条	我	你	他	我们
付马话	我 ŋɔ⁴⁴	你 nei⁴⁴	佢 ki³¹	□ ŋɔn⁵³
吉安	我	你	渠	我□ tuŋ
南昌	我	你	渠	我个仂
于都	偃	你	佢	我人
梅县	偃	你	佢	偃　丁人
海南村话	kə²¹	mɔ²¹	na²¹	ha²¹
词条	咱们	你们	他们	谁
付马话	□ ku⁵³	□ nun⁵³	□ ku⁵³	□ sun⁵³
吉安		你□ tuŋ	渠 tuŋ	哪个
南昌		你个仂	渠个俚	哪个
于都		你支人	ku¹ ti³	□ tʃ ẽ⁴人
梅县	偃　丁人	你丁人	佢丁人	哪个
海南村话	ha²¹	ma³⁵	ki³⁵ na²¹	ʃaːu²¹

　　从人称代词的基本形式来看，付马话与客赣方言一致，但是复数形式显然是受海南闽语昌感片的影响，海南闽语昌感片的人称代词是"我"、"汝"、"伊"，它们的复数形式是相应的在基本读音形式后加-n 尾，这与付马话的复数形式是一样的。而付马话的"他们"是以改变主要元音的形式出现的，这还是一种内部曲折的构形手段。人称词语单数接近赣语，复数形式接近闽语，这可能是受到海南西部的海南闽语影响的结果。

（8）量词，见下表。

表11

词条	一双鞋	一张席	一辆车	一床被
付马话	双 sɔŋ³⁵	番 fan³⁵	□ sen²¹	番 fan³⁵
吉安		床	辆	床
南昌		床	只	床
于都		床	只	床
梅县	双	翻	辆	翻
海南村话	suəŋ²¹		ka⁴²	kiəŋ⁴²

续表

词条	一把刀	一支笔	一头牛	一头猪
付马话	把 ba^{44}	管 k'un^{44}	个 kɔ^{44}	个 kɔ^{44}
吉安	把			头
南昌	把			只
于都				只
梅县		支	条	条
海南村话	ba^{33}	kɔn^{42}	lət^{21}	lət^{21}

词条	一只鸡	一条鱼	去一趟	打一下
付马话	个 kɔ^{44}	觥 koŋ^{44}	趟 t'aŋ^{53}	□ bi^{31}
吉安	只	只	趟	
南昌	只	只	趟	
于都	只	只	次	
梅县	只	条		下
海南村话	lət^{21}	lət^{21}	bɔn^{35}	tθen^{35}；fɔi^{35}

　　上述量词中，表示生活用品的量词与梅县客家话较为接近，表示动物的量词与赣语和客家话都不相同，表示动作的动量词则是有交叉。有一些量词与客赣都相同，但是海南村话的相对应的确有多个，比如表示"客人"的"个"，见下表。

表 12

词条	付马话	吉安	南昌	于都	梅县	海南村话
一个客人	个 kɔ^{44}	个	个	个	个	lət^{21}；kuan^{13}；nen^{35}

　　以上比较项只是举例的性质，但也清楚地反映出付马话与客赣等南方方言的关系十分密切。

五　小结

　　《中国语言地图集》把客赣两种方言分开的主要依据：部分古浊音声母上声字客家话今读阴平，如梅县"柱在弟咬尾"，赣方言多数方言（尤其是中心地区地方言）无此特点；在付马话中"柱"属于阴平，"在咬尾"则是上声。一些常用的古全浊声母字客家话读不送气音，赣语仍读送气清音，如"渠笨"；付马话也是如此。一些口语常用词客赣也不一样，如梅县说"食饭、食茶、佢、佢个、係"，南昌说"吃饭、吃茶、我、我个、是"。付马话的"吃饭、吃茶、我、我的、是"与赣语相类似。付马话的"吃"读为"hit³"，这又与粤方言中的一些地方的吃的读音相似，我们将"吃、食"在粤方言一些点中的读音，与付马话作比较，发现也有一些相关之处，见下表。

表 13

	广州	顺德	中山	东莞	斗门	台山	开平	信宜	廉江	付马
吃	hɛk³³	het³³	iak³³/hek³³	ŋɐt⁴⁴	hiak³³	hiak³³	hiak³³	hɐt⁵⁵	hɐt⁵⁵	hit⁴
食	sek²²	set²¹	sek³³	sək²²	sek²¹	set²¹	set²¹	sek²¹	sek¹¹	sik²

这些相关的词语说明付马话的表示"吃"的意义的词不是"食"，这种情况接近赣语而与海南闽语、客家话不同。

综上所述，我们认为付马话是一种与客赣方言较为接近的非官话汉语方言。它的语言成分既保留了客赣方言的因素，也吸收了大量村话和海南闽语的成分，形成了独具特色的一种汉语方言，至于它与（古）赣语的关系还需要进一步研究。

关于付马话需要研究的问题还很多，这些问题对于语言的接触与影响，对于那些濒危语言的有关问题，对于多语多方言地区各语言和方言之间的共生与制约等问题，都有重要的参考价值，值得我们进一步去研究和探索。在这个意义上，本文只是起一个抛砖引玉的作用。

参考文献

[1] 第一部分除笔者的调查外，主要参考以下材料：

明代宁波天一阁藏：《正德琼台志》。

（清）李有益纂修：《昌化县志》，光绪二十三年。

张嶲、邢定纶、赵以谦纂修，郭沫若校点：《崖州志》，广东人民出版社 1962年版。

陈铭枢：《海南岛志》，1930 年。

［2］詹伯慧主编：《汉语方言及方言调查》，湖北教育出版社 2001 年版；
《广东粤方言概要》，暨南大学出版社 2002 年版。

［3］黄雪贞：《梅县方言词典（李荣主编）》，江苏教育出版社 1998 年版。

［4］谢留文：《于都方言词典（李荣主编）》，江苏教育出版社 1998 年版。

［5］刘纶鑫：《客赣方言比较研究》，中国社会科学出版社 1999 年版。

［6］李如龙、张双庆主编：《客赣方言调查报告》，厦门大学出版社 1992 年版。

［7］李　荣等：《中国语言地图集》，香港朗文出版有限公司 1987 年版。

［8］李　荣等：《现代汉语方言大词典》（综合本），江苏教育出版社 2002 年版。

［9］符昌忠：《海南村话》，华南理工大学出版社 1996 年版。

再说武平中山军家话与客赣方言的关系[*]

林清书

（龙岩学院）

一 关于武平中山军家话的初步认识

原武平县政协主席王增能对武平历史作了大量的调查和研究，发表了许多有重要价值的成果。王增能先生应该是最早著文介绍武平中山军家人和军家话的学者，他从姓氏的角度，研究和介绍了军家人的历史、传说和源流。王增能先生还对军家话发表了自己的看法，他说："武平所还有一种特殊的现象，即除客家话外，还有一种军家话，兼相使用，并行不悖。所谓军家话，即军籍官兵所说方言……虽然笔者对军家话毫无研究，不过可以推测，所谓军家话必定是以赣方言为主，吸收了其他地方的方言特别是客家方言的许多营养，逐渐地形成起来的。乃一弹丸之地，处在客家话包围之中，军家话作为一个独立的方言岛，历五六百年而不衰，这种奇特的现象，为方言学家开辟了一个新的研究领域。"[①]

在龙岩市政府工作的军家人王文汉先生认为把他们叫做"军家人"是不对的，在他们自己的口语中，是自称［tshiŋ³¹ ka³¹］。根据当地的传说，军家人是明朝的时候从南京来到武平的，他们是朱元璋的爱卿，所以应该叫做"卿家人"，他们说的话应该叫做"卿家话"。[②]

笔者于1984年5月开始调查中山军家人和军家话。结合历史和语言的情况进行了初步的研究，把调研成果作为方言志的一部分，编进《武平县

---

[*] 军家话材料主要来自笔者当年的调查记录，调查对象：挂坑村危冠章（时龙岩师专学生）全家，1984年5月；武溪村邱香（时龙岩师专学生），1984年5月。可参考笔者《武平中山军家话与赣方言》。

① 武平县文史资料编纂委员会：《武平文史资料》第8辑。

② 据王文汉先生口述。

志·方言志》，并发表《武平中山军家话与赣方言》，基本的看法如下。

第一，军家人的来源是多元的。在时间上是从明朝到清朝分期分批进入中山的；在地域上包括山东、安徽、江苏、浙江、江西等华东各省，以及本地的上杭县等，其中，人数最多的是赣东北人。

据《武平县志》（民国本）①，在洪武二十二年，因广寇谢仕贞之乱，调汀州卫指挥黄敏提兵剿捕。由于武平在闽粤赣交界处，洪武二十四年，在武平筑所城，即武平千户所（简称武所）。从洪武至嘉靖约 200 年间，先后调驻武所的军籍即有抚州临川的王、程二姓，金溪县的丘、艾、李、周、许、舒、邬、董、刘、洪（以上均注明洪武或明初）、车（嘉靖中）等十一姓，有来自吉州永丰县的危氏（天顺三年），九江德化的张氏（洪武二十三年），来自安徽的有徐氏、郑氏、贾氏，来自浙江的有何氏、黄氏，还有山东云州陈氏，潼川州洪县向氏，通州祝氏，广东潮州彭氏，还有来自邻县上杭的翁氏。总之，以上姓氏均在洪武至嘉靖年间来到武平，总共 25 姓（此外尚有一些军籍如连、夏等姓源流不太清楚，或是在其他年代来的）。

从以上情况来看，抚州人在军家人中占有较大的比例，较有可能形成强大的阵容。因此，抚州人特别是金溪县人最有可能将祖籍地的方言保留下来。

第二，军家话的来源相对比较单纯：军家人中人数最多的集中来到武平的是赣东北人，所以，多数军家人说的是赣东北方言。周围只有武平客家话，没有其他方言影响它的发展。所以，今天军家话的面貌，是明朝赣东北方言和武平客家话长期磨合的结果。

五个声调，上、去、入不分阴阳的特点，是赣方言部分地区的特点，或者说主要是赣东北方言的特点。客家话多数方言是六个声调，少数是七个声调。首先，军家话的声调是五个，符合赣方言的声调特点。其次，军家话的阴平是降调，上声是升调，在客家话中极少见到。资溪、金溪虽然是六个声调，但是阴平为降调、上声为升调的特点跟军家话相同。从调类和调值来看，军家话与贵溪、乐平、景德镇、铅山、宜丰、上高等地最接近。

军家话的"棍、困、滚、军、裙"等都是 [kvhin]、[kvin] 的念法，客家话中极为罕见。我们在赣方言的南城、修水、阳新、宿松、余干、宜丰、建宁等地听到类似的读法。

---

① 丘复主纂，林绂庭、谢伯镕协纂：《武平县志》（民国本），福建省武平县志编纂委员会整理出版，1986 年。

军家话的"嘴"（咀）念［tsi²⁴］，赣方言一般都念成［tsi］，新余、宜丰、平江、修水、安义等地念［tsi］，南城念［tsy］。客家话中罕见。

军家话把"玩"说成"威*耍［ui²⁴sa²⁴］"。把"玩"说成"猥"（南城［vɛi⁵³]）是赣方言抚广片（包括附近的丰城、余江）最突出的特点，江西其他地方都没有这种说法，赣方言中其他地方的说法一般是"戏"（如余干、宿松、都昌等）和"嬉"等，客家话中都说成"料"（音），或写作"僚"、"嬲"。

"我"，在客家话中都说成［ŋai］或［ŋa］，成为客家话最主要的特点之一。军家话说成"阿［a］"，与赣方言中的宜丰、余干、南城、横峰、弋阳、铅山等地相同。

词汇方面主要是列出了"吃、衣裳、载禾、该个、该里、要、姆姆（伯母）、婶婶（叔母）、姑娘（姑姑）、睏眼（睡觉）、什哩"11个词语与赣方言相同。

第三，军家话中的赣方言成分是明清时期的赣方言，而现在的金溪一带的赣东北方言几百年来不断地受到周边的强势赣方言（特别是南昌话）的影响，反而发生了极大的变化。这就能够解释为什么现在的军家话跟今天的金溪话不完全相同了，如军家话的声调是五个，金溪话包括周边的赣方言的声调却是六个。

第四，军家人对武平客家话既要抗拒又要接纳，这么一种矛盾的心理，使得原来的赣东北方言与武平客家话逐渐地融合，最后形成一种在框架上和本质特点方面保留赣方言，在词汇上接纳了大部分武平话词汇的"军家话"。

这种状况，给我们很多启发：一种方言最本质的特点究竟表现在哪里？从军家话的情况来看，声调、个别声母和个别韵母、个别特别的词语，跟武平话很不一样，这些可能就是赣方言最本质的部分。

第五，由于军家话是赣东北方言和武平客家话的融合，其他干扰因素极少，可以说是单纯的。所以，这个案例非常便于分析，容易形成清晰可信的结论。

当然，赣方言为主的说法，必须进行进一步充实和讨论。比如，是否在赣方言之外还吸收了其他地方的方言成分？要有更多的语言材料作为依据，比如有更多的语音、词汇和语法的比较，才能有更扎实的结论。

从社会方言的角度，从宗族社会、军家人这个特殊团体的独特的观念出发，和方言演变的规律等方面去考察武平中山军家话，进行更深入的分析，才能还原真实的历史面貌。

　　本文的重点是对中山军家话的祖先是赣方言进行进一步补充论证，对在军家内部逐渐形成为以赣东北方言为基础的统一使用的"共同语"——"军家话"的过程，进行了认真的分析；在词汇方面进行了细致的比较，提供了更详细的依据。

二　军家话的主要基础来自赣方言

　　从洪武至嘉靖约 200 年间，抚州临川的王、程，金溪县的丘、艾、李、周、许、舒、邬、董、刘、洪（以上均注明洪武或明初）、车（嘉靖中），吉州永丰县的危氏（天顺三年），九江德化的张氏（洪武二十三年）十五姓江西人，刚刚到达中山的时候，肯定是说着自己的家乡话，他们十五姓之间应该都能够用赣方言进行顺利交谈。按照明朝千户所的编制，应该有 1120 人。十五姓当有数百人。其中，德化张氏始祖张真，明洪武二十三年奉调武所，世袭副千户，世居武所，至明末已九世，繁衍五六百人。他们的赣方言成为军家话中的强势方言，在情理之中。

　　安徽徐氏、郑氏、贾氏，浙江何氏、黄氏，山东云州的陈氏，潼川州洪县的向氏，通州的祝氏，广东潮州的彭氏，上杭的翁氏（此外尚有一些军籍如连、夏等姓源流不太清楚，或是在其他年代来的，此处不再详说）等人，毕竟是地方差异太大，用自己的方言无法进行正常的沟通。他们之间应该是用当时的"官话"进行交谈。而且，他们是不同时期陆续来到中山，不容易形成较大的影响力。

　　赣方言跟客家方言有大量相同的成分，跟当地客家人容易进行交流。因此，在军家人内部，赣方言成了强势方言，在特定的时间和空间，最终成为中山军家人的"官话"。而浙江、山东、安徽、潮州人等，到了第二代、第三代，终于接受了以赣东北方言为基础的"军家话"，从此以后，在军家内部，就说统一的军家话；对外，则学会了当地的中山客家话，在闽、粤、赣三省交界地区，都能够毫无障碍地进行交流。如果这种推测成立，那么，来自浙江、山东、安徽、潮州等地的军家人老家的方言，到了第三、第四代，几乎就完全消失了，对军家话不会构成多大的影响。

　　在抗日战争时期，大量潮州、汕头的难民到闽西地区避难，大部分都与当地人一起生活。几十年过去了，他们当中当年年纪比较大的，还保留着浓厚的潮汕口音，但是，他们的子女完全不受影响，都说着标准的当地方言。

他们当中年纪比较小的，很快就学会了当地方言，却把自己老家的潮汕方言完全忘记了。这是因为当地方言是强势方言，是当地宗族的身份标记，是重要的符号系统，具有强大的排外性。这个事实，可以作为当年军家话形成的参照，是符合汉族宗族社会方言传承的基本规律的。

要分析每一个词语的来源，是非常不容易的，必须仔细辨析。比如，某些词语是军家话原来的成分还是吸收了当地客家话的成分？

例如，"哩"、"里"尾音从何处来？中山军家话中有一部分名词带"哩"尾或"里"尾。在闽西客家话中，上杭话和长汀话中非常普遍。有部分军家人是来自上杭的。而相应的词，在武平话中却往往不带"哩"尾或"里"尾。这是赣方言与本地上杭话或长汀话共有的词缀。例如：

"哩"［li^{341}］：茄哩、枣哩、梅哩、桃哩、该哩（这里）
"里"［li^{31}］：筛里、公里（老公）、婆里（老婆）、什里（哪里）

又如，"哪里"说成"灰里"，也是赣方言与上杭一带共有的特色词，例如：

你去灰里呀（你去哪儿）？
你去灰里里啊（你去哪儿了）？

如何看待这类现象？是殊途同归？是有各自的来源？是军家话吸收了上杭话或长汀话的成分？还是上杭话或长汀话本来就继承了江西赣、客方言的成分？地域方言的多源头、多支流、多变化，给理清方言的源流增加了很多困难。

福建跟江西之间的移民情况非常复杂。从江西迁移到福建，又从福建倒迁回江西的情况非常普遍，工匠、地方武装之间的流动也很频繁。

上杭一带的"灰里"（哪里），也许是早年从江西带过来的一个特色词。军家话的这一组疑问代词都带有"灰"，成为一个整齐统一的系统，应该是明朝时期直接从赣东北带过来的。即使有同样的源头，也是不一样的支流。

同样的道理，军家话中有一部分名词带"哩"尾或"里"尾，也是直接从赣东北方言中传承下来的，如"该哩（这里）、公里（老公）、婆里（老婆）、什里（哪里）"，本地上杭话或长汀话并没有这样的词语。

虽然经过了几百年的演变，军家话不得不吸收客家方言的成分，但是，它依然比较完整地、系统地继承了赣方言。

由于客家方言和赣方言本来就有大量重叠的成分，不容易彰显军家话的赣方言特色，我们就必须从军家话不同于客家话的“特色词语”入手，寻找军家话最原始的面貌。通过军家话“特色词语”与客家方言、赣方言的仔细比较，我们得到了一些更为细致的结果。

三 军家话“特色词语”与赣客方言词语的比较

所谓军家话“特色词语”，是指在客家话中比较少见的词语，它的比较对象主要是武平客家话。军家话“特色词语”中，也不排除有一小部分来自赣南客家话或广东客家话的词语，必须通过资料的对比和仔细的辨别才能最后确认。

还需要说明的是，首先，无论是本人调查的军家话，还是赣方言资料，词汇量还极为有限，在一定的程度上影响了比较结果；其次，每一位调查者和发音人的具体情况，如年龄、受普通话影响的程度等，使得方言资料不够本色，比如按照赣方言的情况应该是“衣裳”，赣方言的词汇表中出现的却是“服装”，按理说，“褂子（崽）”是指上衣，但是词汇表中是指“衣裳”；最后，从明朝以来方言变化的复杂性，也给我们的比较带来了一定的困难。所以，我们的比较带有一定的抽样性，只能够给出一个基本的情况。限于篇幅，本文未能对77个词语的来源和变化脉络进行逐个辨析。

77个军家话“特色词语”列举如下：

眼珠、衣裳、面衣裳、衣裳领子、衣裳枷子、亮子、拖板、水板、柴、糍、果子、酿饭、油槔、蚊虫蛙、星里、喂饭、下饭、喫饭、喫昼、喫烟、喫酒、猪母、牛母、阿、临夜子、威＊耍、洗澡子、斫柴、俏、着时、跌了哩、爷佬子、母母、婶婶、姑娘、新妇、郎、妇［fu^{31}］娘子、女、子、丈新（人）公、丈新（人）婆、家婆、公哩、婆哩、姐夫子、妹子、妹郎子、捧、睏［khvin］席、载禾、汤口、讲牙谈、上堂、下堂、城头、睏眼、督（打）眼闭、肯*（肯*该件衣裳）、悔气、浪了（又：跌了哩）、唔要、唔是、威*瓒、呆脱、该个、该几兜（该兜）、那几兜、该哩、呢岸、灰人、灰个、灰里、灰片、将怎、将这、什里

军家话“特色词语”在江西境内的分布情况，经过比较、统计，得出了下面的结果。

（一）军家话与赣、客方言相同词语比较统计结果

南昌片（33）：湖口3、星子5、永修5、修水9、南昌7、都昌4；

鄱阳片（36）：鄱阳7、乐平9、横峰9、余干7、弋阳4；

宜春片（53）：高安11、奉新6、上高7、万载6、新余13、宜丰6、安义4；

吉安片（31）：萍乡9、莲花5、吉安5、永丰5、泰和3、吉水2、永新2；

临川片（89）：东乡19、临川17、南丰15、宜黄13、黎川13、南城12；

其他（27）：醴陵9、宿松2、阳新3、平江3、建宁7、邵武3；

客家（66）：上犹9、南康8、安远3、宁都6、于都8、全南7、龙南7、定南3、石城4、赣县1、井冈山2、澡溪5、铜鼓3。

（二）军家话"特色词语"的层次

1. 与赣方言相同或相关的词语（38个）

第一，与赣方言普遍相同（16个）：衣裳、柴、喫饭、栽禾、女、姐夫、拣、眼珠、下饭、婶婶、郎、妹郎、捧、落、该个、该哩。

第二，与部分片区相同（10个）：母母、唔要、婆婆、妹子、姑姑（姑娘）、灰人、灰个、灰里、（灰片）、什里。

第三，与临川片（赣东区）相同或相关（12个）：阿、丈人婆、丈人公、爷佬、牛母、猪母、威*耍、俏、跌了、打眼皮、该几兜（该兜）、睏[khvin]席。

2. 与赣南客家相同或相关的词语（5个）

油椑、呢岸（那里）、妇娘、子、蚊虫蚅。

3. 暂时不知来源的词语（12个）

拖板（锅盖）、水板（水缸盖）、临夜子、悔气（后悔）、汤口、讲牙谈、城头、唔是、呆脱、威*瓒、将怎（怎样）、将这（怎么）。

（三）统计表明

军家话与临川片的相关数字最高。6个地点，相同词语总数为89个，而且每一个地点都有12个以上的词语跟军家话相同；

其次是宜春片，7个地点，相同词语总数为53，其中，新余13个、高

安 11 个，跟军家话相同的词语最多，其他地点相同词语都在 7 个以下；

其他几个赣方言片区，跟军家话相同词语的总数都在 30 个左右，而且单个地点都在 9 个以下；

江西客家地区有 13 个地点，相同词语总数虽然有 66 个，但是，单个地点都在 9 个以下。这是由于选择的是体现军家话跟客家话不同的词语，是赣方言的特色词语，是在客家地区不占优势的词语。

《武平县志》明确指明危氏来自吉安永丰县。我们调查的对象恰好是危氏。但是，从统计的情况来看，军家话跟吉安话和永丰话的相关性都很低。由此，我们有理由相信，危氏跟其他人数较少的家族，逐渐接受了以抚州话为主的军家内部统一使用的"军家话"。只有军家人内部实行语言的统一，才有可能实施更隐秘的交流，更明确地区别于客家话，更有利于保存和传承军家话及其各种习俗和制度，最终在军家内部真正实现统一，体现"军家"的特点。作为一个特殊的社会阶层，军家人在语言使用上也有所体现，所以，我们必须从社会语言学的角度去观察，才能得到更加接近事实的结论。

四　军家话的语言保护制度和具体措施

为了保护军家话，或者说保护老家的赣方言，军家人采取了很多措施，有一些特别的规定。比如，军家人娶了客家女子，必须在家里说军家话，不得说客家话；军家人内部一律说军家话，不得说客家话；等等。事实证明，这些制度的确有利于保护和传承军家话。

此外，军家话一些特殊的语音现象，反映了杂糅、混合的特点，形成了语音混合的现状，增加了学习难度，有助于军家话的传承。从社会方言的角度来看，与"黑话"、"行话"、"暗语"通过改变语音组合的手段、故意增加难度，有相似的地方。同时，方言成分的混合和叠加的现象，反映了军家话的移民特征。

例如军家话"子"尾的音变特别丰富。在不同的语素组合中声调和韵母都发生了变化，有 $[ts\gamma^{31}]$、$[ts\gamma^{24}]$、$[ts\gamma^{341}]$、$[tse^{31}]$、$[tse^{24}]$、$[tse^{341}]$ 六种读音，其中，"子"的本音应该是 $[ts\gamma^{35}]$，其他读音，也有可能把武平话和赣方言杂糅在一起，形成多样化的"子"尾读音。这种现象，正好说明了中山军家话的杂糅、混合的特点。例如：

$[ts\gamma^{31}]$：日子、金子、豹虎子、阿鹊子、罗鸦子、洋叶子、蜂子、乌雀子、蒜子、辣子、亮子（窗子）等等；

　　［tsɿ²⁴］：银子、猴子、麦子、核子等等；

　　［tse³¹］：临夜子、前年子、去年子、鸭子、鸽子、柑子、柱子、裤子、鞋拖子等等；

　　［tse²⁴］：细鸡子等等；

　　［tse³⁴¹］：驴子、羊子、李子、衣裳领子、梁子、裙子、袜子、锤子、细斧子（木匠用）、钳子等等。

又如，"母"的读音变化特别丰富。"母"，一般情况都读成［mo²⁴］，如：奶母、鸡母，［mk²⁴］；但是，鸭母，［mk³⁴¹］；牛母，［mo³¹］。

从"子"和"母"的复杂音变的情况来看，并没有明显的有规律的音变，增加了模仿和学习的难度，有效地保护了军家话。

五　总　结

通过对武平军家话进一步的比较、观察，我们可以得到以下基本结论：

第一，武平军家话"特色词语"中保留了大量的赣方言词语。其中可以分为三个层次：与赣方言普遍相同、与赣东区方言相同、与某些片区的赣方言相同。

第二，武平军家话的"特色词语"与赣东区（临川片以及建宁、邵武等地）和宜春片新余、高安方言有最高的相关关系。这与明朝初年集中来武平县的军家人大多是赣东区人的事实相互印证。

第三，有部分词语来自赣南客家，主要是有两个原因：武平靠近江西会昌、寻乌，广东平远、焦岭等县，相邻地区互相影响、互相吸收也是正常现象；据军家人自述，他们曾经在赣南避难，生活过一段时间，后来又回到武平。在赣南生活期间，自然容易受到赣南客家话的影响。暂时不知道来源的词语，也有可能是其他地方的赣方言或赣南客家话的词语。有部分词语可能在使用过程中得到了改造，造出了客家方言语素＋赣方言语素的新词，也是符合一般的移民方言的传承变化规律的，要经过仔细辨别才能搜寻出来，如"汤口，唔是"等。

第四，衣裳，柴，喫饭，栽禾，女，姐夫，拣，眼珠，下饭，婶婶，郎，妹郎，捧，落，该个，该哩；母母，唔要，婆婆，妹子，姑姑（姑娘），灰人，灰个，灰里（灰片），什里，阿，丈人婆，丈人公，爷佬，牛母，猪母，猥，俏，跌了，打眼皮，该几兜（该兜）；睏［khvin］席等词语，确实体现了临川片赣方言的特点，应该是临川片赣方言的特色词语。

第五，军家话是以抚州地区的赣方言为基础，经过一定的加工，增加倾听和模仿的难度而形成的军家人内部统一使用的"共同语"。反映了军家人这个特殊群体的特点和特殊要求。

附录　军家话"特色词语"与武平客家话、
临川片赣方言比较表

说明：

1. 赣方言临川片用了三个代表点，跟军家话比照，更能够比较细致地反映赣东北方言的情况。其中，黎川话用了颜本和刘本两种资料，刘本用（刘[7]）注明。遗憾的是没有金溪话的词汇资料，只有一套金溪县秀谷镇的音系[7]。

2. 由于赣方言临川片的词条有限，我们选择的军家话的一些词条找不到相对应的资料。也有可能调查者在调查的过程中一时疏忽，把一些普通话词汇收入了词表中，比如"服装"，按照常规推测，应该是"衣裳"。当然，发音对象的年龄、生活背景等，都对调查有一定的影响。因此，我们在使用方言资料的时候需要进行仔细的辨析。

3. 面衣裳、衣裳领子，灰人、灰个、灰片等没有找到赣东北的相应的说法。但是在一定的条件下可以类推，所以放在表中。有个别词虽然不是所有的语素都能够契合，但是其中一个语素的读音有参考价值，如"星里"，临川片为"星儿"，其中"星"的读音有参考价值，也暂时收入表中。"睏眼、威*瓒、唔是、爷佬子、母母"等或在其他的赣方言中有类似的说法，暂时保留在表中。

4. 军家话中也有一部分词语受到了赣南客家话的影响，没有列入此表。

5. 声调均已标出具体的调值，方便阅读。同音词字母用 * 号标示，如"肋*"，无法写出的字用□表示。

表 1

普通话	眼睛	衣服	外衣	衣领	围脖	柴火
军家话	眼珠 ŋan²⁴tsu³¹	衣裳 i³¹sɔŋ³¹	面衣裳 mien³⁴¹i³¹sɔŋ³¹	衣裳领子 i³¹sɔŋ³¹liaŋ²⁴tsɛ	衣裳枷子 i³¹sɔŋ³¹ka³¹tsŋ³¹	柴 sai²⁴

续表

普通话	眼睛	衣服	外衣	衣领	围脖	柴火
客家话	目珠 muʔ³²tu²⁴	衫裤 saŋ²⁴fu⁴⁵²	面衫 miɛŋ⁴⁵²saŋ²⁴	衫领子 saŋ²⁴tiaŋ²⁴tsŋ	口澜枷 xɛ⁴²laŋ²⁴ka²⁴tsŋ	烧/樵 sɔ²⁴/tshiŋ²¹²
黎川话[5]	眼睛 ŋan⁴⁴tɕiaŋ²²	衣裳 i²²sɔŋ		领 tiaŋ⁴⁴		柴 sai³⁵
南城话[6]	眼睛 ŋan⁵³tɕiaŋ	衣裳 i¹¹sɔŋ¹¹		衣领 i³³liaŋ³⁵³		柴火 sai⁴⁵fɔ
东乡话[7]	眼睛 ŋan³⁵³tɕiaŋ³³	衣裳 i³³sɔŋ²⁴				柴 sai²⁴

普通话	砍柴	吃饭	吃午饭	抽烟	喝酒	星星
军家话	斫柴 tsɔʔ⁴sai²⁴	喫饭 tɕhiaʔ⁴fan²⁴	喫昼 tɕhiaʔ⁴tɕhiu³⁴¹	喫烟 tɕhiaʔ⁴ien³¹	喫酒 tɕhiaʔ⁴tɕiu²⁴	星里 ɕiaŋ³¹li³¹
客家话	斫烧/樵 tsɔʔ³²sɔ²⁴/tshiɔ²¹²	食饭 siʔ⁴phuɛŋ⁴²	食昼 siʔ⁴tsɛ⁴⁵²	食烟 siʔ⁴iɛŋ²⁴	食酒 siʔ⁴tsiu⁴²	星子 sɛɔ²⁴tsŋ⁴²
黎川话[5]		吃饭 tɕhiaʔ³fan¹³	吃昼饭 tɕhiaʔ³tɕiəu⁵³fan¹³	吃烟 tɕhiaʔ³ien²²	吃酒 tɕhiaʔ³tɕiəu⁴⁴	星仔 ɕiaŋ²²ŋɛ
南城话[6]		喫饭 thaʔ⁵fan¹²	喫昼饭 thaʔ⁵tɕiu⁵³fan¹²	喫烟 thaʔ⁵ian¹¹		星儿 iaŋ¹¹ɛ
东乡话[7]		吃饭 tɕhiaʔ²fan²¹²				

普通话	母猪	母牛	父亲	伯母	叔母	姑母
军家话	猪母 tsu³¹mu²⁴	牛母 niu²¹³mu²⁴	爷佬子 ia²¹³lɔ²⁴tsŋ³¹	母母 mu²⁴mu²⁴	姅姅 sin²⁴sin²⁴	姑娘 ku³¹niɔŋ²¹³
客家话	猪嫲 tu²⁴ma²¹²	牛嫲 ŋɛ²¹²ma²¹²	爹哩 ta²⁴li²⁴	伯娓 paʔ³²mi²⁴	叔娓 suʔ²mi²⁴	姑姑（大姑/细姑）ku²⁴ku²⁴
黎川话[5]	猪□ tɕiɛ²²mo³⁵	牛□ ŋɛu³⁵mo³⁵				
南城话[6]	猪嫲 tɕiɛ¹¹mɔ⁴⁵	牛嫲 ŋiu⁴⁵mɔ⁴⁵			姅姅 ɕin⁵³ɕin	
东乡话[7]	猪□ tu³³mo²⁴	牛□ ŋɛu²⁴mo²⁴			姅姅 səm³⁵³səm³⁵³	

续表

普通话	儿媳妇	女婿	女儿	儿子	岳父	岳母
军家话	新妇 çin³¹fu²⁴	郎 lɔŋ²¹³	女 ni²⁴	子 tsɿ³¹	丈人（新）公 tshɔŋ²⁴ ȵin²¹³ kəŋ³¹	丈人（新）婆 tshɔŋ²⁴ȵin²¹³ pho²¹³
客家话	生娓 seŋ²⁴mi²⁴	婿郎 si⁴⁵²lɔŋ²¹²	唔女 ŋ⁴²ni²⁴	子哩 tsɿ⁴²li²⁴	丈迷佬 tshɔŋ²⁴mi²¹² lɔ⁴²	丈娓婆 tshɔŋ²⁴mi²⁴ pho²¹²
黎川话[5]	新妇 çim²²fu¹³	郎 lɔŋ³⁵	女 niɛ³³	崽 tsɛi⁴⁴	丈儿公 tshɔŋ¹³ŋi³ kuŋ²²；tshɔŋ¹³ȵin³⁵ kuŋ²²（刘[8]）	丈儿婆 tshɔŋ¹³ŋi³ pho³⁵；thɔŋ²²ȵin³⁵ pho³⁵（刘[8]）
南城话[6]	新妇 çin¹¹fu	郎 lɔŋ⁴⁵	女 ȵiɛ⁵³	崽 tsɛi⁵³	丈人公 thɔŋ¹² ȵin kuŋ¹¹	丈人婆 thɔŋ¹¹ ȵin phɔ⁴⁵
东乡话[7]	新妇 çin³³fu³⁵³	郎 lɔŋ²⁴	女 ȵiɛ³⁵³	崽 tsai³⁵³	丈人公 hɔŋ²¹²ȵin²⁴ kuŋ³³	丈人婆 hɔŋ²¹²ȵin²⁴ pho²⁴

普通话	姐夫	妹夫	抱小孩	玩耍	漂亮	插秧
军家话	姐夫子 tɕia²⁴fu³¹tsɿ³¹	妹郎子 mui³⁴¹lɔŋ²¹³ tse³¹	捧 pəŋ²⁴	威*耍 ue²⁴sa²⁴	俏 tɕhiɛ³⁴¹	载禾 tsai³¹vo²¹³
客家话	姊丈子 tsɿ⁴²tshɔŋ²⁴ tsɿ⁴²	老妹婿 lɔ⁴²muɛ⁴⁵² si⁴⁵²	肋* lɛʔ⁴	了耍 liɔ⁴²sa⁴²	靓 liaŋ⁴⁵²	莳田 sɿ⁴²thiɛn²¹²
黎川话[5]	姐夫 tɕia⁴⁴fu²²		捧 puŋ⁴⁴（刘[8]）	猾 uoi⁴⁴		载禾 tsai²²uo³⁵
南城话[6]	姐夫 tɕia⁵³fu	妹郎 mɛi¹²lɔŋ⁴⁵	捧 puŋ⁵³	□ vɛi⁵³	俏 thau¹²	载禾 tsai¹¹vo⁴⁵
东乡话[7]	姐夫 tɕia³⁵³fu³³	妹郎 mai²¹²lɔŋ²⁴	捧 puŋ³⁵³	猾 uoi⁴²		载禾 tsai³³uo²⁴

续表

普通话	睡觉	瞌睡	选择	丢了	不要	不是
军家话	睏眼 khvin²⁴ ŋan²⁴	打眼闭 ta²⁴ ŋan²⁴ pi³⁴¹	肯*（肯*该件衣裳）khen³¹	浪了（跌了哩）laŋ³⁴¹ liɔ³¹	唔要 n²¹³ iə³⁴¹	唔是 n²¹³ sๅ³¹
客家话	睡目 si⁴² muʔ³²	督目睡 tuʔ³² muʔ³² sɛ⁴²	择/坐 thɔʔ²⁴/tsho⁴²	跌撇矣 tiɛʔ³² piɛʔ³² i²⁴	唔爱 m²¹² muɛ²⁴	唔密 m²¹² mi³⁴¹
黎川话[5]			拣 kan⁴⁴			
南城话[6]		打眼皮 ta⁵³ ŋan⁵³ phi	拣 kan⁵³			
东乡话[7]			拣 kan³⁵³	跌了 tiɛt² liɛu³⁵³		

普通话	很好	我	这个	这些	这里	谁
军家话	威*瓒 ui²⁴ tsan²⁴	阿 a³¹	该个 kuai²⁴ ko³¹	该兜 ko²⁴ tə	该哩 ko²⁴ li³¹	灰人 xue³¹ nin²¹³
客家话	极瓒 xiʔ²⁴ tsaŋ⁴²	亻厓 ŋa²¹²	囊个 nɔŋ⁴² kɛ	囊几兜 nɔŋ⁴² tsi⁴² tɛ²⁴	囊*挪 no²²	曼*人 maŋ² niŋ²¹²
黎川话[5]		我 a²²	该个 koi²² ko⁵³（刘[8]）	该多 koi²² to²²	该里 koi²² ti⁴⁴（刘[8]）	
南城话[6]		阿 a¹¹	□个 kɔ¹¹ kɔ	□多 kɔ¹¹ tɔ¹¹	□□ kɔ¹¹ tɛ	
东乡话[7]			个个 ko³³ ko⁴²	个□ ko³³ toʔ⁴	个里 ko³³ li³⁵³	何个 ho²⁴ to⁴²

普通话	哪个	哪里	哪片	怎样	怎么	什么
军家话	灰个 xue³¹ ko³⁴¹	灰里 xue³¹ li³¹	灰片 xue³¹ phien³⁴¹	将怎 tɕiɔŋ²⁴ tsen²⁴	将这 tɕiɔŋ²⁴ tse³¹	什里 siʔ⁴ li³¹
客家话	哪嘅 ni⁴² kɛ	哪挪* ni⁴² no²¹²	哪片 ni⁴² phiɛn⁴²	捻*之 niɛŋ⁴² tsๅ²⁴	酿*之 niɔŋ⁴² tsๅ²⁴	脉*事 ma³² sๅ³²
黎川话[5]						□ ɕiɛ⁵³
南城话[6]						
东乡话[7]		何里 ho²⁴ li⁵³				什个 ɕit⁴ ko⁴²

参考文献

［1］林清书：《武平县志·方言志》，中国大百科全书出版社 1993 年版。

［2］林清书：《武平中山军家话与赣方言》，见《第三届客家方言研讨会论文集》，《韶关大学学报专刊》2000 年。

［3］梁玉璋：《武平县中山镇的"军家话"》，《方言》1990 年第 3 期。

［4］严修鸿：《武平中山镇的军家话》，见李如龙主编《福建双方言研究》，汉学出版社 1995 年版。

［5］颜　森：《黎川方言研究》，社会科学文献出版社 1993 年版。

［6］李如龙、张双庆：《客赣方言调查报告》，厦门大学出版社 1992 年版。

［7］刘纶鑫：《客赣方言比较研究》，中国社会科学出版社 1999 年版。

［附记：本文在研讨会宣读后发表于《龙岩学院学报》2011 年第 4 期。］

湖北通城方言的语音特点

曹志耘

（北京语言大学语言研究所）

通城县位于湖北省东南部的咸宁市，与江西省修水县和湖南省平江县、乐阳县、临湘市交界。通城方言属于赣语大通片。2003 年 9 月 28 日—10 月 6 日，我们对通城县麦市镇白沙村（位于县城东南 20 公里，离镇政府驻地 1 公里）的方言进行了调查。主要发音人刘邦辉，男，1940 年出生，高中毕业，退休教师。下文以"麦市"称该村方言。

通城县境内方言比较复杂，可分为县城、麦市、九岭、北港、沙堆等口音。麦市话分布在原麦市区范围内，包括陈瑕、盘石、黄龙、塘湖、黄袍等地。吴宗济先生曾于 1936 年调查了通城县十里市方言（赵元任等，1948），十里市今为五里镇石板铺村，位于县城南部 5 公里处。我们也到石板铺村作了粗略的调查，石板铺话属于县城片，与麦市话差别较大。

一　声韵调

（一）声母 18 个：

p 八兵	b 派爬病	m 卖	f 飞副饭灰活
t 多东张竹主	d 讨甜毒连柱车船	n 脑南老蓝路	
ts 早租争装纸			s 丝酸山顺手树
tɕ 酒九		ȵ 年热软	ɕ 想响县
k 高		ŋ 泥熬安	h 开共好
z 刺寸贼坐祠拆茶初床		ʑ 清全谢轻	
Ø 问权温王云用药			

说明：（1）[b d] 后面带一个轻微的 [h]，连读中有时有弱化现象，读得像 [β1]。有的人送气成分明显。董为光（1989）记麦市话为 [bʰ

dʰ]。(2) ［d］在开口呼韵母前发音部位靠后，近［ɖ］，有时近［dʐ］。
(3)［z ʐ］有时带塞音色彩，像［dz dʐ］。董为光（1989）记麦市话为
［dzʰ dʐʰ］。(4)［kŋ］在细音韵母前为［c ɲ］。

（二）韵母 65 个：

ɿ 师丝试	i 赔对戏飞鱼米	u 补苦
ʮ 痴齿治		
øʮ 二如		
ɑ 茶车瓦	ia 写爷	ua 鸦瓜
o 歌坐		uo 过科
ᴇ 靴锯豆	iᴇ 也渠他	uei 雨鬼
ai 开排鞋		uai 怪快
ao 宝饱		iao 笑桥走
ou 土猪	iu 酒油	
oẽ 南半短		uoẽ 官碗
		un 滚问　　　yn 军云
an 山眼		uan 关湾
ᴇn 根灯争横	iᴇn 盐年	yᴇn 权圆
ə 深针寸春升	in 心新病文星文	
aŋ 冷硬	iaŋ 病白星白	uaŋ 横白
ɔŋ 糖床双	iɔŋ 响讲	uɔŋ 光王
əŋ 东风	iŋ 兄用	
ɿʔ 织识直₂	iʔ 集七逼锡文	uʔ 木谷
ʮʔ 侄直₁		
ɑʔ 百白拆	iɑʔ 踢锡白	yɑʔ 曰
oʔ 托郭壳	ioʔ 药学	uoʔ 扩握
eʔ 黑百文北色	ieʔ 接节贴热月	uᴇʔ 国　　　yᴇʔ 越决
		ueiʔ 玉
ouʔ 毒叔	iuʔ 六肉局	
alʔ 塔法鸭辣八		ualʔ 袜刮₁
œlʔ 盒拔脱说割		uœlʔ 括刮₂ 阔
ənʔ 十出佛释	inʔ 立笔力	unʔ 骨物　　　ynʔ 橘入
n̩ 尔		

ŋ 五

说明：（1）［i］韵在［p t］组和［ŋ］声母后近［ɿi］，在［f］声母后近［ei］。（2）［u］韵在［k］组和［f］组声母后为［ʊ］。（3）［ɛ iɛ］韵里的［ɛ］近［ɛe］。（4）［ɛn］韵里的［ɛ］为［ε］。［iɛn yɛn］韵主元音带鼻化色彩，鼻尾较弱。（5）［ɔŋ］韵里的［ə］近［ʌ］。（6）边音尾［l］不太明显，发音时舌面起作用，舌尖不抬起。（7）［ln］尾后的［ʔ］表示一种紧张色彩，不是独立的喉塞音。（8）［iɛʔ］韵里的［ɛ］有时带鼻化色彩。（9）［alʔ］组里的［a］有时带鼻化色彩。

（三）单字调 7 个：

阴平　［313］东该风通开春　　　　阳平　［33］门龙油铜皮红
上声　［42］懂古九统苦草，买老有
阴去　［214］冻怪四痛快去　　　　阳去　［34］洞地树卖路乱，动罪后
全入　［55］谷百杀，刻缺渴，盒罚十，麦叶月
次入　［35］拍出曲，毒白择，立历六

说明：（1）上声［42］中，今浊塞音浊擦音声母字（主要来自古次清声母）开头略升，为［³42］。（2）阴去［214］开头降幅不很明显，以升为主。（3）阳去［34］中，今浊塞音浊擦音声母字开头略低，升幅较大，近［24］。（4）全入［55］较短，有时有点降。（5）次入［35］有时升幅较小，近［45］。

二　音韵特点

（一）声母的特点

1．次清声母和全浊声母合流，今读浊塞音（因发音人不同而有不同程度的送气成分，下同）、浊擦音、零声母。例如：披 bi³¹³：皮 bi³³｜讨 dao⁴²：稻 dao³⁴｜抽 dou³¹³：绸 dou³³｜菜 zai²¹⁴：在 zai³⁴｜曲 ʑiu³＝局 ʑiu³⁵｜控 həŋ²¹⁴：共 həŋ³⁴｜亏 uei³¹³：葵 uei³³。

是次清浊化，还是全浊先清化为送气清音，然后和次清一起再浊化？在汉语方言中，声母的"清—浊"对立与调值的"阴高—阳低"分布是伴随现象。按照这一规律，如果浊音声母是存古的，阳调应该比阴调低。但通城方言按古声母清浊分调的平、上、去三类字，调值都表现出"阴低阳高"

的现象，这是在声母"清—浊"对立消失之后才会发生的变化。也就是说，通城的全浊声母曾经应该有过消失（即清化）的时期，今天的浊音是后起的。

次清声母和全浊声母的合流应该发生在清浊分调之后，否则二者不可能分属阴、阳两调。[入声情况特殊，参看下文"（三）声调的特点"。]

2. 古全浊声母的演变有两种方式：（1）清化：古浊擦音声母清化为清擦音。例如：肥 fi³³｜像 ɕiɔŋ³⁴｜时 sʅ³³｜鞋 hai³³｜学 hoʔ⁵⁵～ɕioʔ⁵⁵。（2）弱化：古浊塞音、浊塞擦音声母都发生了不同程度的弱化现象，可以说弱化是通城方言全浊声母演变中一个十分突出的现象。主要表现为：（1）擦音化：浊塞擦音〔dz dʑ〕的塞音成分减弱，读得像擦音〔z ʑ〕。例如：自 zʅ³⁴｜钱 ʑiEn³³｜茶 zɑ³³｜愁 ʑiao³³｜近 ʑin³⁴。浊塞音〔b〕在连读中有时也会弱化为〔β〕。（2）脱落：群母在今合口呼、撮口呼前读零声母。例如：具 uei³⁴｜葵 uei³³｜狂 uɔŋ³³｜拳 yEn³³｜群 yn³³。这应该是〔g〕声母脱落所致，在声母脱落的过程中，也许先经过擦音化的阶段。（参看本小节 8）匣母今读〔h ɕ〕，但山合一桓韵字读零声母。例如：桓 uœn³³｜换 uœn³⁴｜活 uœlʔ³⁵，也可能由早期的〔ɦ〕声母脱落所致。

应该指出的是，上述弱化现象同样出现于古次清声母。因为它们早已转读浊音，所以也可以看做属于浊音弱化现象。（实际上，"送气清音浊化"是通城方言更早层次的声母弱化现象，兹不论。）

从声母表可以看到，通城方言没有送气清音声母，没有与清音相配的〔v dz dʑ g ɦ〕等浊音声母。声母系统里无送气不送气对立，而有清浊对立。导致声母系统变得如此"残缺不全"甚至"外语式"，关键原因在于弱化。

3. 精、见组在今齐齿呼韵母前都读〔tɕ〕组声母，不分尖团。例如：精＝经 tɕin³¹³｜秋＝丘 ʑiu³¹³｜钱＝钳 ʑiEn³³｜想＝响 ɕiɔŋ⁴²。逢古合口韵时，精组读〔tɕ〕组拼齐齿呼。例如：取 ʑi⁴²｜宣 ɕiEn³¹³；见组一般读〔k〕，〔Ø〕、〔f〕声母拼撮口呼。例如：卷 kyEn⁴²｜均 kyn³¹³｜劝说 kyEʔ⁵⁵｜劝 yEn²¹⁴｜缺 yEʔ⁵⁵｜拳 yEn³³｜群 yn³³｜熏 fyn³¹³。

见组在撮口呼韵母前未腭化，〔Ø〕来自〔g〕（参看本小节 8），〔f〕来自〔h〕。

4. 泥、来母在今洪音韵母前不分，都读〔n〕声母。例如：奴＝卢 nou³³｜脑＝老 nɑo⁴²｜南＝蓝 nan³³。

在今细音韵母前相分。泥母一般读〔ȵ〕声母。例如：尿 ȵiao³⁴｜扭

ȵiu[42] | 念 ȵiɛn[34] | 娘 ȵioŋ[33] | 捏 ȵiɛʔ[55]；但在 [i] 韵母前读 [ŋ]。例如：泥 ŋi[33] | 女 ŋi[42]。来母一般读 [d] 声母。例如：理 di[42] | 连 diɛn[33] | 林 din[33] | 两 dioŋ[42] | 掠 dioʔ[35] | 率 dinʔ[35]。也有少数泥、来母字在细音前不分。例如：宁 = 零 din[33] | 疗 ȵiao[33]：尿 ȵiao[34]。

通城入声字存在气流分调现象，凡是今读 [d] 声母的来母入声字，声调一律归次入 [35] [参看下文"（三）声调的特点"]。例如：猎 diɛʔ[35] | 立 dinʔ[35] | 栗 diʔ[35] | 略 dioʔ[35] | 六 diuʔ[35]。与来自古次清声母和古全浊声母的字归调相同。例如：剔 = 敌 = 栗 diʔ[35]。这表明这三类字曾经共同拥有一个送气声母（[tʰ] 或 [dʰ]）的阶段，来母细音字的演变过程应该是：[l] → [ld] → [d] → [tʰ] → [dʰ] → [d]。（王莉宁，2009）

5. 知₂庄组（知彻澄₂等、庄初崇生）字今一般读 [ts] 组声母。知₃章组（知彻澄₃等、章昌船）字今读 [t d] 声母。例如：

知₃：猪 tou[313] 展 tõ[42] | 张 tɤŋ[313] | 哲 tœlʔ[55] | 痴 dʮ[313] | 超 dɑo[313] | 抽 dou[313] | 迟 dʮ[33] | 锤 dou[33] | 虫 dəŋ[33]。

章组：煮 tou[42] | 招 tɑo[313] | 针 tɤŋ[313] | 车 dɑ[313] | 吹 dou[313] | 丑 dou[42] | 昌 dɔŋ[313] | 冲 dəŋ[313] | 船 dõ[33] | 乘 dəŋ[33]。

与端组相同。例如：都 = 猪 = 诸 tou[313] | 烫 = 畅 = 唱 dɔŋ[214] | 团 = 传₋达 = 船 dœn[313]。但蟹止摄三等字多读作 [tsɿ] 类音节。例如：支 tsɿ[313] | 持 zɿ[33] | 世 sɿ[214]。

知系乃至和精组一起今读 [t] 组声母的现象在赣语里比较常见。通城读 [t] 组声母的并非全部知组字（二等不读 [t] 组），也不限于知组字（章组也读 [t] 组）。可以认为，知组读 [t] 组不是存古现象，而是知系声母依韵母二三等分两类后进一步演变的结果。

在通城县境内，知₃章组字麦市、黄龙、黄袍系统性地读 [t] 组；四庄部分字读 [t] 组，部分字读 [ts] 组；北港、石南、县城、石板铺以及吴宗济先生 1936 年所记十里市方言读 [ts] 组或 [tɕ] 组。四庄可能是在麦市的基础上"文读化"的结果，但其他点不论从共时比较还是历时比较来看，都难以判断是否经过 [t] 组的阶段。具体情况见表1。

表1

	麦市	黄龙	黄袍	四庄	北港	石南	县城	石板铺	十里市
张知	tɔŋ³¹³	toŋ²⁴	tɔŋ³¹³	toŋ³¹²	tsɔŋ⁴⁴	tsɔŋ⁴⁴	tsɔŋ²¹²	tsɔŋ³¹³	tsɔŋ³¹³
彻彻	dœl³⁵	døn?³⁵	dœ?³⁵	dzʱie?⁴⁵	dz²en³⁵	ze?³⁵	dzɤn⁵⁵	dzʱen?⁴⁵	dzʰyel⁵
柱澄	dou³⁴	dəu³⁴	dəu³⁴	dʱəu³³	zɤ³²⁵	zʅ³⁴	dzʮ⁴⁵	dzY³⁵	dzʰʮ³³
质章	tən?⁵⁵	tən?⁵⁵	tən?⁵⁵	tsʅ?⁵⁵	tsʅ?⁵⁵	tsʅ?⁵⁵	tsə?n⁵⁵	tsən?⁵⁵	tsʅ?⁵
春昌	dən³¹³	dən²⁴	dən³¹³	dʱən³¹²	zən⁴⁴	zən³⁴	dzən²¹²	dzʱən³¹³	dzʰyən³¹³

材料来源：黄龙（花园村）、黄袍（荻田村）、石南（虎田村）：张勇生调查。四庄（四庄村）、石板铺（何炎武发音）、北港（庄前村，胡国雄发音）：贾华益调查。县城：黄群建（2002）。十里市：吴宗济1936年调查。

6. 知₌章组字在［uei］、［i］韵母（来自蟹止摄）前读［k］、［Ø］、［f］声母。例如：赘kuei²¹⁴｜追kuei³¹³｜垂uei³³｜税fi²¹⁴｜谁fi³³｜水fi⁴²｜睡fi³⁴。［Ø］来自［g］（参看本小节8），［fi］来自［huei］。

7. 日母字在今齐齿呼韵母前读［ɳ］声母。例如：饶ɳiao｜软ɳiEn⁴²｜人ɳin³³｜让ɳioŋ³⁴｜热ɳiE?⁵⁵｜肉ɳiu?⁵⁵；在今撮口呼韵母前读零声母。例如：然yEn³³｜任₌~yn³⁴｜润yn³⁴｜入yn?⁵⁵。但非撮口呼韵母前也有读零声母的。例如：惹ia⁴²｜耳øʮ⁴²｜柔iu³³。

8. 溪、群母在今开口呼前读［h］声母。例如：开hai³¹³｜考hao⁴²｜共həŋ³⁴；在今齐齿呼前读［ʑ］声母。例如：气ʑi²¹⁴｜敲ʑiao³¹³｜桥ʑiao³³｜近ʑin³⁴；在今合口呼、撮口呼前读零声母。例如：苦u⁴²｜快uai²¹⁴｜劝yEn²¹⁴｜屈yn?⁵⁵｜柜uei³³｜狂uoŋ³³｜权yEn³³｜裙yn³³。读［h ʑØ］时以后，分别与其他声母的字相混。例如：考＝好hao⁴²｜桥＝愁ʑiao³³｜苦＝武u⁴²｜裙＝云yn³³。

在其他组里，古次清声母和古全浊声母合流读作浊塞音或浊擦音。例如：兔dou²¹⁴：度dou³⁴｜初zʅ³¹³：锄zʅ³³。按照同样的原理，溪母和群母应该合流为［g］（相应的颚化音为［dʑ］，进一步弱化为［ʑ］），但今天实际上无［g］声母，而有［h］和零声母。

其中，［h］声母应该是溪、群母合流以后，在读［kʰ］（或［gʰ］）的阶段，以开口呼为条件擦音化的结果。"［kʰ］→［h］"之变是粤语、客家话的普遍现象。与通城交界的湖南省平江县城关话（喻深根调查）溪群母今开口呼字就读［kʰ］（晓匣母读［h］）；平江县三墩方言（董同龢先生 1935 年调查）溪群晓匣母今开口呼字都读 ［kʰ］，董同龢先生还特意指出 ［kʰ］ 的音值："k' 较软性，是一个变值音位，读舌根的送气塞音 k'，塞擦音 kx' 或小舌擦音不定，读前二者时略带浊气流，与 t'、p' 等同，后者是纯清音。"（转自董为光，1989）据汪平等（1988），平江县长寿方言溪群晓匣母今开口呼字也都读 ［kʰ］。例如：开 kʰai³³｜共 kʰəŋ¹¹｜好 kʰɑu³⁵｜河 kʰo¹³，并指出："［kʰ］ 的实际音值还可以是 ［x x h］，其中念 ［h］ 机会最多。"平江的 ［kʰ］ 及其变体也许就是通城 ［h］ 声母的前身。

零声母应该是由 ［g］ 弱化而来的。吴宗济先生 1936 年所记通城十里市方言合口呼字读 ［gʰ］。例如：苦 gʰu³¹｜快 gʰuai²⁴｜葵 gʰui²²｜（但撮口呼字读 ［dʑʰ］）。而笔者和栗华益分别调查的石板铺各年龄段发音人合口呼字均已无 ［gʰ］ 声母。例如：苦 u⁴²｜快 uai²¹⁴。显示在几十年间 ［gʰ］ 声母已完全脱落。麦市应该同样具有这一 "［g］ → ［Ø］" 的演变方式。

"［g］ → ［Ø］" 之变可能经历过中间阶段，张勇生调查的石南（虎岩村）方言提供了例证。石南溪群母在今合口呼前读小舌浊擦音 ［ʁ］，与零声母字有别。例如：科 ʁuo³⁴ ≠ 窝 uo³⁴｜枯 ʁu³⁴ ≠ 乌 u³⁴｜葵 ʁui ≠ 维 ui³³｜捆 ʁun⁴² ≠ 稳 un⁴²｜哭 ʁuʔ³⁵ ≠ 屋 uʔ⁵⁵。也有个别字已读作零声母。例如：款 ＝ 碗 uθn⁴²｜狂 ＝ 王 uɔŋ³³。（麦市零声母撮口呼字，石南读 ［z］ 声母。例如：群 zən³³｜缺 zɛʔ³⁵。）

9. 晓、匣母合流，来自古合口的大部分字今读 ［f］ 声母。例如：虎 fu⁴²｜花 fɑ³¹³｜许 fE⁴²｜坏 fai³⁴｜幻 fan³⁴｜黄 fɔŋ³³｜红 fəŋ³³｜灰 fi³¹³｜回 fi³³｜弦 fyEn³³｜训 fyn²¹⁴｜血 fyEʔ⁵⁵。与非组相混。例如：荒 ＝ 方 fɔŋ³¹³｜户 ＝ 父 fu³⁴。

10. 疑、影母在今开、合、撮韵母前合流。在今开口呼前读 ［ŋ］ 声母。例如：牙 ŋa³³｜藕 ŋE⁴²｜岸 ŋœ̃³⁴｜哑 ŋa⁴²｜爱 ŋai²¹⁴｜暗 ŋœ̃²¹⁴；在今合口呼、撮口呼前读零声母。例如：午 u⁴²｜外 uai³⁴｜原 yEn³³｜窝 uo³¹³｜弯 uan³¹³｜温 un³¹³｜怨 yEn²¹⁴。

后者可能是由 ［ŋ］ 声母弱化、脱落造成的，与溪群母在今合口呼、撮口呼前读零声母的音变同理。

在今齐齿呼韵母前相分，疑母读 ［n̠］ 或 ［ŋ］（实际音值是 ［ɲ］）声母。例如：牛 n̠iu³³｜银 n̠in³³｜虐 n̠ioʔ⁵⁵｜鱼 ŋi³³｜艺 ŋi³⁴｜魏 ŋi³⁴；影母读零声母。例如：意 i²¹⁴｜要 iɑo²¹⁴｜有 iu⁴²｜厌 iEn²¹⁴｜约 ioʔ⁵⁵。

（二）韵母的特点

1. 阳声韵今读［nŋ］尾或鼻化韵

（1）咸山摄部分字（主要来自一二等，主元音为［œ］）鼻尾已脱落，读作鼻化韵［œ̃ uœ̃］。

（2）咸山摄其他字、深臻曾摄合流，读［n］尾。这导致曾摄与深、臻摄字同音的现象。例如：恒＝痕 hɛn³³｜藤 dɛn³³：吞 dɛn³¹³｜陵＝林＝邻 din³³｜蒸＝针＝真 tən³¹³｜鹰＝音＝因 in³¹³。

（3）宕江通三摄读［ŋ］尾。

（4）梗摄有两类韵母，较老较白的一类读低元音［ŋ］尾，较新较文的一类读高元音［n］尾。例如：冷 naŋ⁴²｜硬 ŋaŋ³⁴｜争 tsɛn³¹³｜形 ʑin³³｜病 biaŋ³⁴ ~ bin³⁴｜轻 ʑiaŋ³¹³ ~ ʑin³¹³｜横 uaŋ³³ ~ fɛn³³｜兄 fiaŋ³³ ~ çin³³。

2. 入声韵今读三种韵尾

（1）咸山摄部分字（尤其是一二等）读［lʔ］尾。例如：塔 dalʔ³⁵｜盒 hœlʔ⁵⁵｜鸭 ŋalʔ⁵⁵｜八 palʔ⁵⁵｜割 kœlʔ⁵⁵｜瞎 halʔ⁵⁵｜袜 ualʔ⁵⁵。

（2）深臻曾梗摄部分字（尤其是三四等）读［nʔ］尾。例如：立 dinʔ³⁵｜十 sənʔ⁵⁵｜笔 pinʔ⁵⁵｜骨 kunʔ⁵⁵｜出 dənʔ³⁵｜佛 fənʔ⁵⁵｜力 dinʔ³⁵｜域 ynʔ⁵⁵｜释 sənʔ⁵⁵｜历 dinʔ³⁵。

（3）宕江通摄字以及咸山深臻曾梗摄部分字读［ʔ］尾。例如：凿 zoʔ³⁵｜脚 tçioʔ⁵⁵｜桌 tsoʔ⁵⁵｜握 uoʔ⁵⁵｜谷 kuʔ⁵⁵｜族 zouʔ³⁵｜肉 ȵiuʔ⁵⁵；（以下咸山深臻曾梗摄）接 tçiɛʔ⁵⁵｜贴 diɛʔ³⁵｜热 ȵiɛʔ⁵⁵｜血 fyɛʔ⁵⁵｜习 çiʔ⁵⁵｜虱 sɛʔ⁵⁵｜北 pɛʔ⁵⁵｜息 çiʔ⁵⁵｜格 kɛʔ³⁵｜踢 diaʔ³⁵｜击 tçiʔ⁵⁵。

从主元音来看，［lʔ］尾出现在低元音后，［nʔ］尾出现在高元音后，［ʔ］尾韵则各种元音都有。

入声韵尾是通城方言中备受关注的现象。值得注意的是，通城各地、各年龄段方言在该现象上表现各异，《湖北方言调查报告》所载只是其中一种而已。表2以麦市老年发音人刘邦辉的系统为纲（［lʔ nʔ］尾每韵举一字，［ʔ］尾只举宕江通三摄各一字），列出了刘邦辉及其子（刘明晃）、女（刘炎）的韵母例字读音，同时列出十里市（石板铺）各发音人和县城的读音。发音人姓名下注出生年份；刘明晃、刘众炎与其父亲刘邦辉有异者用底色标出，石板铺的年轻发音人（胡华炳、魏柳一）与何炎武有异者用底色标出；材料中无该例字时以同类字代替，无同类字时标"—"。

表 2

	麦市刘邦辉1940	麦市刘明晃1967	麦市刘炎1971	十里市1936	石板铺何炎武1945	石板铺胡华炳1972	石板铺魏柳一1990	县城2002
答咸	tal?⁵⁵	tal⁵⁵	tæl?⁵⁵	tal⁵	tan?⁵⁵	tan?⁵⁵	tai?⁵⁵	ta?n⁵⁵
袜山	ual?⁵⁵	ua?⁵⁵	uæl?⁵⁵	挖 ual⁵	uan?⁵⁵	uan?⁵⁵	uai?⁵⁵	ua?n⁵⁵
盒咸	hœl?⁵⁵	hæ?⁵⁵	hœl?⁵⁵	合 hol⁵	hœn?⁵⁵	hœnœ⁵⁵	喝 hœn?⁵⁵	hœ?n⁵⁵
阔山	uœl?⁵⁵	uæ?⁵⁵	uœl?⁵⁵	gʰuol⁵	uœn?⁵⁵	uɑ?⁵⁵	uœn?⁵⁵	uœn?⁵⁵
十深	sənœ⁵⁵	sən?⁵⁵	sən?⁵⁵	səl⁵	sən?⁵⁵	sən?⁵⁵	sən?⁵⁵	sə?n⁵⁵
立深	din?⁵⁵	dɦin?⁵⁵	di?⁴⁵	dʰil⁵	dɦin?⁴⁵	dɦi?⁴⁵	di?³⁵	dɦi?n⁵⁵
骨臻	kun?⁵⁵	kun?⁵⁵	kun?⁵⁵	kuəl⁵	kuən?⁵⁵	kuən?⁵⁵	kun?⁵⁵	kuə?n⁵⁵
日臻	yn?⁵⁵	ȵin?⁵⁵	ȵin?⁵⁵	入 Yəl⁵	入 Yən?⁵⁵	Yən?⁵⁵	yn?⁵⁵	y?n⁵⁵
脚宕	tɕio?⁵⁵	tɕio?⁵⁵	—	tɕio?⁵	tɕiəo?⁵⁵	tɕiəo?⁵⁵	—	tɕio?⁵⁵
壳江	ho?⁵⁵	ho?⁵⁵	ho?⁵⁵	角 ko?⁵	həo?⁵⁵	həo?⁵⁵	—	ho?⁵⁵
毒通	dou?³⁵	dɦou?³⁵	dou?⁴⁵	读 dʰəu?⁵	dɦəu?⁴⁵	dɦəu?⁴⁵	dəu?³⁵	dʰou?⁵⁵

　　材料来源：刘邦辉、刘炎、魏柳一：笔者调查；刘明晃、何炎武、胡华炳：贾华益调查；十里市：吴宗济 1936 年调查；县城：黄群建（2002）。

　　就麦市的情况而言，老年人的［l? n?］尾在较年轻的人里都有所减少：刘明晃［l?］尾全部变为［?］，刘炎［n?］尾部分字变为［?］（除"立"外还记到"一笔密急吉七漆不橘"等字）。就石板铺的情况来说，似乎存在一个［l］尾变［n?］，再由［n?］尾变为［?］的过程。

　　宕江通摄各地都读［?］尾。

　　结合麦市、十里市（石板铺）、县城等地的情况来看，通城方言入声韵尾的演变可能存在两条途径。一是以宕江通摄为主流的字，塞音尾逐步合并、弱化为［?］，这跟绝大多数汉语方言所走的道路是相同的。二是以咸深山臻摄为主流的字，塞音尾先合并为［t］，再弱化为［l?］（十里市记作［l］，无音值描写），在此阶段，可能像石板铺和县城那样先全部变为［n?］（陈有恒、黄群建县城记作［?n］），然后再逐渐脱落鼻音变为［?］；也可能像麦市那样低元音韵母保留［l?］高元音韵母变为［n?］，然后再脱落边音或鼻音变为［?］，如图 1 所示（有的鼻边音尾脱落时可能会导致产生元音［i］)：

　　　　石板铺：p ↘

　　　　　　　　t → t　→ 1ʔ→ nʔ→？

　　　　　　　　k ↗

　　　　麦　市：p ↘　　　　　↗l（低元音）↘

　　　　　　　　t → t → 1ʔ　　　　　　　　？

　　　　　　　　k ↗　　　　↘nʔ（高元音）↗

图1

3. 遇、流摄有相混现象。例如：付＝副 fu²¹⁴｜赌＝肘 tou⁴²｜弓＝收 sou³¹³｜锯＝够 kE²¹⁴。

4. 遇摄鱼、虞两韵在庄组和见组中相分。例如：

鱼韵：阻 tsʅ⁴²｜初 zʅ³¹³｜梳 sʅ³¹³；锯 kE²¹⁴｜去 ʑiE²¹⁴｜渠_他 iE⁴²｜虚 fE³¹³

虞韵：数_名词 sou²¹⁴；句 kuei²¹⁴｜区 uei³¹³｜瞿 uei³³｜雨 uei⁴²

5. 效摄四等萧韵、流摄一等侯韵在端泥组中有相混现象，读［E］韵。例如：鸟＝陡 tE⁴²｜跳 dE²¹⁴：豆 dE³⁴｜料＝漏 nE³⁴。

6. 流摄一等侯韵帮端系、三等尤韵非庄组部分字读［iɑo］韵，与效摄相混。例如：某＝秒 miɑo⁴²｜凑＝俏 ʑiɑo²¹⁴｜谋＝苗 miɑo³¹³｜邹＝焦 tɕiɑo³¹³｜瘦＝笑 ɕiɑo²¹⁴。

7. 咸摄一等覃、谈两韵端系字相分，覃韵读［œ̃ œlʔ］（其他字读［an alʔ］)。例如：

覃韵：贪 dœ̃³¹³｜潭 dœ̃³³｜南 nœ̃³³｜惨 zœ̃⁴²｜感 kœ̃⁴²｜含 hœ̃³³｜庵 ŋœ̃³¹³；杂 zœlʔ³⁵

谈韵：担 tan³¹³｜毯 dan⁴²｜谈 dan³³｜蓝 nan³³｜暂 zan³⁴｜三 san³¹³；塔 dalʔ³⁵

见系字两韵都读［œ̃ œlʔ］，与山摄一等相同。（参看下条）

8. 山摄开口一等寒韵见系字读［œ̃ œlʔ］韵（其他字读［an alʔ］韵），主元音与山摄合口字相混。例如：

开一_见系：肝 kœ̃³¹³｜刊 hœ̃³¹³｜岸 ŋœ̃³⁴｜汉 hœ̃²¹⁴｜寒 hœ̃³³｜安 ŋœ̃³¹³｜割 kœlʔ⁵⁵｜渴 hœlʔ⁵⁵

合口：半 pœ̃²¹⁴｜短 tœ̃⁴²｜乱 nœ̃³⁴｜算 sœ̃²¹⁴｜穿 dœ̃³¹³；末 mœlʔ⁵⁵｜

说 sœlʔ⁵⁵

9. 山摄合口一等桓韵、二等山删韵见系舒声字相分，一等读［uœ̃］，二等读［uan］。例如：

一等：官 kuœ̃³¹³ ｜ 款 uœ̃⁴² ｜ 唤 fœ̃²¹⁴ ｜ 换 uœ̃³⁴ ｜ 豌 uœ̃³¹³

二等：关 kuan³¹³ ｜ 顽 uan³³ ｜ 幻 fan³⁴ ｜ 弯 uan³¹³

（三）声调的特点

1. 古平、去声按古声母清浊各分为阴阳两类。

2. 古清上和次浊上为一类，全浊上归阳去。

3. 在今上声、阳去两个调里，存在气流分调的痕迹，即今浊塞音浊擦音字（相当于"次调"）与其他字相比，开头略低，具有"升"的特征（上声）或具有更大的"升幅"（阳去）。这种特征与次入［35］的表现是一致的。

4. 古入声分两类

（1）今不送气清塞音、清塞擦音、清擦音、鼻音、零声母字读全入［55］。例如：八 palʔ⁵⁵ ｜ 割 kœlʔ⁵⁵ ｜ 桌 tsoʔ⁵⁵ ｜ 节 tɕiɛʔ⁵⁵ ｜ 熟 souʔ⁵⁵ ｜ 黑 hɛʔ⁵⁵ ｜ 蔑 miɛʔ⁵⁵ ｜ 辣 nalʔ⁵⁵ ｜ 月 ȵiɛʔ⁵⁵ ｜ 鄂 ŋoʔ⁵⁵ ｜ 越 yɛʔ⁵⁵。

（2）今浊塞音、浊擦音声母字读次入［35］。例如：拍 baʔ³⁵ ｜ 白 baʔ³⁵ ｜ 托 doʔ³⁵ ｜ 叠 diɛʔ³⁵ ｜ 六 diuʔ³⁵ ｜ 擦 zalʔ³⁵ ｜ 贼 zɛʔ³⁵ ｜ 七 ʑinʔ³⁵ ｜ 绝 ziɛʔ³⁵。

分调的条件不是古声母清浊。从今声母来看，倒是有点像"全浊上归去"那样，即今读"全浊"声母的归一类［第（2）类］。但从来源看，第（2）类字除来母细音字外均来自古次清声母和古全浊声母，其中浊塞音带送气成分，浊擦音来自［dz dʑ］，它们的前身可能均为送气音（［pʰ tʰ tsʰ tɕʰ］或［bʰ dʰ dzʰ dʑʰ］等）。从赣语其他方言的情况来看，可以断定通城入声的分调条件是声母的气流，今天的局面是早期气流分调演变的结果。

气流分调是赣语的重要特征，但在鄂东南很少见（王莉宁，2009）。不过，在与麦市紧邻的江西省修水县白岭方言里，去声和入声都按古声母的全清、次清、浊分为三类（董为光，1989）：

全阴去［55］：报 pau⁵⁵　　　　全阴入［4］：滴 ti1⁴

次阴去［34］：炮 bau³⁴　　　　次阴入［24］：踢 dil²⁴

阳去［22］：暴 bau²²　　　　　阳入［2］：敌 di²

对通城境内的方言，除了笔者 2003 年对麦市老年人所作的调查以外，栗华益 2009 年对麦市中年 1 人、石板铺老中青 3 人、北港庄前村老年 2 人、四庄四庄村老年1人，张勇生2009年对黄龙花园村老年1人、黄袍荻田村中年1人、石南虎岩村中青年2人等地方言的入声字进行了专题调查，结果也都是入声分两类，例见表3。

表3

	麦市老	石板铺老	北港老	四庄老	黄龙老	黄袍老	石南中
滴	tiʔ⁵⁵	tiʔ⁵⁵	tiʔ⁵⁵	tiʔ⁵⁵	tiʔ⁵⁵	tiʔ⁵⁵	tiʔ⁵⁵
踢	diaʔ³⁵	dʰiaʔ⁴⁵	dʰiaʔ³⁵	dʰiaʔ⁴⁵	diaʔ³⁵	diaʔ³⁵	diaʔ³⁵
敌	diʔ³⁵	dʰiʔ⁴⁵	dʰiʔ³⁵	dʰiʔ⁴⁵	dinʔ³⁵	diʔ³⁵	diʔ³⁵

但是，从董为光（1989）的例字来看，他所记麦市方言入声应该只有一ɤ类，为［5］。陈有恒（1987）、黄群建（2002）所记通城县城方言都只有一个入声，为［5］或［55］。吴宗济先生1936年所记通城十里市方言也只有一个入声，为［5］，但有一个重要的说明："入声是短高平调（5），后面带有ʔ或l尾。常常读得起点较低，如遇浊音声母，这种现象更为显明，如（35）。宽式一律用短高平调号（ɿ5）。"（赵元任等，1948：1803）可见，当时的十里，市方言实际上也是存在全入［5］和次入［35］两个调的。

麦市老年人次入字的声母为［b d z ʐ］，［b d］虽带有送气成分但并不明显和稳定，［dz dʐ］已演变为［z ʐ］。修水白岭方言入声分全阴入、次阴入、阳入三类，而通城各地、各年龄段方言次阴入和浊入已经合二为一。这都表明通城方言气流分调存在的时间已经比较长了，不可能是近些年才产生的新现象。（当然，通城的气流分调也可能是在一个入声的基础上直接产生的。）

音变虽不能测定具体年份，但可推导先后顺序。来母字今有［n］、［d］两种声母，其中洪音［n］声母字归［55］调，细音［d］声母字归［35］调。这表明通城的气流分调是在来母分两类、细音字变成［tʰ］或［dʰ］（今［d］的前身）之后才产生的。

参考文献

［1］陈有恒：《通城入声的复辅音韵尾》，《咸宁师专学报》（哲社版）1987年第3期。

［2］董为光：《湘鄂赣二界方言的"l"韵尾声母》，《语言研究》1987 年第 1 期。

［3］董为光：《湘鄂赣二界方言的送气声母》，《语言研究》1989 年第 2 期。

［4］黄群建主编：《鄂东南方言音汇》，华中师范大学出版社 2002 年版。

［5］江　平等：《平江长寿方言的语音语法特点》，载《语文论集》（二），外语教学与研究出版社 1988 年版。转载于江平《方言评议》，华中科技大学出版社 2003 年版。

［6］王莉宁：《汉语方言声调分化研究》，博士学位论文，北京语言大学，2009 年。

［7］赵元任等：《湖北方言调查报告》，商务印书馆 1948 年版。

　　［附记：本文在研讨会宣读后发表于《语言研究》2011 年第 1 期。咸宁学院尤翠云老师为通城方言的调查工作提供了很大帮助，我的学生周晨萌协助整理调查材料，栗华益、张勇生提供了他们调查的材料，谨此致谢！］

安徽东至赣语的语音特点

唐爱华　张德岁　宋　辉

（宿州学院文学与传媒学院）

一　引言

东至县位于安徽省西南部，隶属于池州市管辖。东至滨临长江中下游南岸，东与贵池区、石台县、祁门县接壤；西北部与怀宁县、望江县一水相隔；北部和安庆市区隔江相望；南部和西南部与江西省景德镇市、鄱阳县、彭泽县毗连。根据《中国语言地图集》（1987），东至周边地区方言归属不一，怀宁话、望江话属于赣语怀岳片；景德镇、鄱阳、彭泽等地话属于赣语鹰弋片；贵池、安庆话属于江淮官话黄孝片；（孙宜志，2007）祁门话属于徽语祁德片；石台县吴语宣州片、徽语旌占片、赣语怀岳片三种方言并存。这样的地理环境形成了东至多方言接触地带。《东至县志》（1991）第五章《方言》指出，东至县的主要方言有赣语、徽语、江淮官话，其中，赣语分布在8区2镇34乡，面积占全县92.4%，人口占83.3%，是本县主体方言；徽语主要分布在官港区的木塔、利安两乡，面积占全县4.3%，人口占3.1%，属于徽语祁德片；江淮官话集中分布在大渡口区镇，七里湖乡、胜利乡江心洲及合镇、香口乡圩区也有部分江淮官话移民点，面积占全县3.3%，人口占13.6%，这一带主要是怀宁、枞阳、桐城、庐江移民区。本文结合城关话、龙泉话、江心回民村话（简称江心话）、南溪古寨话、石城话、河丰话等谈谈东至赣语的语音特点。

二　城关话、龙泉话、江心话音韵比较

（一）城关话、龙泉话、江心话的声韵调

城关话是东至赣语的代表，本文记录的是东至城关梅城村话的语音。龙

泉是东至县的一个镇，位于东至县南部，地处两省三县（安徽省、江西省，东至县、鄱阳县、祁门县）交界处，距县城 67 公里，此地话属于赣语，本文记录的是龙泉镇黄荆港村（原乡政府所在地）话的语音。江心回民村是东至最北边胜利镇的一个村（原位于长江中的江心洲，1998 年整体迁至黄石村），距县城 50 公里，本地村民多为安庆、怀宁移民，75% 以上是回民，口音以安庆、怀宁为主，属于江淮官话。

1. 声母

城关话 21 个：p pʻ m f t tʻ n l ts tsʻ s z tɕ tɕʻ ȵ ɕ k kʻ ŋ x ø

龙泉话 24 个：p pʻ m f t tʻ n l tʂ tʂʻ ʂ ʐ ts tsʻ tɕ tɕʻ ȵ ɕ k kʻ ŋ x ø

江心话 24 个：p pʻ m f t tʻ n/l tʂ tʂʻ ʂ ʐ ts tsʻ s tɕ tɕʻ ȵ ɕ k kʻ ŋ x ø

2. 韵母

城关话 44 个（包括自成音节的 m̩ n̩ ŋ̍）：

ɿ	a	ɛ	o	ai	ei	au	əu	an	on	en	aŋ	oŋ
i	ia	iɛ	io	iai	iau	iəu	iɛn	in	iaŋ	ioŋ		
u	ua	uɛ	uo	uai	uei		uan	uon	uen	uaŋ		
y	ya	yɛ	yai			yan	yn	yaŋ					
m̩	n̩	ŋ̍										

龙泉话 43 个（包括自成音节的 m̩ n̩ ŋ̍）：

ɿ	ʅ	a	ɛ	æ	o	ω	au	an	en	aŋ	əŋ
i	ia	iɛ	iæ	io	iω	iau	ian	in	iaŋ	iəŋ	
u	ua	uɛ	uæ	uo	ui	uan	uen	uaŋ	uəŋ		
y	ya	yɛ	yæ		yan	yn	yaŋ				
m̩	n̩	ŋ̍									

江心话 40 个（包括自成音节的 n̩）：

ɿ	ʅ	a	o	ɛ	ɚ	ai	ei	au	əu	an	on	ən	oŋ
i	ia	io	iɛ	iai	iau	iəu	ian	iɛn	in	ioŋ			
u	ua	uo	uɛ	uai	uei	uan	uon	uən	uoŋ				
y	yɛ			yɛn		yn							
n̩													

3. 声调

城关话 5 个：阴平［11］　　阳平［224］　　上声［35］　　去声［412］

入声［55］

龙泉话 6 个：阴平 ［11］　　阳平 ［55］　　上声 ［213］　　去声 ［13］
阳去 ［33］　　入声 ［35］

江心话 5 个：阴平 ［31］　　阳平 ［35］　　上声 ［213］　　去声 ［53］
入声 ［55］

说明：（1）江心话的 n、l，分的多，混的少；［y］略带摩擦和圆唇色
彩。（2）城关话、龙泉话单元音韵母 ［ɛ］ 的实际发音舌位靠后，读央元音
［ɜ］。

（二）城关话、龙泉话、江心话的音韵异同

1. 相同点

（1）城关话与江心话、龙泉话

①古全浊声母全部清化。

②不分尖团。

③假、蟹、效、咸、山、江等摄开口二等韵今读有文白异读现象，表
现在文读系统见系字今读 ［tɕ］ 组声母，白读系统见系字今读 ［k］ 组
声母。

④古影母疑母洪音今一般读 ［ŋ］ 声母，如：伢、熬、咬、藕、眼、
硬、额 | 矮、瓯、暗、安、轭；古疑母细音今多读 ［ȵ］ 母，如：砚、泥、
仰、业。

⑤古曾梗深臻四摄韵母今音混同，如：蒸征 = 针珍，程乘 = 沉陈，灵陵
= 林鳞，京经 = 金斤，鹰英 = 因音。

⑥古遇、山、臻三摄合口三等精组字今音有读齐齿呼的现象。此外，止
摄合口三等字在城关话中有读齐齿呼的，蟹止摄合口三等字在龙泉话中有读
齐齿呼的。

⑦都有独立的入声调，但古入声韵已无塞音韵尾，今都读舒声韵。城关
话清入独立成调，浊入一般归入阴平；龙泉话清入独立成调，浊入一般归入
阳去；江心话入声独立成调，清浊合一。

（2）城关话与江心话

①古流摄开口一等端见组字今韵母读 ［iəu］，与流摄开口三等字
同。如：

城关：兜 = 丢 tiəu¹¹、楼 = 流 liəu²²⁴、钩 kiəu¹¹、藕 ŋiəu³⁵

江心：兜 = 丢 tiəu³¹、楼 = 流 liəu³⁵、钩 kiəu³¹、藕 ŋiəu²¹³

②有 iai 韵母。蟹摄开口二等见系字韵母今文读 ［iai］，如：

城关：皆 tɕiai[11]、阶 ~ 级 tɕiai[11]、解 ~ 放军 tɕiai[35]、介 ~ 绍 tɕiai[412]、界 tɕiai[412]、届 tɕiai[412]、械机 ~ tɕiai[412]、崖陡 ~ iai[224]

江心：皆 tɕiai[31]、阶 ~ 级 tɕiai[31]、解 ~ 放军 tɕiai[213]、介 ~ 绍 tɕiai[53]、界 tɕiai[53]、届 tɕiai[53]、械机 ~ tɕiai[53]、崖陡 ~ iai[35]

③有［on］、［uon］韵母。江心话的［on］、［uon］来自山摄合口一二三等字，城关话主要来源于山摄合口一二等字和咸摄开口一等字，如：

城关：搬 pon[11]、团 t'on[224]、篡 ts'on[412]、关 kuon[11]｜贪 t'on[11]、南 non[224]、簪 tson[11]、蚕 ts'on[224]

江心：搬 pon[31]、团 t'on[35]、篡 ts'on[53]、关 kuon[31]、拳 = 船 tʂ'on[35]

④都有阴平、阳平、上声、去声、入声五个声调，入声调值都为［55］，与阳平调型接近，城关话阳平为［224］（升调），江心话阳平为［35］（升调）。

（3）城关话与龙泉话

①古全浊塞音声母今不论平仄一般读送气音。如：动洞 = 通 ≠ 冻，步簿 = 铺 ≠ 布，伴 = 潘 ≠ 半，坐 = 搓 ≠ 佐，近 = 钦 ≠ 进，旧 = 丘 ≠ 救。

②［n］、［l］不混，脑 ≠ 老，难 ≠ 兰。

③古微母口语部分字仍保存重唇读［m］声母，如"蚊、网、晚、望"等。

④见系知章组声母逢遇山臻三摄合口三等字今读音合流——声母为［tɕ tɕ' ɕ］，韵母为撮口呼。如：

城关：主 = 举 tɕy[35]、书 = 虚 ɕy[11]、船 = 拳 tɕ'yɛn[224]、肫 = 军 tɕyn[11]

龙泉：主 = 举 tɕy[213]、书 = 虚 ɕy[11]、船 = 拳 tɕ'yan[55]、肫 = 军 tɕyn[11]

⑤阴平的调值都为［11］，如：须 ɕi[11]、春 tɕ'yn[11]、欺 tɕ'i[11]、斤 tɕin[11]、帮 paŋ[11]。

⑥儿化韵都以［-n］尾为标志，如：

城关：谈皮儿聊天儿 t'an[224] pin[224]、糖果儿 t'aŋ[224] kon[35]、六指儿 liəu[55] t ʂn[55]

龙泉：谈皮儿聊天儿 t'an[55] p'in[55]、糖果儿 t'aŋ[55] kɐn[213]、六指儿 tiau[33] t ʂn[55]

这跟吴语和徽语相同。赵日新（1999）指出："屯溪、休宁、黔县、祁门、寿昌部分儿化的方式是在基本音节的后面收一个［-n］尾，徽语中心地带的这种儿化形式跟吴语是一致的。"（见《徽语的小称音变和儿化音变》，第137页）

（4）龙泉话与江心话

①都有舌尖前声母［ts ts' s］和舌尖后声母［tʂ tʂ' ʂ z］。

②遇摄合口一等端系字、通摄合口一三等精组字今读开口，如：

龙泉：赌 tau²¹³、奴 nau⁵⁵、租 tsau¹¹、族 ts'au³³、肃 sau³⁵、足 tsau³⁵｜初 ts'au¹¹、梳 sau¹¹、助 ts'au³³

江心：赌 təu²¹³、奴 nəu³⁵、租 tsəu³¹、族 tsəu⁵³、肃 səu⁵⁵、足 tsəu⁵⁵｜初 ts'əu³¹、梳 səu³¹、助 tsəu⁵³

2. 不同点

（1）城关话

①只有舌尖前声母［ts ts' s z］，没有舌尖后声母［tʂ tʂ' ʂ z］，如：资＝知 sɿ¹¹，潮＝槽 ts'au²²⁴，生＝孙 sən¹¹，"惹 zɛ³⁵、仁 zən²²⁴、肉 zu¹¹、日 zɿ¹¹"等字声母读［z］。

②遇摄合口一等端系字、遇摄合口三等庄组字、通摄合口一三等端系入声字、通摄合口三等知章组日母入声字今韵母都读合口［u］。如：赌 tu³⁵、奴 nu²²⁴、租 tsu¹¹｜初 ts'u¹¹、梳 su¹¹、助 ts'u³³、数 su⁴¹²｜鹿 lu¹¹、族 ts'u¹¹、肃 su⁵⁵、足 tsu⁵⁵｜竹 tsu⁵⁵、叔 su⁵⁵、肉 zu¹¹、属 su¹¹。这一点跟北京话相同，而跟龙泉话和江心话都不同。

③梗开三章组部分入声字城关话今读［ɛ］韵母，而龙泉话读［o］，江心话读［ɿ］。如：

城关：石 sɛ¹¹、只—~tsɛ⁵⁵、炙 tsɛ⁵⁵、尺＝赤 ts'ɛ⁵⁵

龙泉：石 ʂo³³、只—~tʂo³⁵、炙 tʂo³⁵、尺＝赤 tʂ'o³⁵

江心：石 ʂɿ⁵³、只—~tʂɿ⁵⁵、炙 tʂɿ⁵⁵、尺＝赤 tʂ'ɿ⁵⁵

④古全浊上入、古浊去白读基本并入阴平，如：旱 xan¹¹、坐 ts'o¹¹｜服 fu¹¹、盒 xo¹¹｜右 iəu¹¹、念 ȵiɛn¹¹、稗 p'a¹¹、恨 xən¹¹；古次入浊大多并入阴平，少数并入阴入，如：篾 mie¹¹、肉 zu¹¹、额 ŋɛ¹¹｜力 li⁵⁵、药 io⁵⁵。

（2）江心话

①跟北京话一样，古全浊声母今为塞音、塞擦音时平声读送气音，仄声读不送气音，如：平 p'in³⁵、条 t'iau³⁵、豆 tiəu⁵³、嚼 tɕio⁵⁵。

②古泥、来母字今读存在混同现象，如：鸾 non³⁵＝lon³⁵、橹 niəu²¹³＝liəu²¹³。

③古宕江摄唐阳江韵字与咸山摄覃谈衔凡寒山删元韵字，韵母混同，如：党 tan²¹³＝胆，杭 xan 35＝咸，光 kuan³¹＝关，汪 uan³¹＝弯。

④古入声字不论阴阳今仍读入声，调值为［55］，如：各 ko⁵⁵、壁 pi⁵⁵、

烛 t͡ʂɤu⁵⁵、力 li⁵⁵、篾 mie⁵⁵、夺 to⁵⁵、滑 ua⁵⁵。

⑤儿化韵跟北京话一样以［r］尾为标志，例如：雪子儿雪珠子 ɕie⁵⁵ ts͡ɻ²¹³、萝卜角儿萝卜干儿 lo³⁵ poº kor⁵⁵、螺蛳狗儿蜗牛 lo³⁵ sɻ³¹ kiəur²¹³、妹儿女孩子 meir⁵³。

（3）龙泉话

①古来母开口细音字今音一律读成［t］声母，如：林 tin⁵⁵、两 tiaŋ²¹³、料 tiɷ³³、粒 ti³³、裂 lie³⁵。

②蟹摄、效摄、流摄字多读单韵母。具体表现为：

第一，蟹摄一二等字无［i］韵尾，如：栽 tsa¹¹、才 ts'a⁵⁵、改 kɛ²¹³、贝 pe¹³、带 ta¹³、债 t͡ʂa¹³｜陪 p'ɛ⁵⁵、腿 t'ɛ²¹³、回 xuɛ⁵⁵、乖 kua¹¹。

第二，效摄字无［u］韵尾，主要元音为［u］、［ɷ］、［o］，表现为：效摄开口一二等帮组字今读［u］，如：抛 p'u¹¹、毛 mu⁵⁵、保 pu²¹³、貌 mu³³；见系二等字白读［ɷ］韵母，如：搞 kɷ²¹³、咬 ŋɷ²¹³、窖 kɷ¹³、孝 xɷ¹³；文读［iɷ］韵母，如：交 t͡ɕiɷ¹¹、巧 t͡ɕ'iɷ²¹³、较 t͡ɕiɷ¹³、孝 ɕiɷ¹³；其他系组字基本上读［ɷ］韵母，如：刀 tɷ¹¹、桃 t'ɷ⁵⁵、老 lɷ²¹³、灶 tsɷ¹³、皂 ts'ɷ³³、高 kɷ¹¹、熬 ŋɷ⁵⁵、袄 ŋɷ²¹³｜闹 nɷ³³、罩 t͡ʂɷ¹³、捎 sɷ¹¹，个别读［o］韵母，如：抓 t͡ʂo¹¹、笊 t͡ʂo²¹³、吵 t͡ʂ'o²¹³。

第三，流摄一等字多读［ɛ］韵母，与蟹摄开口一等、合口一三等部分字合流，如：偷 t'ɛ¹¹、头 t'ɛ⁵⁵、楼 lɛ⁵⁵、走 tsɛ²¹³、钩 kɛ¹¹、口 k'ɛ²¹³、藕 ŋɛ²¹³、吼 xɛ²¹³、厚 xɛ³³、呕 ŋɛ²¹³、斗一~米 tɛ²¹³｜该 kɛ¹¹、开 k'ɛ¹¹、害 xɛ³³、贝 pe¹³、爱 ŋɛ¹³、骇 xɛ³³｜配 p'ɛ¹³、陪 p'ɛ⁵⁵、梅 mɛ⁵⁵、对 tɛ¹³、推 t'ɛ¹¹、内 nɛ³³、雷 lɛ⁵⁵、最 tsɛ¹³、催 ts'ɛ¹¹、罪 ts'ɛ³³、碎 sɛ¹³、脆 ts'ɛ¹³。

蟹摄、效摄、流摄字多读单韵母这一特点跟徽语一致（见《徽州方言研究》，第20页）。

③咸山二摄字、臻曾开口一等字、梗开口二等字鼻音韵尾多脱落，变成开尾韵，如：三 sa¹¹、担一~ ta¹³、甘 kuɛ¹¹、减 t͡ɕiæ⁵⁵、盐 iæ⁵⁵、泛 fa¹³｜懒 la²¹³、餐 ts'a¹¹、山 ʂa¹¹、面 miæ³³、肩 t͡ɕiæ¹¹、换 uæ³³、闩 ɕyæ¹¹、县 ɕiæ³³｜跟 kæ¹¹｜等 tæ²¹³、肯 k'æ²¹³｜冷 læ²¹³、争 tsæ¹¹、硬 ŋæ³³、耕 kæ¹¹。

属于徽语的歙县话、屯溪话、休宁话、黟县话咸摄、山摄、臻摄梗、摄字都有变开尾韵的（见《徽州方言研究》，第22页）。

④蟹咸山摄部分开口一等字今读合口呼，如：盖动词 kuɛ¹³、盖儿名词 kuɛn¹³｜甘 kuɛ¹¹｜肝 kuæ¹¹｜寒 xuæ⁵⁵、岸 uæ³³、割 kuɛ³⁵。

以上①—④四点也是皖西赣语宿松话、太湖话、潜山话、望江话、岳西话、怀宁话等都不具备的。

⑤山摄端系合口一等字今读开口，如：端 tæ^{11}、酸 sæ^{11}、算 sæ^{13}、夺 t‘ε^{33}。

⑥有阴平、阳平、上声、阴去、阳去、入声六个调类，古平声按声母清浊分阴阳，古全浊上、浊去、浊入归阳去。

通过以上比较可以看出龙泉话、城关话、江心话既有许多共同的语音成分，又有各自的特点。不难看出，龙泉话是徽语色彩较浓的赣语，城关话是兼有徽语和江淮官话特色的赣语。

三　城关话与东至其他赣语点的方言比较

龙泉镇、江心回民村分别位于东至南端、北端，下面南溪古寨、石城、查桥三个方言点距离城关较近。

(一) 城关话与南溪古寨话

南溪古寨又名金家村，近年被称为"大山里隐居的匈奴部落"，距县城34公里，地处花园里乡的一个深山峡谷之中。此村庄住户全姓金，据金氏族谱记载，金氏鼻祖为匈奴王室休屠王太子金日磾，晚唐末年，为避黄巢起义，在徽州黄灯为官的金日磾后人迁到至德南溪安营扎寨。南溪古寨话属于赣语，声韵调跟城关话完全相同，与城关话的主要区别如下：

(1) 照组止摄合口三等字今声母一般读 [tɕ] 组声母，还有一部分读 [ts] 组声母，而这些字在城关话却是读 [tɕ] 组声母或零声母。如：

南溪：吹 tɕ‘yei^{11}、坠 tɕyei^{412}、摔 ɕyε^{11} | 赘累~tsuei^{412}、帅元~suei^{412}、瑞 zuei^{412}

城关：吹 tɕ‘yei^{11}、坠 tɕyei^{412}、摔 ɕyε^{11} | 赘累~tɕyei^{412}、帅元~ɕyai^{412}、瑞 yei^{412}

(2) [on] 韵母字较少。古山摄合口一二等平上去声字今韵母一般读 [an]，只有少数字读 [on]。如：搬 pan^{11}、酸 san^{11}、男 nan^{224} | 端 ton^{11}、卵 lon^{35}、断 t‘on^{11}。而城关话除了古山摄合口一二等平上去声字外，古咸摄开口一等平上去声字今韵母也多读 [on]。

(3) 相当多的古蟹摄合口字和开口二等字今读无韵尾 [i]，韵母或韵腹读 [ε]。如：排 p‘ε^{224}、买 mε^{35}、街 kε^{11}、筛 sε^{11}、矮 ŋε^{35}、乖 kuε^{11}、桂 kuε^{412}。

（4）一部分假开三章组字、梗开二知组入声字今韵母读 [iɛ]，声母读 [tɕ tɕʻ ɕ]，城关话则韵母读 [ɛ]，声母读 [ts tsʻ s]。如：

南溪：车 tɕʻiɛ¹¹、蛇 ɕiɛ²²⁴、摘 tɕiɛ⁵⁵、拆 tɕʻiɛ⁵⁵

城关：车 tsʻɛ¹¹、蛇 sɛ²²⁴、摘 tsɛ⁵⁵、拆 tɕʻɛ⁵⁵

（二）城关话与石城话

石城是东至县南部的一个乡，离县城 23 公里。石城话属于赣语，跟城关话音系大致相同，主要区别表现在以下四个方面（以乌竹村话为例）。

（1）一些日母字在城关话读 [z] 声母，石城话声母读 [ȵ] 或 [l]，有的韵母随之而变，如：

城关：肉 zu¹¹、日~头 zʅ¹¹、染 zan³⁵、任 zən⁴¹²、然 zan²²⁴、热 zɛ¹¹、仁 zən²²⁴、仍 zən²²⁴

石城：肉 ȵiəu⁴¹²、日~头 ȵi⁴¹²、染 lan³⁵、任 lən⁴¹²、然 lan²²⁴、热 lɛ⁴¹²、仁 lən²²⁴、仍 lən²²⁴

（2）古来母开口细音字今城关话读 [l] 声母，石城话读成 [t] 声母，如：林 tin²²⁴、两 tiaŋ³⁵、料 tiɷ¹¹、粒 ti⁴¹²、裂 tiɛ⁴¹² ｜ 林 lin²²⁴、两 liaŋ³⁵、料 liɷ¹¹、粒 li⁵⁵、裂 tiɛ⁵⁵。

石城话这点跟龙泉话相同。

古来母开口细音字今城关话读 [l] 声母，石城话读成 [t] 声母，这跟龙泉话相同。如：

石城：林 tin²²⁴、两 tiaŋ³⁵、料 tiau¹¹、粒 ti⁴¹²、裂 tiɛ⁴¹²

城关：林 lin²²⁴、两 liaŋ³⁵、料 liau¹¹、粒 li⁵⁵、裂 tiɛ⁵⁵

（3）石城话只有阴平 [11]、阳平 [224]、上声 [35]、去声 [412] 四个声调。跟城关话相同的是：石城话古平声分阴阳，清、次浊上声今读上声，清去今读去声，古全浊上、古浊去今读阴平，如：近 tɕʻin¹¹、上 saŋ¹¹、抱 pʻau¹¹ ｜ 望 maŋ¹¹、病 pʻin¹¹、柱 tɕʻy¹¹；不同的是：城关话有入声，石城话无入声，古入声今读归去声，如：铁 tʻiɛ⁴¹²、月 yɛ⁴¹²、合 xo⁴¹²、读 tʻiəu⁴¹²。

（4）石城话没有儿化词，如城关话的"谈皮儿聊天儿 tʻan²²⁴pʻin²²⁴"在石城话里读"谈皮聊天儿 tʻan²²⁴pʻi²²⁴"。

可见石城赣语受到了其他方言的影响，至于此地话受何种方言影响，发音人说不清楚，有待进一步考察。

（三）城关话与查桥话

查桥乡位于东至县城北部，距县城 15 公里，2007 年并入尧渡镇。此地话跟城关话一样，属于赣语。这里以禾丰村（原查桥乡乡镇府所在地）话为例，说明二者的区别：

（1）古流摄开口一等端见组字在查桥话中韵母今读开口，如：兜 təu¹¹ ≠丢 tiəu¹¹、篓 ləu³⁵≠柳 liəu³⁵、沟 kəu¹¹、藕 ŋəu³⁵，而城关话中读成齐齿。

（2）上文已叙遇摄合口一等端系字、遇摄合口三等庄组字、通摄合口一三等端系入声字、通摄合口三等知章组日母入声字在城关话里韵母一律读合口［u］（例略），而在查桥话里读开口［əu］或撮口［y］，有的声母随之而变。如：赌 təu³⁵、奴 nəu²²⁴、租 tsəu¹¹｜初 tsʻəu¹¹、梳 səu¹¹、助 tsʻəu³³、数 səu⁴¹｜鹿 ləu¹¹、族 tsʻəu¹¹、肃 səu⁵⁵、足 tsəu⁵⁵｜竹 tçy⁵⁵、叔 çy⁵⁵、肉 zəu¹¹、属 çy¹¹。

（3）没有儿化词，如：

查桥：鱼 n̠y²²⁴、蚕蛾 tsʻon²²⁴ ŋo²²⁴、谈皮 tʻan²²⁴ pʻi²²⁴、矮马 小板凳 ŋai³⁵ ma³⁵

城关：鱼儿 n̠yn²²⁴、蚕蛾儿 tsʻon²²⁴ ŋon²²⁴、谈皮儿 tʻan²²⁴ pʻin²²⁴、小马儿 小板凳 çiau³⁵ man³⁵

上述第（1）、（3）点跟江心话和城关话都不同，第（2）点跟江心话相同。

可见，或由于方言接触，或由于移民方言的影响，虽然南溪古寨话、石城话、查桥话跟城关话共有的语音成分很多，但也存在一些异质，其具体成因有待进一步考察。

根据《安徽省志·方言志》（1997）、《徽州方言研究》（1998）和《安徽的汉语方言》（2008）等所描述安徽境内皖西赣语、皖南徽语和皖中江淮官话的主要语音特点，我们可以发现东至赣语既有皖西赣语的共同特征，又有皖南徽语和皖中江淮官话的特色。城关赣语在东至是强势方言，比如笔者在调查时发现龙泉话跟城关话差异大，但当地人都听得懂城关赣语，许多人还会说城关话，但城关人一般听不懂龙泉话。通过比较，我们可以看出东至方言从北到南，江心话→禾丰话→城关话→乌竹话→南溪古寨话→龙泉话是从江淮官话到赣语再到徽语渐次过渡，江淮官话的特色逐渐减弱，徽语的特色逐渐增强，而城关赣语兼有徽语和江淮官话的特色。

东至县山多，古代交通不便，处于闭塞状态，操不同口音的外来移民多，加上周边方言复杂，从而形成了东至方言区多种方言混杂的现象，有"九帮十三腔"之称。因此以上几个方言点并不能反映东至赣语的全貌，需要我们进一步调查和研究。

参考文献

［1］安徽省地方志编纂委员会：《安徽省志·方言志》，方志出版社 1997 年版。

［2］安徽省东至县地方志编纂委员会：《东至县志》，安徽人民出版社 1991 年版。

［3］东至县地方志编纂委员会：《东至县志（1988—2005）》，黄山书社 2008 年版。

［4］平田昌司：《徽州方言研究》，好文出版社 1998 年版。

［5］孙宜志：《安徽江淮官话语音研究》，黄山书社 2006 年版。

［6］赵日新：《徽语的小称音变和儿化音变》，《方言》1999 年第 4 期。

［7］赵日新：《安徽省的汉语方言》，《方言》2008 年第 4 期。

［8］中国社会科学院、澳大利亚人文科学院：《中国语言地图集》，朗文（远东）出版有限公司 1989 年版。

［附记：本文在研讨会宣读后发表于《宿州学院学报》2010 年第 12 期。］

武宁方言中的全浊声母

王福堂

（北京大学中文系/北京大学汉语语言学研究中心）

一

赣方言语音的重要特点之一，是古浊声母清化，塞音塞擦音送气，与次清声母合流。比如南昌方言的透定母字有相同的送气声母：

透：摊 $_⊂$tʰan　坦 $^⊂$tʰan　叹 tʰan$^⊃$　塔 tʰat$_⊃$

定：弹 $_⊂$tʰan　淡 tʰan$^⊃$　蛋 tʰan$^⊃$　踏 tʰat$_⊃$

但武宁县城区方言老年口音、宋溪镇方言以及邻县瑞昌田义方言中的古浊声母塞音塞擦音却保持为浊音，不送气，与全清声母对立。如武宁城区方言老年口音：

兵帮 $_⊂$pin—— 拼滂 pʰin$^⊃$—— 平并 $_⊂$bin

带端 tai$^⊃$—— 太透 tʰai$^⊃$—— 大定 dai$^⊃$

公见 $_⊂$kəŋ—— 空溪 kʰəŋ$_⊂$—— 共群 ɡəŋ$^⊃$

灾精 $_⊂$tsɔi—— 猜清 tsʰic$_⊂$—— 在从 dzɔi$^⊃$

知知 $_⊂$tsʅ —— 痴彻 tsʰʅ$_⊂$—— 池澄 $_⊂$dzʅ

爪庄 $_⊂$tsau—— 初初 $_⊂$tsʰu—— 锄崇 $_⊂$dzu

声母全清、次清、全浊三分，与吴方言和老湘语的情况相同。这显然是赣方言古浊声母尚未清化、塞音塞擦音尚未与清声母合流时的早期现象。不过这种现象目前只见于个别县的市镇，应属残余。而且武宁城区方言青年口音中的这种浊音已经清化，不送气，如并母字"排" $_⊂$pai，"败" pai$^⊃$。因此，随着人事的变化，这种声母三分的现象将会很快消失，赣方言中全浊声母清化、塞音塞擦音与清声母合流的现象即将覆盖所有方言，无一例外。

二

不过，武宁城区方言老年口音古浊声母保持为浊音的只限于塞音塞擦音。下面另举擦音的例字：

反非 ꜀fan —— 泛敷 fan꜄ —— 饭奉 fan꜄

写心 ꜀ɕia —— 谢邪 dʑia꜄ —— 邪邪 ꜁ɕia

升书 ꜀ɕin —— 承禅 dʑin —— 甚禅 ɕin꜄

汉晓 hɔn꜄ —— 汗匣 hɔn꜄

船船 ꜀ɕyɔn

从例字中可见，古浊擦音今读擦音的已经清化，与清擦音合流，甚至古浊塞擦音今读擦音的（如"船"）也清化。但古浊擦音今读塞擦音的（如"谢承"）却保持为浊音。

综合前举例字可见，武宁方言古浊声母在清化早晚方面的表现因目前的声母发音方法而异。老年口音中，古浊塞音塞擦音保持为浊音，古浊擦音清化，古浊塞擦音今读擦音的也清化，但古浊擦音今读塞擦音的保持为浊音。青年口音则除擦音外，现为塞音塞擦音的也清化。看来清化早晚的语音条件是今音的发音方法，即今擦音先清化，塞音塞擦音后清化。塞音塞擦音有闭塞成分，擦音没有，二者可能因此在清化的时间上表现不同步。

擦音早于塞音塞擦音清化的现象见于部分汉语方言。这种现象是否符合音理？为此需要观察有类似情况的方言，看看在浊音清化问题上是否存在有规律性的现象。

汉语方言中浊音清化早晚与声母发音方法有关的现象，除赣语武宁方言等以外，也见于吴方言和湘方言的一些方言。吴、湘两方言区一些方言古浊声母的清化大致有一个过程，这个过程也许可以告诉我们，不同发音方法的浊声母清化在时间上可能会遵循什么样的规律。

吴方言中，古浊声母清化早晚与声母发音方法有关的现象主要见于皖南宣州地区的方言。下面以部分方言古浊塞音、塞擦音、擦音等字的声母为例：

	平並	头定	群群	才从	重澄	床崇	船船	坟奉	徐邪	社禅	红匣
当涂湖阳	b	d	ʑ	z	z	z	z	b	ʑ	z	ɦ
宁国庄村	b	d	ɦʑ	ɦz	ɦz	ɦz	ɦʑ	ɦv	ɦʑ	ɦz	ɦ

泾县厚岸	pʰ	tʰ	kʰ	hz	tsʰ	hz	hz	hv 饭　h	hz　h
铜陵太平	v	r	ʐ	z	z	z	z	v　　ʐ	z　ɦ
黄山广阳	hv	r	hʐ	hz	hz	hz	hz	hv　hʐ	hz　h

　　以上例字说明，宣州地区吴方言古浊声母的演变一般有两种情况：一是弱化，除少数方言並定母保持为塞音 b（b 或变为 v，另奉母也有为 b 的）和 d（d 或变为 r），匣母保持为 ɦ 外，其他都中和变为擦音 z 或 ʐ；二是清送气化，即吴方言原有浊声母 ɦ 和浊声母的浊送气 ɦ 都清化为 h。也就是说，古浊声母除並定母较多保持为浊塞音外，各声母大多先弱化，再清化，比较一致。不过这里多数方言中有闭塞成分的塞擦音和没有闭塞成分的擦音的变化基本上相同。而且泾县厚岸方言的塞音塞擦音的清化还快于擦音。这一现象和擦音清化快于塞音塞擦音的武宁方言完全不同。这也许是因为这些方言的清化主要不是自主发生，而是由异方言引起的，清化过程不是一个缓慢的渐变，塞音、塞擦音、擦音等发音方法的差别在比较迅速的清化过程中没有机会得到充分的表现。宣州地区曾因清末太平天国战争损失了大量人口。百余年来外地人不断迁入，江淮官话、赣语的影响渐趋强大，吴方言转为弱势方言，不得不在接受外来影响的过程中匆匆清化，仅只某些方言中的並定母得以较多保持为浊塞音。看来上述宣州地区吴方言的情况并不能解释武宁方言浊音清化中声母发音方法作用的那种类型。

　　湘方言中，古浊声母的清化以自主的变化为主。湖南中部老湘语和新湘语交界地区的某些方言，古浊声母从全部保持为浊音到全部清化，有一个缓慢的逐渐变化的过程。下面以这些方言的古浊声母字为例，先举並定群从澄崇船母等古塞音塞擦音的例字：

	平並	大定	共群	在从	茶澄	锄崇	船船
长沙	꜀pin	tai²	kən²	tsai²	꜀tsa	꜀tsəu	꜀tɕyẽ̜
韶山冲	꜀biæ	da²	gən²	dzɛ³	꜀dzua	꜀dzəu	꜀dzʮĩ
如意	꜀biən	da⊂	gən²	dzɛ³	꜀dzua	꜀dzəu	꜀dzʮuĩ
大坪	꜀biɔ̃	da⊂	gən²	dzɛi³	꜀dzɔ	꜀dzɯu	꜀duɛ̃
湘乡	꜀biõ	da⊂	gan²	dzai³	꜀dzo	꜀dʑiei	꜀dyĩ
双峰	꜀biɒŋ	da⊂	gan²	dze³	꜀dzo	꜀dzəu	꜀duĩ
邵阳	꜀bin	da⊂	guŋ²	꜀dzai	꜀dza	꜀dzu	꜀dzʮyɛ̜̃

　　这些方言中，长沙方言为新湘语（相邻的湘潭、宁乡方言也是新湘语），其他为老湘语（韶山是新设的行政区，由原湘潭、湘乡两县的部分地

区组成，其中大坪原属湘乡，韶山冲、如意原属湘潭，都是老湘语）。邵阳方言远处老湘语区腹地，是作为比较和参照用的。例字中新湘语长沙方言的古塞音塞擦音声母一律清化，老湘语则保持为浊音，界限分明。

再举奉邪禅匣母等古浊擦音的例字：

	扶奉	似邪	寻邪	承禅	树禅	汗匣
长沙	ꞔfu	sʮ⊃	ꞔtɕin	ꞔsən	ɕy⊃	xan⊃
韶山冲	ꞔɸu	sʮ⊃	ꞔdʑiən	ꞔdʐ̩ən	ʂ̩ɥ⊃	ɪuɪ⊃
如意	ꞔɸu	sʮ⊃	ꞔdʑiən	ꞔdʐ̩ən	ʂ̩ɥ⊃	xõ⊃
大坪	ꞔβu	dʑʮ⊃	ꞔdʑiən	ꞔdən	ʂ̩ɥ⊃	ɣuɣ̃⊃
湘乡1	ꞔβu	dʑʮ⊃	ꞔdʑin	ꞔdan	ɣy⊃	ɣuɑ̃⊃
湘乡2	ꞔɣu	dʑʮ⊃	ꞔdʑin	ꞔdʌn	ɣy⊃	ɣuɑ̃⊃
双峰	ꞔɣəu	dʑʮ⊃	ꞔdʑiɛn	ꞔdiɛn	ɣy⊃	ɣua⊃
邵阳	ꞔvu	ʮ⊃	ꞔdʑin	ꞔdzən	ʑy⊃	ɣɑ̃⊃

例字表明，奉邪禅匣母字在新湘语长沙方言清化为 f s ɕ x，处于老湘语区腹地的邵阳方言保持为相对的浊音 v z ʑ ɣ。与新湘语区较为接近的其他老湘语，读塞音塞擦音的保持为浊音，读擦音的则有不同表现。其中邪母在双峰、湘乡、大坪方言中读塞擦音，为浊音。奉匣母在双峰、湘乡、大坪方言中都中和为 β 和 ɣ，甚至都为 ɣ。禅母在双峰、湘乡方言中中和为 ɣ，大坪方言基本上则清化为 s 或 ʂ 或 ɕ。而所有奉邪禅匣母读擦音的在韶山冲、如意方言中都清化为 ɸ s ʂ（ɕ）x，和长沙方言相似。

各方言中的自主音变显然也受到相邻或远或近的异方言的影响。各方言的地理方位如下：老湘语除邵阳较远，其他从西南向东北依次是双峰、湘乡、韶山（境内自西向东是大坪、韶山冲、如意），然后是新湘语的湘潭、宁乡、长沙。以上奉匣母读擦音的在双峰、湘乡、大坪方言中保持为浊音但发生中和，是浊音的弱化，和这些方言都与新湘语区较为接近有关。禅母读擦音的在双峰、湘乡方言中浊音中和，在大坪方言基本上清化，是因为大坪比双峰、湘乡更接近新湘语区。奉邪禅匣母读擦音的在韶山冲、如意方言中一律清化，与长沙方言相似，则是因为它们紧邻新湘语区。这样，从老湘语到新湘语，浊擦音从浊音、浊音中和、部分清化到全部清化，体现了语音的渐变。

老湘语古浊声母塞音塞擦音为浊音而擦音有中和或部分清化的现象，不见于赣方言。但韶山冲、如意方言古浊声母塞音塞擦音保持为浊音而擦音全部清化的情况，和武宁城区方言老年口音是相同的，新湘语古浊声母进一步全部清化的情况，也和武宁城区青年口音（以及一般赣方言）相同。这样，浊声母的清化在湘、赣两方言中都表现为渐变，擦音先于塞音塞擦音清化的变化类型也相似。只不过湘方言中擦音与发音方法的联系更为紧密，渐变中也有不同表现，因此过程更为细致、更为复杂。湘、赣两方言以上情况说明，古浊声母自主演变中的清化的确是一种规律性的现象，擦音早于塞音塞擦音清化是常见的，即使不同擦音的清化有先有后也是可以说明的。

此外，汉语方言中古浊声母清化早晚不仅有受声母发音方法影响的方面，更多的还有受声调节制的情况，二者有时在不同方言上起作用，有时则见于同一方言。下面以吴方言松阳小槎方言和老湘语双峰、溆浦方言为例：

	同平	动上	洞去	读入
松阳	꜂doŋ	ꜛtoŋ	doŋ⊃	doʔ⊃
双峰	꜂dan	dan⊃	dan⊃	tʰəu⊃
溆浦	꜂dʌŋ	tʌŋ⊃	tʌŋ⊃	꜂tʰɯ

古浊声母在松阳小槎方言的平去入声调中保持为浊音，上声调中清化；在双峰方言的平上去声调中塞音塞擦音保持为浊音，擦音奉邪禅匣母情况不一，入声调中一律清化；在溆浦方言的平声调中塞音塞擦音保持为浊音，擦音清化，上去入声调中一律清化。

两种作用看来是各自发生的。如双峰方言入声调中不同发音方法的古浊声母一律清化，其他调类中则由声母发音方法起节制作用；溆浦方言中平声字由声母发音方法起节制作用，其他调类中一律清化；松阳小槎方言则声母发音方法不起作用，声母是否清化只受调类节制。

三

古浊声母塞音塞擦音在武宁城区方言老年口音保持为浊音，不送气，青年口音清化，与全清声母合流。这与一般赣方言古浊声母塞音塞擦音清化并与次清声母合流的情况不一。这是否说明早期赣方言古浊声母的塞音塞擦音除送气外，还有不送气的语音形式呢？看来事实不是这样的。

实际上，武宁城区方言这种古浊声母送气与否和一般赣方言不一致的情况还见于临近少数方言。这些方言集中分布在江西西北部和湖北、湖南相邻的三省交界地区。较为少见的是古浊声母尚未和清声母合流的浊音，如江西武宁城区（老年口音）、武宁宋溪、瑞昌田义等方言，不送气（如 b）。较多的是古浊声母已经和次清声母合流的浊音，其中送气的如江西永修、修水城区和湖北蒲圻、崇阳白霓、通城等方言（如 bʰ），不送气的如江西都昌、星子、修水白岭、湖口和湖南平江岑川、临湘路口等方言（如 b），送气与否两可的如江西德安和湖南平江桂桥方言（如 b～bʰ～pʰ）。和武宁城区方言青年口音相同的古浊声母浊音清化后不和次清声母而和全清声母合流的，则还有江西武宁泉口和湖北通山方言（如 p）。这里是鄱阳湖以西的平原地区，与湖南洞庭湖地区之间交通便利，赣方言在这里和邻省的方言也有较多接触。地理位置说明，少数赣方言古浊声母的上述这种情况可能和与相邻湘方言浊声母的接触有关。笔者以为，湘方言的浊声母有早期送气至晚期不送气的变化过程。（目前有些湘方言浊声母仍然送气，但大多是在老湘语区腹地，有一些则可能和客赣方言的影响有关。）湘方言区西北部（新湘语区）的古浊声母大多清化，但从目前仍带浊音色彩的音值（如长沙方言的阳平阳去字）来看，清化的时间大概不是很早，而且清化前已经由送气变为不送气。在以往长期的接触中，新湘语的不送气浊声母或正由送气向不送气转变的浊声母，可能使某些赣方言送气浊声母中的送气成分发生动摇以致脱落，成为不送气的浊音（这种不送气浊音清化后就会成为不送气清音），或送气不送气两可。这是因为汉语中的浊声母只有一个，没有送气和不送气的对立，送气与否的变化不会影响音位的构成，所以允许出现浊声母送气或不送气或二者两可的情况（但清声母送气不送气两可的情况是不可能出现的，因为涉及音位构成）。这种影响同时波及与清声母对立的浊音（如武宁城区方言老年口音）和已经与清声母合流而又一并浊化的浊音（如前述永修、都昌等方言），使得赣方言区西北部出现了若干浊音送气与否表现特殊的方言。实际上，具有与清声母对立的浊音的武宁方言还能作为残余现象出现在赣方言区的西北部，恐怕也是和湘方言浊声母的影响有关的。

　　由此看来，武宁城区方言老年口音古浊声母塞音塞擦音的不送气并不是旧有的特点，而是异方言影响的结果。武宁城区方言等原来的浊声母应当也是送气的。从总体上来说，目前个别方言浊声母不送气的现象并不影响赣方言古浊声母塞音塞擦音清化后与次清声母合流的论述，因为个别方言中不送气浊音的产生，是可以得到解释的。

语料来源

[1] 北京大学中文系语言学教研室：《汉语方音字汇》（第 2 版重排本），语文出版社 2003 年版。

［2］邓岩欣：《当涂境内的吴语》，见《第四届国际吴方言学术研讨会论文集——吴语研究》，上海教育出版社 2008 年版。

［3］湖南省地方志编纂委员会：《湖南省志·方言志》，湖南人民出版社 2001 年版。

［4］江西省地方志编纂委员会：《江西省方言志》，方志出版社 2005 年版。

［5］刘纶鑫：《客赣方言比较研究》，中国社会科学出版社 1999 年版。

［6］蒋冰冰：《宣州片方言音韵研究》，华东师范大学出版社 2003 年版。

［7］王　芳：《湘乡方言调查字表》，1993 年。（未刊）

［8］王福堂：《韶山韶山冲方言调查字表》，1973 年。（未刊）《韶山大坪方言调查字表》，1974 年。（未刊）

［9］徐通锵：《韶山如意方言调查字表》，1974 年。（未刊）

［10］杨时逢：《湖南方言调查报告》，中央研究院史语所 1974 年版。

参考文献

［1］陈昌仪：《赣方言概要》，江西教育出版社 1991 年版。

［2］董为光：《湘鄂赣三界方言的送气声母》，《语言研究》1989 年第 2 期。

［3］孙宜志：《江西赣方言语音研究》，语文出版社 2007 年版。

［4］王福堂：《古全浊声母清化后送气不送气的问题》，见《语言学论丛》（第 36 辑），商务印书馆 2008 年版。

［5］杨秀芳：《论汉语方言中全浊声母的清化》，《汉学研究》1989 年第 2 期。

［6］郑张尚芳：《皖南方言的分区（稿)》，《方言》1986 年第 1 期。

［附记：本文在研讨会宣读后发表于《语言学论丛》第 42 辑（商务印书馆 2010 年版)。］

都昌方音今读及地域差异

卢继芳

（南昌大学客赣方言与语言应用研究中心）

一　引言

都昌位于江西省北部，东界黄金山、银宝湖、上岸东洲，与鄱阳县接壤；南濒鄱阳湖，南界下岸洲、下山、南岸洲、蚕豆湖洲，与鄱阳、余干、南昌、新建四县交界；西界松门山、西长河，与永修、星子二县交界；北依武山，北界屏峰河、芦塘涧、武山鹅公凸、卸衣岭、双尖山，与湖口、彭泽二县毗连。全境东西宽 52.7 公里，南北长 80 公里。全县共有 30 个乡。

都昌方言在赣语分区中分别属于昌靖片（颜森，1986）、南昌片（陈昌仪，1991）、赣北区（李如龙、张双庆，1992）、南昌片（刘纶鑫，1999）、北区都昌片（孙宜志，2001）、昌都片（谢留文，2008）。陈昌仪《都昌土塘方言的两个特点》（1983）是较早对都昌方言语音进行描述的论文。该论文揭示都昌方言两个语音特点：古次清声母和古全浊声母今读浊音及浊擦音；古声母送气与否影响调类分化。《都昌县志·方言卷》（1993）最早对都昌方言的整体面貌及地区差异作了描述，把全县划为八片。近年来，我们根据实地调查情况，结合当地人语感，将《方言卷》中的"北炎、春桥（部分）、徐埠和张岭一小片"析为两片：北炎片（鸣山镇〈接近蔡岭镇一些村庄〉、蔡岭镇、北炎乡、张岭）、徐埠片（徐埠、苏山〈接近春桥乡一些村庄〉、春桥），这样全县分为九片。下文将按此九片来描述语音差异：大港片、中馆片、南芗万片（以上为东部）、北炎片、化民片、周溪片（以上为中部）、徐埠片、左里片、都昌镇片（以上为西部）。调查字表采用中国社会科学院语言研究所《方言调查字表》。

二　声母

（1）帮系

帮母今读 p，滂并母今读 b，明母读 m。非敷奉今多读 ɸ，微母都读 ø。非组有一些字白读重唇音，如敷 b、尾 m、蚊 m、问 m、芒 m、网 m、忘 m、望 m、捧 b。东部大港片、中馆片通摄非敷奉母有些字声母读 ŋ，并带有明显送气色彩，如"风丰冯凤封峰缝一条缝"声母读 ʰŋ。

（2）端组

端母各片读 t。透定母今读基本上是不分的，东部大港片、中馆片、南芗万片及中部化民片透、定母一等都读 d，四等都读 l。中部北炎片、周溪片及西部徐埠片、左里片、都昌镇片透、定母都读 l，如头 d 中馆片、南芗万片、化民片 /l 北炎片、周溪片、部徐埠片、左里片、都昌镇片。田各片读 l。

透定读 l 现象在闽语及湘语也有，如湘语新宁方言老派据《新宁县志》古来母字与定母字在齐齿呼韵母前，声母读 dˡ 或 lᵈ，两种成分都相当明显，有时感到既或记为 d，又可记为 l（罗昕如，2010）。

目前学界一般认为透定读 l 是浊音 d 的弱化，万波《赣语声母的历史层次研究》（2009）提出 d>l 变化发生在透定合流读浊音及送气分调之后。据笔者调查，都昌东部大港片、南芗万片，中部化民片个别韵摄透母读 d，定母读 l。化民片有些字甚至自由变读，如挑 ꜀d/lieu。都昌透定 d>l 变化仍在进行之中，而西部方言比东部方言发展显然要快些。

（3）泥组

泥、来今读各片不混，泥母洪音读 n，细音读 ȵ，来母不论洪细读 l。

（4）精组

精组今读各片一致。精母各片读 ts，清从母读 dz，心母读 s，邪母一些书面词如"序叙绪续似涎羡旋旬循巡殉夕诵颂俗续讼"清化为 s，口语常用词读 dz。精组声母可以同 i 韵相拼。如焦꜀ tsieu/꜀ tsiau、趄꜀ dzi、全꜀ dzien/꜀₂dziŋ、鳃꜀ sai、袖 dziu²/꜀ dziu。

精组今读 ts 组音，这是承古音而来的读法，只不过都昌方言次清与全浊合流读浊音，近年调查发现，都昌 80 后年轻人读止摄清母、从母、邪母字时有擦音化趋势。如"此ꜛʐ̩、自 ʐ̩²"。这种现象在吴语与湘语也有。陈立中《湘语与吴语音韵比较研究》（2004：54）提到：通观吴语和湘语古全浊塞擦音和全浊擦音声母的演变状况，我们看到，浊塞擦音似乎有向浊擦音转化的趋势。如常熟吴语"dz 声母字有的字有的人可读 z 声母"（钱乃荣，1992：39）。新化湘语"浊塞擦音 dzʰ、dʐʰ、dʑʰ 发音时，塞音成分不十分明显，与同组的浊擦音差异不大"（罗昕如，1998：16—17）。

（5）知庄章组

知庄章组今读属两分型：知二精庄组今读同，知三章组今读同，这属赣语的主流现象。都昌方言在具体音值上同赣语其他点有不同。庄母今读 ts，初母今读 dz，崇母个别字清化为 s 外均读 dz，生母今读 s。如债 ts、初 dz、锄 dz。

各片知组二等今读 ts/dz/s，与精组、庄组相同，中西六小片知₌章组今读 tʂ/dʐ/ʂ。东部中馆片、南芗万片，知三章组在遇合三、止合三、山合三、臻合三读 tɕ/dʑ/ɕ，其余读 tʂ/dʐ/ʂ；东部大港片知₌章组遇合三、止合三个别字读 tɕ/dʑ/ɕ，其余读 tʂ/dʐ/ʂ。古船母清化为 ʂ，禅母除流开三、臻开三、曾开三、梗开三平声个别字读 dʐ 外大多清化为 ʂ。

如猪 tʂ中部片、西部ₕ/tɕ东部片，水 ʂ中部片、西部片/ɕ东部片，穿 dʐ 中部片、西部片、大港片/dʑ 中馆片、南芗万片，春 cdʐ 中部片、西部片、大港片/cdʑ 中馆片、南芗万片。

东部知₌章有些字读 tɕ/dʑ/ɕ，发音部位同邻近方言鄱阳方言相同。邻近鄱阳方言知章₌在遇合₌鱼虞、止合₌支脂、咸开₌盐叶、山合₌仙薛、臻合₌谆术读 tɕ/tɕʰ/ɕ，其他韵摄读 ts/tsʰ/s。都昌东部中馆、南芗万同鄱阳接壤，历来交通无阻，东部知₌章今读 tɕ/dʑ/ɕ 可能同鄱阳方言有一定联系。

（6）日母

日母今读各片读法一致，大多数读 l，咸开三、山三、臻开三、宕开三、遇合三少数字读 ȵ，臻开三、曾开三个别字读 n，止开三读零声母。如耳 ø、染 ȵ、如 l、仍 n。

（7）见组

全县九小片见溪群母今读 k/g 或 tɕ/dʑ。一二等见母读 k，溪母读 g。三四等见母读 tɕ，溪群母读 dʑ。例外为蟹合三、四等，止摄合口，宕合三见母读 k，如桂、规、归、逛；溪群母一大批字读零声母，如"课茄苦去巨区具块奇器欺其丘球钳件近"。疑母一二等读 ŋ，三四等读 ȵ，个别读零声母，如我 ŋ、鱼 ȵ、砚 ȵ、杌 ø。

都昌方言溪群母有一大批字读零声母，万波《赣语声母的历史层次研究》（2009）也指出：这种现象"贯彻得颇为彻底"，并从语音演变的角度推断出

"这种现象属于一种由语音弱化而形成的脱落现象"，并指出"浊音演变为零声母曾经是一种非常普遍的现象，广泛地发生在闽、粤、客、赣方言中"。

我们调查发现溪群母读零声母从地理分布来看并不是"贯彻得颇为彻底"，中西部六片较多，东部三片较少。《方言调查字表》收溪母字 140 个，群母字 92 个。大港片溪母有 3 个字今读零声母，群母有 1 个字读零声母。中馆片溪母有 1 个字今读零声母，群母都不读零声母。南芗万片有 2 个字今读零声母，群母有 1 个字读零声母。北炎片溪母字有 48 个读零声母，群母字有 45 个读零声母。化民片溪母字有 17 个读零声母，群母字有 15 个读零声母。周溪片溪母字有 65 个读零声母，群母字有 56 个读零声母。徐埠片有 65 个溪母字读零声母，54 个群母字读零声母。左里片有 56 个溪母字读零声母，56 个群母字读零声母。都昌镇片有 58 个溪母字读零声母，46 个群母字读零声母。

（8）晓组

晓母开口一二等读 h，合口一二等及止合三读 ɸ；晓母三四等及效开二等读 ç，晓母合口二三等有一些字读零声母。匣母开口一二等读 h，合口一二等读 ɸ，匣母四等及效开二、梗开二读 ç，匣母合一二等有一些字读零声母。东部大港片、中馆片曾梗通摄匣母个别字今读 ŋ，声母带有明显送气色彩，如红ʰŋ、弘ʰŋ、轰ʰŋ。

（9）影组

影母在假开二、蟹开一二、效开一二、流开一、咸开一二、山开一二、臻开一、宕开一读 ŋ，如哑 ŋ、爱 ŋ。其他韵摄读零声母，如要 ø。喻母多读零声母，通合三个别字读 ȵ，如用。

三　韵母

（1）果摄

主要元音为 ɔ，一等开口、合口及三等见系有别。哥 ɔ、锅 uɔ。那白读为 n，哪白读为 a。渠（他），都昌镇、左里片、化民片、大港片、中馆片、南芗万片白读为 ɛ，北炎片、周溪片、徐埠片读 iɛ。茄，大港片、中馆片、南芗万片白读为 ua，其他各片读 ia。

（2）假摄

主要元音为 a，二等开口、三等开口及合口二等有别。如巴 a、姐 ia、花 ua。

（3）遇摄

一等模韵读 u，三等鱼、虞韵中部、西部非组、知系读 u，端系、见系读 i，如谱 u、鱼 i、芋 i；东部非组、庄组读 u，知章组、日母、见系读 y，端系读 i，如土 u、初 u、须 i、鱼 y、芋 y。鱼、虞韵在见系有对立的痕迹，锯，都昌镇、左里片、徐埠片、周溪片、化民片读为 ε，大港、中馆片、南芗万片、北炎片读 i；去，大港片、南芗万片、北炎片、徐埠片、都昌镇片、左里片读 i，周溪片、中馆片读 iε。

（4）蟹摄

蟹开一、二等读 ai，周溪片有部分字读 εi。菜，周溪读 εi，其他各片读 ai。蟹开三、四帮系、端系、见系读 i，知章组读 ʅ。如批 i，世 ʅ。蟹合一、三、四等帮系、端系读 i，非组、见系读 ui。如堆 i，灰 ui。蟹合二见系读 uai、ua。如怪 uai，话 ua。腿，中馆片读 ai，其他各片读 i。周溪是都昌古城遗址所在地，此地穷乡僻壤，受外界影响较小，方音保留较为古朴，蟹摄一、二等读"εi"音是该片的一个标志。

（5）止摄

开口帮系、泥来、见系读 i，精组、庄组读 ʅ，知章组读 ʅ，日母读 ə。如皮读 i，紫读 ʅ，知 ʅ，二 ə，移 i。合口非组、见系读 ui，端系读 i，庄组读 ai，知章组中西部读 ʅ/u，东部读 y。如肥 ui，嘴 i，衰 ai，瑞中西部白读 ʅ，水中西部读 u/东部读 y。

（6）效摄

效开一二等读 au，二等见系有一些字文读 iεu/iau；效摄三四等帮组、精组、泥组、见系，东部大港片、南芗万片，中部化民片、周溪片，西部都昌镇片韵母读 iεu；东部中馆片，中部北炎片，西部徐埠片、左里片读 iau 韵母。效摄三四等知章组，东部中馆片，中部北炎片，西部徐埠片、左里片、都昌镇片读 au；东部大港片、南芗万片，中部化民片、周溪片读 εu。如抱 au、烧 au 都昌镇、中馆片、北炎片、左里片、徐埠片/εu 化民片、周溪片、大港、南芗万片。

（7）流摄

流摄一等东部都昌镇片读 au，其他各片都读 εu。如偷、头、狗、猴，都昌镇读 au，其他各片读 εu。流摄三等知章组，东部中馆片读 u，章组读 εu，其他各片知章组韵母读 ou。流摄三等庄组、日母，西部都昌镇片读 au，其他各片都读 εu。都昌方言流摄今读说明各片方音处在不同发展阶段，从西到东 au→εu→ou→u。

（8）咸摄

开口一等见系、端系个别字读 ɔn，入声 ɔt/l/ʔ，其他各组声母读 an，入声 at/l/ʔ。如贪 ɔn、三 an、答 ɔ 大港片/ɔʔ 中馆片/ɔt 周溪片、徐埠片、北炎片/ɔl 其他各片。开二读 an，入声 at/l/ʔ。如咸 an、插 a 大港片、中馆片/at 周溪片、徐埠片、北炎片/al 其他各片。开口三四等章组读 ɛn，入声 ɛt/l/ʔ，其他各组声母读 iɛn，入声 iɛt/l/ʔ。如闪 ɛn、盐 iɛn、叶 iɛ 大港片/iɛ 中馆片/iɛt 周溪片、徐埠片、北炎片/iɛl 其他各片。合口三等读 uan，入声 uat/l/ʔ，如范 uan、法 ua 大港片/uaʔ 中馆片/uat 周溪片、徐埠片、北炎片/ual 其他各片。

（9）深摄

庄组读 ɛn，入声 ɛt/l/ʔ，知章组读 ən，入声 ʅt/l/ʔ，其他各组声母读 in，入声 it/l/ʔ。如寻 in，森 ɛn，沉 ən，涩 ɛ 大港片/ɛʔ 中馆片/ɛt 周溪片、徐埠片、北炎片/ɛʔ 其他各片，十 ʅ 大港片、中馆片/ ʅt 周溪片、徐埠片、北炎片/ʅl 其他各片，吸 i 大港片/iʔ 中馆片/it 周溪片、徐埠片、北炎片/il 其他各片。

（10）山摄

开口一等见系读 ɔn，入声 ɔt/l/ʔ，其他各组声母读 an，入声 at/l/ʔ。开口二读 an，入声 at/l/ʔ。开口三四知章组读 ɛn，入声 ɛ/l/ʔ，其他各组声母读 iɛn，入声 iɛt/l/ʔ。

合口一等端系读 ɔn，入声 ɔt/l/ʔ，帮系北炎片、大港片读 ən，入声 ɛr，其他各片读 ɔn，入声 ɔt/l/ʔ。见系北炎片、大港片读 uɛn，入声 uɛr，其他各片读 uɔn，入声 uɔt/l/ʔ。如搬 ən 北炎片、大港片/ɔn 其他各片，官 uɛn 北炎片、大港片/uɔn 其他各片，阔 uɛr 北炎片/au 大港片、中馆片/uɔt 周溪片、徐埠片/uɔl 其他各片。合二庄组读 ɔn，入声 ɔt/l/ʔ，见系读 uan，入声 uat/l/ʔ。如关 uan、挖 ua 大港片/uaʔ 中馆片/uat 周溪片、徐埠片、北炎片/ual 其他各片。

合三四非组读 uan，入声 uat/l/ʔ。中西部知章组读 ɔn，入声 ɔt/l/ʔ，端系、见系读 iɔn/iɛn，入声 iɔ/iɛr/l/ʔ；东部知系、见系读 tɛn/ɛn/uɛ，入声 tɛ/ɛ/uɛl/ʔ。如船 ɛn 大港片/yɛn 中馆片/ɔn 其他各片，拳 ɛn 大港片/yɛn 中馆片/iɛn 周溪片/iɔn 其他各片，越 iɛ 大港片/iɛʔ 中馆片/iɛr 周溪片/iɔt 徐埠片、北炎片/iɔl 其他各片。

（11）臻摄

开口一等读 ɛn。开口三等知系读 ən，入声 ʅ/ɛt/l/ʔ，其他各组系读 in，入声 it/l/ʔ。合口一等见系读 un，入声 uɛr/l/ʔ，其他各组系读 ən，入声 ɣ/ɛt/l/ʔ。合口三等非组读 un，入声 uɛr/l/ʔ，精组、泥组读 ən/in，入声 it/l/ʔ；东部知系、见系读 yn，入声 yl/ʔ；中西部知系读 ən，入声 ʅt/l，见系读 in，入声 it/l。如粉 un，伦 in，春 yn 中馆片、南芗万片/ən 大港片、中西部，桔 i 大港片/yʔ 中馆片、南芗万片/it 周溪片、徐埠片、北炎片/il 其他各片。

（12）宕摄

开口一等读 ɔŋ，入声 ɔk/ʔ。开三知系读 ɔŋ，入声 ɔk/ʔ，其他各系读 iɔŋ，入声 iɔk/ʔ。合口一等读 uɔŋ，入声 uɔk/ʔ。合口三等读 uɔŋ，入声 uɔk。

（13）江摄

帮系读 ɔŋ，知庄组读 ɔŋ，见系读 ɔŋ/iɔŋ，入声帮系读 ɔ/uk/ʔ，知庄组读 ɔk/ʔ，见系读 ɔ/iɔ/uɔk/ʔ。如窗 ɔŋ，桌 ɔ 大港片/ɔʔ 中馆片/ɔk 其他各片，握 uɔ 大港片/uɔʔ 中馆片/uɔk 其他各片，朴 u 大港片、中馆片/uk 其他各片。

（14）曾摄

开口一等南芗万片、中西部读 ɛŋ，入声 ɛk/ʔ，大港片、中馆片读 ɛn，入声 ɛk/ʔ。如灯 ɛŋ 南芗万片、中西部/ɛn 大港片、中馆片，北 ɛ 大港片/ɛʔ 中馆片/ɛk 其他各片。

开口三等南芗万片、中西部知系读 əŋ，入声 ɣ/ɛk，其他各系读 iŋ，入声 ik；大港片、中馆片知系读 ən，入声 ɣ/ɛʔ，其他各系读 in，入声 iʔ。如蒸 əŋ 南芗万片、中西部/ən 大港片、中馆片，侧 ɛ 大港片/ɛʔ 中馆片/ɛk 其他各片，菱 iŋ 南芗万片、中西部/in 大港片、中馆片，力 i 大港片/iʔ 中馆片/ik 其他各片。

合口一等中西部读 uŋ，入声 uɜk/ʔ。大港片读 uɛn/uɛ，中馆片、南芗万片读 ʰŋ，入声 uɜk/ʔ。如弘 uŋ 中西部/ʰŋ 大港片、中馆片/uɛn 南芗万片，国 uɛ 大港片/uɜʔ 中馆片/uɜk 其他各片。

（15）梗摄

开口二等大港片、中馆片读 ɛŋ/ɔŋ/aŋ/ɛn/in，入声 a/ɛʔ，其他各片读 ɛŋ/ɔŋ/aŋ/uŋ/iŋ，入声 a/ɛk。如孟 ɛŋ，冷 aŋ，羹 ɛŋ 大港片、中馆片/ɛŋ 其他各片，拍 a 大港片、中馆片/ak 其他各片，客 ɛ 大港片、中馆片/ɛk 其他各片。

开口三等大港片、中馆片知章组读 ən，入声 ɣ/aʔ，其他各系组读 in/iaŋ，入声 ia/iʔ，中西部知章组读 əŋ，入声 ɣ/ak，其他各系组读 iŋ/iaŋ，入声 ia/ik。如镜 iaŋ，经 in 大港片、中馆片/iŋ 其他各片，只 a 大港片/aʔ 中馆片/ak 其他各片，吃 ia 大港片、中馆片/iak 其他各片。

合口二等读 uɔŋ/uaŋ/uŋ/ʰŋ，入声 uɛ/ua/uɔk/ʔ，如矿 uɔŋ、横 uaŋ、轰ʰŋ 中馆片/uŋ 其他各片、获 ʒu 大港片/uɛ ʔ 中馆片/uɛk 其他各片。合口三四等 iuŋ/iŋ/iaŋ/in，入声 ik/ʔ，如兄文读 iuŋ，白读 iaŋ。营 in 大港片、中馆片/iŋ 其他各片，疫 i 大港片/iŋ 中馆片/ik 其他各片。

(16) 通摄

合口一等中馆片读 əŋ、ʰŋ，入声 uʔ，其他各片读 uŋ，入声 uk。如东 əŋ 中馆片/uŋ 其他各片、木 uʔ 中馆片/u 大港片/uk 其他各片。

合口三等中馆片读 əŋ/iuŋ/iŋ/ʰŋ，入声 u/iuk/ʔ，其他各片读 uŋ/iuŋ，入声 u/iuk/ʔ。如风ʰŋ 中馆片/uŋ 其他各片、əŋ 中馆片/uŋ 其他各片、用 iuŋ、穷 iŋ 中馆片/iuŋ 其他各片、竹 u 大港片/uʔ 中馆片/uk 其他各片。中馆片中馆镇是都昌与鄱阳邻界的地方，中馆镇以西的地区通摄读 uŋ。中馆镇东部的鄱阳方言通摄读 əŋ，中馆片中馆镇通摄出现 uŋ 与 əŋ 相杂的情况，说明此镇是都昌方言与鄱阳方言的过渡地带。

(17) 鼻音及入声韵尾

①鼻音韵尾

全县各片大体上一致。咸深山臻 4 摄韵母为前鼻音 n，宕江曾梗通 5 摄为后鼻音 ŋ。大港片、中馆片的曾摄、梗摄开口的一些字为前鼻韵，如"藤层肯冰菱澄蒸兴蝇兵精净政平明京英顶灵经形瓶"等字在大港片、中馆片中读前鼻音。邻县鄱阳方言中曾梗两摄读前鼻音，都昌东部方言曾摄、梗摄开口一些字读鼻音现象应同鄱阳方言有密切关系。

②入声韵尾

北炎、周溪、徐埠 3 片咸深山臻保留 t 尾，宕江曾梗通保留 k 尾；南芗万、化民、左里、都昌镇 4 片咸深山臻保留 l 尾，宕江曾梗通保留 k 尾。大港片仅次清入保留入声调，无塞音韵尾。中馆片保留古全清入及次清入两个入声调，古全清入带喉塞 ʔ 尾，古次清入无入声韵尾。

四　声调

都昌方言声调古今演变受古声母的清浊及今声母送气不送气的影响，这也是赣语南昌片（刘纶鑫，1999）的共性特点。陈昌仪《都昌（土塘）方言的两个特点》（1983）指出"古声母送气与否影响今调类分化"，这揭示了都昌方言声调的主要特征。结合我们的调查，都昌方言各片今读声调还是有些差异的。

(1) 调类、调值差异

表1

古音		大港片	中馆片	南芗万片	北炎片	化民片
平	全清	阴平33	阴平33	阴平44	阴平44	阴平44
	次清					
	次浊	阳平244	阳平344	阳平214	阳平① 244	阳平344
	全浊				阳平② 213	

古音		周溪片	徐埠片	左里片	都昌镇片
平	全清	阴平33	阴平44	阴平44	阴平33
	次清				
	次浊	阳平① 344	阳平344	阳平① 455	阳平① 344
	全浊	阳平② 214 阳平③ 344		阳平②214	阳平② 214

古音		大港片	中馆片	南芗万片	北炎片	化民片
上	全清	上声353	上声354	上声353	上声354	上声354
	次清					
	次浊					
	全浊	阳去212	阳去22	阳去33	阳去312	阳去21

古音		周溪片	徐埠片	左里片	都昌镇片
上	全清	上声352	上声353	上声354	上声353
	次清				
	次浊				
	全浊	阳去21	阳去213 阴平44	阳去314 阳平44	阳去314 阴平33
去	全清	阴去355	阴去41 阴去31	阴去325	阴去325
	次清	阳去212	阳去22 阳去33	阳去312	阳去21
	次浊				
	全浊				

续表

古　音		大港片	中馆片	南芗万片	北炎片	化民片
古　音		周溪片		徐埠片	左里片	都昌镇片
去	全清	阴去315		阴去324	阴去325	阴去325
	次清	阳去21		阳去213	阳去314	阳去314
	次浊					
	全浊			阳去213	阳去314	阳去314
				阴平44	阴平44	阴平33

古　音		大港片	中馆片	南芗万片	北炎片	化民片
人	全清	阴去355	阴入①45	阴入①45	阴入①45	阴入①45
	次清	阴入21	阴入②214	阴入②21	阴入②31	阴入②214
			阳去22			
	次浊	阳去212	阳去22	阳入①22	阳入①33	阳入①33
	全浊			阳入②11	阳入②22	阳入②22

古　音		周溪片	徐埠片	左里片	都昌镇片
人	全清	阴入①45	阴入①45	阴入①45	阴入①45
	次清	阴入②21	阴入②214	阴入②21	阴入②114
	次浊	阳入①22	阳入①33	阳入①33	阳入①22
		阴入②45			阴入②45
	全浊	阳入③11	阳入②11	阳入②11	阳入③11

　　调类差异主要体现在东部中馆、南芗万两片除入声外古平上去次清与全清为一个调类，东部大港片及中西部各片古次清去同全浊去合流，古平上次清同全清为一个调。古浊平调与古入声今读演变有些差异，北炎片、周溪片、左里片、都昌镇片次浊平、全浊平今读不同的阳平调，其他各片读一个阳平调。大港片只有次清今读保留入声调，中馆片只有古清入今读保留入声调，其他各片古入声按全清、次清、次浊、全浊今读不同的四个入声调。

　　（2）全浊上、全浊去部分归阴平

　　20世纪80年代，黄雪贞指出客家话声调的特点是古次浊平声、古次浊上声与古全浊上声都读阴平，这是客家话区别赣语的特点。随着方言调查的深入，在赣方言很多方言点发现了浊上归阴平的现象，都昌西部地区也存在全浊上、全浊去字归阴平现象。《客赣方言调查报告》（张双庆、万波，1990）、《赣语古上声全浊声母字今读阴平现象》（谢留文，1998）、《客赣方言浊上字调类演变的历史过程》（严修鸿，2002，第5届客家方言研讨会论文）都提到都昌方言语音有古全浊上及全浊去归阴平的特点。其实这在都昌方言中不是普遍现象，古全浊上及全浊去部分归阴平现象只存在西部都昌镇、左里镇、徐埠镇三片方音中。《方言调查字表》古全浊上字共151个，古全浊去共224个字。西部三片古全浊上归阴平字数及比例为：都昌镇66（44%）、左里镇65（43%）、徐埠镇71（47%）；西部三片古全浊去归阴平字数及比例为：都昌镇79（35%）、左里镇85（38%）、徐埠镇80（36%）。

调查后发现，徐埠以北同湖口相邻居的春桥乡春桥村无古全浊上声字、古全浊去归阴平现象。据文献材料可知，北部、西部相邻的湖口、星子都无古全浊上和全浊去今读阴平现象，东部邻县鄱阳方言中古全浊上和古全浊去今都读阴平。而同鄱阳有地缘关系的东部各片没有全浊上及全浊去归阴平现象，可见都昌县西部方言中的部分全浊上及全浊去字归阴平现象是本地固有的语音演变。中东部与西部古全浊上与全浊去不同演变规律，说明都昌方言在不同地域存现不同的历史层次。

五　结论

综上所述，都昌方言从语音上看是南北差异小，东西差异大。本地人常说都昌话有东边口音和西边口音，调查结果说明这种语感是符合事实的。故我们结合实地调查及当地人的语感，根据如下音韵标准：透定母今读，知三章今读，通摄非组、晓组今读，曾摄、梗摄鼻韵尾，有撮口［y］韵，古平上去次清与全清关系，古入声保留情况，古全浊上及全浊去归阴平现象，将都昌方言分为下述九小片：①南芗万片：南峰、芗溪、万户；②中馆片：狮山、中馆、鸣山（四分之一接近中馆镇的村庄）；③大港片：鸣山（四分之一接近盐田乡的村庄）、盐田、大港；④周溪片：周溪、和合、大沙、三汊港、阳峰、西源；⑤化民片：杭桥、化民、土塘、鸣山（四分之一接近土塘镇的村庄）；⑥北炎片：鸣山镇（四分之一接近蔡岭镇的村庄）、蔡岭镇、北炎乡；⑦都昌镇片：都昌镇、北山、七角、汪墩、大树；⑧左里片：左里、多宝、苏山（三分之二接近左里镇的村庄）；⑨徐埠片：徐埠、苏山

（三分之一接近春桥乡的村庄）、春桥。

参考文献

［1］王福堂：《二十世纪的汉语方言学》，北京大学出版社 1998 年版。

［2］颜　森：《江西方言研究的历史与现状》，《江西师范大学学报》（哲学社会科学版）1995 年第 1 期。

［3］陈昌仪：《赣方言概要》，江西人民出版社 1991 年版。

［4］罗杰瑞著：《汉语概说》，张惠英译，语文出版社 1995 年版。

［5］孙宜志、陈昌仪、徐阳春：《江西境内赣方言区述评及再分区》，《南昌大学学报》（哲社版）2000 年第 2 期。

［6］颜　森：《江西方言的分区（稿）》，《方言》1986 年第 1 期。

［7］刘纶鑫：《客赣方言比较研究》，中国社会科学出版社 1999 年版。

［8］杨自翔：《都昌县志·方言卷》，新华出版社 1993 年版。

［9］王福堂：《汉语方言语音的演变和层次》，语文出版社 1999 年版。

［10］刘纶鑫、刘甘霖：《波阳县志·方言卷》，江西人民出版社 1989 年版。

［11］陈立中：《湘语与吴语音韵比较研究》，中国社会科学出版社 2004 年版。

［12］谢留文：《江西省的汉语方言》，《方言》2008 年第 2 期。

［13］万　波：《赣语声母的历史层次研究》，商务印书馆 2009 年版。

［14］罗昕如：《湘语与赣语比较研究》，湖南师范大学出版社 2010 年版。

本文方言调查对象

都昌镇：卢普佑　65 岁　县城柳树堰　　朱子维　21 岁　县城金街岭

北山镇：刘贤琦　22 岁　夏家山村委会刘村

大港镇：但盛荣　51 岁　小埠村委会

中馆镇：殷世富　51 岁　银宝村委会　　胡正艳　24 岁　中馆村委会
　　　　曹端阳　30 岁　向桥村委会　　向云　55 岁　小河村委会

南峰镇：程爱梅　45 岁　南峰暖湖

万户镇：曹良焕　46 岁　长岭村委会

北炎镇：曹有祥　74 岁　东风村委会

化民镇：张立庆　65 岁　信和村委会

周溪镇：曹杏菊　52 岁　古塘村委会

阳峰镇：卢帮华　48 岁　阳峰伏牛村委会

春桥镇：彭永茂　55 岁　春桥村彭壁村　余开林　53 岁　云山村委会

徐埠镇：袁祖仪　72 岁　山峰村委会

左里镇：周禾琴　35 岁　周茂村委会

〔附记：本文系教育部人文社会科学青年基金项目"赣语昌都片方言语音差异的历史层次及方言地理学研究"（项目号：11YJC740070）和江西省高校人文社会科学一般项目"都昌方言语言内部差异及历史层次研究"（项目号：YY1106）阶段性研究成果。〕

江西南丰方言的声调分化现象

王莉宁

（北京语言大学语言研究所）

南丰县位于江西省东南部的抚州市，与福建省交界。2002 年 4 月，曹志耘、孙宜志、秋谷裕幸三位先生调查了南丰县城琴城镇杨梅村下杨梅自然村的方言。2008 年 9 月，笔者对下杨梅村的另一名发音人进行了声调分化现象的专题调查，同时，还简单调查了南丰县城的几名发音人。

杨梅村位于南丰县城以南 4 公里，分为上杨梅、下杨梅两个自然村，本文中的"杨梅"指下杨梅。南丰杨梅方言属于赣语抚广片，有八个单字调（其中"气阴平"、"气阳平"分别指今读送气声母的清平字、浊平字的声调）：

阴平	[33]	该刀心温冰东，五雨买有，竖是
气阴平	[223]	开抄虾千通，普举体展，武礼卵猛，坐弟淡动
气阳平	[24]	鞋皮旗头存同
阳平	[45]	肥祠船横红，来牛油盐门龙
阴上	[11]	古死好减，我马理敏，待
去声	[313]	对退告片冻痛，队帽乱硬病洞，罪后像静
前入	[23]	搭塔急节切缺，叶叠罚活袜月
后入	[5]	刻百拍积谷哭，墨白麦食六

一 古平声气流分调

"气流分调"指由于声母气流的有无或强弱所引起的声调分化现象。南丰杨梅方言古清平字、浊平字都发生了气流分调，如：

古清声母今不送气声母（阴平 [33]）：搬 puon³³ ｜ 租 tu³³ ｜ 姜 tɕioŋ³³ ｜ 该 koi³³

古清声母今送气声母（气阴平 [223]）：潘 pʰuon²²³ ｜ 初 tʰu²²³ ｜ 枪

tɕʰioŋ²²³｜开 kʰoi²²³

古浊声母今不送气声母（阳平［45］）：埋 mai⁴⁵｜年 n̠ian⁴⁵｜锣 lo⁴⁵｜龙 ldiuŋ⁴⁵｜牙 ŋa⁴⁵

古浊声母今送气声母（气阳平［24］）：爬 pʰa²⁴｜茶 tʰa 24｜迟 tsʰə²⁴｜全 tɕʰyan²⁴｜松～树 tɕʰiuŋ²⁴

擦音声母［h］来自晓匣、透定四母，归送气声母一类，如：虾晓 ha²²³｜厅透 hiŋ²²³；鞋匣 hai²⁴｜甜定 hiam²⁴。赣语德安聂桥、都昌蔡岭、湖口流泗、进贤七里、南昌东湖、新建生米、新余渝水、星子温泉、修水黄港、永修三角等地也有气流分调现象，这些地点来自晓匣母的［h］归送气声母一类，熊正辉（1979）认为这是由于"［h］不是一般的清擦音，而是口部无阻碍的送气音"所致。透定母的［h］是由［tʰ］演变而来的，由于南丰的［h］本身具有强气流，因此无法判定气流分调究竟发生在透定读［tʰ］还是读［h］的阶段。

其他擦音声母和零声母都归不送气声母一类，如：风非蜂敷 fuŋ³³｜心心 ɕim³³｜山生 san³³｜商书 soŋ³³｜花晓 fa³³｜香晓 ɕioŋ³³｜扶奉 fu⁴⁵｜祠邪 sə⁴⁵｜愁崇 ɕiou⁴⁵｜蛇船 sa⁴⁵｜怀匣 fai⁴⁵｜嫌匣 ɕiam⁴⁵｜微微 vi⁴⁵｜园云 vian⁴⁵｜围以 vi⁴⁵；安影 on³³｜儿日 o⁴⁵｜完匣 uon⁴⁵｜于云 y⁴⁵｜余以 iᴇ⁴⁵。

据《客赣方言比较研究》（刘纶鑫主编，1999：66），南丰县城方言（为避免与笔者 2008 年调查的南丰县城方言混淆，下文称"南丰琴城 1999"）平声分三类，古清声母字归阴平［13］，古全浊声母今送气声母、［h］声母字归气阳平［34］，古全浊声母今［f s ɕ］声母、零声母和古次浊声母字归阳平，如：

阴平［13］：搬 pon¹³｜租 tu¹³｜姜 tɕioŋ¹³｜该 koi¹³｜虾 ha¹³；潘 pʰon¹³｜初 tʰu¹³｜枪 tɕʰioŋ¹³｜开 kʰoi¹³｜听 hiaŋ¹³

气阳平［34］：爬 pʰa³⁴｜茶 tʰa³⁴｜全 tɕʰyan³⁴｜松～树 tɕʰiuŋ³⁴｜鞋 hai³⁴｜甜 hiam³⁴

阳平［45］：湖 fu⁴⁵｜完 von⁴⁵｜蛇 sa⁴⁵｜船 ɕyɛn⁴⁵；埋 mai⁴⁵｜人 n̠in⁴⁵｜锣 lo⁴⁵｜连 liuŋ⁴⁵｜牙 ŋa⁴⁵

赣语江西进贤七里、南昌东湖、新余渝水、修水黄港、永修三角，湖北通城麦市，湖南岳阳君山，以及湘语湖南安化乐安、湘乡泉塘、双峰荷叶、梓门桥等地的古浊声母字也有气流分调现象。但在这些地方，都没有发现像南丰琴城 1999 这样的现象，即古清声母字无气流分调，古浊声母字有气流分调。所以，南丰琴城 1999 的"平声三分"很可能是在南丰杨梅四分型的基础之上，阴平与气阴平发生合并的结果，从调值比较来看，很可能是阴平调归入了气阴平调。有意思的是，目前南丰县城方言古平声字的调类合并更为"剧烈"，现古平声字只有两个声调，古清声母、古全浊声母今送气声母、[h]声母字归阴平，古全浊声母今 [f s ç] 声母、零声母字以及古次浊声母字归阳平，这是在南丰琴城1999 的基础之上，阴平与气阳平进一步合并的结果。而且，从两份材料的调查时间来看，这项变化仅用了十年左右便完成了。如：

阴平 [24]：搬 puɔn²⁴ | 租 tu²⁴ | 姜 tɕioŋ²⁴ | 该 koi²⁴ | 虾 ha²⁴；潘 pʰuon²⁴ | 初 tʰu²⁴ | 枪 tɕʰioŋ²⁴ | 开 kʰoi²⁴ | 听 hiaŋ²⁴；爬 pʰa²⁴ | 茶 tʰa²⁴ | 全 tɕʰyan²⁴ | 松 ~ 树 tɕʰiuŋ²⁴ | 鞋 hai²⁴ | 甜 hiam²⁴

阳平 [45]：湖 fu⁴⁵ | 蛇 sa⁴⁵ | 船 çyan⁴⁵ | 完 uon⁴⁵；埋 mai⁴⁵ | 人 n̠in⁴⁵ | 锣 lo⁴⁵ | 龙 ldiuŋ⁴⁵ | 牙 ŋa⁴⁵

笔者 2008 年在南丰县城调查了一名老派发音人和两名新派发音人。他们次清平字与全浊平字的调值均完全相同，如：抄 = 逃 tʰɑu²⁴ | 疮 = 长 ~ 短 t'oŋ²⁴ | 枪 = 强 tɕʰioŋ²⁴，全清平字与次清平、全浊平字之间有声母是否送气的区别，难以直接比字，但经过反复听辨可确定其调值与次清平、全浊平字相同。同时，古平声字的连读调与单字调相同，也只分为阴平 [24]、阳平 [45] 两类。

以上南丰杨梅、南丰琴城1999、南丰琴城2008 古平声字的演变见下表。

表1　　　　　　南丰杨梅、南丰琴城1999、南丰琴城2008 古平声字的演变

	古平声的分化				分布
①	古清平		古浊平		大部分客赣方言
②	今送气声母	今不送气声母	今送气声母	今不送气声母	南丰杨梅
③	古清平		今送气声母	今不送气声母	南丰琴城1999
④	古清平、古浊平今送气声母			今不送气声母	南丰琴城2008

"气流分调"实际上是一种"送气成调"现象，即声母具有强气流特征的一类字从原调中分化出来、自成一调。所以，"今不送气声母"一类字的声调可视为是未分化之前的"原调"，如南丰杨梅的阴平 [33] 是"原阴平调"，阳平 [45] 是"原阳平调"。从两个"原调"的调值比较中可知，在发生气流分调的时候，南丰杨梅等几个地点的平声字已表现出"阴低阳高"

的面貌，而汉语方言"阴低阳高"是在全浊声母清化之后，阴调、阳调进一步发展的结果（潘悟云，1982）。所以，南丰方言的气流分调现象应发生在其全浊声母清化之后，它是在清浊分调的基础上发生的声调再分化现象。同时，由于非敷母字、今读 [fɕ] 的晓匣母字、今读零声母的匣母字归"非送气调"（阴平或阳平），所以，气流分调的发生时间应晚于"非敷奉读轻唇音声母"、"晓匣母在齐齿呼、撮口呼韵母前腭化为 [ɕ] 声母，在合口呼韵母前唇化为 [f] 声母（部分匣母字还读作零声母）"等音变发生的时间。此外，从南丰杨梅部分浊上字按是否送气分别归阴平、气阴平的情况来看（参看下文表2），气流分调的发生时间也应晚于"浊上归阴平"。由此可见，南丰杨梅等地的气流分调是一种晚起的音变现象。

二　古入声韵尾分调

南丰杨梅古入声字根据辅尾的音值差异分化为前入 [23] 和后入 [5] 两类。大致上"前入"来自咸深山臻摄（古为收发音部位靠前的 [pt] 尾）、今读 [pl] 尾，"后入"来自宕江曾梗通摄、今读 [ʔ] 尾（古为收发音部位靠后的 [k] 尾）。前入 [23] 的调值比后入 [5] 稍长，后入有时略降，接近 [54]。如：

咸深山臻（前入 [23]）：搭 tap²³ ｜ 十 ɕip²³ ｜ 八 pal²³ ｜ 月 nyEl²³ ｜ 笔 pil²³

宕江曾梗通（后入 [5]）：落 loʔ⁵ ｜ 角 koʔ⁵ ｜ 直 tsʰəʔ⁵ ｜ 白 pʰaʔ⁵ ｜ 谷 kuʔ⁵

南丰杨梅的入声实际上是根据今韵尾的读音来分调的。咸山臻摄中有个别今读 [ʔ] 尾的字，声调也读作后入 [5]，如：纳咸 naʔ⁵ ｜ 撮山 tʰoʔ⁵ ｜ 术臻 ɕyʔ⁵；曾摄中有个别今读 [l] 尾的字，声调也读作前入 [23]，如：塞 ɕiEl²³ ｜ 息 ɕil²³ ｜ 极 tɕil²³，少数字有 [l] 尾、[ʔ] 尾两读，声调也会随韵尾改变，如：律臻 ldyl²³ ～ ldyʔ⁵（曹志耘，2004）。

值得注意的是，在连读中，当 [p l] 尾位于前字位置时，基本上读作 [ʔ] 尾，声调也随之读作后入 [5]。如：

单字：合 hop²³ ｜ 蜡 lap²³ ｜ 十 ɕip²³ ｜ 瞎 hal²³ ｜ 雪 ɕyEl²³ ｜ 侄 tɕʰiEl²³

前字：合同 hoʔ⁵hŋ²⁴ ｜ 蜡烛 laʔ⁵tsy⁵ ｜ 十五 ɕiʔ⁵ŋ³³ ｜ 瞎哩瞎子 haʔ⁵ldi⁰ ｜ 雪豆豌豆 ɕyEʔ⁵hEu³¹³ ｜ 侄子 tɕiEʔ⁵tsəʔ⁵

南丰县城古入声字的韵尾分调与杨梅基本相同，但县城新派发音人古咸

深摄字今都读作 [1] 尾，在共时平面上形成 [1] 尾与 [ʔ] 尾分调的现象。

　　南丰的韵尾分调是在入声不分阴阳的基础上，以辅音韵尾的音值为条件发生的声调分化现象。从周边方言来看，只有位于南丰北边的南城入声不分阴阳，调值为 [5]。如果南丰的韵尾分调是在南城型的基础上发生的，根据二者的调值关系，这应该是一种"前辅尾成调"现象（收 [p 1] 尾的字从原入声 [5] 里分化出来，读作前入 [23]）。不过，位于南丰南边的广昌入声分两类，阴入为 [5]，阳入为 [24]。由此来看，如果南丰的韵尾分调是在阴、阳入合流以后发生的，则既有可能是在合流为入声 [5] 的基础上发生的"前辅尾成调"，也有可能是在合流为入声 [24] 的基础上发生的"后辅尾成调"（收 [ʔ] 尾的字从原入声 [24] 里分化出来，读作后入 [5]）。

三　古浊上的分化和归派

　　南丰杨梅古全浊上声字今读见表2。

表2　　　　　　　　　　**南丰杨梅古全浊上声字今读**

阴平 [33]	竖1 是
气阴平 [223]	坐下底~薄肚腹部苎~麻腐2 柱在1 弟被被子徛站道昧~厚舅母~淡簟伴拌断绳子~近动重轻~
去声 [313]	舵夏姓厦~门社部杜户沪父竖2 在2 倍罪技妓士仕柿市道~理稻造浩绍单读赵后妇负受舅单读渐俭范甚旱限辩践善件键缓幻尽肾笨囤盾混愤象橡丈仗棒蚌项杏幸静並锭奉
阳平 [45]	绍介~上动词
阴上 [11]	腐1 苎单读聚待荠犯皖很艇挺
后入 [5]	序叙绪

　　"跪"可能来自溪母去委切，"杖"只在"拐杖"一词中使用，读轻声，故表中不收。

　　"1"、"2"代表这两个音是自由变读，音1是白读音或较早的音，音2是文读音或较为晚起的音。表2、表3、表4的体例与表1相同。

　　由表2可见，南丰杨梅古全浊上声字今已分化为六个不同的调类。归"阴平"或"气阴平"的大多是口语字，其中，归阴平 [33] 的今读擦音声母 [s]，如：竖1sə³³ | 是 sə³³，归气阴平 [223] 的今读送气声母或擦音声母 [h]，如：被被子pʰi²²³ | 坐 tʰo²²³ | 柱 tɕʰy²²³；下底~ha²²³ | 淡 ham²²³ |

动 hŋ²²³，这显然是全浊上归阴平、然后再随清平字发生气流分调的结果（"腐2［fu²²³］"也归气阴平，它与"腐1［fu¹¹］"是自由变读，这是全浊上归阴上、阴上再归气阴平所导致的，可参看下文关于次浊上归气阴平的讨论）。归去声［313］有不少非口语字，可能与共同语"全浊上归去"的影响有关，如：倍 pʰi³¹³｜罪 tʰy³¹³｜件 tɕʰian³¹³；笨 piɛn³¹³｜棒 poŋ³¹³｜盾 tun³¹³｜键 tɕian³¹³；户 fu³¹³｜士 sə³¹³｜幸 ɕiŋ³¹³｜旱 hon³¹³。古全浊上字归其他调类的字数不多，除了"上动词［soŋ⁴⁵］"以外，大部分都是非口语字，有些字的归调可能受到了普通话影响，如以下字在普通话里也读上声：腐 1fu¹¹｜皖 uan¹¹｜很 hiɛn¹¹。"序叙绪"三个字归后入，与"续"的读音相同，作［ɕyʔ⁵］。少数遇合三虞韵，止开三脂、之韵字也发生了"舒声促化"，如：趋 tɕʰyʔ⁵｜趣 tɕʰyʔ⁵｜殊 ɕyʔ⁵，自~家：自己 tɕiʔ⁵｜伊 iʔ⁵｜置 tsəʔ⁵｜持 tsʰəʔ⁵｜厕 tsʰəʔ⁵｜饴 iʔ⁵，止摄开口三等字［ə］的实际音值为［ᵊə］，这些字的促化现象可能与高元音有关。

南丰杨梅的全浊上字正处于变化的过程之中，有些字在不同的词语里读不同的声调，如：道味~hau²²³｜道~理hau³¹³；有些字单念和在词语中的读音不同，如：苎~麻 tɕʰiE²²³｜苎单 tɕʰiE¹¹；有些字两个调之间是自由变读，如：竖1sə³³~竖2sə³¹³｜在1tʰoi²²³~在2tʰai³¹³｜腐1fu¹¹~腐2fu²²³，又读音以归入去声为主。

南丰琴城古全浊上字归入去声的数量比南丰杨梅多，表3是2008年调查的县城老派发音人的读音。

表3　　　　　　　南丰琴城古全浊上声字今读

阴平［24］	坐簿肚腹部苎~麻柱竖1在1弟荠被子倚站是厚淡簟伴拌断绳子~近动重轻~
去声［313］	舵下底~夏姓厦~门社部杜户沪父序~号绪腐聚竖2待在2倍罪妓技士仕柿市道味~道~理稻造浩绍介~绍单读赵后妇负受舅单读舅母~渐俭范犯忌限辩践善件键缓幻尽肾笨囤盾混愤象像橡丈仗上动词棒蚌项杏幸静並锭奉
阴上［11］	苎单皖很艇挺
后入［5］	序顺~叙

带底纹的是与表2的归调不同或不完全相同的字。

新派发音人"腐"有阴平和阴上两读，"柱"归入去声，"绪叙"有去声、后入两读，"绍"归入阳平，"拌"有阴平、去声两读。

从南丰杨梅新起的又读音以及与南丰琴城（见表3）的比较来看，南丰杨梅可能会有越来越多的全浊上字从原来的调类中分化出来、归入去声。

南丰_{杨梅}方言古次浊上字的今读见表4。

表4　　　　　　　　　　　南丰_{杨梅}古次浊上字今读

阴平 [33]	瓦五女雨买米蚁李里裹鲤耳1尾脑老2咬有染懒眼碾满暖软远两~个两几~痒网冷领岭
气阴平 [223]	惹2武舞礼每牡~丹婆藕扭柳友览揽榄免演卵晚挽朗壤养猛垅
阴上 [11]	我马码惹1也野鲁橹卤伍姓吕旅语奶美履你理耳2已以累~积垒伟恼老1卯秒舀1某亩牡单读母拇纽敏忍引允往永颖拢甫勇涌
阳平 [45]	唯苇

南丰_{杨梅}次浊上主要归入阴平、气阴平、阴上三个调类。其中，归入阴平的以口语字居多，这与全浊上归阴平是相同的变化，当发生气流分调的时候，属于"不送气声母"的次浊平字归入阴平 [33]。归入阴上的有不少非口语字，可能是受共同语"次浊上归上声"影响的结果。此外，"唯"与普通话归调相同，"苇"音同"违围"，可能是按声旁类推造成的误读。

南丰_{杨梅}有不少次浊上今归气阴平 [223]，但与归气阴平的全浊上字有所不同的是，今归气阴平 [223] 的次浊上字以非口语字居多。这类字的声调不太稳定，有时与阴上 [11] 是自由变读，如：惹1ȵia^{11} ~ 惹2lia^{223}，而在今归阴上的次浊上字里，"我鲁橹卤你理已以纽"的声调也有略微上升趋势，同时，有部分清上字也归入 [223]，如：普 p^{h}u^{223}｜举 tɕy^{223}｜体 t^{h}i^{223}｜展 tan^{223}。可见，次浊上归气阴平是在其归阴上之后、阴上（部分清上、次浊上字）再归气阴平的结果。

南丰_{琴城}次浊上归阴上的字比南丰_{杨梅}多，值得注意的是，南丰_{杨梅}今归气阴平的字在县城方言里大部分都归入阴上 [11]（见表5）。

表5　　　　　　　　　　　南丰_{琴城}古次浊上今读

阴平 [24]	瓦野五雨买米蚁李裹鲤耳尾脑咬有染眼碾满暖软远两~个两几~痒网冷领岭垅雨
阴上 [11]	我马码惹也鲁橹卤伍姓女吕旅语武舞奶礼美履你里理已以累~积垒苇每恼老卯秒舀1某亩牡单读牡~母拇婆藕纽扭柳友览揽榄懒免演卵晚挽敏忍引允朗壤养往猛永颖拢甫勇涌
阳平 [45]	唯

带底纹的是与表4归调不同的字。

新派发音人"蚁碾网领岭垅往"也归阴上 [11]，"尾脑染暖"有阴平、阴上两读。

从与县城方言的比较来看，南丰_{杨梅}的次浊上字也处于变化的过程之中，演变方式有"他变"和"自变"两种。第一种是在共同语"次浊上归

（阴）上"的影响下，部分字从阴平中分化出来归入阴上，有些字有文白异读，如：耳$1\eta i^{33}$~耳$2o^{11}$。第二种是方言自身的演变。目前阴上正处于与气阴平合并的过程中，这是由于调值相似（阴上调［11］的尾部也有略升现象）而造成的调类合并现象。调类合并导致了归入阴上的次浊上字也逐渐归入气阴平。如果两种音变都不被中断，那么，在"他变"和"自变"两种力量的作用下，会有越来越多次浊上字归入气阴平［223］。

由上可见，南丰杨梅方言的浊上字先发生"一分为四"的分化。在共同语的影响下，一部分字（以非口语字为主）发生全次浊分调，次浊上归上、全浊上归去，另一部分字（以口语字为主）归阴平，再与清平字发生气流分调：不送气声母字（还包括读擦音声母［f s ç］的全浊上字和所有次浊上字）归阴平，送气声母字（还包括读擦音声母［h］的全浊上字）归气阴平。接着，在共同语的持续影响下，已归入阴平、气阴平的全浊上字逐渐归入去声，归入阴平的次浊上字也逐渐归入阴上，同时，由于阴上［11］与气阴平［223］调值相似，已归入阴上的次浊上字（还有部分清上字）又逐渐归入气阴平。

上述演变图示如下（实线箭头代表方言自身演变，虚线箭头代表受共同语影响而发生的演变）：

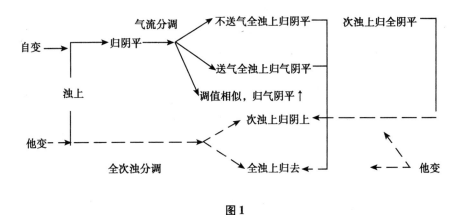

图1

南丰琴城浊上的演变也大致相同，但由于阴平、气阴平与气阳平已合为一个调，所以不送气全浊上、送气全浊上也先随之合为一个调，再共同归入去声。同时，南丰琴城的阴上调很稳定，已归入阴上的次浊上字没有再归入其他调类的现象。

南丰方言拥有多种类型的声调分化现象，既有常见的清浊分调（古平

声、上声都曾经历过分阴阳的阶段)、全次浊分调 (非口语字全浊上与次浊
上相分),也有特殊的气流分调、韵尾分调等。从赣语与客家话的声调演变
来看,气流分调只见于赣语,"前辅尾与后辅尾分调" 型的韵尾分调多集中
在客家话区,同时,全浊上、次浊上均有一定数量的口语字归入阴平也是客
家话的重要特征之一。南丰方言兼具这些特殊的声调演变方式,可见它是一
种兼具赣语、客家话特征的 "混合方言"。

参考文献

[1] 曹志耘:《汉语方言中的韵尾分调现象》,《中国语文》2004 年第 1 期。

[2] 曹志耘、孙宜志、秋谷裕幸:《江西南丰方言的语音特点》,第五届客家方言暨
首届赣方言学术研讨会论文,2002 年。

[3] 刘纶鑫主编:《客赣方言比较研究》,中国社会科学出版社 1999 年版。

[4] 潘悟云:《关于汉语声调发展的几个问题——读王士元先生的 A Note on Tone
Development》,《中国语言学报》1982 年第 2 期。

[5] 熊正辉:《南昌方言的声调及其演变》,《方言》1979 年第 4 期。

[附记:本文在研讨会宣读后发表于《方言》2010 年第 1 期。在写作过
程中,参考了曹志耘、孙宜志、秋谷裕幸先生调查的南丰方言材料,麦耘先
生对本文的修改提出了宝贵意见,谨此致谢。]

江西抚州乐安话音系概述

詹　璟

（厦门大学人文学院）

一　引言

　　江西省抚州市乐安县位于江西省中部，抚州市西南部。东与崇仁县、宜黄县接壤，西与永丰县、新干县相邻，南连宁都县，北靠丰城市。总面积2412.59 平方公里，是抚州市辖区内面积最大的县。全县辖 9 个镇、6 个乡（其中 1 个民族乡）：鳌溪镇、公溪镇、山砀镇、龚坊镇、戴坊镇、牛田镇、万崇镇、增田镇、招携镇，湖溪乡、罗陂乡、湖坪乡、南村乡、谷岗乡、金竹畲族乡。

　　作为抚州市的下辖县，乐安话同抚州（或临川）方言大体上类似，但是作为乐安人，笔者在合作记音的过程中发现乐安话其实表现出不少与临川及江西其他地区的方音所不同的特点。所以，本文拟对乐安话音系作一个概述，希望能为方言关系的研究有所帮助。

　　乐安话的语音一共有 91 个声母、61 个韵母和 7 个声调，分别叙述如下。

二　声母

p 玻布霸班帮	pʰ 婆步怕盘旁	m 摩木帽瞒芒	d 火护发翻方
t 多都栽周张	tʰ 拖粗丑第虫	ȵ 日肉惹饶银	l 如耐蕊脑柔
k 知执紫智籽	kʰ 痴池罪刺齿	x 驼大海厦唐	tɕ 举节九剑姜
tɕʰ 趣就尽雀枪	ɕ 虚旋收雪想	ts 歌古街家将	tsʰ 可苦揩嵌康
s 锁沙书三声	ŋ 我丫哀昂碍	Ø 围王檐雨音	

　　下面，我们通过一个表格来说明中古声母在今天乐安话中发音情况，其中包括了乐安话中的入声字。

表 1 　　　　　　　　　　中古声母在今乐安话的发音

五音 \ 清浊		全清	次清	全浊	次浊	清	浊
牙音		见 k、tɕ	溪 kʰ、tɕʰ	群 k、kʰ、tɕ、tɕʰ	疑 ø		
舌音	舌头	端 t	透 t	定 t、tʰ	泥 n		
	舌上	知 tʂ	彻 tʂ	澄 tʂ、tʂʰ	(娘)		
唇音	重唇	帮 p	滂 pʰ	并 p、pʰ	明 m		
	轻唇	非 f	敷 f	奉 f	微 w		
齿音	齿头	精 ts、tɕ	清 tsʰ、 tɕʰ	从 ts、tɕ、 tsʰ、tɕʰ		心 s、ɕ	邪 s、ɕ
	正齿	照 tʂ	穿 tʂʰ	床 tʂ、tʂʰ、ʂ		审 ʂ	禅 tʂʰ、ʂ
喉音		影 ø			喻 ø	晓 x、ɕ	匣 x、ɕ
半舌					来 l		
半齿					日 r		

　　由上表可以看出，乐安话舌音和齿音声母最具特色，从与现代汉语普通话比较的角度来说，除了齿音的心、邪两母之外，其他几乎都是不同于普通话的。另外，乐安话声母的群母和疑母、唇音的并母和微母、喉音的晓母和匣母以及半齿音日母也可以体现出其自身系统的一些特点。

　　首先，t、tʰ 声母的来源丰富。乐安话中 t、tʰ 声母来自中古舌音和齿音。端母、透母、定母自不必说，舌上三母知、彻、澄也是 t、tʰ 的重要来源。知母除蟹合三、止开三、曾开三、梗开三等字声母为 ts 之外，其余字声母均为 t。例如："猪、追、罩、昼、展、转、张、摘、中、竹"等。与知母相对应的彻母字也是除去止开三、曾开三、梗开三等字声母为送气音 tsʰ 外，其余字声母都读为 tʰ，例如："超、抽、撤、趁、畅、戳、撑、畜、宠"等。澄母中的大多数字除去蟹合三、止开三、曾开三、梗开三等字声母为 tsʰ 之外，其余同时是 t、tʰ 二声的来源，其中，又以念 tʰ 声的字居多，只有少数念为 t，以去声字居多，例如：赵（效开三上）、召（效开三去）、纣（流开三上）、宙（流开三去）、站（咸开二去）、绽（咸开二去）、篆（山合三上）、转（山合三去）、泽（梗开二入）。

　　t、tʰ 声母还有很大一部分来自中古齿音。精、清、从三母字在乐安话中读为 [t、tʰ]、[ts、tsʰ] 和 [tɕ、tɕʰ]。其中，[ts、tsʰ] 来源于精、清、从三母的止摄开口三等字，如"紫、此、姿、次、自、子、字"等；[tɕ、tɕʰ] 则主要来源于精、清、从三母字除止摄之外其他摄的三四等字，例如"姐、妻、蕉、就、渐、侵、亲、将、即、净"等；乐安话声母 [t、tʰ] 表现在精、清、从三母中除止摄之外其他摄的开合口一等字中，例如："左、租、皂、走、惭、擦、尊、苍、贼、葱"等。

另外，照、穿、床三母也是 [t、tʰ] 声母字的主要来源，如"遮、初、主、斋、巢、照、咒、准、桌、肿"等。禅母流开三、咸开三、山开三等字的平声字也都念为 tʰ，如"仇、蟾、禅、蝉"。

乐安话声母的第二大特征就是有 [ȵ] 声母和 [ŋ] 声母。[ȵ] 见于泥母、日母、疑母；[ŋ] 则见于疑母和影母。

乐安话声母中 [n]、[l] 不分，[n] 只用作鼻尾韵的韵尾。现代汉语普通话里读作 [n] 的乐安话中可以读为 [l] 和 [ȵ] 两种。[ȵ] 的发音部位与 [tɕ]、[tɕʰ]、[ɕ] 相同，只出现在齐齿呼韵母 [i] 的前面，开口和合口韵前面用 [l]，大多数泥母字（主要是泥母三四等字）、疑母三等字和日母三等字的声母都读为 [ȵ]。例如："女泥聂捏娘（泥母三四等）、牛孽虐鱼玉（疑母三等）、惹热弱肉（日母三等）"。

疑母中，三等和四等字在韵母 [i] 前读 [ȵ]，其他情况为零声母；而一等和二等字则多读 [ŋ]。例如："饿碍岸昂（疑母一等）、牙咬颜（疑母二等）"等读 [ŋ]。

影母字一二等乐安话常常读成 [ŋ] 声母，三四等则保持零声母。例如："阿丫哀奥呕庵安恩恶（影母一二等）"均念 [ŋ]。

还有少数的日母三等字，如："而、耳、饵"在老派读音中声母也为 [ŋ]，但年轻的乐安人却将它们读成了零声母字。

乐安话声母的第三个显著特征体现在晓、匣二母之上。晓、匣二母是乐安话声母 x、f、ɕ、ø 的来源之一。古晓匣母假效咸山江梗六摄的开口二等字乐安话读为 [x]，例如："虾下瞎巷狭闲学吓"；合口一二等字以及部分合口三四等字在乐安话中与非敷奉三母合流，都读为 [f]。例如："火呼缓婚红花化获划（晓匣母合口一二等）、毁荤惠慧（晓匣母合口三四等）"等。晓母中蟹摄合口二等平声字"怀、槐、淮"均读为零声母 [uai]；还有部分匣母字也是零声母字，如："禾 [uo]（果合一平声）、核 [ut]（臻合一入声）、横 [uaŋ]（梗合二平声）"等。

乐安话声母的第四个显著特征就是送气比不送气的多。比如重唇音并母中，在乐安话里面就是读送气的多。如"部背背诵拔别伴薄白病"等都是

送气的 p^h。牙音群母中的情况也是类似，尤其是多数在逢 [i]、[u] 两韵之前的字也都读为送气轻塞音 [$tɕ^h$]，例如："距舅俭件近极局"的声母都为送气清音 [$tɕ^h$]。在三等字中，比如三等合口字，乐安话有些字声母是送气的轻塞音 [k^h]，如："权拳"。

此外，值得注意的是一些来自知章和庄组的字，在乐安话，除去声母读为 t、t^h 的那些之外，流摄和深摄的开口三等字遇上审（书）组时是读 [ɕ] 的，如"收、手、守、十、兽、婶"等。除 t、t^h 和 [ɕ] 外，知章和庄组的字多读为 [ts]、[ts^h]、[s]。也就是说，这些字在乐安话里不读成类似普通话里的翘舌音 [$tʂ$]、[$tʂ^h$] 和 [ʂ]，而是读为平舌音。

三　韵母

ɿ 资子次私字　i 比梨余鸡希　a 巴拿花茶沙　ɔ 波多饿坐火　u 普书奴住妇

ia 爷借写且夜　iɔ 鱼渔去　ɔi 瘌靴茄　iu 刘酒抽寿纠　ua 蛙瓜挂寡

uɔ 果过禾　ai 灾奶豺败界　iɛ 该害妹　ui 催水柜雷类

au 毛早考高奥　iu 斗偷走漏奏　an 烂山板反咸　ɛn 恩吞登

ən 本门证秤盛　in 敏林陵今顶　ɔn 干庵汉欢转　un 魂敦闯

ian 欠验店陷甜　iɛn 天连现箭片　iau 标票笑猫要　uai 乖快拐快外

uan 弯关顽挽　uin 裙　iɔn 煨会　nɔn 换暖算官

aŋ 彭甥争撑冷　ɔŋ 帮章访慌江　uŋ 弘公冬凤重　iaŋ 轻饼井颈钉

iɔŋ 亮抢象羊样　iuŋ 胸勇龙用荣　uaŋ 横　uɔŋ 王光矿狂广

at 发杀达八瞎　ɤr 瑟墨默黑择　tɤ 执汁质不没埋没　it 一笔七敌积密

tɔ 割泼末脱夺　ut 出卒骨物忽　iɛt 别猎结灭歇　uat 刮袜滑

uit 桔　ʔi 北革屋只石　ʔa 白伯格只石　ʔɤ 力逼

ʔɔ 学霍勺作薄　ʔu 目鹿赎竹朴　iaʔ 壁迹踢锡吃　iɔʔ 脚约掠削弱

iuʔ 六肉育菊蓄　uaʔ 饶　uɔʔ 国　uɔʔ 郭扩

m 姆　ŋ 五洞

综合以上 61 个韵母，我们可以得到乐安话有：

（1）4 个主要元音：[a]、[ɔ]、[i]、[u]；

（2）1 个舌尖元音：[ɿ]；

（3）2 个元音化的辅音：[m̩]、[ŋ̍]；

（4）2 个介音：[i-]、[u-]；

（5）2个元音韵尾：［i］、［u］；

（6）4个辅音韵尾：［-n］、［-ŋ］、［-t］、［-k］。

与普通话相比，乐安话韵母的第一个特点是没有普通话里的撮口呼［y］。撮口呼韵母都变成齐齿呼的［i］或者介音［i-］，如："女拘聚趋于"等字就念成齐齿的［i］，而"鱼雪靴"等则成为介音［i-］。［i］和舌尖元音［ɿ］呈现互补分布，［ɿ］只与声母［ts］、［tsʰ］、［s］相拼。

流摄开口一等字韵母在乐安话中统统读为［ɛu］，开口三等的庄组字和部分帮系平、上字也读为［ɛu］；其他情况多同普通话读为［iu］。例如：

流摄	开口一等	开口三等（庄组）	开口三等（帮系）
	某［mɛu］	邹［tɛu］	浮［fɛu］（平）
	兜［tɛu］	愁［sɛu］	谋［mɛu］（平）
	漏［lɛu］	搜［sɛu］	否［fɛu］（上）
	凑［tʰɛu］	皱［tɛu］	
	呕［ŋɛu］	瘦［sɛu］	

果摄开口一等端系字和合口一等晓匣母字在乐安话中韵母为［θ］，其他情况与普通话相同。如："多驼挪罗左"（开口一等端系）和"火祸货和和面"（合一晓匣母上去）。

乐安话仍然保留了鼻韵尾［-n］、［-ŋ］的对立。并且，除入声字之外，普通话中的韵母［eŋ］和［iŋ］的后鼻音韵尾［-ŋ］在乐安话中多读为前鼻音韵尾［-n］。例如：

［eŋ］［ɛn］	登藤能蹭恒（曾摄开口一等）	
	烹生省省长更筝（梗摄开口二等）	
［ən］	征澄蒸拯胜（曾摄开口三等）	
	程逞整政盛（梗摄开口三等）	
［iŋ］［in］	陵凌菱（曾摄开口三等）	
	杏行茎鹦幸（梗摄开口二等）	
	京景庆迎映（梗摄开口三等）	
	萍停顶经形（梗摄开口四等）	
	倾顷颖（梗摄合口三等）	

另外，乐安话韵母咸、山二摄的开口和合口一二等趋于混同，但是在见系声母之后依然保留了一些分别。例如：

咸摄	一等	二等
	覃韵：感［kɔn］	咸韵：减［kan］

谈韵：泔［kɔn］　　　　　衔韵：监［kan］

合韵：合［xɔt］　　　　　洽韵：峡［xat］

盍韵：磕［kʰɔt］　　　　　狎韵：押［ŋat］

山摄　　　　一等　　　　　　二等

寒韵：看［kʰɔn］　　　　山韵：间［kan］　　　　删韵：颜［ŋan］

桓韵：观［kuɔn］　　　　山韵：幻［fuɔn］　　　　删韵：惯［kuan］

曷韵：割［kɔt］　　　　　黠韵：轧［ŋat］　　　　鎋韵：辖［xat］

末韵：阔［kʰuɔt］　　　　黠韵：挖［uat］　　　　鎋韵：刮［kuat］

同我国南方其他许多地区一样，乐安话也保留了古入声韵韵尾，只不过［-t］韵尾已经丢失，只保留了［-ʔ］。入声韵尾［-t］、［-k］出现在乐安话中的规律是：首先，谈、咸、衔、监、严、添、凡、侵、寒、山、删、仙、元、先、桓、真、魂、谆、文 19 韵的字，除去少数之外，都保存了［-t］韵尾。例外的情况有咸韵的"炸掐"、寒韵的"撒萨"以及谆韵的"率蟀"今乐安话读为非入声。其次，唐、阳、江、登、蒸、庚、耕、清、青、东、冬、钟 12 韵大多保留了［-k］韵尾，例外情况是东韵的"秃"和清韵的"疫役"变［-t］韵尾；江韵"雹"、清韵"射"和东韵"斛"乐安话今读为非入声。

四　声调

乐安话有 7 个声调，分别是：

阴平：11　　　高开婚近坐竖

阳平：33　　　穷陈寒扶麻文

上声：242　　把马打假体挤

阴去：31　　　盖正怕汉送放

阳去：53　　　佩借夏忌羡话

阴入：22　　　剥德则急一发

阳入：55　　　白服舌局额药

乐安话声调系统相对许多南方地区方音的音调系统来说可以算得上是比较简单的，就单字调来说，普通话的平调、升调、曲调和降调，乐安话只占其三，即乐安话单字只有平调、曲调和降调。乐安话声调系统的特点主要有：（1）阴平阳平不同于普通话有平调和升调的区别，无论阴阳，都是平调，差别只在于调值的高低，即阴平为 11 调，阳平为 33 调；（2）次浊上声字归入上声，同普通话一样，读为曲调，调值为 242；（3）普通话里面只有一个调值为 51 的去声，但乐安话却有 31 和 53 两个去声，都为降调，对于外地人来说，这两个降调一般不好分辨；（4）乐安话保留入声调，调值分别为 22 和 55。

在乐安话声调系统当中，平上去入四声都存在连读变调的情况。其中，以上声和阳入的变调最为多见。两字连读有变调的情况如下。

1. 阳平：作为前字时，两字连读可以分为两种情况。一类在阴平 11、阳去 53 之前，后字有时变成高平 55 调值；另一类是在上声字前，上声 242 有时变 33 调。

（1）阳平 + 阴平（33 + 11）→33 + 55

来宾〔lɔi^{33}pin^{55}〕　　梅花〔mi^{33} fa^{55}〕　　平安〔p^{h}in^{33}∣ŋɔn^{55}〕

（2）阳平 + 上声（33 + 242）→33 + 33

牙齿〔ŋa^{33}tsi^{33}〕

（3）阳平 + 阳去（33 + 53）→33 + 55

黄豆〔uɔn^{33} xɛu^{55}〕

2. 上声：在前字位置时不仅自身经常由 242 调变为新调值 35，而且也会连带后字变调。

（1）上声 + 阴平（242 + 11）→35 + 11

火星〔fɔ^{35}∣ɕin^{11}〕　　写生〔ɕia^{35} sɛn^{11}〕　　眼花〔ŋan^{35}fa^{11}〕

（2）上声 + 阳平（242 + 33）→35 + 33

火炉〔f^{35} lu^{33}〕　　倒霉〔tau^{35} mi^{33}〕　　有钱〔iu^{35} tɕiɛn^{33}〕

（3）上声 + 上声（242 + 242）→35 + 242

火把〔fɔ^{35} pa^{242}〕　　起草〔tɕ^{h}i^{35} tau^{242}〕　　网点〔uɔn^{35} tian^{242}〕

（4）上声 + 阴去（242 + 31）→35 + 31

远近〔iɛn^{35}tɕ^{h}in^{31}〕　　手帕〔ɕiu^{35} pa^{31}〕

（5）上声 + 阳去（242 + 53）→ $\begin{cases} 35 + 53 & \text{火柱〔fɔ}^{35}\text{ t}^{h}\text{u}^{53}\text{〕} \\ & \text{广告〔kuɔn}^{35}\text{ kau}^{53}\text{〕} \\ 35 + 31 & \text{火焰〔f}^{35}\text{ian}^{53}\text{〕} \\ & \text{本地〔pɛn}^{35}\text{ t}^{h}\text{i}^{53}\text{〕} \end{cases}$

（6）上声 + 阴入 242 + 2→35 + 2　　准则〔tun^{35} tɛk^{2}〕

$$（7）上声 + 阳入 242 + 5 \to \begin{cases} 35 + 5 & \text{表叔}\ [\text{piau}^{35}\ \text{suk}^5]、 \\ & \text{请客}\ [\text{tɕ}^\text{h}\text{iaŋ}^{35}\ \text{k}^\text{h}\text{a}^5] \\ 35 + 2 & \text{火速}\ [\text{fɔ}^{35}\ \text{suk}^2]、 \\ & \text{狗肉}\ [\text{kɛu}^{35}\ \text{ȵiu}^2] \end{cases}$$

3. 阴去：作为前字时，多数情况下，不产生连读变调，但有时阳入字跟随其后，则阳入字要由 5 调变为 2 调。

阴去 + 阳入 31 + 5→31 + 2　被褥 $[\text{pi}^{31}\ \text{ut}^2]$

4. 阳去：后接阴平字时，个别二字词中的前阳去字变为与阴去相同的 31 调；后接阳去和阳入时，前字阳去不变，后字阳去变为与阴去相同的 31 调，后字阳入变为与阴入相同的 2 调。

（1）阳去 + 阴平（53 + 11）→31 + 11 后生 $[\text{xɛu}^{31}\ \text{saŋ}^{11}]$

（2）阳去 + 阳去（53 + 53）→53 + 31 道士 $[\text{tau}^{53}\ \text{si}^{31}]$、命大 $[\text{miaŋ}^{53}\ \text{xai}^{31}]$

（3）阳去 + 阳入（53 + 5）→市尺 $[\text{si}^{53}\ \text{t}^\text{h}\text{ak}^5]$、化学 $[\text{fa}^{53}\ \text{xɔk}^5]$

5. 阳入：后接平声时，无论阴阳，平声均变为高平 55 调；后接阳去和阳入时则阳去、阳入分别降为 31 调和 2 调。

（1）阳入 + 阴平（5 + 11）→5 + 55 石灰 $[\text{sak}^5\text{fi}^{55}]$、学生 $[\text{xɔk}^5\ \text{sɛn}^{55}]$

（2）阳入 + 阳平（5 + 33）→5 + 55 食堂 $[\text{sik}^5\ \text{t}^\text{h}\text{ɔn}^{55}]$、习题 $[\text{ɕit}^5\ \text{t}^\text{h}\text{i}^{55}]$

（3）阳入 + 阳去（5 + 53）→5 + 31 博士 $[\text{pɕk}^5\ \text{si}^{31}]$、热闹 $[\text{lɛt}^5\ \text{lau}^{31}]$

（4）阳入 + 阳入（5 + 5）→5 + 2 剥削 $[\text{pɕk}^5\ \text{ɕiɔk}^2]$、角落 $[\text{kɔk}^5\ \text{lɔk}^2]$

以上关于乐安话两字连读的情况可归纳如下表。

表2　　　　　　　　　　乐安话两字连读的情况

	阴平 11	阳平 33	上声 242	阴去 31	阳去 53	阴入 2	阳入 5
阳平 33	+ 55		+ 33		+ 55		
上声 242	35 +	35 +	35 +	35 +	35 + 35 + 31	35 +	35 + 35 + 2
阴去 31							31 + 2
阳去 53	31 +				+ 31		+ 2
阳入 5	+ 55	+ 55			+ 31		+ 2

另外，乐安话的两字叠音词也会发生变调。例如当有两个阳平字连读

时，后一个调值不变，但是读起来往往要变短变轻。如："围墙、棉鞋、明年、牛栏、鱼丸"，等等。这种轻读现象往往还出现在一些叠音亲属称谓词和人名叠字词上。例如"爸爸、妈妈、姑姑、公公、婆婆、哥哥"，以及"秀秀、伟伟、楚楚"，等等。即便是一些入声字，如果是叠音的亲属称谓词，像"伯伯、育育"之类的也是要轻读的。

五　乐安话与抚州话比较

作为抚州市的下辖县，乐安话同抚州（或临川）方言大体上类似；但是由于与抚州市区有着大约 120 公里的距离，乐安话也不尽同于抚州（临川）话。二者之间从声母的角度看，所拥有声母的个数和类型都是一样的，并且古浊塞音、浊塞擦音不论平仄，都读为送气的清塞音、塞擦音。但是，在古泥、来二母以及精组字和庄组字的今读上，二者又具有不同的特征。

古泥、来二母今读洪细分。今洪音的泥来母字在抚州话和乐安话里今读都为 [l]，今细音的泥母字均读 [ȵ]；但细音来母字在抚州话里读为 [t]，而在乐安话里读为 [l]，例如"李刘镰淋立领"。

古庄组字和今读为洪音的精组字在抚州话中大多读为 [ts]、[tsʰ]，乐安话中相对应地读为 [t]、[tʰ]，例如"阻邹簪争（庄组）、左租曾宗（精组）"抚州话中声母为 [ts]，乐安话声母就为 [ts]；"初衬状窗测（庄组）、坐操寸（精组）"抚州话中声母为 [tsʰ]，乐安话声母就为 [tsʰ]。至于古精组中今读为细音的字，在抚州话和乐安话中就没有差别，声母都大多是 [tɕ]、[tɕʰ] 了。

从韵母的角度来看，今抚州话韵母达 82 个之多，乐安话韵母的数量只有 61 个。事实上，抚州话和乐安话韵母的主要元音及其大多数组合元音在大体上是类似的，二者之间数量上之所以会相差 20 多个，主要原因在于乐安话比抚州话少了两个韵尾 [-m] 和 [-p]。在乐安话韵母系统中，辅音韵尾只保留了鼻韵尾 [-n]、[-ŋ] 的对立，而抚州话韵尾多保留了一个 [-m]，如"贪监瞻贬验敢勘渗心阴"等，抚州话以 [-m] 收尾，而乐安话中却因 [-m] 并入 [-n] 而以 [-n] 收尾。乐安话入声韵尾也只保留了 [-t]、[-k] 的对立，抚州话所保留的 [-p] 已经归并到 [-t] 当中了，如"法甲摄协接鸽十立集"等，乐安话均为 [-t] 韵尾，抚州话中仍为 [-p] 韵尾。

其实，人们用来辨别抚州话与乐安话的直觉并不在于二者声母或韵母的差异，而是在于声调。阴平字在抚州、乐安两地都读 11 调；阳平抚州话读成 24 调，乐安话读成 33 调，也就是说抚州话与普通话一样，在阴平和阳平字上有平调和升调的区别，而乐安话则都是平调。除了阴平字之外，抚州话另一个平调的情况出现在阳去中，抚州话阳去读 33 调，而阳去在乐安话中却是 53 降调。而且，抚州话的阴去比乐安话的阴去起调和底调都要高，前者是 42 调，而后者为 31 调。另外，乐安话还有抚州话中所没有的上声 242 曲调，上声字在抚州话中读为 35 升调。因此，很多人从听感上来辨别抚州话和乐安话时，总觉得乐安话比抚州话沉稳也是不无道理的。

由此看来，乐安话作为赣方言的一个方言小片，虽然有着许多与赣方言的代表南昌话及抚州话相类似的语言特征，但是，它还是具有自身独特的语言特点的。这大概与其处在江西中部，历史沿革情况及与周边语言接触的情况都有异于南昌话是分不开的。

参考文献

［1］罗常培：《临川音系》，商务印书馆 1940 年版。

［2］刘镇发：《方言及方言史论集》，香港霭明出版社 2004 年版。

［3］袁家骅等著：《汉语方言概要》，语文出版社 2001 年版。

［4］詹伯慧主编：《汉语方言及方言调查》，湖北教育出版社 1991 年版。

［5］中国社会科学院语言研究所：《方言调查字表》，商务印书馆 1981 年版。

江西安福方言的音韵特点

孙宜志

（杭州师范大学）

安福县位于江西省西部的吉安市，北面为分宜县和宜春市，南面为永新县，东面为吉安县，西面为莲花县和萍乡市。面积 2793 平方公里，人口 33 万。县城平都镇。

2006 年 1 月，我们对安福县城平都镇西林村贺家自然村（在县城西部约 1.5 公里）的方言进行了初步调查。发音人贺金生，男，1937 年 4 月出生，中专文化程度。

安福方言内部有差异，分东乡口音、南乡口音、西乡口音和北乡口音。平都镇话为北乡口音。

一 声韵调

1. 声母 22 个

p 布兵　　　　　pʰ 派爬病　　　　m 门马问　　　　f 飞副冯红　v 闻围微
t 到东招主竹专蒸 tʰ 土同读抄虫潮抽 l 南蓝耐路
ts 子祖　　　　　tsʰ 字次瓷　　　　s 三苏寺床双扇上生
tɕ 精经　　　　　tɕʰ 清从全轻权　　ȵ 年严女让软元　ɕ 修休声书县收
k 高　　　　　　kʰ 开共　　　　　ŋ 矮岸　　　　　h 海鞋好
Ø 安话养熬押案

2. 韵母 39 个

ɿ 子丝师
ɤ 支知耳　　i 喜飞　　　u 土苦初舞　　　y 据主岁贵白归白亏白
a 茶蛇牙车花瓦洼　　ia 借写惹夜　　　ua 瓜
æ 色活夹辣　　uæ 刮国
o 多歌火果课禾木落　　io 茄靴绿

e 锯直舌　　　ie 去渠他日铁踢

ɵ 出合　　　yɵ 割月

ɔi 袋改

ei 退灰对队催罪　　　uei 亏文柜归文贵文

ai 带排街坏　　　uai 怪快

au 高包交　　　iau 表笑钓叫狗够偶

eu 头喉欧楼走否招　　　iəu 流酒收周九

en 参人~痕恩扇灯　　　ien 尖盐严剪建天烟根肯　　　yen 选专原

in 新冰真村温轮春城　　　iŋ 斤紧均军裙京经穷用

aŋ 冷坑硬争南三咸搀伞　　　iaŋ 病镜轻星兄　　　uaŋ 梗横关湾顽官

ɔŋ 唐床双肝安短暗甘光汪王矿　　　uɔŋ 娘想姜养

əŋ 钟东宋虫封　　　uəŋ 工

m 母~妈

ŋ 五

3. 单调字 5 个

阴平　33 高开婚—七绿　　　阳平　31…13　　　穷盐寒鹅龙

阴上　53 古口好五女　　　阳上　24　　　　　近厚坐暖冷

去声　11 盖抗汉共害岸白麦

说明：

(1) l 在阳声韵母前发音为 ɭ。

(2) æ 开口度略小，介于 æ 与 ε 之间。

(3) y 在 t、tʰ 后发音为 ʉ。

(4) au 类韵母、aŋ 类韵母中的 a 为后元音 ɑ。

(5) en、in、aŋ、ɔŋ 类阳声韵母主要元音有鼻化色彩。

(6) 去声 11 有时为 21。

(7) 阳平为断折调，发音时先发出完整的音节，调值为 31，然后发出喉塞音 ʔ，并重复韵母的韵基，调值为 13，例如：穷 tɕʰin31…in13，蛇 sa31…a13。

(8) 阴平有升的趋势。

二　音韵特点

1. 声母的特点

（1）全浊声母的今读

全浊声母今读塞音、塞擦音时与次清合流，今读送气清塞音、塞擦音声母。例如：病 $p^hiaŋ^{⊃}$、白 $p^ha^{⊃}$、近 $_⊂tɕ^hin$。

（2）知章庄组与端组和精组

知组二等与庄组、精组洪音合并，今读 ts 组；知组三等与章组、端组合并，今读 t 组。例如：铲山开二初 $_⊂ts^haŋ$、赚咸开二澄 $ts^haŋ^{⊃}$；珍臻开三知 = 真臻开三章 $_⊂tin$，顶梗开四端 $_⊂tm$。

（3）晓母和匣母的文读逢中古合口呼韵母与非敷奉母合并，今读 f 声母。例如：虎晓 = 抚敷 $_⊂fu$，分非 = 婚晓 $_⊂fm$，冯奉 = 红匣 $_⊂fəŋ$。

（4）微、日、疑、影、喻、来、泥母的今读（见下表）

表1

古声	微	日	疑	影	喻	来	泥
今读	Ø	ȵlØ	ŋȵØ	ŋØ	Ø	l t	lȵ

微母今读零声母，个别微母字今读 m 声母。这些字有：尾晚蔓芒网。

日母白读 ȵ 声母，文读 l 声母，止摄和蟹摄开口三四等读零声母。例如：惹 $_⊂ȵia$、儿 $_⊂γ$、蕊 $_⊂luei$、饶 $_⊂ȵiau$、扰 $^⊂lau$、热 $ȵie^{⊃}$、入 $_⊂le$

影母开口洪音大部分读零声母，小部分读 ŋ 声母。读 ŋ 声母的字有：鸦丫哑亚挨矮鏖坳鸭扼。其余读零声母。阳声韵字无一例读 ŋ 声母。

大部分来母字与泥母洪音相混读 l。例如：挪 = 罗 $_⊂lo$，难 = 兰 $_⊂laŋ$；少数来母细音读 t，与端母合并，这些字有：立 $tie^{⊃}$、粒 $_⊂tie$、笠 $_⊂tie$、栗 $tie^{⊃}$、两斤两 $_⊂tɕiɔŋ$、岭 $_⊂tiaŋ$。

泥母逢细音一般读作 ȵ 声母，与疑母细音合并，例如：年泥 = 严疑 $_⊂ȵien$、女泥 = 语疑 $^⊂ȵy$。泥尼为例外，读作 l 声母，例如：泥 = 尼 $_⊂li$。

疑母开口一二等读 ŋ 声母，合口一二等遇摄今读零声母，其余韵摄今读 v 声母，韵母读洪音，例如：咬 $^⊂ŋau$、岸 $ŋɔŋ^{⊃}$、颜 $_⊂ŋaŋ$、吴遇 $_⊂u$、玩 $_⊂vaŋ$、桅 $_⊂vei$。

（5）尖团

安福方言基本上不分尖团。例如：焦精＝骄见 ₋tɕiau、尖精＝肩见 ₋tɕieu。但是深臻曾梗文读、白读还保留分尖团的痕迹。例如：侵深清 ₋tsʰin ≠ 钦深溪 ₋tɕin，亲臻清 ₋tsʰin ≠ 巾臻见 ₋tɕin，清梗清 ₋tsʰin ≠ 轻梗溪 ₋tɕʰin。

2. 韵母的特点

（1）阳声韵尾。两个阳声韵尾，分布互补。具体情况为：低元音、半低元音和央元音后为 ŋ 韵尾，高元音和半高元音后为 n 韵尾。

（2）无入声韵韵尾，入声韵韵母重新分化、组合，分归五套韵母中。具体情况如下表。

表 2

主要元音	a	æ	e	ɵ	o
条件	梗摄白读	咸山摄开口一二等（除见系）、梗摄二等文读	咸山摄开口三四等、梗摄三等和四等的文读	山摄合口一等帮组、端系、合口三四等、咸山摄开口一等见系	通宕江

例字如下：百梗开二帮 ₋pa、拆梗开二彻 ₋tsʰa、麦梗开二明 maᔆ、只梗开三章 ₋ta、壁梗开三帮 ₋pia；腊咸开一来 ₋læ、插咸开二初 ₋tsʰæ、达山开一定 ₋tʰæ、八山开二帮 ₋pæ；接咸开三精 ₋tɕie、折山开三章 ₋te、歇山开三见 ₋ɕie、篾山开四明 mieᔆ。泼山合一滂 ₋pʰɵ、脱山合一端 ₋tʰɵ、绝山合三从 tɕʰyɵᔆ、阅山合三喻 ₋yɵ、缺山合四溪 ₋tɕʰyɵ、盒山合一匣 hɵᔆ。毒通合一定 tʰoᔆ、六通合三来 lioᔆ、叔通合三书 ₋so、局通合三群 tɕʰioᔆ、托宕开一透 ₋tʰo、脚宕开三见 ₋tɕio、桌江开二知 ₋tso、学江开二匣 hoᔆ。

（3）鱼韵部分字读 ie 韵，个别字读 e 韵，与虞韵读 u、y 韵有别，例如：渠他 ₋tɕie、去 tɕʰieᔆ、锯 keᔆ。

（4）蟹摄开口一等端系的咍、泰韵相分，咍韵一般读 ɔi，泰韵只读 ai，例：袋咍定 ₋tʰɔi、在咍从 tsʰɔiᔆ、菜咍精 tsʰɔiᔆ；带泰端 taiᔆ、赖泰来 laiᔆ。蟹摄开口一等见系与蟹摄开口二等分韵，一等韵见系读 ɔi，二等韵读 ai，例如：开蟹一溪 ₋kʰɔi、爱蟹一影 ɔiᔆ、害蟹一匣 hɔiᔆ；排蟹二 ₋pʰai、界蟹二 kaiᔆ、柴蟹二 ₋sai、败蟹二 pʰaiᔆ。

（5）流摄一等见组白读 iau 韵，与效摄三等（除知章组）、四等合流。例如：钩流开一见 ₋tɕiau、够 tɕiauᔆ、扣 tɕʰiauᔆ、藕 ₋ȵiau。效摄三等知章组读 eu 韵母，与流摄一等（除见组）、流摄三等庄组合流，例如：招效开三章

= 兜流开一端 ｃteu，烧效开三书 = 搜流开一生 ｃseu。

（6）止摄开口三等、蟹摄开口三等知章组字根据声母今读分韵，今读塞音韵母为 ɤ，今读擦音和塞擦音韵母为 ɿ。例如：制蟹开三章 tɤ⌐、枝止开三章 ｃtɤ、世蟹开三书 sɤ⌐、施止开三章 ｃsɿ。止摄合口三等、蟹摄合口三等的白读与遇摄合口三等合流。例如：归止合三见 ｃtɕy、鬼止合三见 ᵓtɕy、葵止合三群 ｃtɕʰy、季止合三见 tɕy⌐、锤止合三澄 ｃtʰy、遗止合三喻 ｃy、岁蟹合三心 ɕy⌐。

（7）咸开一覃、谈韵不分，例如：潭 = 痰 ｃtʰaŋ，感 = 敢 ᵓkoŋ。咸开一端系读 aŋ、æ 韵，见系读 ɔŋ、ɵ 韵，例如：南 ｃlaŋ，三 ｃsaŋ，塔 ｃtʰæ；甘 ｃkoŋ，暗 ɔŋ⌐，盒 hɵ⌐。

山开一端系读 aŋ、æ 韵，见系读 ɔŋ、o 韵，例如：丹 ｃtaŋ，烂 laŋ⌐，辣 læ⌐；看 kʰɔŋ⌐，安 ｃɔŋ，渴 ｃkʰo。山开三仙薛韵、咸摄开口盐叶韵精组字中"浅鲜新鲜癣贱薛潜渐"读撮口呼韵母，例如：浅 ᵓtɕʰyen。

臻摄开口一等见组、梗摄开口二等见组部分文读、曾摄开口一等见组的白读与咸摄和山摄开口三四等韵母混同。例如：垦臻开一溪 = 肯曾开一溪 ᵓtɕʰien、耕梗开二见 = 肩山开四见 ｃtɕien。

咸山摄开口一等除见系外的阳声韵字和开口二等阳声韵字与梗摄白读合流。例如：耽咸 = 单山 = 正梗 ｃtaŋ，三咸 = 山山 = 生梗 ｃsaŋ。

山摄合口一等除见系外的阳声韵字与宕江摄一二等阳声韵字合流，例如：搬山合一帮 = 帮宕开一帮 = 邦江开二帮 ｃpɔŋ，酸山合一心 = 桑宕开一心双江开二生 ｃsɔŋ。山摄合口一等见系今读 aŋ 韵和 uaŋ 韵。例如：官山合一见 ｃkuaŋ，换山合一匣 faŋ⌐。

通摄合口三等见系、精组的阳声韵部分字与深摄、臻摄三等、曾摄三等、梗摄三四等文读阳声韵见系、精组混同。例如：穷通合三群 = 从通合三从 = 琴深开三群 = 勤臻开三群 = 擎梗开三群 = 情梗开三从 ｃtɕʰin、雍通合三影 = 音深开三影 = 因臻开三影 = 鹰曾开三影 = 英梗开三影 ｃin。

3. 声调特点

（1）平、上分阴阳，去声不分阴阳。清声母入声归阴平，全浊声母入声字归去声。

（2）今读阳上的字来自于中古全浊声母上声部分字、次浊声母上声部分字、浊去少数字、全浊入少数字。来自全浊声母上声的有：舵坐祸下去簿肚肚脐户苎柱亥弟罪被被子倚已厚舅断白近杖动重。来自次浊声母上声的有：我你暖远两斤两冷岭。另有"是稻"归入阴平。来自全浊去的字有两个：袋稗；来自浊入的字有一个：舌。

（3）次浊入声字大部分与清声母入声字一样归阴平，少部分与全浊声母入声字一样归去声。归入去声的字有：叶页辣热篾蜜栗落药墨麦逆六陆玉。

三　特字音

语音的发展是有规律的，由于某种原因，一些字音的今读在方言中会偏离规律，我们把这种字叫特字，这些字的字音叫特字音。以下列举安福方言的一些特字音。

谱：^{c}p^{h}u。中古音遇摄合口一等帮母。声母不合，按规律声母读 p，但是读成了 p^{h}。

妹：mɔi^{ɔ}。中古音蟹摄合口一等明母。韵母不合，按规律读 i 韵，但是读成了 ɔi 韵。

碓：tɔi^{ɔ}。中古音蟹摄合口一等端母。韵母不合，按规律读 ei 韵，但是读成了 ɔi 韵。

外：ŋɔi^{ɔ}。中古音蟹摄合口一等疑母。韵母不合，按规律读 uei 韵，但是读成了 ɔi 韵。

厕：$_{\text{c}}$ts^{h}æ。中古音止开三去声志韵初母。韵母和声调不合，按规律今读 ɻ 韵母和去声，但是读成 æ 韵母，声调读成阴平。

喜：^{c}tɕ^{h}i。中古音止摄开口三等晓母。声母不合，按规律声母读 ɕ，但是读成了 tɕ^{h}。

嘴：^{c}ty。中古音止摄合口三等精母。声母不合，按规律声母读 tɕ，但是读成 t。

杉：$_{\text{c}}$sa。中古音咸摄开口二等生母。韵母不合，按规律韵母读 aŋ，但是读成 a。

劫：$_{\text{c}}$tɕ^{h}ie。中古音咸摄开口三等见母。声母不合，按规律声母读 tɕ，但是读成 tɕ^{h}。

襟：$_{\text{c}}$tɕ^{h}in。中古音深摄开口三等见母平声。声母和声调不合，按规律声母读 tɕ，声调读阴平，但是声母读成 tɕ^{h}，声调读成阳平。

辫：$_{\text{c}}$pien。中古音山摄开口四等并母。声调和声母不合，按规律声母今读 p^{h}，声调读去声，但是声母读成了 p，声调读成了阴平。

燕：n̠ien⊃。中古音山摄开口四等影母。声母不合，按规律声母今读零声母，但是读成了 n̠ 声母。

欢：⊂kʰuaŋ。中古音山摄合口一等晓母。声母不合，按规律声母今读 f，但是读成了 kʰ。

膝：⊂tɕʰie。中古音臻摄开口三等心母。声母不合，按规律声母今读 ɕ，但是读成了 tɕʰ。

混：⊂kʰun。中古音臻摄合口一等上声匣母。声母不合，按规律声母今读 f，但是读成了 kʰ。

荤：⊂kʰun。中古音臻摄合口三等平声晓母。声母不合，按规律声母今读 f，但是读成了 kʰ。

两斤两：⊆tioŋ⊃。中古音宕摄开口三等来母。声母不合，按规律声母今读 l，但是读成了 t。

墙：⊆ɕioŋ。中古音宕摄开口三等从母。声母不合，按规律声母今读 tɕʰ，但是读成了 ɕ。

凝：⊂n̠i。中古音曾摄开口三等疑母。韵母不合，按规律韵母今读 in，但是读成了 i。

笛：lia⊃。中古音梗摄开口四等定母。声母不合，按规律声母今读 tʰ，但是读成了 l。

捧：⊂pəŋ。中古音通摄合口三等敷母。声母不合，按规律声母今读 f，但是读成了 p。

玉：y⊃。中古音通摄合口三等疑母。声母、韵母、声调都不合，按规律今读 n̠io⊐，但是读成了 y⊃。

雀：⊂tɕʰio。中古音宕摄开口三等入声精母，声母不合，按规律今读 tɕ，但是读成 tɕʰ 声母。

廓：⊂ko。中古音宕摄合口一等入声溪母铎韵，声母不合，按规律今读送气的 kʰ，但是读成不送气的 k。

概溉：kʰɔi⊃。中古音蟹开一去声见母，声母不合，按规律应今读不送气 k 声母，但是读成 kʰ。

锅：⊂uo。中古音果合一平声戈韵见母，声母不合，按规律声母今读 k，但是今读成零声母。

队：tei⊃。中古音蟹合一去声队韵定母，声母不合，按规律读送气声母，但是今读成不送气声母。

参考文献

［1］陈昌仪：《赣方言概要》，江西教育出版社 1991 年版。

［2］刘纶鑫主编：《客赣方言比较研究》，中国社会科学出版社 1999 年版。

［3］江西省地方志编纂委员会：《江西省方言志》，方志出版社 2005 年版。

［附记：本文为中国教育部"十五"规划项目"汉语方言地图集"（批准号 01JD740005）研究成果之一。］

安福话两字组词语变调方式考察

邱　斌

（井冈山大学人文学院）

一　引言

安福县地处江西省中西部，行政归吉安市管辖。安福县的方言可分为两种。一种叫安福话，以县城所在地平都镇的居民所说的方言为代表；另一种叫南乡话，以安福县南部的洲湖镇的居民所说的方言为代表。

安福话有五个单字调：

1. 阴平 44　˦　刚开婚急　　　　2. 阳平 212　˨˩˨　穷寒时陈

3. 阴上 51　˥˩　古口好五　　　　4. 阳上 224　˨˨˦　远近动我

5. 去声 22　˨　盖抗汉害

安福话两字组词语的变调类型可分为特定变调和连读变调两大类。本文将对安福话两字组词语的变调模式进行描写，并且试着探讨连读变调与重音格式之间的关系。

二　特定变调

特定变调指通过词语中某个字变作固定调的方式来标记该词语的语法性质和特点。特定变调不同于连读变调之处在于，含有特定变调的词语中变调的那个字不管其原调如何，也不管其邻字的声调如何，都变成一个固定的调值。安福话两字组特定变调的类型主要有三种：轻声、高调和前字变 35 调。

1. 轻声。将某些两字组词语的后字读得又轻又短，类似于普通话的轻声。安福话轻声的调值有两种：a. 2 度 ·˨ ；b. 4 度 ·˦ 。轻声词语包括以下几类。

（1）部分后缀为"-子"的名词

桌子 tso ˦ tsʅ ·˨　　　银子 ni ˨˨˦ tsʅ ·˨　　　痞子 pʰiɛ ˥˩ tsʅ ·˨

袖子 ɕiu˩ tsɿ ·|

（2）部分后缀为"-头"的名词

风头 fɔ̃˥ tʰɛu ·|　　龙头 lɔ̃˩˩ tʰuɜ ·|　　苦头 kʰu˅ tʰɛu ·|
赚头 tsʰã˩ tʰuɜ ·|

（3）复数后缀"唔"构成的代词

我唔 ŋo˩ vu| 我们　你唔 ni˩ vu| 你们　佢唔 tɕiɛ˅ vu ·| 他们

（4）部分常用名词

叔叔 so˥ so˥ ·|　　黄豆 vɔ˩˩ tʰuɜ˩ ·|　　舅母 tɕʰiu˩ mu˅ ·|
白菜 pʰa˩ tsʰoi˩ ·|

（5）"得"做补语表示可能的词语

来得 loi˩˩ tæ ·|　　坐得 tsʰo˩ tæ ·|　　跑得 pʰau˅ tæ ·|
去得 tɕʰiɛ˩ tæ ·|

2. 高调。将某些两字组词语的后字读作高平的 55 调。55 调是安福话的五个单字调之外的一个特殊调。末尾音节读高调的词语包括以下几类。

（1）后缀为"-叽"的名词性词语

竹叽 tio˦˥ tɕi˥竹子　伢叽 ŋa˩˩ tɕi˥男孩　凳叽 tẽ˩ tɕi˥凳子　哪
叽 nai˩˩ tɕi˥哪些

（2）后缀为"-咕"的名词

贼咕 tsʰæ˩˩ ku˥贼　木咕 mo˦˥ ku˥呆笨的人

（3）部分后缀为"-子"的名词

雪子 ɕyɛ˦˥ tsɿ ·|⌐雪粒　麻子 ma˩˩ tsɿ ·|⌐　槛子 kʰã˅ tsɿ ·|⌐窗户
筷子 kʰuai˩ tsɿ ·|⌐

（4）部分后缀为"-头"的名词

砖头 tɔ̃˦˥ tʰuɜ ·|⌐　　骨头 kuæ˦˥ tʰuɜ　上头 sɔ̃˩ tʰuɜ ·|⌐　石头
sa˩ tʰuɜ ·|⌐

（5）部分方位名词

上峰 sɔ̃˩ fɔ̃˥⌐　　下峰 xa˩ fɔ̃˥⌐　　外面 ŋoi˩ miɜ̃˩⌐　里面 li
˅⌐miɜ̃˩⌐

前面 tɕʰiɜ̃˩˩ miɜ̃˩⌐　后背 xɛu˩ pi˩⌐

（6）部分亲属称谓

姑姑 ku˦˥ ku˥⌐　　大姨 tʰai˩ i˩⌐　　嫂嫂 sau˅⌐sau˅⌐　外婆
ŋɔi˩ pʰo˩⌐

（7）部分人名地名

斌斌 pī˥˦ pī˦˩˥ 琳琳 lĩ˥˦˩˥ lĩ˥˩˥ 西门 çi˥˦ mẽ˥˩˥ 山头 sã˥˦ tʰɛu˥˩˥

（8）其他名词

字管 tsʰɿ˦˩ kuã˥˩「笔 棍杖 kuẽ˦˩ tʰɔ̃˩˥「棍子 红枣 fə̃˥˦˩˥ tsau˥˩「
阿姨 a˥˦ i˥˩「

档肆 tɔ˦˩ sɿ˦˩「地方处所 灶前 tsau˦˩ tɕiɛ̃˩˥「厨房 坏人 fai˦˩
nIn˥˩「

糯米 no˦˩ mi˥˩「

（9）结构助词"咯"组成的"咯字短语"（类似于"的字短语"）

喫咯 tɕʰia˥˦ kə˥「吃的 红咯 fə̃˥˦˩˥ kə˥「红的 我咯 ŋo˥˦˩˥ kə˥「我的
死咯 sɿ˥˩˥ kə˥「死的

3. 前字变 35 调。这类变调分两种情况。

（1）部分偏正结构的双音节状态形容词的前字变成 35 调。例如：

捞松 lau˧˥ sɔ̃˧˥ 抛轻 pʰau˧˥ tɕʰiã˧˥ 宣红 çyẽ˧˥ fə̃˩ 津甜 tɕ
In˧˥ tʰiɛ̃˩

攀滚 pʰã˧˥ kuẽ˥˩˥ 很热 单紧 tã˧˥ tɕĩ˥˩˥ 扳硬 pã˧˥ ŋã˦˩ 嘞壮
lei˧˥ tsɔ̃˦˩

咕瘦 kua˧˥ sɛu˦˩ 呵痛 o˧˥ tʰə̃˦˩ 稀臭 çi˧˥ tʰiu˦˩ 批滑
pʰi˧˥ væ˦˩

我们不认为这种状态形容词前字读作 35 调的现象是连读变调。因为这类词语的变调完全不顾前字的本字调是什么，也完全不受后字声调的影响，无论前字、后字是阴平、阳平还是阴上、阳上、去声，前字都读 35 调。

另外，也有少数同结构的形容词前字不读作 35 调的。例如：

墨黑 mæ˦˩ xæ˧˥ 俇急 pã˦˩ tɕiɛ˧˥ 寡淡 kua˥˩˥ tʰã˥˩˥ 占重 tɔ̃
˦˩ tʰə̃˦˩「

（2）少量双音节名词前字变成 35 调。例如：

物理 væ˥˦ li˥˩˥ 历史 liɛ˥˦ sɿ˥˩˥ 英语 i˥˦ ny˥˩˥ 自然 tsʰɿ˦˩
lə̃˥˩˥

骆驼 lo˦˩ tʰo˥˩˥ 司令 sɿ˥˦ lĩ˦˩ 自由 tsʰɿ˦˩ iu˥˩˥

这类名词一般是常用名词，其变调规律不好总结。"物理、历史、英语、自然"等都是中学或小学的课程名称，但同是中小学课程名称的"政治 tẽ˧ tsʰ`ŋ`˧、生物 sɛ˧ væ˧、体育 tʰi˥˩「io˧「、地理 tʰi˧ li˥˩「、数学 su˧ xo˥˩「、化学 fa˧ xo˥˩「"等却不能将前字读作 35 调。另外，这种变调现象也不是连读变调。因为变调跟上述状态形容词的变调一样，其变调完全不顾前字的本字调是什么，也完全不受后字声调的影响。

三　连读变调

本文的连读变调指音节连读时由于受相邻音节的影响而发生的调值上的变化。下面按两字组词语前字的声调分五类（阴平、阳平、阴上、阳上、去声）描述连读变调的各种情况。高调不是一个独立的调类，但有些高调词语也有连读变调现象，即前字会受高调的影响而变调，我们将在其相对应的前字调中列出这种连读变调。另外，安福话的"一"、"不"在两字组词语中也会变调，作为第六大类列出。

1. 前字阴平的声调格式

（1）安福话阴平调值为 44，如果读两字组词语时不将重音放在后字上，则前字不变调，后字是阴平、阳上、去声的不变调，阳平后字由 212 变 21，阴上后字由 51 变 31。具体的声调格式如下：

山边 sã˧ piɛ˧　　医生 i˧ sɛ̃˧　　　　中国 tõ˧ kyæ˧　　飞机 fei˧ tɕi˧

今年 tɕi˧ niɛ˩˩　　高楼 kau˧ lɛu˩˩　　天桥 tʰiɛ̃˧ tɕʰiau˩˩　安排 õ˧ pʰai˩˩

腰鼓 iau˧ ku˥˩˩　　科长 kʰo˧ tõ˥˩˩　　风水 fõ˧ sei˥˩˩　　　中等 tõ˧ tɛ̃˥˩˩

轻重 tɕʰiã˧ tʰə˧　　黑鸟 xæ˧ tiau˧

青菜 tɕʰiã˧ tsʰoi˧　医院 i˧ yɛ̃˧　　仓库 tsʰõ˧ kʰu˧　　相信 ɕiõ˧ ɕi˧

（2）如果读两字组词语时将重音放在后字上，则前字一律由 44 变为 55，后字一律不变调。

升级 sɛ̃˧「tɕiɛ˧　　心急 ɕi˧「tɕiɛ˧　　搬家 pɔ˧「ka˧　　伤心 sɔ˧「ɕi˧

刷牙 sø˧「ŋa˧　　剥皮 po˧「pi˧　　花钱 fa˧「tɕʰiɛ̃˧　　出门 tʰø˧「mɛ̃˧

偷马 tʰɛu ˥ ⌈ma ↘ 　　遮火 ta ˥ ⌈fo ↘ 　　喫苦 tɕʰia ˥ ⌈kʰu ↘ 　　出丑 tʰø ˥ ⌈tʰiu ↘

抓鸟 tso ˥ ⌈tiau ↓ 　　喫奶 tɕʰia ˥ ⌈te ↓ 　　恶冷 o ˥ ⌈lã ↓ 　　恶痒 o ˥ ⌈iɔ ↓

抓贼 tso ˥ ⌈tsʰæ ˧ 　　开店 kʰoi ˥ ⌈tiɛ̃ ˧ 　　得病 tæ ˥ ⌈pʰiã ˧ 　　师范 sɿ ˥ ⌈fã ˥

（3）在高调词语中，所有阴平前字都会变调读作 35。

箱叽 ɕiɔ ˧˥ ⌈tɕi ˥ 箱子　　喫咯 tɕʰia ˧˥ ⌈kə ˥ 吃的　　鲫鱼 tsɛ̃ ˧˥ ⌈ŋ ↓ ⌈　　姑姑 ku ˧˥ ⌈ku ˥ ⌈

2. 前字阳平的变调

阳平调值本是 212，所有前字为阳平的两字组词语会由 212 变调读作 21。下面按重音是否放在后字上分别描述其声调格式。

（1）重音不放在后字上。

床单 tsʰɔ̃ ˨˩ tã ˥ 　　南方 nã ˨˩ fɔ̃ ˥ 　　良心 liɔ ˨˩ ɕĩ ˥ 　　名声 miã ˨˩ sã ˥

银行 nĩ ˨˩ xɔ̃ ˨˩ 　　皮球 pʰi ˨˩ tɕʰiu ˨˩ 　　人民 nĩ ˨˩ mĩ ˨˩ 　　和平 xo ˨˩ pʰĩ ˨˩

团长 tʰɔ ˨˩ tɔ̃ ˨˩ 　　牙齿 ŋa ˨˩ tʰə ˥˩ 　　锣鼓 lo ˨˩ ku ˥˩ 　　棉袄 miɛ̃ ˨˩ ŋau ˥˩

棉裤 miɛ̃ ˨˩ ku ˧ 　　瓷器 tsʰɿ ˨˩ tɕʰi ˧ 　　迷信 mi ˨˩ ɕĩ ˧ 　　承认 tʰẽ ˨˩ lẽ ˧

（未找到"阳平 + 阳上"读法的词语）

（2）重音放在后字上。

皮黑 pʰi ˨˩ xæ ˥ 　　提高 tʰia ˨˩ kau ˥ 　　钱多 tɕʰiɛ̃ ˨˩ tɔ ˥ 　　成功 tʰĩ ˨˩ kuɔ̃ ˥

回潮 fei ˨˩ tʰuɔ ↓ 　　投球 tʰuɔ ˨˩ tɕʰiu ↓ 　　爬墙 pʰa ˨˩ tɕʰiɔ ↓ 　　抬头 tʰoi ˨˩ tʰuɔ ↓

寻死 tɕʰĩ ˨˩ sɿ ↘ 　　留种 liu ˨˩ tɔ̃ ↘ 　　人好 nĩ ˨˩ xau ↘ 　　人老 nI ˨˩ lau ↘

来坐 loi ˨˩ tsʰo ˧ 　　前后 tɕʰiɛ̃ ˨˩ xɛu ˧

还账 vã ˨˩ tɔ̃ ˧ 　　回信 fei ˨˩ ɕĩ ˧ 　　迟到 tʰə ˨˩ tau ˧ 　　奇怪 tɕʰi ˨˩ kuai ˧

3. 前字阴上的变调

（1）重音不放在后字上。前字、后字有时候不变调，有时候变调。

水车 sei ˅「tʰa ˥　　体育 tʰi ˅「io ˥　　想法 çiɔ̃ ˅「fæ ˥　　手巾
çiu ˅「tçĩ ˥

海洋 xoi ˅ iɔ̃ ˩˩˦　　口粮 kʰɛu ˅ liɔ̃ ˩˩˦　　厂房 tʰɔ̃ ˅ fɔ̃ ˩˩˦　　九年
tçiu ˅ niɛ̃ ˩˩˦

厂长 tʰɔ̃ ˅ tɔ̃˥˩　　火腿 fo ˅ tʰei ˥˩　　水果 sei ˅ ko ˥˩　　小姐
çiau ˅ tçia ˥˩

解放 kai ˅ fɔ̃ ˦˩　　统计 tʰɔ̃ ˅ tçi ˦˩　　狡猾 tçiau ˅ fæ ˦˩
好事 xau ˅ sɿ ˦˩

（未找到"阴上 + 阳上"读法的词语）

（2）重音放在后字上。前字、后字都不变调。

保温 pau ˅ vẽ ˥　　起风 tçʰi ˅ fɔ̃ ˥　　口干 kʰɛu ˅ kɔ̃ ˥　　请客
tçʰiã ˅ kʰa ˥

点名 tiɛ̃ ˅ miã ˩　　打雷 ta ˅ lei ˩　　倒霉 tau ˅ mei ˩　　改良
koi ˅ liɔ ˩

举手 tçy ˅ çiu ˅　　打水 ta ˅ sei ˅　　胆小 tã ˅ çiau ˅　　手巧
çiu ˅ tçʰiau ˅

很近 xɛ̃ ˅ tçʰĩ ˦˩　　起重 tçʰi ˅ tʰɔ̃ ˦˩
讲价 kɔ̃ ˅ ka ˦˩　　赌气 tu ˅ tçʰi ˦˩　　走路 tsɛu ˅ lu ˦˩
解毒 kai ˅ tʰo ˦˩

（3）另外，如果后字读高调，即 55 调，前字必须变调读为 55。
例如：

婶婶 sɛ̃ ˅「sɛ̃ ˅「　冷水 lã ˅「sei ˅「　老人 lau ˅「nĩ ˩「　桶叽 tʰɔ̃ ˅
「tçi」桶子　短咯 tɔ̃ ˅「kə」短的　蠢婆 tʰĩ ˅「pʰo」蠢女人

4. 前字阳上的变调

阳上调 224 是安福话中比较特殊的一个声调。古浊声母上声字现读为
阳上的很少，单字调不能读作其他调值的只有"我、你、哪"等少数字。
这些阳上字没有文白两种读法。这些字作为两字组词语前字时有时会变调。
变调规律是：

（1）"我、你、哪"等在阴平、阴上、阳上和高调前变为阳平 21 。但
"阳上 +阳上"的变调格式会因重音的不同而发生变化。如果重音在后字

上，前字由 224 变作 21；如果重音在前字上，则后字由 224 变作 22。

我喫 ŋo ／ tɕʰia ˥　　你喫 ni ／ tɕʰia ˥　　哪只 nai ／ ta ˥

我打 ŋo ／ ta ＼　　你打 ni ／ ta ＼　　哪把 nai ／ pa ＼

我坐 ŋo ／ tsʰo ⌐　　你坐 ni ／ tsʰo ⌐

我坐 ŋ ／ tsʰo ／⌐　　你坐 ni ／ tsʰo ／⌐

我略 ŋo ／ kə　　你略 ni ／ kə　　哪叽 nai ／ tɕi 哪些

（2）"我、你、哪"等在阳平、去声字前不变调。但"阳上 + 阳平"声调格式略有不同。如果重音在后字上，前后字都不变调；如果重音在前字上，则后字由 212 变作 21。

我做 ŋo ／ tsu ⌐　　　　我来 ŋo ／ loi ↙　　　　我来 ŋo ／
loi ↙⌐

你做 ni ／ tsu ⌐　　　　你来 ni ／ loi ↙　　　　你来 ni ／ loi ↙⌐

哪个 nai ／ ko ⌐　　　　哪排 nai ／ pʰai ↙　　　　哪排 nai ／
pʰai ↙⌐

安福话读阳上调的字多数有文、白两种读法，区分两种情况：第一，有些字白读调值为阳上 224，文读调值为阴上 51，例如"岭、鸟、影、远、软、冷、暖、痒、肚、也、两量词"等；第二，有些字白读调值为阳上 224，文读调值为去声 22，例如"坐、簿、被、厚、后、辫、伴、近、象、橡、杖、动、重、舅、上"等。这些有文白两读的阳上字，如果作两字组词语的前字，则除了少数前字可以读原调阳上 224 外，其他的一般都不能读作阳上 224 调。前字阳上可以读原调的词语例如"鸟叫 tiau ／ tɕiau ⌐；后路 xɐu ／ lu ⌐；厚纸 xɐu ／ tə ＼"等，这些词语的前字也可以读作其文读的调值"鸟叫 niau ＼ iau ⌐；后路 xɐu ⌐ lu ⌐；厚纸 xɐu ⌐ tə ＼"。如果文读调是 51 的阳上字，作为两字组词语中的前字，则其变调格式跟前字阴上的相同。即如果重音放在后字上，前字、后字都不变调；如果重音不放在后字上，前后字有时候会变调。如果文读调是 22 的阳上字，变调格式跟去声相同。即重音不放在后字上，有时候后字变调；重音放在后字上，一般不变调。

5. 前字去声的变调

（1）重音不放在后字上，前字不变调，后字有时候变调。

菜单 tsʰoi ⌐ tã ˥　　　汽车 tɕʰi ⌐ tʰa ˥　　　信封 çi ⌐ fõ ˥
电灯 tʰiɛ̃ ⌐ tə̃ ˥

化肥 fa ˧ fei ˨˩˥ 报酬 pau ˧ tʰiu ˨˩˥ 太平 tʰai ˧ pʰĩ ˨˩˥ 证明 tĩ ˧ mĩ ˨˩˥

跳板 tʰiau ˧ pã ˧˩˥ 政府 tĩ ˧ fu ˧˩˥ 痛苦 tʰə ˧ kʰu ˧˩˥ 驾驶 ka ˧˩ sɿ ˥

变化 piɛ̃ ˧ fa ˧ 炸弹 tsa ˧ tʰã ˧ 兴趣 çĩ ˧ tɕʰy ˧ 笑话 çiau ˧ fa ˧

（未找到"去声＋阳上"读法的词语）

（2）重音放在后字上，一般不变调。

放心 fɔ̃ ˧ çĩ ˥ 让开 lɔ̃ ˧ kʰoi ˥ 送客 sə̃ ˧ kʰa ˥ 唱歌 tʰɔ̃ ˧ ko ˥

看齐 kʰɔ̃ ˧ tɕʰi ˩ 骂人 ma ˧ nĩ ˩ 信佛 çĩ ˧ fo ˩ 线长 çiɛ̃ ˧ tʰɔ ˩

倒水 tau ˧ sei ˧˩ 放手 fɔ̃ ˧ çiu ˧˩ 课少 kʰo ˧ sɛu ˧˩ 要紧 iau ˧ tɕĩ ˧˩

最近 tsei ˧ tɕʰĩ ˧˨ 最远 tsei ˧ yɛ̃ ˧˨

放学 fɔ ˧ xo ˧ 降价 kɔ̃ ˧ ka ˧ 寄信 tɕi ˧ çĩ ˧ 见面 tɕiɛ̃ ˧ miɛ̃ ˧

6. "一"、"不"的变调

"一"单念时调值是44，"不"单念时调值是22。"一"、"不"在词语末尾时读原调。例如：

第一 tʰi ˧ iɛ ˥ 十一 se ˥ iɛ ˥ 从不 tʰə̃ ˨˩˥ pu ˧ 绝不 tɕʰyɛ ˧ pu ˧

（1）"一"、"不"作为前字构成的两字组词语重音一般放在后字上，这种情况下"一"、"不"的调值变为55。例如：

一身 iɛ ˥「sẽ ˥ 一时 iɛ ˥「sɿ ˩ 一手 iɛ ˥「çiu ˧˩ 一动 iɛ ˥「tʰə ˧˨ 一样 iɛ ˥「iɔ ˧

不慌 pu ˧「fɔ ˥ 不来 pu ˧「loi ˩ 不等 pu ˧「tɛ̃ ˧˩ 不远 pu ˧「yɛ̃ ˧˨ 不痛 pu ˧「tʰə̃ ˧

（2）但如果"一"、"不"作为前字构成的两字组词语重音放在前字上，则"一"、"不"读原调。

下面的例①是数数时用"五"作为计量单位说出的话，这些词语的重音在前一个音节上，其中的"一"读原调44。

①一五，二五，三五。iɛ˧˩ŋ˥˩，ə˦˩ŋ˥˩，sã˧˩ŋ˥˩。

例②是一小段问答对话，用于回答的那句话"我不开"的重音落在"不"上，这里的"不"读原调44，而不是55。

②质问：你开不开门？ni˧˩ kʰoi˧ pu˦ kʰoi˧ mẽ˨˩？

回答：我不开。ŋo˧˩ pu˦ kʰoi˧。

四　重音格式影响连读变调

1. 重音是什么

安福话的连读变调与两字组词语的重音格式关系密切。在作进一步的讨论之前，我们有必要先来确定一下重音是什么。仲晓波（1999）在综合他人研究的基础上指出，重音有不同层次不同类型，韵律词重音（stress）是较低层次的重音类型，比它层次高的重音叫做 accent。韵律词重音（stress）的声学参数主要有时长（duration）、频谱倾斜（spectral tilt）、元音品质（vowel quality）和强度（intensity），而 accent 的声学相关物是音高变化（pitch movement）。

与安福话两字组词语变调相关的重音是韵律词重音。通过语音软件分析安福话两字组词语后我们发现，一般情况下，两字组词语中的重音音节与非重音音节相比，重音音节发音相对完整，音调形式更接近读单字时的声调；而非重音音节发音相对不完整，音调形式与单字调相比有一定的变化。因此我们认为，完整的调型是判定韵律词重音的关键，与之相关的时长、频谱倾斜、元音品质和强度等参数都是为了强调完整的调型而形成的声学体现。足够的时长是保证调型完整的最重要的因素，因此重音音节的时长一般要长于非重音音节的时长。我们的结论也可以从其他学者的研究中得到验证。陆致极（1984）认为，普通话韵律词重音的声学参数是时长和能量以及完整的调型。陆先生明确地指出"完整的调型"和韵律词重音之间的关系，"调型的完整性"也是本文确定词重音的重要依据。王志洁，冯胜利（2006）提出：声调语言的轻重音必然表现为调值实现的充分度。其中"调值实现的充分度"和"调型的完整性"是一致的。

2. 安福话两字组词语的重音格式

依据本文第一部分对安福话两字组词语重音与声调格式关系的描写，可以将安福话两字组词语的重音格式分作"后重"和"非后重"两大类。

（1）后重式。后重式指两字组词语的重音在后字上，即后字音节的调型相对来说更完整，后字的音长也一般比前字更长。例如：

结冰 tɕiɛ ˥ ⌈pI ˥　　　接生 tɕiɛ ˥ ⌈sã ˥　　　出租 tˈø ˥ ⌈tsu ˥　　　天黑 tʰiɛ̃ ˥ ⌈xæ ˥

迷路 mi ˩˧ lu ˩　　　流汗 liu ˩˧ xɔ̃ ˩　　　长寿 tʰɔ̃ ˩˧ ɕiu ˩　　　求学 tɕʰiu ˩˧ xo ˩

（2）非后重式。非后重式指两字组词语的重音不在后字上。非后重式又可分"前重式"和"无相对重音"两类。

①前重式

前重式指两字组词语的重音在前字上，即前字音节的调型相对来说更完整，前字的音长也一般比后字更长。前重式也可分出"一般前重"和"有标记前重"两种。

A. 一般前重。一般前重指在没有特别标记的情况下，两字组词语的重音在前字音节上。例如：

光荣 kɔ̃ ˥ iə̃ ˩˧　　　铁桥 tʰiɛ ˥ tɕʰiau ˩˧　　　稿纸 kau ˅ tə ˅˥　　　小碗 ɕiau ˅ vã ˅˥

B. 有标记前重。有标记前重包括两种情况：一种是高调标记前重，另一种是词缀标记前重。

a. 高调标记前重。即用高调55来标记词语的重音格式为前重。安福话的单字调中没有55这种调值，后字读作55调的词语一般是名词性词语，这种高调词语的前字音节时长一般长于后字。这类词语后字用高调55来标记其名词性，可以看作是前重词语。例如：

杯叽 pi ˥˦ tɕi⌉杯子　　猪婆 ty ˥˦ pʰo ˩˥⌉母猪　好人 xau ˅⌈nĩ ˩˥⌉　舅舅 tɕʰiu ˩ tɕʰiu ˩⌈

b. 词缀标记前重。即用词缀"-子"、"-头"等来标记词语的重音格式为前重。这类词语后字是具有词性标记功能的词缀如"-子、-头"等，也是前重词语。例如：

鞭子 piɛ̃ ˥ tsɿ ·˩　　猴子 xəu ˩˧ tsɿ ·˩　　镢头 tɕyɛ ˥ tʰɛu ·˩ 锄头 想头 ɕiɔ̃ ˅ tʰɛu ·˩

有些词语带有后缀标记"-子"、"-头"，同时这些"-子"、"-头"又读作高调。例如：

筷子 kʰuai ˩ tsɿ ·˩⌈　　槛子 kʰã ˅ tsɿ ·˩⌈窗户　骨头 kyæ ˥˦ tʰɛu ·˩

「石头 sa ˩ tʰɛu ·˩「

②无相对重音

无相对重音指两字组词语中的前后两字没有哪个字的读音更重。例如：

声音 sã ˩ ĩ ˦　　　新鲜 çĩ ˦ çiɛ̃ ˦　　　竹竿 tio ˦ kɔ̃ ˦　　　国家 kyæ ˦ ka ˦

3. 安福话很多连读变调现象都与重音格式相关

将两字组词语连读时是否变调的整体情况整理成表 1 后，可以更为清楚地看出其中的规律。表 1 的第一竖排表示前字的声调，第一横排表示后字的声调。通过表 1 可以得知，安福话两字组词语的连读变调与"后重"、"非后重"的重音格式密切相关，不同的重音格式会导致不同的连调格式。

表 1　　　　　　　　　　安福话两字组词语连读声调格式表

	阴平		阳平		阴上		阳上		去声	
	后重	非后重	后重	非后重	后重	非后重	后重	非后重	后重	非后重
阴平	前字变 55 + 44	不变 44 + 44	前字变 55 + 212	后字变 44 + 21	前字变 55 + 51	后字变 44 + 31	前字变 55 + 224	不变 44 + 224	前字变 55 + 22	不变 44 + 22
阳平	前字变 21 + 44	前字变 21 + 44	前字变 21 + 212	两字变 21 + 21	前字变 21 + 51	两字变 21 + 31	前字变 21 + 224		前字变 21 + 22	前字变 21 + 22
阴上	不变 51 + 44	前字变 55 + 44	不变 51 + 212	后字变 51 + 21	不变 51 + 51	后字变 51 + 31	不变 51 + 224		不变 51 + 22	不变 51 + 22
阳上	前字变 21 + 44	前字变 21 + 44	不变 224 + 212	后字变 224 + 21	前字变 21 + 51	前字变 21 + 51	前字变 21 + 224	后字变 224 + 22	不变 224 + 22	不变 224 + 22
	可读为阴上调 51 或去声调 22 的，按阴上或去声的声调格式连读									
去声	不变 22 + 44	不变 22 + 44	不变 22 + 212	后字变 22 + 21	不变 22 + 51	后字变 22 + 31	不变 22 + 224		不变 22 + 22	不变 22 + 22

参考文献

[1] 曹剑芬：《连读变调与轻重对立》，《中国语文》1995 年第 4 期。

[2] 江西省安福县志编纂委员会：《安福县志》，中共中央党校出版社 1995 年版。

[3] 蒋平、谢留文：《南昌县（蒋巷）方言的轻重音与变调》，《方言》2001 年第 2 期。

[4] 蒋　平：《荔浦方言的轻重音与连读变调》，《方言》2005 年第 3 期。

［5］李小凡：《汉语方言连读变调的层级和类型》，《方言》2004 年第 1 期。

［6］刘纶鑫：《客赣方言比较研究》，中国社会科学出版社 1999 年版。

［7］龙安隆：《赣语永新话的两字组连读变调》，《方言》2006 年第 1 期。

［8］陆致极：《普通话双音节词"重中"和"中重"式声学性质初探》，《汉语学习》1984 年第 6 期。

［9］王志洁、冯胜利：《声调对比法与北京话双音组的重音类型》，《语言科学》2006 年第 1 期。

［10］魏钢强：《调值的轻声和调类的轻声》，《方言》2000 年第 1 期。

［11］颜　森：《江西方言的分区（稿)》，《方言》1986 年第 1 期。

［12］中国社会科学院、澳大利亚人文科学院：《中国语言地图集》，朗文出版公司 1987 年版。

［13］仲晓波、杨玉芳：《国外关于韵律特征和重音的一些研究》，《心理学报》1999 年第 4 期。

［14］仲晓波、王蓓、杨玉芳：《普通话韵律词重音知觉》，《心理学报》2001 年第 6 期。

赣语永新话的连读声母弱化现象分析

龙安隆

（井冈山大学人文学院）

一 永新话连读声母的弱化现象

永新话声母存在特殊的音读现象，比如"先生老师"的"生"不读"s$\tilde{e}^{35}$"读"l$\tilde{e}^{55}$"，"名声"的"声"不读"s$\tilde{e}^{35}$"读"l$\tilde{a}^{35}$"。这些异常现象成了观察声母变读的窗口。我们把声母的变读分为 A、B 两类（其中所列的地名为永新县境内的地名）：

A 类：舌尖前音在连读中边音化

单字音	声母在首个音节中的读音		声母在后续音节中的变读
生 s$\tilde{e}^{35}$	生活 s$\tilde{e}^{35}$fe^{33-53}	s-l	先生老师 ¢i$\tilde{e}^{35-33}$l$\tilde{e}^{35-55}$
声 s$\tilde{e}^{35}$	声气_{声音}s$\tilde{a}^{35}$t¢^{h}i$^{33-53}$	s-l	名声 mi$\tilde{e}^{213-21}$l$\tilde{a}^{35}$
甥 s$\tilde{e}^{35}$	没有"甥～"的组合	s-l	外甥 ŋæ^{33}l$\tilde{a}^{35-33}$
牲 s$\tilde{e}^{35}$	没有"牲～"的组合	s-l	养牲_{家禽家畜}i$\tilde{ɔ}^{53-55}$l$\tilde{a}^{35-22}$
上 s$\tilde{ɔ}^{33}$	上背_{上面}s$\tilde{ɔ}^{33}$pe^{33}	s-l	圳上才丰_{地名}t¢y^{33}l$\tilde{ɔ}^{33}$
筛 sæ^{35}	筛米 sæ^{35}mi^{53}	s-l	米筛_{家用器物}mi$^{53-55}$læ$^{35-22}$
身 s$\tilde{e}^{35}$	身体 s$\tilde{e}^{35}$t^{h}i^{53}	s-l	背身骨_{脊椎骨}pe^{33}l$\tilde{e}^{35-33}$kue^{33}
尚 s$\tilde{ɔ}^{33}$	尚飨_{丧祭用语}s$\tilde{ɔ}^{33}$¢i$\tilde{ɔ}^{33}$	s-l	和尚 uo$^{213-21}$l$\tilde{ɔ}^{33}$
山 s$\tilde{a}^{35}$	山背_{地名}s$\tilde{a}^{35}$pe^{53}	s-l	万远山_{秋溪地名}u$\tilde{a}^{33}$yu$\tilde{θ}^{33}$l$\tilde{a}^{35-33}$

豺 tsʰæ²¹³ ｜ 豺狗豺狼 tsʰæ²¹³⁻²¹kɵ⁵³⁻⁵⁵ ｜ tsʰ-l　黄鼠豺黄鼠狼 u ɔ̃²¹³⁻²¹ çy⁵³⁻⁵⁵læ²¹³⁻⁵⁵

菜 tsʰæ³³ ｜ 菜脑丰叶菜干 tsʰæ³³lɔ³³ ｜ tsʰ-l　苋菜菜名 hã³³læ³³

舍 sa53 ｜ 舍屋偏房 sa⁵³⁻⁵⁵uo²⁴⁻²² ｜ s-l　邻舍邻居 lẽ²¹³⁻²¹la⁵¹⁻³³

盏 tsə̃⁵³ ｜ 盏数灯盏数 tsə̃⁵³⁻⁵⁵su³³⁻⁵⁵ ｜ ts-l　灯盏油灯 tẽ³⁵lã⁵³

痰 tʰã²¹³ ｜ 痰盂（文）tʰã²¹³⁻²¹yɵ̃²¹³⁻⁵⁵ ｜ tʰ-l　元痰口水 yɵ̃²¹³⁻²¹lã²¹³⁻³⁵

头 tʰɵ̃²¹³ ｜ 头上开始时 tʰɵ̃²¹³⁻²¹lɔ³³ ｜ tʰ-l　脑头枕头 lɔ⁵³⁻⁵⁵lɵ̃²¹³⁻²²

田 tʰiɛ̃²¹³ ｜ 田界田间小路 tʰiɛ̃²¹³⁻²¹kæ³³ ｜ tʰ-l　里田西路地名 li⁵³⁻⁵⁵liɛ̃²¹³⁻⁵³

渡 tʰu³³ ｜ 渡口 tʰu³³hɵ⁵³⁻⁵⁵ ｜ tʰ-l　枫渡西路地名 fŋ³⁵lu³³⁻⁵³

斗 tɵ³³ ｜ 斗钱凑钱 tɵ³³tɕʰiɛ̃²¹³ ｜ t-l　笠斗斗笠 lie⁵³⁻⁵⁵lɵ³³⁻²²

兜 tɵ³⁵ ｜ 兜荷包装入衣袋 tɵ³⁵hɵ²¹³⁻²¹pɔ³⁵ ｜ t-l　兜肚肚兜 tɵ³⁵⁻⁵⁵lu³⁵⁻²²

担 tã³⁵动词 ｜ 担担挑担 tã³⁵⁻⁵⁵tã⁵⁵ ｜ t-l　扁担 piɛ̃⁵³⁻⁵⁵lã³⁵⁻²²

钱 tɕʰiɛ̃²¹³ ｜ 钱纸纸钱 tɕʰiɛ̃²¹³⁻²¹tsʅ⁵³⁻⁵⁵ ｜ tɕ-l　本钱 pe⁵³⁻⁵⁵liɛ̃²¹³⁻⁵³

泉 tɕʰiɛ̃²¹³ ｜ 泉水（文）tɕʰiɛ̃²¹³⁻²¹çy⁵³⁻⁵⁵ ｜ tɕ-l　江泉泮中地名 kɔ³⁵⁻⁵⁵liɛ̃²¹³⁻²²

前 tɕʰiɛ̃²¹³ ｜ 前头 tɕʰiɛ̃²¹³⁻²¹lɵ²¹³⁻⁵⁵ ｜ tɕ-l　庙前泮中地名 miɔ³³liɛ̃²¹³⁻⁵⁵

唇 çy²¹³ ｜ 唇膏（文）çy²¹³⁻²¹kɔ³⁵ ｜ ç-l　口唇嘴唇 hɵ⁵³⁻⁵⁵lẽ²¹³⁻⁵³

B 类：唇音在连读中读零声母

单字音	声母在首个音节中的读音	声母在后续音节中的变读
婆 pʰo²¹³	婆仔小媳妇 pʰo²¹³⁻²¹tse⁵⁵	pʰ-Ø　蠢婆傻女人 tɕʰy̌⁵³⁻⁵⁵uo²¹³⁻²²
卜 po³⁵	没有"卜~"的组合	pʰ-Ø　萝卜 lɔ²¹³⁻²¹u³⁵
边 piɛ̃³⁵	边□上—边的尽头 piɛ̃³⁵çiɛ̃²¹³⁻²¹lɔ̃³³	p-Ø　北岸边北边 pe³⁵ŋɔ̃³³⁻⁵⁵yɵ̃³⁵⁻⁵³
腐 fu⁵³	腐竹菜名 fu⁵³⁻⁵⁵tso³⁵⁻⁵⁵（文）	f-Ø　豆腐 tʰɵ³⁵⁻³³u⁵³⁻³³
富 fu³³	富农 fu³³lŋ²¹³⁻³³	f-Ø　耒富坪四教地名 lɵ³³u³³⁻⁵⁵pʰiɛ̃²¹³⁻⁵³
发头发 fa³⁵	没有"发~"的组合	f-Ø　头发 tʰɵ²¹³⁻²¹ue³⁵

傅 fu³³   傅某某（姓）fu³³   f-Ø 师傅 sʅ³⁵u³³⁻⁵³

分 fɛ̃³⁵   分田 fɛ̃³⁵tʰiɛ̃²¹³   f-Ø 十分非常 ɕie³³uɛ̃³⁵⁻³³

二 赣语的连读声母弱化分析

1. 对以上变读中的个别字比如"甥"，有人可能认为读 lã³³ 是误取"男"音而来。其实不是。第一，声母既然有人误读 l，也应该有人读 s。可是无论文化高低，本地人口语一概说 lã³³ 不说 sɛ̃³⁵（普通话折合成永新话）。第二，"甥"的语音来源只有一个，典籍不存在异读。"甥"读 l 声母与上例其他字一样为规则变读，属于弱化现象，不是"识字识半边"的原因。

2. 现存永新话中声母变读的例字基本上是这些，由这些字组成的词语因为篇幅有限没有全部列出。A 类声母的变读只出现在后续音节上。当一个字音单念或为首个音节时，声母不变读，比如"生"单念或作为首个音节时读 se（³⁵，当它处在后续音节时，声母变成了边音 l。A 类有两个小类，以空行隔开，分别称为"生"类和"钱"类。A 类的共同特点是，在单字音进入词语层之后，发生变读的字的声母都变成边音 l。

"生"类同部位舌尖前音的声母 ts、tsʰ、s、t、tʰ 变读后都变成了边音声母 l，我们称之为同部位边音化。"钱"类保留下来的字少，究其原因，是因为这些字逐渐改读成舌面声母以后不再遵循"同部位边音化"这个规则。"钱"、"泉"、"前"都是精组字，在韵母为细音的影响下声母颚化成舌面音。可以推测，它们发生变读的时候声母仍是同部位的。今天所发现的这几个声母变读字是未颚化前遗留下来的。颚化以后声母不再参与变读，因而仍然保留变读现象的字很少，在代代相传的地名中才找到它们的痕迹。"钱"类读边音，可以反证这些字曾经与"生"类字读同一类声母。"唇"虽不是精组字，但与"钱"等字一样，曾经读 s。

A 类中有些字，比如"甥"、"上"、"筛"、"尚"、"豺"、"在"、"斗"、"担"、"泉"位于后续音节时白读只以边音的形式出现；"生"等其他字位于后续音节时在某个词语中读边音，在某个词语中读原来的声母。这说明后续音节读边音的规律正在受到影响。不过有的已经看不出来它们的文白色彩，比如"山"作为后续音节，声母 s、l 并存，"盖子山地名"读 sã，"万远山地名"读 lã。读 s 时并不觉得有文读色彩。

读边音的后续音节声母时间上早于读本音的后续音节声母。比如

"牲"，永新话不会构成"牲～"，"牲"只出现在后一音节，构成"养牲""牺牲"等为数很少的词语。"养牲"是口语常用词，"牲"读 lã，"牺牲"则是普通话，在当地口语中很少使用，文读 sē。又如"头"，作为后续音节，多数情况读边音 l，少数读原来的声母 tʰ。读边音 l 的时候都是白读，读本音声母 tʰ 时为文读。"源头汴中地名"、"沙头洲城关地名"、"井头汴中地名"、"东头汴中地名"、"石桥头汴中地名"、"大头较大的一边"、"壁头墙壁"、"墙头墙体"、"镬头锄头"、"细秃头人名"、"犁头农具部件"等都是人们熟知的词语，"头"读 lө，"光头"、"外头"、"想头"等属于外来词语，没有完全进入口语层，折合成当地土话读 tʰө。

3. B 类在现代永新方言中都是唇音字。它们发生变读时不是变成同部位的另一声母，而都是变成零声母。它们都让唇音声母在位于后续音节的条件下失去。与 A 类的变读一样，B 类后续音节声母需要变读。比如"婆"，作为首个音节出现时声母读 pʰ，比如"婆屋里妻子家"，作为后续音节则读零声母 Ø，"娭婆母亲"、"外婆"、"骚猪婆风骚女人"、"蠢婆傻女人"、"虱婆虱子"、"鸭婆母鸭"等词中的"婆"都要变读。B 类中后续音节基本上都读零声母，口语中读原来声母的情况罕见。

4. A、B 两类读边音或零声母，其位置都在词语的后续音节上。这是语流当中的临时变化：为了使话语说得流畅又省力，在其他要素有足够区分作用的情况下，改变或省去其中的个别要素。边音化和读零声母没有普遍性，这显然是早期永新话声母连读弱化现象的残存。我们发现，A、B 两类所在词语的变读字音在普通话中大都读轻声，如：先生、学生、后生、畜生、外甥、车上、身上、和尚、前头、扁担、萝卜、豆腐、头发、师傅。现代永新方言中没有轻声，假定永新话后续音节变读声母的现象与普通话的轻声性质相类似，则可以认为，汉语后续音节的弱化形式可以轻声，也可以是其他形式。不难理解，普通话轻声也是语流中的弱化形式。

无论变读声母还是前一音节的声母，A、B 两类基本上都属于古入声以外的字。这种严整的规律说明，永新话古入声基本上没有参与变读，原因很可能是当时入声韵尾的存在。这可以从其他方言中找到证明，比如闽语的福州话、蒲仙话等，变读声母都只在阴声韵和阳声韵后产生变化。永新话变读词语中个别入声字的出现（如"笠"），又证明当时入声韵尾开始变化。

5. 除了永新话外，变读现象也保留在今天的井冈山市（过去称宁冈县的那一部分，下同）和莲花县（今属萍乡市）。《莲花县志》把这一现象称作"连读音变"（1989：710），比如：天上 tʰiē⁴⁴sɔ̃²²→tʰiē⁴⁴nɔ̃⁵⁵，壁头墙壁

pia⁴⁴xœ¹³→pia⁴⁴lœ³³。井冈山市也存在变读的例证，比如以下地名①：

　　　白石 pʰa²¹la⁵⁵　　坪上 pʰiɛ̃²¹lɔ̃³⁵　　桥头 tɕʰiau²¹lɛ̃⁵⁵　　上古田 ʃiɔ̃³³kuˀ³³liɛ̃³⁵　庵前 ɔ̃³⁵liɛ̃⁵³。

　　井冈山市和莲花县保留的例证不多。我们从文献中找到三地都存在变读的原因，原来清乾隆八年（1743）割永新县 20 个都，与安福县 12 个都共置莲花厅，治所就在今天的琴亭镇。井冈山市也曾是永新的一部分，元至顺年间（1330—1333）才将永新州的胜业乡八都有奇析出而置永宁县（民国三年改为宁冈县）。当时的胜业乡和永新的 20 个都很可能就是永新方言。因此可以推知，永新方言的变读现象至迟在清初即已出现。

三　永新话量词的变读

　　1. 单拿量词来看，很容易得出永新话量词"清音浊化"的结论（万波，1996）。因为有一小部分量词的读音不读原来的声母，而读边音（永新话没有浊擦音 v。）比如：

单念时	位于首个音节时	作为量词时 （位于后续音节时）
担 tã³⁵（动）	担□柴打抱不平 tã³⁵ŋã²¹³⁻²¹tsʰæ̃²¹³⁻⁵⁵	一担 ie³⁵lã³³
点 tiɛ̃⁵³	点书旧时老师圈定背诵范围 tiɛ̃³⁵çy³⁵	一点水 ie³⁵liɛ̃⁵³çy⁵³
条 tʰiɔ²¹³	条羹汤匙 tʰiɔ²¹³⁻²¹kɛ̃³⁵	一条运指五年 ie³⁵liɔ²¹³⁻²¹ỹ³³
头 tʰɵ²¹³	头子绳等一端 tʰɵ²¹³⁻²¹tsɿ³³	一头 ie³⁵lɵ²¹³
团 tʰɔ̃²¹³	团盒盛糕点的木盒 tʰɔ̃²¹³ho³³	一团一群 ie³⁵lɔ̃²¹³
桶 tʰŋ̍⁵³	桶箍柴柴成短捆 tʰŋ̍⁵³⁻⁵⁵ku³⁵⁻²²tsʰæ̃²¹³⁻⁵³	一桶 ie³⁵lŋ̍⁵³
丈 tsʰɔ̃³³	丈玉公岳父 tsʰɔ̃³³⁻⁵⁵io³⁵⁻²²kŋ̍³⁵⁻²¹	一丈 ie³⁵lɔ̃³³
只 tsɿ³⁵	只只每一只 la³⁵⁻³³la³⁵⁻⁵⁵	一只 ie³⁵la³⁵

---

①　例证由龙祖发先生提供。龙祖发，男，41 岁，大专文化，世居井冈山市峨岭乡。

寸 tsʰẽ³³（文）　　寸寸每一寸 lẽ³³lẽ³³　　　一寸 ie³⁵lẽ³³

尺 tsʰa³⁵　　　　尺码 tsʰa³⁵ma⁵³　　　　一尺 ie³⁵la³⁵

升 sẽ³⁵　　　　　升□升脚手架 sẽ³⁵tʰiɔ³⁵　　一升 ie³⁵lẽ³⁵

身 sẽ³⁵　　　　　身体 sẽ³⁵tʰi⁵³　　　　一身 ie³⁵lẽ³⁵

双 sɔ̃³⁵　　　　　双江口地名 s ɔ̃³⁵⁻³³ k　　　一双 ie³⁵lɔ̃³⁵
　　　　　　　　　ɔ̃³⁵⁻⁵⁵hө⁵³

岁 ɕy³³　　　　　没有"岁~"的组合　　　一岁 ie³⁵li³³

单念和作量词时声母读音不同被当做了"清音浊化"的证据。片面会误导我们的判断，假如从整个词汇系统来考虑，永新话"清音浊化"的结论使人生疑。

第一，声母作量词时要变读不假，但同时它们都在词语的后续音节上。

第二，永新话不仅有一小部分量词读边音（即所谓的"清音浊化"），量词以外读边音的用例比较普遍，其单字音数明显超过了作为量词读边音的单字音数，而且都保存在地道的口语中（见以上 A 类）。"清音浊化"不好解释量词以外何以有这么多单音字在词语中读边音（浊化）。

第三，量词"清音浊化"没有普遍性，不足以以典型特征列出，因为除了一部分量词读边音外，还有与边音同部位的一部分舌尖前音不读边音。如果"清音浊化"成了量词区别于其他词性的语音标记，就应该贯彻到作为量词时的所有声母当中，可是事实不是这样。

比如下列量词不读边音：对（一~烛）tө³³、栋 tŋ³³、叠（一~碗）tʰe³⁵、提（一~肉）tʰia²¹³、坛（一~酒）tʰã²¹³、餐 tsʰã³⁵、盏 tsã⁵³、扎（一~头发）tsa⁵³、张 tsɔ³⁵、指（一~宽）tsʅ⁵³、蒸（一~饭）tsẽ³³、床 tsʰɔ̃²¹³、钱 tɕʰiɛ²¹³。

比如下列量词读零声母：百 ua³⁵、把 ua⁵³、步 u³³、边 yẽ³⁵、半 uɔ̃³³、菰、皮（一~竹叶）ui²¹³、分 uẽ³⁵、副 u³³；口 ө⁵³、个 uo³³、块 uæ³³、句 y³³、丘 iu³⁵、间 ã³⁵。

第四，假如中古帮组和见组的量词读零声母可以当做量词的标记，那么为什么它们不作量词时同样读成零声母，比如：

步：上脚~朝上走的（山）路 sɔ̃³³⁻⁵⁵tɕio³⁵⁻²²u²¹，下脚~朝下走的（山）路 ha³³⁻⁵⁵tɕio²²u²¹

边：东~烟阁,地名 tŋ³⁵⁻³³yө³⁵⁻⁵⁵，东岸~东边 tŋ³⁵⁻³³ŋɔ̃³³⁻⁵⁵yө⁵³，灶~厨房

tsɔ$^{33-21}$ yə̃^{35}，固 ~这边 ku^{33} yə̃^{55}

　　块：吃大~赴丧宴 tɕʰia^{35} tʰæ^{33} uæ^{33}，冇成~数不成块 mɔ^{35} sẽ^{213} uæ^{33} su^{33}

　　个：真个真的 tsẽ^{35} uo^{53}，活个 fe^{33} uo^{33}，假个 ka^{55} uo^{53}，捡到个 tɕiɛ̃$^{53-55}$ tɔ$^{33-55}$ uo^{53}

　　丘：大丘面积较大的稻田 tʰæ^{33} iu$^{35-33}$

　　实际上，所有量词边音化都在后续音节上。如果把观察范围扩大，会发现非量词成分边音化也只出现在后续音节上，几乎没有例外。那么，是量词读边音（浊音）"感染"了非量词成分，还是量词以外读边音的动因是量词读边音的源头？我们觉得，量词边音化的本质是语流音变作用下的一种弱化形式，与非量词成分读边音属于同一性质。它的产生不是用来区分词类的，所谓"通过音节内部的语音变化来区别词类［1996（3）：51］"只是一种表象。

　　2. 名词的产生早于量词，这没有异议。量词大部分成员来源于历代的名词。永新话名词或名词语素读边音的现象与量词读边音的现象应该同时发生，因为读边音的条件始终出现在后续音节上。假如先是量词产生边音，而后"扩散"到名词领域，那么为什么只"扩散"到名词领域，又为什么始终出现在后续音节上？比如再以"头"为例，看它读本音声母和边音声母的分布。

　　首个音节时：

头妹人名 tʰə$^{213-21}$ mæ^{33}　　　头家第一家 tʰə$^{213-21}$ ka^{35}

头交第一次 tʰə$^{213-21}$ kɔ^{35}

　　后续音节时：

A. 秃头 tʰə$^{53-55}$ lə$^{213-22}$　　　格头那边 kə$^{35-55}$ lə^{22}

锁头钥匙 so$^{53-55}$ lə^{53}

B. 两头 iɔ̃$^{53-55}$ lə$^{213-53}$　　　固头那一头 ku^{33} lə$^{213-55}$

一头一担的半边 ie^{35} lə^{213}

　　"头"在首个音节时声母都读本音；在后续音节时，都弱化成边音。后续音节读边音并非全是量词，A组都是名词语素，B组虽然是量词，但其名词性成分还是比较明显。在"量词"划分上，有所谓"准量词"一说（朱德熙，1982：50），就是因为它的名词成分关系。所谓名词性成分比较明显，是指包括"头"在内的许多量词可以重叠，表示"逐一"的意思。对于量词重叠，太田辰夫认为，很多例子还是理解为名词更好（2003：155）。所以说，边音化起码不只在量词中产生。

边音化的位置必须是在后续音节上，而量词最有机会占据这个位置。又因为常用量词便于例举，因此最容易把边音化与量词挂钩。并且还能举出不作为量词时声母读本音的例证，比如万波所举的"个人主义"、"步兵"、"花朵"、"万岁"、"团长"、"斤斤计较"、"句子"、"口头"、"丘陵"。其实上例声母读本音要么位于首个音节，要么属于文读层次，甚至兼而有之。以上例证在当地口语中是听不到的，如果硬是折中成本地话，自然声母不变读。所以不应当作为典型土话列出。

四　余述

1. 方言存在多种表达弱化的形式。永新话就是根据具体的语音条件通过变读声母来实现的：舌尖前音变成同部位的边音 l，唇音（双唇和唇齿）声母变成零声母。这种变读规则可以在不同方言中出现，比如闽语蒲仙话。通过对比，可以看到永新话声母变读与闽语蒲仙话变读的一致性。永新方言声母的变读与闽语蒲仙话声母类化 t 组的规则基本相同（蔡国妹，2006：170）。它们的后续音节声母变读（类化）规则对比如下表。

表 1

	单字声母		类化声母（变读声母）			
蒲仙话	p　pʰ		阴声韵后	ß	阳声韵后	m
	t　tʰ　ts　tsʰ　ɬ　l			l		n
永新话	p　pʰ		阴声阳声韵后	ø	阴声阳声韵后	ø
	t　tʰ　ts　tsʰ　s			l		l

永新话没有边擦音 ɬ，单字音为 t、tʰ、ts、tsʰ、s 时变成同部位的边音 l。永新话没有 l、n 的区别，都读边音 l，所以看不到变读声母出现的条件，即不管上字是阴声韵还是阳声韵。永新话唇音声母位于后续音节时读零声母，所以也没有阴声韵和阳声韵的要求。可以推知，当初变读后也应当是一个同部位的声母，它在弱化过程中消失了。

2. 对于变读声母的形成，陈泽平先生有过精确的分析，"声母类化的本质是辅音声母的弱化。处在连续语段（通常也正是一个语义整体）中的辅音弱化，发音部位肌肉松弛，对气流的节制作用削弱，使得前一音节收尾音的'＋噪音（＋鼻音）'特征延续下来，形成了特殊的类化声母"（1998：

11）。本人深信无疑。

参考文献

［1］蔡国妹：《蒲仙方言研究——兼论过渡性方言的特征》，博士论文，福建师范大学出版社 2006 年版。

［2］陈泽平：《福州方言研究》，福建人民出版社 1998 年版。

［3］莲花县志编委会：《莲花县志》，中共中央党校出版社 1995 年版。

［4］宁冈县志编委会：《宁冈县志》，中共中央党校出版社 1995 年版。

［5］太田辰夫：《中国语历史文法》，北京大学出版社 2003 年版。

［6］朱德熙：《语法讲义》，商务印书馆 1982 年版。

［7］万　波：《赣语永新方言量词的清音浊化》，《语文研究》1996 年第 3 期。

［附记：本文在研讨会宣读后发表于《方言》2011 年第 3 期。发表时增加了"有关永新话的基本情况介绍"一项内容。业师陈泽平先生对拙文修改提出了重要意见。］

客赣方言的鱼虞有别[*]

江敏华

（中央研究院语言学研究所）

一 前言

"鱼"与"虞"是《切韵》系韵书的两个韵，这两个韵字的读音，在现代以北京话为基础的现代汉语共通语中，已经合并为相同的读音。鱼、虞两韵的辖字分别举例如下。

表1 鱼、虞两韵辖字举例

	鱼韵	虞韵
帮非系		夫肤敷俘孵麸符扶芙无巫府俯甫斧抚父釜腐辅武舞侮付赋傅赴附务雾
泥娘母	庐驴女吕旅虑滤	缕屡
精系	蛆徐序叙绪絮	趋须需取娶聚趣续
知系	猪除储褚苎着箸	诛蛛株厨拄柱驻注住
庄系	初锄梳疏蔬阻楚础所助疏	雏数
章系	诸书舒煮处杵暑鼠黍庶恕署薯	朱珠枢输殊主竖注蛀铸成输树
日母	如汝	儒乳
见系	居车墟渠佢鱼渔举巨拒距语据锯去御	拘驹俱区瞿愚虞娱矩句具惧遇寓
晓匣母	虚嘘许	吁
影系	于淤余与誉预豫	迂榆逾愉雨宇禹羽芋喻裕

由上表可知，现代汉语共通语中，鱼、虞两韵的字在现代汉语共通语

---

* 本文是国科会计划"客赣方言关系研究——音韵、词汇与语法比较研究（NSC 99 - 2410 - H - 001 - 093 - MY2）"的研究成果之一，写作期间承蒙计划助理何纯惠小姐协助搜集与整理语料，特此致谢。本文若有任何疏失，责在作者。

中，相同声母下的读音已经完全没有差别。然而上列这些字在《切韵》系韵书中即分属两韵，它们古代的读音便应当是有所分别。关于鱼、虞两韵的读音，由于陆法言《切韵·序》中所说"支脂鱼虞，共为不韵"，以及颜之推（531—591）《颜氏家训·音辞篇》所说："北人以庶为戌，以如为儒，以紫为姊"，近年来特别受到学者的注意。这两则文献所共同透露的讯息是：南北朝末年北方鱼虞不分，支脂无别；同时也说明当时南方鱼虞有别，支与脂之不混。事实上，在此之后的北方文献也不乏鱼虞有别的反映。敦煌发现的 S. 2729、P. 3383 毛诗音残卷，8—9 世纪之交的慧琳《一切经音义》，以及邵雍（1101—1077）所撰《皇极经世声音唱和图》都有鱼虞有别（鱼韵为开口，虞韵为合口）的痕迹，参见平山久雄（1995）。总之，从文献中，我们可以知道，鱼、虞两韵字的读音古代确实不同，但自南北朝时期起，便开始有鱼虞不分的记载出现，而这样的现象，大概是从北方开始的。

在现代方言中，高本汉《中国音韵学研究》一书中首先注意到汕头、厦门等闽语中可以看到鱼虞有别的痕迹（中译本，1940：519—520）。其后学者陆续发现鱼虞有别在吴语中是一个分布很广却隐微不彰的现象，并且，沿着长江溯江而上，在安徽、江西、湖北、湖南甚而远至四川都可以看到同类现象（张光宇，1994：413），其范围涵括江淮官话、徽语、赣语、湘语与西南官话。

汉语方言鱼虞有别的现象往往表现为有些鱼韵字除了读为和虞韵相同的韵母外，还另外具有虞韵所无的韵母读音；通常前者为文读，后者为白读。示意如下：

$$鱼\quad X_1\quad X_2\quad X_3\quad X_4\cdots\cdots$$
$$虞\quad X_3\quad X_4\cdots\cdots$$

以 X_1，X_2，X_3，X_4 代表遇摄鱼虞韵所出现的韵母形式，其中 X_1 与 X_2 只包括鱼韵字，不会出现虞韵字；X_3 与 X_4 的韵母形式则涵括鱼虞两韵字。由于 X_1 与 X_2 是鱼韵特有的韵母，与虞韵的韵母有所区别，学者认为是古代鱼虞有别的痕迹，称为"鱼虞有别层"；X_3 与 X_4 则是鱼虞两韵相混后的读音，学者称为"鱼虞相混层"或"鱼虞无别层"。鱼虞相混层读音出现的时代较晚，属文读层次：

鱼虞相混层（文读）　　　　　　鱼虞 X_3/X_4

　　　　鱼虞有别层（白读）　　　　　鱼 X_1/X_2　　　　　虞？

　　理论上，古代鱼虞两韵既有分别，"鱼虞有别层"不应当只有鱼韵的读音，而应当还有虞韵的读音，但是在鱼虞韵的现代反映形式中，我们只能找到鱼韵字特有的韵母，而没有发现虞韵字特有的韵母。古代虞韵字的读音，或者由于后来全部被"鱼虞相混层"所取代，或者其本身的发展与"鱼虞相混层"的音值逐渐趋同，而无法与"鱼虞相混层"有所区别。总之，所谓"鱼虞有别层"的读音，通常指的是鱼韵字所特有的韵母。[①]

　　"鱼虞有别层"和"鱼虞相混层"只是较大层面的区分，事实上，有些层次复杂的方言，"鱼虞有别层"和"鱼虞相混层"还各自可以分析出不同的语言层次。此外，鱼韵字特有的韵母在每个方言中涵盖的字数并不相同，有的字只有"鱼虞有别层"一读，有的只有相混层一读，有的则两读皆有，以文白异读的形式出现；这是语言层次常见的现象，充分表现出文白层次互相竞争后的残存现象。本文讨论客、赣方言的鱼虞韵字读音，从鱼虞两韵错综复杂的读音中，分析何者属于因声母不同而造成韵母差异的"条件分化"，何者则属于不同语言层迭置所造成的同一中古韵今读却十分参差的现象。本文指出，"鱼虞有别"现象在汉语音韵史上虽是相对于"鱼虞相混"现象较早期的现象，但在客赣方言中却是来自吴语的语言接触后的产物，地理因素在其中占有决定性的地位。

二　赣语的鱼虞韵读音

（一）赣语的"鱼虞相混层"

　　鱼虞读音层次最复杂的当属闽方言和吴方言，南部吴语和部分闽方言的"鱼虞有别层"至少可以分析出两个层次，其中一个为六朝江东层次，另一个则为秦汉时代所遗留下来的读音（陈忠敏，1998、1999、2003；梅祖麟，2001a、2001b）。赣语的文白层次一向不若吴、闽语复杂，鱼虞有别层大多缺少秦汉层次，但是普遍具有六朝鱼虞有别层的鱼韵读法。表2先列出几个赣语"鱼虞相混层"的读音。

　　[①]　由于这个缘故，下面行文为求精简，有时只以"鱼虞有别层"或"鱼韵字"来代表"鱼虞有别层中的鱼韵字读音"。

表2   赣语"鱼虞相混层"的读音

	泥来	精系	庄系	知章	见晓系
余干	-i	-i	-	-u	-i
安义	-i	-i	-ɤ	-u	-i/-ui
黎川	-y	-y	-u	-y/-ɵ	-y
吉水	-i/-ui	-i	-u	-ʉ/-y	-i/-y
泰和	-y	-y	-u	-y	-y
宜春	-i	-i		-y/-ɵ	-y
万载	-i	-i	-u	-u/-uei	-i/-ui/-uei

上表中，黎川、宜春知章组的 -ɵ 韵都是日母字"如儒汝"等字的韵母读音，与其他知章组的 -y 韵呈现条件分化。而万载见晓系的 -i 韵来自"虚许"两字，分别读为 fi1 与 fi3，f- 的读音都与合口有关，可见其韵母原为 -ui。"虚许"二字皆为鱼韵字，将 -ui 分析为鱼虞相混层是考虑到这个读音与万载的 -uei 韵互补；且其他赣方言的 -ui 韵都属鱼虞相混层。

由上表观察，赣语鱼虞两韵的文白层次在"鱼虞相混层"反而表现复杂，许多方言鱼虞相混层具有两种以上的读音。其中庄系字在汉语方言中往往和同摄其他声母字的韵母不同，其遇摄三等的读音自成一类十分自然，各方言点的读音都和遇摄一等精系字同音。其他声母条件下的读音分析起来，可以再区分为两个不同的层次，其中一层是「非撮口韵」的层次，或为 -i，或为 -u，视声母而定，吉水的 -ʉ 也属此类；另一个层次是撮口韵 -y 或 -y 的各种变体，包括安义、吉水的 -ui，以及万载的 -uei/-ui，可以称为"撮口韵层"。由 -y 变为 -ui/uei，或为外来层次的调整，或为语音自然的演变。就语音变化的道理来说，可视为一种"解套（unpacking）"的变化。

分析过后，则上表可以一目了然地加以透视。"非撮口韵"的层次与客家话雷同，如余干便是典型只有"非撮口韵"层次的赣语方言。"撮口韵"的层次以泰和、黎川为典型，安义、吉水、宜春、万载则或多或少有"非撮口韵层"与"撮口韵层"同时存在的情形。本文认为，"撮口韵层"可能是由吴语传来的。因为官话与吴语在遇摄三等知章系字的读法不同：官话遇摄三等知章系字（如猪苧箸书鼠株柱输等字）读 -u 而不读 -y，但吴语（鱼虞相混层）则读 -y；赣语多与吴语相同而与官话不同。此外，由万载的 -uei 韵亦可看出其与吴语的关系。吴语有所谓"支微入鱼"的现象，亦即将官话中读为 -uei 韵的字（主要是蟹止摄合口三等）读为 -y；由吴语传来的 -y

韵既包括鱼虞韵字，也包括蟹止摄合口三等字；万载方言蟹止摄合口三等的 -ui/-uei 对应吴语的 -y，因此也用 -uei 韵对应外来读为 -y 韵的鱼虞韵字。

（二）赣语的"鱼虞有别层"

至于"鱼虞有别层"的鱼韵字读音，主要是 e 类元音；读为 -e、-ɛ 或 -ie、-iɛ。在赣北、赣中一带，鱼韵字读 e 类元音的多为见晓系字，通常是"锯、去、佢、鱼"等字。上表中除黎川外，其他各方言点鱼虞有别层的鱼韵例字和读音如下表①。

表3   赣语"鱼虞有别层"中鱼韵例字与读音

	锯	去	佢	鱼	许
余干	kɛ5	tɕʰiɛ5	—	ȵiɛ2	—
安义	tɕiɛ5②/kiɛ5	tɕʰiɛ3	—	ȵiɛ2	hɛ3
吉水	kɛ2	tɕʰiɛ2	—	ŋɛ2	—
泰和	—	tsʰe2	—	ŋe2	—
宜春	kE2	tʃʰE	kE2	—	—
万载	kie2	ɕie2	kie3	—	—

上表中 -ɛ 和 -iɛ 在各方言点中几乎都是互补的。如余干和吉水，-ɛ 出现在舌根声母后，-iɛ 出现在舌面声母后；两韵母属于同一层次应无疑义。不论是 -ɛ 还是 -iɛ，"去"字声母多颚化，而"锯"字多不颚化；横向的比较使单一方言点中的不规则现象在宏观的视角下显得一致，似乎可以作为"每个字都有它的历史"的注脚。

黎川一带的赣语抚广片鱼韵字虽也读 -ɛ 或 -iɛ，但是与赣中、赣北相较，其辖字范围大为不同，不再只局限在古舌根声母字，字数则多达 10—20 个字，以下列出抚州、南丰、宜黄、黎川、南城鱼虞有别层鱼韵字的例字。

---

① 表中字音作"—"者表示该方言点此字读为鱼虞相混层的读音，而非表示该方言点不用此字。

② 原文作 tɕiæ5，但考之声韵调表，安义话并无 -iæ 韵母，据其他鱼韵字读音当作 tɕiɛ5。又高福生（1988）"锯"字只有 kiɛ5 一读。

表4		赣语抚广片"鱼虞有别层"的鱼韵例字
抚州	e/ie	猪苎蛆薯絮佢锯墟去鱼女
南丰	iɛ	女蛆絮徐猪苎煮箸梳薯书鼠锯车佢去鱼墟余
宜黄	e/ie	猪煮蛆徐箸薯絮佢锯去墟许鱼女余
黎川	ɛ/iɛ	吕蛆徐锄汝疏佢锯去虚墟许鱼女猪煮 苎处箸梳书薯鼠暑絮余
南城	e/ie	佢墟蛆徐鱼渔女锯去余(株)

这些鱼韵字除了读为鱼虞有别层韵母外，许多方言与鱼虞相混层具有随词汇不同而一字两读的现象。如南丰琴城（大岛广美，1995）。

表5		南丰琴城鱼韵字文白异读现象
女	nɤ3	妇"女"
	niɛ1	"女"儿
鼠	çɤ3	十二生肖的"鼠"
	çie3	老"鼠"
书	çɤ1	"书"院
	çieɛ1	我的"书"

南丰的 -ɤ 为"鱼虞相混层"韵母，-iɛ 为"鱼虞有别层"韵母，由上表可见"鱼虞有别层"的韵母为较口语的白读层无疑。此外，南城读 -ie 韵的还有作为地名"株良"的"株"字，株为虞韵字，读为 -ie 韵显得特别；不过，地名所用的字可能后起，此地名的本字是否为"株"还要结合地名沿革的考证才能决定。若只因此字而将南城的 -ie 韵视为鱼虞相混层恐有不妥。

三 客语的鱼虞韵读音

（一）客语的"鱼虞有别层"

由于以梅县为代表的广东客家话并没有鱼虞有别的现象，客家话的鱼韵字读音甚少列入鱼虞有别层次分析的讨论。不过，在讨论客赣方言关系中居于关键地位的赣南本地话和闽西客家话则显示出程度不一的鱼虞有别现象。下表是客家话具有"鱼虞有别层"的方言点及其例字和读音。

表6　　　　　　客家话"鱼虞有别层"中鱼韵例字与读音

宁化	ɤ/iɤ	吕 liɤ	猪 tsɤ1	苎 tshɤ1	初 tshɤ1	锄 tshɤ2	梳 sɤ1
		煮 tsɤ3	暑 sɤ	女 niɤ3	佢 kɤ2	鱼 ŋɤ2	锯 kɤ5
		去 khɤ5	许 hɤ3				
长汀	e	居 ke1	鱼 ŋe5	锯 ke5	去 he5		
连城	oi	墟 hoi1	佢 koi1	鱼 ŋoi2	锯 koi5	去 hoi5	许 hoi3
清流	ɤ	墟 hɤ1	佢 kɤ1	鱼 ŋɤ2	锯 kɤ5	去 khɤ5	
永定	ei	鱼 ŋei2	渔 ŋei2				
上杭	ei	佢 kei3	鱼 ŋei2	去 khei5	锯 kei5		
武平	e	佢 ke2	鱼 ŋe2				
宁都	ie	徐 sie2	猪 tsie1	苎 tshie1	箸 tshie6	煮 tsie3	书 sie1
		女 nie3	鼠 sa3	薯 sa2	锯 kie5	去 sie5	鱼 ŋie2
		佢 tsie6	墟 sie1				
石城	ə/ie	蛆 tɕhie1	徐 tɕhie2	猪 tsə1	苎 tshə1	箸 tshə5	锄 tshə2
		煮 tsə3	书 sə1	鼠 sa2/sə2	薯 sa2	女 nie3	佢 kə2
		鱼 ŋə2	锯 kə3	hə3			
瑞金	ie	猪 tɕie1	苎 tɕhie1	书 ɕie1	女 nie3		
兴国	ie	猪 tsie1	薯 ʃei2	鼠 sei3	汝 ȵie6	去 tɕhie2①	
会昌	ei	猪 tʃei1	梳 sei1	煮 tʃei3	薯 ʃei2	鼠 ʃei3	女 ŋei3
		锯 kei2					
安远	e/ie	猪 tse1	苎 tshe3	煮 tse3	鼠 se3	女 ȵie3	锯 ke5
上犹	e	猪 tse1	苎 tshe3	煮 tse3	薯 se2	鱼 ŋe2	去 he2
南康	ə	猪 tsə1	梳 sə1	煮 tsə3	薯 sə2	鱼 ŋə2	锯 kə5
		去 hə5					
于都	e/iəŋ	滤 le6	蛆 tshe1	猪 tʃe1	苎 tʃhe1	煮 tʃe3	薯 ʃe2
		鼠 ʃe3	女 ȵie3	鱼 ȵiəŋ2	锯 ke5		

　　客家话的鱼虞有别层的读音虽然比较分歧,但也不外 e、ə、ɤ 类元音,与鱼虞相混层的高元音有很大的区别。除闽西南片的长汀、永定、上杭、武平几县字数较少、只出现在见系字外,其余各点鱼虞有别层分布的音类与赣语抚广片相同,字数则似有由东北往西南递减的趋势。上表中还有一个值得

---

① 兴国古龙岗"去"字读 tɕhie2,城关则读为文读层的 ɕi6。

注意的现象是宁都和石城的"鼠、薯"二字都有低元音 -a 一读，透过闽语和浙南吴语的层次分析比较，可知这个读音是属于秦汉层次。不过我们也应当注意层次所代表的逻辑时间并不等同于层次传入方言的时间，宁都、石城"鼠、薯"二字虽然反映了上古鱼部字的读音，但是从鱼韵字南朝层次（即上文所列举赣、客语鱼韵读 e 类元音的读音层次）的分布范围来看，这个特点更可能是六朝以后才透过古江东方言的扩散传来的。

（二）客语的"鱼虞相混层"

现在再来看上面这些客家话鱼虞相混层的读音，我们加入梅县和东势这两个没有鱼虞有别层的方言作为对照。

表 7   客家话"鱼虞相混层"的读音

	泥来	精系	庄系	知章	见晓系	影系
梅县	-i	-i	-ʅ	-u	-i	-i
东势	-i	-i	-ʅ / -u	-u	-i	-i
宁化	-iɯi	-iɯi	-u	-u / -ɯi	-iɯi	-iɯi
长汀	-i	-i	-ʅ -u	-ʉ	-i	-i
连城	-iɛ	-i	-ʅ / -ɯ	-iɛ	-ui	-yɛ
清流	-y	-y	-u	-y	-y	-y
永定	-i	-i	-u	-u	-i	-i
上杭	-i	-u	-u	-u	-i	-i
武平	-i	-i / -ʅ	-ʅ	-u	-i	-i
宁都	-iu	-iu	-u	-u	-u	-iu
石城	-u / -iu	-iu	-u	-u	-iu	-iu
瑞金	-u / -iu	-iu	-u	-u	-iu	-iu
会昌	—	-i	-ʅ / -u	-ʅ -u	-i	-i
安远	-i / -u	-i	-ʅ -u	-ʅ	-i	-i
上犹	-i	-i	-u	-y	-y	-y
南康	-i	-i①/ -y	-u	-u / -y	-i/ -y	-iu
于都	-u / -yu	-yu	-u	-u	-y/ -yu②	-y/ -yu

---

① 南康的材料取自《客赣方言比较研究》，单音字表中属鱼韵的"蛆、徐、绪"字读为 -i 韵，属虞韵的"娶、须"字读为 -y 韵母，精系字似乎表现出鱼虞有别。但考词汇表中，胡须义的"须"读为 ɕi1，娶媳妇、娶老婆用"讨"而不用"娶"，因此，单音字表中"娶、须"的 -y 韵母应当是非口语的文读音，南康方言精系字的 -i 仍属于鱼虞相混层。

② 于都城郊腔贡江镇的 -y、-yu 相当于同为城郊腔岭背的 -iu。

客家话鱼虞相混层的读音也可以分析为"撮口韵层次"和"非撮口韵层次"；梅县、东势、长汀、永定、上杭、武平只有非撮口韵层次，而没有撮口韵的层次。庄系字往往有 -ʅ、-u 两读，为客家话常见的现象，都属于非撮口韵层次。上表中属于撮口韵层次的读音除-y 韵外，还包括宁化的 -iə-ɯei，连城的 -iɛ、-ui 和 -yɛ，以及宁都、石城、瑞金、南康的 -iu 韵。

连城的情况有必要稍加说明。连城城关的 -iɛ 韵并非"鱼虞有别层"中的鱼韵字；连城没有 -u 韵母，其遇摄三等字读音特别，为 -iɛ, -yɛ 与 -uɛ，三韵母不对立，并与模韵字合流，我们认为这是鱼虞韵的 *-y 与模韵的 *-u 发生高元音裂化音变（vowel breaking）后再依声母为条件重新分配所造成的。高元音裂化音变在吴语、赣语等方言的分布范围很广，此外，连城本身有 a→o，o→ɯ 的链动变化，高元音的裂化音变也可能是这个链动变化的一环。也就是说，由于元音一路高化，终使原来的高元音往前演变；或者是高元音发生变化，而牵引后元音高化与前低元音后化的拉力链（drag chain）变化。

仔细比较表6和表7可以发现，长汀、永定、上杭、武平的鱼虞有别层辖字偏少，都只有舌根音；而宁化、宁都、石城、瑞金、南康等有撮口韵层次的鱼虞有别层辖字相当多，并不局限于舌根音字。我们认为，客家话鱼虞有别层读音和鱼虞相混层读音中的撮口韵层次极可能来自同一个语言扩散波。受影响大的方言，鱼虞有别层辖字多，且撮口韵层与原有的鱼虞韵层次相互竞争；受影响小的，鱼虞有别层辖字少，且撮口韵层并没有形成与鱼虞相混层竞争的势力。这个语言扩散波，应当也是从吴语（尤其是南部吴语）来的。

四　结语

综观客赣方言的鱼虞有别现象，我们可以发现，客赣方言的鱼虞层次在地理分布态势上的意义远比方言区的界限来得大。鱼虞有别层的鱼韵读音辖字最多的地方出现在江西中部偏东的赣语抚广片，各方言点都在 10 个字以上，黎川甚至达 26 字。由这个区域往南延伸到闽西客家话北片及赣南客家话都是鱼虞有别层读音分布的范围；其中赣南客家话辖字由东北往西南递减的趋势十分明显，宁都、石城达十二三字，到西南的上犹、南康只剩六七字。同时"鱼虞有别层"的鱼韵读音辖字多寡与"鱼虞相混层"中的"撮口韵层"似有依存关系，辖字多而含非舌根音者有撮口韵层，辖字少而不含非舌根音的没有撮口韵层。我们由此推断赣南、闽西客家话与赣语抚广片的"鱼虞有别层"应是外来的。抚广片赣语正是靠近南部吴语与北部闽语等鱼虞层次最为丰富的地区，这些现象应当是由东面传过来的。罗常培（1931）归纳六朝诗歌鱼虞两韵的押韵情况时说：

> 如果咱们拿金陵作中心，彭城作北极，余姚作南极，而画一圆周，恰好把这些鱼虞分用的地方包括在内。

于今，如果我们以鱼韵字读音的辖字包括非舌根音字作为"鱼虞有别"的标准，重新检视鱼虞有别的地理分布，则可以发现，这个圆周已向南移动，并向西扩大了。汉人移民的大势是由北往南，方言现象在地理分布上"北退南进"的现象十分常见，而鱼虞有别现象"向西扩大"的原因，则与吴语势力的扩张有关。

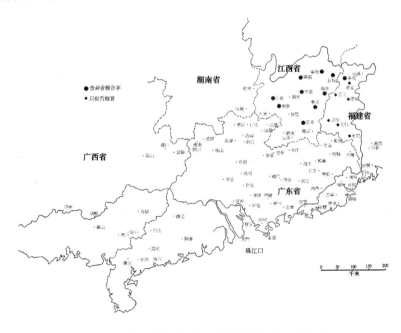

图1 客家话中具有"鱼虞有别层"的方言分布

抚广片以外的赣语，鱼虞有别层的辖字不出四五个，且均为舌根音，此与自北部吴语起溯长江沿岸而上的现象一脉相连，其影响源头应当是北部吴语。客赣方言这些来自吴语的鱼虞韵读音，无论是视为古吴语底层或是近现代吴语的影响，总之它是语言接触后的产物，而地理因素仍在其中占有决定性的地位。

图 2　赣语中具有"鱼虞有别层"的方言分布

最后，我们整理了客赣方言中具有"鱼虞有别层"的方言点分布，请见图 1 与图 2。

参考文献

［1］大岛广美：《南丰音系》，《中山大学学报》（社会科学版）1995 年第 3 期。

［2］付欣晴：《抚州方言研究》，文化艺术出版社 2006 年版。

［3］平山久雄：《中古汉语鱼韵的音值——兼论人称代词"你"的来源》，《中国语文》1995 年第 5 期。

［4］永定县地方志编纂委员会：《永定县志》，中国科学技术出版社 1994 年版。

［5］江西省宜黄县志编纂委员会：《宜黄县志》，新华出版社 1993 年版。

［6］江敏华：《台中县东势客语音韵研究》，硕士学位论文，台湾大学中国文学研究所 1998 年版。

［7］李如龙、张双庆：《客赣方言调查报告》，厦门大学出版社 1992 年版。

［8］长汀县地方志编纂委员会：《长汀县志》，三联书店 1993 年版。

［9］高福生：《安义方言同音字汇》，《方言》1988 年第 2 期。

［10］张光宇：《吴语在历史上的扩散运动》，《中国语文》1994 年第 18 期。

［11］梅祖麟：《现代吴语和"支脂鱼虞，共为不韵"》，《中国语文》2001 年第 1 期。

［12］梅祖麟：《闽语研究中三个历史方面的课题》，第七届闽方言国际研讨会论文，厦门，2001 年。

［13］清流县地方志编纂委员会：《清流县志》，中华书局 1994 年版。

［14］连城县地方志编纂委员会：《连城县志》，群众出版社 1993 年版。

［15］陈忠敏：《吴语及邻近方言鱼韵的读音层次——兼论"金陵切韵"鱼韵的音值》，第六届中国境内语言暨语言学国际研讨会论文，台北，1998 年。

［16］陈忠敏：《方言间的层次对应——以吴闽语虞韵读音为例》，第六届闽方言国际研讨会会议论文集，香港，1999 年。

［17］陈忠敏：《吴语及邻近方言鱼韵的读音层次——兼论"金陵切韵"鱼韵的音值》，《语言学论丛》第 27 辑，商务印书馆 2003 年版。

［18］陈昌仪：《余干方言同音字汇》，《方言》1990 年第 3 期。

［19］陈昌仪：《赣方言概要》，江西教育出版社 1991 年版。

［20］黄雪贞：《梅县方言词典》，江苏教育出版社 1995 年版。

［21］温昌衍：《客家方言》，华南理工大学出版社 2006 年版。

［22］宁化县志编纂委员会：《宁化县志》，福建人民出版社 1992 年版。

［23］刘纶鑫：《客赣方言比较研究》，中国社会科学出版社 1999 年版。

［24］刘纶鑫：《江西客家方言概况》，江西人民出版社 2001 年版。

［25］刘泽民：《瑞金方言研究》，文化艺术出版社 2007 年版。

［26］谢留文、张　骅：《江西泰和方言记略》，《语文研究》2006 年第 1 期。

［27］谢留文：《于都方言词典》（《现代汉语方言大词典》），江苏教育出版社 1998 年版。

［28］谢留文：《客家方言语音研究》，中国社会科学出版社 2003 年版。

［29］颜　森：《黎川方言研究》，中国社会科学出版社 1993 年版。

［30］罗美珍、林立芳、饶长溶主编：《客家话通用词典》，中山大学出版社 2004 年版。

［31］罗常培：《切韵鱼虞之音值及其所据方音考》，《中央研究院历史语言研究所集刊》1931 年第 2 期。

［32］罗肇锦：《瑞金方言》，台湾学生书局 1989 年版。

赣语的语音特征及其与楚语的区别

汪化云

（浙江财经学院人文学院）

一　导语

俗话说"十里不同音"，这意味着汉语的每个方言都有自己独特的语音面貌，而方言间的差别明显地表现在语音方面。因此，人们总是努力地从不同的角度给各汉语方言归纳出不同的语音特征。但是，这些精心概括的方言语音特征，却往往不能据以区别于其他方言。赣语的语音特征就是这样。我们发现，一般所谓赣语的语音特征，在毗邻的江淮官话黄孝片［参见中国社会科学院和澳大利亚人文科学院（1987）。该地方言赵元任称为"楚语"，为节省篇幅，以下亦称之为"楚语"］中也大多存在，这就使得这些语音特征不具备区别性。本文将以人们举出的常见的两种赣语的语音特征与楚语的比较为例，证明这种现象的存在，并简述产生这种现象的原因。然后提出：归纳方言语音特征不应该只限于单个音类读音特征的列举，而应该像有些作者实际上做的那样，从声韵调的音质及其配合所产生的听感入手来归纳方言的语音特征束。基于这样的考虑，文中试对楚语的语音特征进行了归纳，以区别于赣语。

二　赣语的语音特征与楚语的共同之处

《中国语言地图集》（B11）认为，赣语的主要特点是：古全浊声母今读塞音、塞擦音时，绝大多数地方为送气清音。如南昌方言的"头、大、茶、坐"的声母都是送气音。这种说法很普遍，在方言学教科书和一些论著上经常可以看到。其实，这也是客家话的重要特征，甚至一江之隔的楚语也不同程度地具备这个特征。例如汪化云曾指出（2004），在楚语区黄冈市所辖各县市区的方言中，多少不等地存在着古全浊声母仄声字今清化读送气塞音、塞擦音声母的现象，与赣语的“绝大多数”只有量的差异，并没有质的不同。例如下列古全浊入声字在浠水县某些乡镇就都是念送气清声母的（部分是白读）：辙澈鳖蹋秩仆~人曝勃瀑舶泊铎突族辟开~凿笛鼻着火~了白轴妯绝逐薄嚼唠叨拔~鞋特直贼帛碟蝶辑迪读宅侄昨捷值。在毗邻赣语区的黄梅方言中，这类现象更多。可见，这个特征不足以区别赣语及其周边方言，没有排他性。当然，我们可以说，古全浊声母仄声字今读送气声母的量的差别就是区别不同方言的条件。但是，如何确定这个量的大小呢？现有的著述没有明确说明这一点，也难以说明这一点，因为很多方音现象在地域上是渐变的。

詹伯慧（1991：80—85）列举的“赣方言比较突出的共同性语音特征”较多，但这些特征也大多在楚语黄冈各县市区方言（汪化云，2004）中存在。

（1）古全浊声母字不论平声仄声，今读为塞声、塞擦声时，多数为送气的清音声母。如上所述，这个特征没有排他性，量的差别难以确定。

（2）古晓匣母合口字和非组读同 f 声母。例如：灰、飞、花、发、婚、分。这也是黄冈市麻城、红安等县市方言的特征。

（3）古泥、来母字（n-l）今读逢细音韵母都能区别，逢洪音韵母多数地方相混。例如：“脑老、南蓝”声母相混，“年、连、娘、良”声母不混。这种“洪混细分”的现象，也是黄冈市多数方言点的共同特征。

（4）古见系三四等字大多声母颚化，有的与精组字有混同的倾向，但在湘东赣语、闽西片赣语中却表现不同。例如：精经、齐旗、修休，南昌声母同，邵武、浏阳、高安声母异，临川的声母有同有异。楚语也是这样，团风方言就与南昌方言相同，武穴方言就与邵武、浏阳、高安方言相同。

（5）有撮口呼韵母，但撮口韵不多，所管的字也少，这些字多来自古代合口三等韵，但也有的合口三等韵的字不读撮口呼，有的非合口三等韵的字在一些地方读为撮口呼。例如“鼠军月”在南昌读撮口呼；“鼠军月传闪涉”在浏阳读撮口呼，其余不定。这种音类的分合与楚语黄冈方言类似。团风方言与高安方言的音类分合相同：“鼠军船月”读为□类韵，其余读非□类韵。其与高安方言的区别在音质而非音类方面。

（6）古流摄字多数读为 ɛu、iɛu 或相近的复合元音韵母。例如：头受秋有。这一点与楚语黄冈多数方言点例如团风方言完全相同。

（7）高元音、前元音后面的前鼻音尾（-n）和后鼻音尾（-ŋ）往往不分，一般是-ŋ混入-n，古臻、曾、梗各摄字合并为 in、ən，例如：新应星、婚灯声。此与楚语黄冈各县市区方言完全相同。

（8）声调大都为6—7类，去声多分阴阳，入声有的分阴阳，有的不分。如：汉、汗、发、月。也存在入声没有塞音韵尾的。楚语黄冈方言入声无塞音尾，不分阴阳；平声分阴阳；去声大多分阴阳，与赣语差不多。

单看这几个语音条件，楚语和赣语似乎差别不大。这种现象应该是明朝初年"江西填湖广"的移民造成的。据张国雄（1994）考察，"居楚之家，多豫章（指江西）籍"。"湖北东部的家族比例中，江西移民达80%。""所以，民间以'江西'来代称移民的来源，确实是再恰当不过了。一个'填'字表现得是那么生动形象。江西移民主要出自今南昌、丰城、九江、德安、景德镇、乐平、鄱阳、余干、吉安、泰和等市县，也就是明清时期的饶州、南昌、吉安、九江四府。"笔者曾查阅过黄冈市黄州区档案馆所藏黄冈县（辖区包括今武汉市新洲区、黄冈市团风县和黄州区）民的旧家谱，发现有70%以上的家族是明洪武年间从江西移民而来。显然，大规模移民的方言迭置于土著的方言，势必极大地改变土著方言的面貌，这就是二者音类分合乃至部分音质相同的主要原因。另外，楚语区与赣语区相邻，赣语的语音当然也会对楚语产生影响，使得二者的某些语音特征趋同。但是，今天的赣语和楚语在听感上的差异仍然十分明显，两个方言之间几乎不能通话。这说明二者的语音差异还是很大的。"江西填湖广"的移民等因素也许影响了楚语某些音类的分合和音质，但并没有完全改变楚语的基本语音面貌。

三　楚语的语音特征

那么，如何区别赣语和楚语的语音特征？从上述关于赣语特征的两种文献的描述难以具备足够的区别性来看，有两点值得我们注意：第一，不能只使用单一的语音标准区别方言，因为很多方言的语音特征是相同的。比如入声的有无固然可以区别某些方言，但无法区别晋语与楚语等；古全浊声母的今读固然可以将赣语区别于北方方言，但无法区别于客家话。事实上，一个方言的语音特色大多是通过一系列特征表现出来的，所以应该用特征束说明方言的语音特征。第二，古音类在今方言中的分合固然是方言之间差别的反映，但人们对方言差异的直接感受，更重要的是声韵调的音质及其配合所产生的实际读音。因此，不能单凭几个音类的今音来界定某个方言，而应该从方言实际读音造成的异方言区人们的感受入手，寻找其方言的语音特色。这些特色也许反映在某个音类的音质方面，但更多的是反映在声、韵、调的配合方面。以下我们试对楚语的主要语音特点作这样的概括。

（1）声母及其与韵母配合的两个特征。

第一，"洪混细分"和"开混合分"。在南方官话和部分东南方言中容易混淆的几组声母，在楚语黄冈方言中或混或分，分合的条件大多是韵母今读的洪细和开合。在洪音前：泥母来母都念 n（来、乃）；在细音前：泥母为（泥），来母为 n（离）。在开口前：知庄章组和精组洪音一般念 ts 组（之、资）；在合口前，知章组声母为 tʂ 组（主），精庄组声母一般为 ts 组（组）。

第二，古全浊声母很多与次清声母合流。即古全浊声母字今读为塞声、塞擦声时，虽然黄冈市各县市区方言中也存在"平送仄不送"现象，但也不同程度存在全浊声母仄声送气的现象（见第二节）。

（2）韵母及其与声母配合的两个特征。

第一，去圆唇高元音化。普通话舌根音以外的声母后的圆唇高元音，在黄冈方言中出现展唇化、舌位降低等现象（p、pʰ、f 拼合口呼限于 u，绝无 puan、mu 之类音节），给人的感觉是合口呼很少，没有撮口呼，因此说话时唇形圆的少。如：

tʂ 组包括部分零声母后无 u（或 y）有 ʮ：猪处树如裕于。ʮ 在麻城方言中圆唇度较高，但在其他县市方言中都不大圆唇。

没有 y 类韵母，普通话"tɕ 组 + y"的，在黄冈或读"tʂ 组 + ʮ"：鼠住出入具区许；或读"tɕ 组或零声母 + 齐齿呼"：聚去取需沮欲。

ts 组后无 u，普通话 u 读 ou：组促速粗苏。

普通话 m 后的 u 在黄州或读作 mau：亩牡牟；或读作 moŋ：母目木墓穆牧幕睦慕暮拇模~子。其他县市或一律读作 o 韵母。

第二，不圆唇半高、高元音后的后鼻韵尾前化。普通话的 eŋ 除与唇音相拼的外，在楚语黄冈方言中读 en：等腾能冷，普通话的 iŋ 在黄冈方言中读 in：经清行应。但"东通农龙中冲荣总从送"和"崩朋蒙冯"多为文读，"崩蒙"白读 en 的韵母为 oŋ，即声母后如果出现的是圆唇的半高元音，不发生后鼻韵尾前化的现象。

（3）声调的两个特征。

第一，平去各分阴阳，阴平调值大多低于上声、阴去声、阳去声。如团风方言为阴平 22，阳平 21，上声 42，阴去 35，阳去 34，入声 213。其他点的阴平多为 22 或 21。

第二，入声无塞音尾，调型较长。多数地方为降升调 213，如黄州、团风、浠水、英山、罗田等方言；少数地方为低降调，在降升调的基础上失去升尾，如蕲春县漕河方言的入声与阳平合流为 21 调；或低升 13、23、24 调，如麻城、武穴等地方言，当是压掉了降升调的曲折形成的。

这些语音特征比较独特，赣语及其他方言不可能全部具备。这些特征跟特征词以及某些语法特点（结构助词的词形、代词的词形和功能等，例如指代词三分，普通话的"什么、怎么"合一为"么"等。参见汪化云 2008a、2008b）结合起来，就能够跟其他方言区别开来。

四　结语

综上所述，我们认为单一的标准和声韵调今读的标准难以区别相邻的某些方言；应该根据外方言区人们的听感来寻求方言的语音特征。这种语音特征表现在声韵调的具体音质及其配合方面。据此，我们对楚语的语音特征进行了概括，这当然只是一种尝试。事实上，很多论著在研究方言的语音特征时，虽然没有明确说明，但实际上仍然多少这么做了一些。例如孙宜志、陈昌仪、徐阳春（2001）给出的赣语语音特征就有着这样的特点，其与楚语的区别就相对明确得多。但究竟怎样才能更好地概括赣语的语音特征？我们认为还有待进一步研究。

参考文献

［1］孙宜志、陈昌仪、徐阳春：《江西赣方言语音的特点》，《南昌大学学报》2001年第4期。

［2］汪化云：《鄂东方言研究》，巴蜀书社 2004 年版。

［3］汪化云：《汉语方言"箇"类词研究》，见《历史语言研究所集刊》第 79 本第3 分，台北出版社 2008 年版。

［4］汪化云：《汉语方言代词论略》，巴蜀书社 2008 年版。

［5］王福堂：《关于客家话和赣方言的分合问题》，《方言》1998 年第 1 期。

[6] 詹伯慧:《汉语方言及方言调查》,湖北教育出版社 1991 年版。

[7] 张国雄:《江西"填"湖广》,《地理知识》1994 年第 2 期。

[8] 中国社会科学院和澳大利亚人文科学院:《中国语言地图集》,香港朗文(远东)有限公司 1987 年版。

[附记:本文系教育部人文社会科学研究一般项目(编号:11YJA40084)研究成果之一。]

广东四邑方言透定擦化非赣方言现象说

陈云龙

（湛江师范学院/上海师范大学）

赣方言透定擦化，广东四邑方言也有这个现象。关于四邑透定擦化，余霭芹先生说："本来中古透母及定母平声变为［h］该是赣方言的区分性特征，可见四邑方言又带有赣方言的色彩。"（余霭芹，1993）从更广阔的方言和语言背景下看，可能并非如此。

——一——

汉语方言中有多处报道透定母读送气擦音［h］等的现象，兹摘要转述如下。

1. 赣方言透定母读［h］（根据刘伦鑫《客赣方言比较研究》整理）。

表1

	偷	添	土	帖	头	田	豆	夺
高安	hɛu1	thiɛn1	thu3	thiɛl6	hɛu2	thiɛn2	hɛu5	thol6
东乡	hɛu1	thiɛm1	thu3	thiɛp6	hɛu2	thiɛn2	hɛu5	hoit7
临川	hɛu1	thiɛm1	thu3	thiɛp6	hɛu2	thiɛn2	hɛu5	hoit7
南丰	hiɛu1	hiam1	thu3	hiap6	hiɛu3	hiɛn3	hiɛu5	tol6
宜黄	hieu1	çiɛn1	thu3	çiet6	hieu2	çiɛn2	hieu5	hoit7
黎川	hɛu1	hiam1	hu3	hiap6	hɛu2	hiɛn2	hɛu5	hoiʔ7
莲花	hœ1	thiẽ1	thu3	thie1	hœ2	thiẽ2	hœ5	ho5
永丰	hiɑ1	thiẽ1	thu3	thieʔ5	hiɑ2	liẽ2	hiɑ5	hoœʔ5
泰和	hiɤ1	hiẽ1	thu3	hie1	hiɤ2	hiẽ2	hiɤ4	to4

2. 福建省闽北的建阳、崇安两地透定母读擦音［h］（龙安隆，2005）。

表2

	啼	头	糖	桃	偷	腿	兔
建阳	꜀hie	꜀həu	꜀hɔŋ	꜀hau	꜀həu	꜂hui	ho꜄
崇安	꜀hi	꜀hiə	꜀hɔŋ	꜀hau	꜀hiəu	꜂hui	hu꜄

3. 海口方言中古"透定彻澄"读［h］（张光宇，1989。调类为笔者所增加）。

表3

	天	虫	塔	趁	头	柱	拆	读
海口	꜀hĩ	꜀haŋ	haʔ꜄	han꜄	꜀hau	hiau꜄	hiaʔ꜄	hak꜅

4. 湖南洞口县及洞口县江口镇古全浊声母定母与次清声母透母不论开合，合流白读为擦音［x］（胡茜，2007；王艳红，2007）。

表4

	拖	炭	铁	桃	袋	体	动	碟
县城	꜀xo	xan꜄	꜀xie	꜂xau	꜂xai	꜂xi	꜂xuŋ	xie꜄
江口	xo55	xã45	xiE55	xau45	xai21	xi21	xə̃ŋ21	tiE55

5. 广东四邑方言古透母字和定母平声今读［h］声母，定母仄声今读［t］声母或零声母（邵慧君、甘于恩，1999。"稻"摘自詹伯慧《广东粤方言概要》）。

表5

	挑	土	条	笛	稻
珠海斗门	hiu33	hou55	hiu22	tiak21	tɔ33
江门白沙	hiu24	hou45	hiu22	tiak21	tɔ33
新会会城	hiu24	hæu45	hiu22	tiak21	tɔ33
台山台城	hiau33	hu22	hiau22	iap21	ɔ33
开平赤坎	hiu33	hu55	hiu22	iak21	u33
恩平牛江	hiu33	hu55	hiu22	tiak21	tua33
鹤山雅瑶	hie33	hau55	hie12	ik22	ɔu33

根据詹伯慧《广东粤方言概要》补充与赣方言相应的例字及其他例字（只有台山、开平点）。

表6

	偷	头	贴	夺	添	蹄	田
台山台城	heu33	heu22	hiap55	ɔt21	hiam33	hai22	hen22
开平赤坎	hau33	hau22	hip33	uat21	him33	hai22	hin22

以上各点透定擦音化可以分成两类，以定母仄声是否擦音化为参照，定母仄声擦音化为一类，定母仄声不擦音化或擦音化［v］为一类。江西赣方言，福建省闽北的建阳、崇安，海南海口，湖南洞口县城及江口镇透定两母无论平仄都可读［h］（江口"碟"等少数字读［t］，显然是受了官话的影响。赣中宜黄在细音前读［ç］显然是［h］的颚化，是透定擦音化之后的变化），同属一类。广东四邑透母及定母平声读［h］，定母仄声读零声母或［t］，为另一类。

二

关于赣方言透定母擦音化的原因，罗常培在《临川音系》一书中指出："临川方言的白话读音中部分古透、定纽字的声母读音变同晓、匣，读成喉部擦音［h-］"，他认为"这是遗失闭塞成分而保留送气成分的结果"（罗常培，1958）。陈立中认为"古透定纽擦音化现象绝不只是单纯的语音现象或生理现象，而是汉族南徙过程中与中国南方百越民族及其后裔融合而产生的一种规律性音变现象"（陈立中，1996）。余霭芹认为是方言接触影响的结果（见前）。

我们倾向罗常培先生的意见，认为是一种自然的音变。理由如下。

1. 从赣方言区移民广东的方言——马兰话看

马兰话是现广东电白的一种方言，讲马兰话的都姓张，其可追寻的远祖是唐朝张九龄，居江西省吉水县，后迁广东省韶州府曲江县，又迁至广东新会，明朝天启年间（1621—1627）由新会北街迁至高州府电白县北街坡（今北溪坡）。马兰话来源于四邑方言，至今还保存了四邑方言的一些特点，如阴平字和阴去字同调、蟹摄开口一等字韵母读［ui］、词性变调（如钓去声表示动词，变调表示名词鱼钩）等，与四邑片粤语是相同的。但是透定母不读［h］，这一点与四邑话不同。比较如下（马兰话材料来自笔者的调查）。

表7

	偷	添	土	帖	头	田	豆	夺
开平	hau33	him33	heu13	hip2	hau35	hin35	tau55	tut4
马兰	theu44	thim44	thu44	tip2	theu21	thin21	teu242	tut2

马兰话先祖源于江西，马兰话来源于四邑话。马兰话离开新会到电白有400多年，受周围方言影响发生演变，这是正常的，也是现实。马兰话透定母不读［h］，有两种可能：一种可能是迁移到电白后，受当地方言影响消失了。另一种可能是离开新会时四邑方言还没有发生透定母读［h］的音变。第二种可能性更大。因为最富方言特征的因素是不容易改变的，马兰话的"中"读同"东"，知组字读［t/th］是赣方言的语音特点，马兰话至今还保存着。马兰话中还有较多的四邑话语音特征，这些特征与周围方言不同。另外，即使受周围方言影响消失，也应该经历"词汇扩散"的过程，不至于消失得无影无踪。几百年的发展，马兰话在电白分布十几个村落，现在不仅马兰话的代表点北溪坡没有，其他点也没有。不仅年轻人没有，老年人也没有，不仅一般词汇中没有，最基本的词汇中也没有。这不太符合语音演变规律。

2. 汉语方言送气声母变读擦音是普遍现象。除了透定母变读［h］（有的读［x］）外，其他送气声母也有变读擦音声母的现象。

（1）［ph］变［h］、［v］。四邑话中滂母除读送气双唇塞音外，有部分读［h］，如：匹［het55］、破［hu33］，少数读v，如：品［ven55］；并母平声也有读［h］的，如：平［hen22］、螃［haŋ22］，仄声则多读［v］，如：步［vu31］、白［vak22］（甘于恩，2002）。这一现象既可以证明送气促使声母擦音化，也可说明四邑透定擦音化并非来源于赣方言。

（2）［kh］变［h］。粤语溪母字读［h］，这是普遍现象。四邑方言中也是这样，开口呼读［h］，在合口呼前进一步变成［f］（伍巍，1999）。见表8。

表8

	斗门	江门	新会	台山	开平	恩平	鹤山
开	hui33	hɔi23	hui33	huɔi33	hɔi33	huai33	hyɵ33
糠	hɔŋ33	hoŋ33	hɔŋ33	hɔŋ33	hɔŋ33	hɔŋ33	hœŋ33
苦	fu55	fu45	fu45	fu55	fu55	fu55	fu55

（3）[tsh] 变 [s]。海南闽语、湛江徐闻黎话（闽语）、湛江吴川兰石东话（属闽语）都有送气塞擦音变读擦音，古清、从、彻、澄、穿、床、初、崇等声母字今读擦音 [s]，与相应的擦音声母字混同。例如徐闻闽语：粗清 = 苏心 seu²⁴｜秋清 = 修心 siu²⁴｜抽彻 = 收书 siu²⁴｜趋清 = 须心 si²⁴｜促清 = 续邪 sok⁵｜触昌 = 束书 sok⁵（陈云龙、蔡蓝，2005）。

3. 民族语言也有送气音擦音化现象。台语中的送气塞音主要有 ph、kh、th 等，它们在发展过程中呈现擦音化的趋向，特别是 kh 和 ph 表现尤为突出，它们往往演变为同部位或近部位的擦音（覃小航，2002。引用时将送气符号改为 [h]）。例如：

表9

汉义	壮语龙州话	傣语（西）	壮语马山话	临高话
稻子	khau3	hau3	hau4	
姜	khiŋ1	xiŋ1	hiŋ1	
牙齿	kheu3	xeu3	heu3	
屎	khi3	xi3	hi4	
云	pha3	fa3		
雨	phən1	fun1		
搓	phan3	fan3		
簸	phat7	fat7		
碗	thui1			hui4

4. 这一现象不是南方汉语特有，也不是近现代才出现。古代北方汉语方言也有这种现象。《释名》就有记载："天"有两个声训，一个是"显"，读晓母，"豫、司、兖、其舌腹言之"；另一个是"坦"，读透母，"青、徐以舌头言之"。天竺对音 hinduka，正是"天"在"舌腹言之"的方言中读音（潘悟云，2000）。这里的豫、司、兖、青、徐都非南方。

现代方言透定母读擦音的现象是古代方言的延续，古代文献典籍中有所反映，可以看到定母与擦音互谐的例子。例如：《尔雅·释台》："徯，待也，胡计切，匣母。待，徒亥切，定母。"郭璞注："《书》曰，徯我后，今河北语亦然。"《尔雅·释畜》："……黑脚，犆，其子犊。"郭璞注："今青州人呼犊为牛后（牛后合字）。牛后（牛后合字），《广韵》厚韵，呼后切，晓母；犊，屋韵，徒谷切，定母（龙安隆，2005）。这里的河北、青州也不是南方。

5. 符合语音演变规律。罗常培说："这是遗失闭塞成分而保留送气成分的结果。"（罗常培，1958）现代也有人从实验语音学角度进行验证，认为：塞辅音中的送气音与不送气音，一般说来，不送气音比送气音占有较大的优势。梵语中的情况就是如此。送气音与不送气音在特定语音系统中的不平衡势态大约起因于其发音费劲程度的不同，发送气音由于除阻后要特意送出一股气流，所以困难一些。由此齐夫提出了"最省劲规律（The Law of Least Effort, G. K. Zipf, 1935）"。……对讲汉语儿童语音习得的研究显示，儿童对不送气音的掌握常常是先于送气音的（冉启斌，2002）。

三

综上所述，透定擦音化现象是一种自然音变，演变的条件是送气。赣方言中透定母无论平仄都演变，那是因为赣方言透母是送气声母，定母全部变读送气声母。四邑方言中透母及定母平声演变，定母仄声不变或变读成零声母（另有原因），那是因为定母仄声不送气，缺乏音变条件，就没有办法演变。从这里也可推出，这一演变是浊音清化以后发生的。湘东与闽北与赣方言有确凿的移民历史联系，演变类型又与赣中一致，无疑是赣方言的遗留，或是接触性演变。四邑虽与赣方言移民有接触的历史，但是比较零星，对四邑方言影响不大。四邑方言与赣方言透定擦音化属于不同演变类型，祖籍赣方言区又从四邑话分离出去的马兰话没有这方面的印记，而且四邑方言的其他送气声母的擦音化也是赣方言没有的，因此可以确定四邑话的演变并非受赣方言影响而产生"赣方言的特征"。海南闽语与赣方言没有明显的接触历史，而且既有透定母的擦音化，也有塞擦音的擦音化，甚至没有送气音声母（辛世彪，2005），与赣方言的演变也不是一个类型。透定擦音化非一时之变，非一地之变，是符合语音演变规律的普遍现象。

参考文献

［1］陈立中：《古透定纽擦音化现象与百越民族》，《湘潭大学学报》（哲学社会科学版）1996 年第 3 期。

［2］陈云龙、蔡蓝：《徐闻（下洋）闽语的声韵调》，《湛江师范学院学报》2005 年第 4 期。

［3］董为光：《湘鄂赣三界方言的送气声母》，《语言研究》1989 年第 2 期。

［4］胡　茜：《湖南洞口方言语音研究》，硕士论文，湖南师范大学，2007 年。

［5］甘于恩：《广东四邑方言语法研究》，博士论文，暨南大学，2002 年。

［6］龙安隆：《透定二母今读晓匣的考察》，《福建师范大学学报》（哲学社会科学版）2005 年第 4 期。

［7］罗常培：《临川音系》，科学出版社 1958 年版。

［8］潘悟云：《汉语历史音韵学》，上海教育出版社 2000 年版。

［9］覃小航：《台语送气塞音和舌面鼻音擦音化规律研究》，《中央民族大学学报》（哲学社会科学版）2002 年第 6 期。

［10］冉启斌：《汉语送气声母的弱势倾向与"异动"》，《语言研究》2002 年第 1 期。

［11］邵慧君、甘于恩：《广东四邑方言语音特点》，《方言》1999 年第 2 期。

［12］万　波：《南城方言的语言特点》，《江西师范大学学报》（哲学社会科学版）1987 年第 1 期。

［13］伍　巍：《广州话溪母字读音研究》，《语文研究》1999 年第 4 期。

［14］王艳红：《湖南石江方言研究》，硕士论文，上海大学，2007 年。

［15］万西康：《简论古透定二纽在临川白话音中的变读原理》，《抚州师专学报》1985 年第 2 期。

［16］辛世彪：《海南闽语送气音的消失及其相关问题》，《语言研究》2005 年第 3 期。

［17］余霭芹：《广东开平方言的中性问句》，见《中国语文四十周年纪念刊文集》，商务印书馆 1993 年版，第 84 页。

［18］张光宇：《海口方言的声母》，《方言》1989 年第 1 期。

［附记：本文系 2006 年国家社会科学基金项目"粤西濒危方言调查研究"的阶段性成果。］

南昌方言"V泼"中"泼"的虚化
轨迹和义项归纳

翁姗姗　李小凡

（北京大学中文系）

《南昌方言词典》（1995）中收录了南昌话中助词"泼"的用法，读为轻声［pʼot］，意义和用法相当于普通话中"跑掉了/扔掉了"中的"掉"，如"快滴子，不要让渠跑泼了"（快一点，不要让他跑掉了）。也有人把该结构记为"V不了"（张民权，1994）。由于"V不了"与可能补语的否定式同形，为了避免混淆，我们把该类结构一律写作"V泼了"。

前人文献中指出"泼"用在谓词V后有两种用法：第一种是用作结果补语性词尾，作用、意义与普通话中的"掉"相似，但意义又不如"掉"那么明显实在，不能单独使用，只能与动词或形容词结合在一起共同表示动作或状态变化的结果，如"卖泼个些书"、"抛泼许些衣裳"。第二种是作为完成体的标记，如：

（1）等泼个久都冒看到渠人来。（等了这么久都没有看到他人来。）
（2）我跟渠话泼半日，渠一滴反应都冒有。（我跟他说了半天，他一点反应都没有。）
（3）个个月我买泼几百块钱个药。（这个月我买了几百块钱的药。）

这几句话中，"泼"作为完成体标记，且含有不满、吃亏的意思，其后还可以加"了₁"，强调完成，如：

（4）等泼了个久都冒看到渠人来。
（5）我跟渠话泼了半日，渠一滴反应都冒有。

我们想进一步探讨的是，首先，"泼"能否被看做完成体标记，此外

"V 泼"和普通话中的"V 掉"在用法上还有哪些区别,这就需要考察它们各自的搭配和分布情况;其次,我们可以考察"泼"的虚化过程,并在此基础上重新归纳和完善前人总结的"泼"的义项。

一　"泼"与"掉"的句法分布考察

经过统计,我们得出普通话中能进入"V 掉"结构的动词有:

笑(掉了牙)、碰、挤、打、刨、吐、啃、炸、粘、割、剃、锯、丢、截、斩、甩、削、扔、砍、脱、洒、断、切、抛、倒、撕、卸、劈、扒、剪、拔、摔、扫、挖、掀、揭、摘、铰、搬、翻、蒸发、砸、碾、轧、刮、放、跑、溜、飞、走、卖、退、还、冲、流、摊派、删、减、跌、磨、抹、擦、涂、刷、罚、赔、扣、赌、拆、撤、免、省略、解除、精简、改、搞、杀、除、灭、失、吃、浪费、毁灭、死、花、烧、挥霍、消耗、消、去、用、淘汰、退化、压缩、省、端、干(四声)、转化、划、消费、吞、舍、折腾、埋没、埋葬、遮盖、化、争、选、推、处理、拒、糟蹋、忽略、否定、忘、批、辞、碎、旱、秃、聋、哑、漏、少、瞎、晕、冻、分、废、垮、腐化、烂、炒、洗、反

能进入"V 掉"结构的形容词有:

空、歪、弯、偏、斜、红、白、黄、绿、黑、坏、冷、熟、旧、凉、臭、慌、瘦、软、硬、轻、湿、松、干(一声)、傻、呆、老、平、乱、荒、旱、苦、腥、酸、穷、浑

我们发现,"V 掉"的用法可以分为两类,一是典型的作格动词[①]用法:既可以出现在"NP1 + V 掉 + NP2"句式中,表示 NP1 对 NP2 进行处置,导致后者处于某种状态中,这里的"V"通常是及物动词,多表去除义,如"他剪掉多余的线头";也可以出现在"NP2 + V 掉 + 了"中,表示 NP2 处于某种状态中,如"多余的线头剪掉了"。二是典型的非宾格动词用法,只能出现在"NP1 + V 掉 + 了"中,表示处于某种状态中,这里的"V"通常是不及物动词或形容词,如"死掉了"、"瘦掉了"等。吕叔湘(1980)、房玉清(1992)认为"掉"用在及物动词后表示去除,用在不及物动词后表示离开,他们的归纳有一定的道理,但我们认为去除义和离开义和 V 有

---

① 关于作格动词和非宾格动词的界定参见曾立英(2006)的博士学位论文《现代汉语的作格现象研究》。

关,并不是"掉"本身固有的意义。况且"V掉"的意义不止这两种,如:

（6）食物长时间不吃很容易坏掉。

（7）秋天到了,树上的苹果已经熟掉了。

（8）突如其来的变故使他立马呆掉了。

我们认为,例句（6）—（8）中的"掉"既不表示去除,也不表示离开,而是表示一种动作行为的完结,过程的终点阶段得到凸显,通常伴随着原有状态的消失。在这里我们有必要区分"完成"和"完结"这一组概念:"完成"指的是整个动结式所表示事件的完成,在整个句子中充当体标记;而"完结"只是表示动作的完结点,可以看成是"具有完结动作功能的结点标记"①,充当的是虚化结果补语。两者的区别表现为:在语义上,表示"完成"的动作未必"完结",如"他吃了,但没吃掉",表示"完结"的动作也未必完成,如"我的计划是晚饭前把衣服洗掉","洗掉"表示的是尚未发生的未然事件;在用法上,表完结义的结果补语可以和否定词"没"共现,而完成体标记不可,如可以说"他没吃掉",但不能说"＊他没吃了"。

南昌方言中的"泼"的用法,并不和普通话中"V掉"完全一致,区别在于:一是有些书面语只能进入"V掉"结构,不能进入"V泼"结构,如"毁灭、失、埋葬、腐化、否定"等。这一点很好理解,方言一般只有口语形式,往往很难书写成文,因为那些通俗易懂而生动活泼的方言词语常常是"土得无字可写"的。二是表示完结义时,许多V能够进入"V泼"结构,却不能进入普通话中的"V掉"结构,如:

（9）我赢泼了比赛。（＊我赢掉了比赛。）

（10）渠病泼了来不了。（＊他病掉了来不了。）

（11）等你老泼了以后郎办?（＊等你老掉了以后怎么办?）

（12）渠重泼了五斤。（＊他重掉了五斤。）

（13）病好泼了以后,人也精神好多。（＊病好掉了以后,人也精神很多。）

---

① 参见沈阳、玄玥《"完结补语"及动作结果补语的语法化和完成体标记的演变过程》,2009年未发表。

类似的词还有"大、小、多、少、热、胖"等,可见"泼"对于动词的选择限制要比"掉"少,因此虚化程度更高。三是"泼"和动词连用时后面可接时量宾语,表示该动作持续了一段时间,此时"泼"的用法类似于完成体标记"了₁",如:

(14)渠想泼半日都冒想出来。(＊他想掉半天都没有想出来。)
(15)我哭泼一个钟头才困着。(＊我哭掉一个小时才睡着。)
(16)渠晓得以后笑泼好久。(＊他知道以后笑掉很久。)
(17)渠因为个件事气泼好久。(＊他因为这件事气掉很久。)

类似的词还有"等、坐、站、写、呆、话(与'说'同义)"等。

例(14)—(17)中时间短语"半日"、"一个钟头"、"好久"必须出现,否则"V泼"结构不能成立。而普通话中"掉"不存在上述用法。

综上所述,"V泼"与"V掉"使用范围大致相同,但"泼"的分布范围更广。"掉"由于虚化得不够彻底,还保留固有的词汇义,因此在与动词或形容词搭配时受到限制,而"泼"则相对自由一些,可以说"赢泼了/病泼了/老泼了/重泼了/好泼了",但不能说"＊赢掉了/＊病掉了/＊老掉了/＊重掉了/＊好掉了"。此外,"泼"可以表示动作或行为状态的持续,类似于体标记"了";而"掉"只能表示结果或完结义,完成义由助词"了"承载。

二　"V泼"中"泼"的虚化轨迹

"V泼"的虚化情况和"V掉"类似,述补结构的使用,为补语的虚化提供了可能的语法环境。张谊生(2000)论及实词虚化的机制时,指出词义的泛化、分化和融合会导致词的结构关系和句法功能的改变,其中泛化(generalization)指的是实词语义的抽象化、一般化和扩大化,它是以实词的部分具体义素的脱离和词义的适用范围扩大为前提的。我们打算以"泼"语义特征的脱落和使用范围的扩大为线索,遵循一定的逻辑顺序,来构建"泼"在结果补语位置上的虚化轨迹。

唐正大(2005)指出,任何形式的物质世界的活动都包含有以下三种基本要素:

　　　　　　［起点状态］　　　　　　　　（隐喻"起始义"）
　　　　　　［终点状态］　　　　　　　　（隐喻"完成义"）
　　　　　　［过程/方向］　　　　　　　　（在起点和终点状态之间）

　　我们利用上述三个要素，来从共时层面分析"V泼"的虚化历程。在第一阶段，"V泼"后通常可以带宾语，构成"NP1+V泼+NP2"句式，表示NP2在NP1的作用下脱离另一个实体并发生位移的过程。如：

　　（18）渠砍泼了树上多余个树枝。（他砍掉了树上多余的树枝。）
　　（19）渠拍泼衣服上个腌臜东西。（他拍掉衣服上的脏东西。）

　　我们把第一阶段的"泼"记为"泼1"。"泼1"表示"脱离、下落"的词汇义，充当实义结果补语，语义多指向动作的对象。能进入"V泼1"结构的V多为及物动词，如"碰、打、刨、吐、啃、炸、割、锯、丢、扔、砍、脱、切、抛、撕、剪、拔、笑（掉牙）"等，表示一个实体脱离另一实体或处所发生位移，最终附着在新的位置。"泼1"的语义特征可以概括为：

　　　　　　［+起始状态：脱离］
　　　　　　［+空间位移］
　　　　　　［+方向：向下］
　　　　　　［+终点状态：附着在新的位置］

　　到了第二阶段，如下列例句所示，"泼"的意义发生微妙的变化，语义特征［+方向：向下］发生了脱落，表示虽然发生了位移，但是方向却不一定朝下。由于位移方向未知，导致终点状态也成为不确定因素，可以是"附着在新的位置"，但更多情况下理解为"消失"，如：

　　（20）渠趁人不注意偷偷子跑泼了。（他趁人不注意偷偷跑掉了。）
　　（21）你搨地上个灰扫泼去。（你把地上的灰尘扫掉去）
　　（22）老房子都驼拆泼了。（老房子都被拆掉了。）

　　我们把第二阶段的"泼"记为"泼2"，能进入"V泼2"结构的V包括"挖、摘、搬、放、溜、飞、流、蒸发、断、洒"等及物和不及物动词。

"泼2"的语义特征为：

　　　　［＋起始状态：脱离］
　　　　［＋空间位移］
　　　　［-确定的方向］
　　　　［＋终点状态：附着在新的位置/消失］

　　在第三阶段，"V泼"的使用范围进一步扩大，可以搭配相对抽象的名词组，从而［＋空间位移］和［＋终点状态：附着在新的位置］的语义特征也相应脱落，因为位移和附着义通常只能和具体的事物发生联系。相关例句如下：

　　（23）渠搦文章里重复个地方删泼了。（他把文章里重复的地方删掉了。）

　　（24）渠三个月减泼了二十斤。（他三个月减掉了二十斤。）

　　（25）你要搦你个坏毛病改泼去。（你要把你的坏毛病改掉去。）

　　例（23）—（25）中涉及的名词组都是相对抽象的事物，如文章、体重、毛病等，因此终点状态不能理解为位移，只能理解为消失。能进入"V泼3"结构的V包括"删、减、撤、免、省略、精简、改"等。"泼3"的语义特征可以概括为：

　　　　［＋起始状态：脱离］
　　　　［-空间位移］
　　　　［-确定的方向］
　　　　［＋终点状态：消失］

　　到了第四阶段，"泼"的［＋起始状态：脱离］特征逐渐脱落，说话人不关心初始状态，只关心动作主体或对象的终点状态。相关例句如：

　　（26）许场大火搦渠个书全烧泼了。（那场大火把他的书全烧掉了。）

　　（27）渠喫泼了好多。（他吃掉了很多。）

（28）太阳一出来，雪都烊泼了。（太阳一出来，雪都化掉了。）

类似的还有"灭、浪费、花（花费义）、挥霍、消耗、消、用、消费、吞"等。"泼4"的语义特征为：

　　［-起始状态：脱离］
　　［-空间位移］
　　［-确定的方向］
　　［＋终点状态：消失］

随着使用范围的扩大，当与"泼"搭配的前项动词的意义转为抽象时，终点状态由消失义向更虚的方向发展，如：

　　（29）我忘泼了个件事。（我忘掉了这件事。）
　　（30）渠在最后一轮里驼淘汰泼了。　（他在最后一轮里被淘汰掉了。）
　　（31）对方发来了邀请函，但是驼渠拒泼了。（对方发来了邀请函，但是被他拒掉了。）

例（29）—（31）中"泼"的消失义逐渐脱落，开始进入新的虚化阶段。在这一阶段，"泼"的语义转而指向前项动词，表示的是谓语动词的完结，与动作主体/对象的起始或终点状态没有任何关系。能进入"V泼5"结构的还有"漏、忽略、埋没、处理、死、烂、干（一声）、湿、凉、红、冷、热、熟、臭、慌、瘦、胖、软、硬、呆、傻、乱、病、赢、大、小、冻"，等。"泼5"的语义特征可以表述为：

　　［-起始状态：脱离］
　　［-空间位移］
　　［-确定的方向］
　　［-终点状态］
　　［＋动作的完结］

"V泼5"不关心过程的起始状态，也不涉及事物的移离或消失，只是单纯表示动作的完结。除了引言中的例子以外，还有：

> （32）渠养个狗昨天死泼了。（他养的狗昨天死掉了。）
>
> （33）喫个东西放久了就坏泼了。（吃的东西放久了就坏掉了。）
>
> （34）渠比我大泼两岁，比你小泼两岁。（他比我大了两岁，比你小了两岁。）
>
> （35）渠回家歇了几日，胖泼了好多。（他回家休息了几天，胖了很多。）

"泼5"的分布范围比"掉"要广：对于"重、轻、大、小、胖、瘦、热、冷、好、坏、赢、输"这样的反义词对，"掉"通常只能和表示减少、受损的动词或形容词连用，不能和表示增加、受益的动词或形容词连用，如不能说"＊重掉了、＊大掉了、＊胖掉了、＊热掉了、＊好掉了、＊赢掉了"。而"泼5"则不存在上述限制。可见"泼"比普通话中"掉"虚化更加彻底，后者受到表示脱离的词汇义的影响，多用来表示消减、去除或不如意的变化，分布不那么自由。

前面提到的能带"泼5"的 V 多数是非持续性动词①，当使用范围扩大到持续性动词时，"泼"开始由完结义发展为表示动作或状态的持续，后面往往接时量宾语。如前文举过的例子：

> （36）渠想泼半日都冒想出来。（＊他想掉半天都没有想出来。）
>
> （37）我哭泼一个钟头才困着。（＊我哭掉一个小时才睡着。）
>
> （38）渠晓得以后笑泼好久。（＊他知道以后笑掉很久。）
>
> （39）渠因为个件事气泼好久。（＊他因为这件事气掉很久。）

这里的"泼"记为"泼6"，语义特征表述为：

> [-起始状态：脱离]
>
> [-空间位移]
>
> [-确定的方向]

---

① 非持续性动词与持续性动词、强持续性动词与弱持续性动词的概念的界定详见马庆株《汉语动词和动词性结构》，北京大学出版社 2005 年版。

［-终点状态］

［＋动作或状态的持续］

总之，"V泼"中的"泼"经历了语义特征的失落和义项的虚化，最终由具体的词汇义衍生出抽象的虚词义，由脱离某物体后位移的实词义虚化为表示一种行为或状态的持续，动作的主体和对象逐渐淡出，而动作行为或状态本身得到凸显。由于虚化还不够彻底，"泼"还不能称得上是一个完成体标记，理由有三。

一是对前项V依然具有选择限制性，不能像"了"一样自如地和V搭配，如可以说"她变漂亮了"但是不能说"＊她变漂亮泼"，也不能说"＊她变漂亮泼了"；二是存在着与完成体标记不一致的地方，如"泼"可以和否定词"没"（在南昌话中对应为"冒"）连用，"V泼"后可以接完成体助词（事实上常常需要借助完成体助词才能成句）；三是"泼"的不同虚化阶段之间并非泾渭分明，同一个V和"泼"连用有时可以表示不同的语法意义，说明虚化还不够彻底。如"洗泼"，在"洗泼腌臜东西"中"泼"属于"泼2"，表示脏东西在洗的作用下消失；而在"洗泼腌臜衣服"中属于"泼5"，表示脏衣服这一动作的完结。可见，虽然"泼"的虚化程度要大大高于普通话中的"掉"，但是与完成体标记"了"相比，显然还有一段距离。

"泼"虚化前后的新旧形式共存于现代汉语中，因此我们可以在一个共时语言平面考察"泼"的虚化轨迹，如表1所示：

表1"泼"的虚化轨迹及其相关例句

泼1 泼2 泼3 泼4 泼5 泼6

［＋起始状态：脱离］

［＋空间位移］

［＋方向：向下］

［＋终点状态：附着在新的位置］　［＋起始状态：脱离］

［＋空间位移］

［-确定的方向］

［＋终点状态：附着在新的位置/消失］　［＋起始状态：脱离］

［-空间位移］

［-确定的方向］

[＋终点状态：消失][-起始状态]

[-空间位移]

[-确定的方向]

[＋终点状态：消失][-起始状态]

[-空间位移]

[-确定的方向]

[-终点状态]

[＋动作的完结][-起始状态]

[-空间位移]

[-确定的方向]

[-终点状态]

[＋动作行为或状态持续]

渠砍泼了树上多余个树枝。你搿地上个灰扫泼去。你要搿你个坏毛病改泼去。渠喫泼了好多。喫个东西放久了就坏泼了。渠想泼半日都冒想出来。

三　余论和总结

前人关于"V泼"的意义和用法概括得比较简略，不能明确和"V掉"之间的区别，也不能很好地反映出"泼"的词义虚化轨迹。根据前文分析，我们考虑把南昌方言"V泼"中"泼"的词义概括为下列四个义项：

1. 消失。可接及物或不及物动词：老房子都驼拆～了；渠三个月减～了二十斤。

2. 脱离某一物体后发生位移。多接及物动词：渠砍～了树上多余个树枝。

3. 表示一种动作行为的完结。多接不及物动词或形容词：喫个东西放久了就坏～了。

4. 表示一种动作行为或状态的持续。多跟持续性动词连用，后接时量宾语：渠想～半日都冒想出来。

综上所述，南昌方言中"泼"和"掉"的区别根源在于两者虚化的程度不一致，前者比后者虚化得更彻底，分布也更为自由。"V泼"结构的使用，为"泼"的虚化提供了可能的语法环境。"泼"的词义的演变一共经历了六个阶段，每一个阶段都伴随着语义特征的脱落和词汇意义的虚化。随着

"V泼"使用范围的扩大,"泼"逐渐由具体的词汇义衍生出抽象的虚词义,由脱离某物体后坠落的实词义虚化为表示一种行为或状态的持续,人们的关注点由动作的主体或对象转移到动作行为或状态本身。在此基础上,我们对"V泼"中"泼"的义项进行了划分,试图对前人的研究进行补充和完善。

需要说明的是,虽然"泼"只是一个记音字,本字尚未考订,但它所表征的概念与普通话的对应形式"掉"所表征的概念有诸多相似处,这些概念之间又有着共同的语义关联,我们恐怕不能简单地视之为偶然,而很可能反映了概念层面的某种共同性。这就有助于我们借助显性的或已考察的方言来把握隐性的或待考察的方言,求得从某些单一方言难以得出的规律。而南昌话"泼"和普通话"掉"的差异性则揭示了同一范畴的不同类型,这又有助于我们更深刻地认识它们的共同性。随着所考察的方言不断增多,我们对此类概念层面的共同性和类型差异的认识也将更全面、更深刻。新近兴起的语义地图模型就是基于这一思路的以概念语义为纲的类型学研究方法。

参考文献

[1] Traugott Elizabeth, C. "On the rise of epistemic meanings in English: an example in semantic change", *Language*, Vol. 65, 1989.

[2] 房玉清:《实用汉语语法》,北京语言学院出版社 1992 年版。

[3] 符淮青:《词义单位的划分和义项》,《辞书研究》1995 年第 1 期。

[4] 何克抗、李大魁:《现代汉语三千常用词表》,北京师范大学出版社 1987 年版。

[5] 李荣主编、熊正辉编纂:《南昌方言词典》,江苏教育出版社 1995 年版。

[6] 李如龙:《汉语方言学》(第 2 版),高等教育出版社 2007 年版。

[7] 刘 焱:《"V掉"的语义特征与"掉"的虚化》,《中国语文》2007 年第 2 期。

[8] 李小凡:《苏州方言语法研究》,北京大学出版社 1998 年版。

[9] 吕叔湘:《现代汉语八百词》,商务印书馆 1980 年版。

[10] 马庆株:《汉语动词和动词性结构》,北京大学出版社 2005 年版。

[11] 朴奎容:《谈"V掉"中"掉"的意义》,《汉语学习》2000 年第 5 期。

[12] 沈家煊:《"语法化"研究综观》,《外语教学与研究》1994 年第 4 期。

[13] 唐正大:《从独立动词到话题标记——"起来"语法化模式的理据性》,见《语法化与语法研究》(2),商务印书馆 2005 年版。

[14] 沈阳、玄玥:《"完结补语"及动作结果补语的语法化和完成体标记的演变过程》,未发表,2009 年。

［15］王　健：《苏皖区域方言语法共同特征研究》，博士学位论文，北京大学，2005 年。

［16］吴　福：《汉语语法化研究》，商务印书馆 2005 年版。

［17］徐时仪：《"掉"的词义衍变递嬗探微》，《语言研究》2007 年第 4 期。

［18］玄　玥：《完结短语假设和汉语虚化结果补语研究——兼论汉语结果补语、体标记和趋向补语的句法问题》，博士论文，北京大学，2008 年。

［19］叶经韬：《"掉"字释义管见》，《辞书研究》1983 年第 3 期。

［20］叶经韬：《"掉"是时态助词吗》，见《疑难字词辨析集》，上海辞书出版社 1986 年版。

［21］袁家骅等：《汉语方言概要》，语文出版社 2000 年版。

［22］袁金亮：《"V 掉了"中"掉了"的语义特点》，《语言应用研究》2007 年第 6 期。

［23］张民权：《试论南昌方言的"不"字和"不"字结构》，《南昌职业技术师范学院学报》1997 年第 2 期。

［24］张双庆：《动词的体》，吴多泰中国语文研究中心 1996 年版。

［25］张燕娣：《南昌方言研究》，中国社会科学出版社 2007 年版。

［26］张谊生：《论与汉语虚词相关的虚化机制——兼论现代汉语副词的性质、分类与范围》，《中国语文》2000 年第 1 期。

［27］周磊磊：《"V 掉"的语法意义及其他》，《六安师专学报》1999 年第 1 期。

［28］朱德熙：《语法讲义》，中国商务出版社 2006 年版。

［29］曾立英：《现代汉语的作格现象研究》，博士学位论文，上海外国语大学，2006 年。

赣语新建县松湖话的完成体

徐 奇

（南昌县冈上镇人民政府）

一 引言

新建县地处江西省中部偏北，赣江下游西岸，县城长堎镇与南昌市区隔赣江相望，随着南昌市"一江两岸"发展格局的推进和南昌市红谷滩新区的建设，已成为南昌市的新城区，辖乡镇 19 个，松湖镇是其中的一个。

新建县的方言使用情况比较复杂，可分为县城片、上新建县片和下新建县片。本文讨论的松湖话，属于上新建县片。

在普通话中，一般用"了"来对完成体和已然体进行标记。而本文讨论的松湖话中，没有使用"了"而以"既"来表示普通话中的"了"的多种意义，比较有研究价值，并且这也是古代汉语在方言中保存的一个实例。下面我们将从完成体的定义、完成已然标记字的来源、分类、各自使用情况、相互关系等方面来一一讨论。

二 完成体研究

在语法中，完成体是存在于很多语言中的文法体。完成体被当做一个个体的单一事件，区别于把事件表现为演变过程的未完成体。在汉语里，动词后面的"了"这个词被认为是完成体的标记。裴瑞玲（2004）提出，典型的完成体指：（1）到说话时或到某一参照时间为止某动作已经发生或某状态已经实现（即状态成为事实），且对说话时或参照时刻造成影响。（2）某动作或状态持续到说话时或某一参照点为止持续了多久。

在本文中，我们所说到的完成体是宽泛的完成体。与上面所说的"典型完成体"不同，我们认为，不论在过程中有完成的意义，还是有最终结果的完成意义，都属于完成体的范畴。并以此为标准，把宽泛的完成体分为结果完成和过程完成。所谓的结果完成，就是上面所说的"典型完成体"，而过程完成体，它只要求句子所陈述的事件曾经发生过一个动作并对现在有一定的影响，表示谓词和其他谓语形式的词义所指处于事实的状态之下。至于动作发生的开始与结束时间是否确定，不作为评判是否为过程完成体的标准。需要指出的是，在这里我们把一般所说的已然体，也放入赣方言完成体标记一并讨论，但并不是认为已然体就是完成体的一部分。关于这一点，在后面的论述中我们还将具体阐述。

完成体在语法上一般借助完成体助词来进行表现。助词属于虚词，而这些虚词是由实词转化而来的，学者们发现现代汉语的完成体助词与古汉语中的完成动词（表"完毕、完成"义的动词）密切相关。关于"了₁"的产生和"动＋了＋宾"格式的来源，梅祖麟（1999）、吴福祥（1998）等学者已经作过深入的研究，尽管他们在解释方面有些分歧，但有一点达成了共识：完成体助词"了"由表"终了"、"完毕"的完成动词"了"（liao）虚化而来，现代汉语的"动＋了＋宾"格式与古代汉语中的"动（宾）＋了（liao）（毕、竟、已、讫）"格式即"动（宾）＋完成动词"格式密切相关。那么松湖话中完成体的助词是怎么发展而来的呢？我们下面来具体阐述。

三　助词发展轨迹分析

"既"字在古代汉语中，一直都作为时间副词出现，当然也是现代人们极为熟悉的用法。譬如以下几个例子：

（1）及其老也，血气既衰，戒之在得。（《论语·季氏》）
（2）既已告于君，故与叔向语而称之。（《左传·昭公三年》）
（3）屈原既死之后，楚有宋玉、唐勒、景差之徒者，皆好辞而以赋见称。（《史记·屈原列传》）
（4）三桓子孙既以衰微，分适他国。（汉·赵岐《孟子题辞》）

以上之"既"都表示动作行为或状况已经产生或存在。例（1）"血气既衰"就是血气已经衰弱。例（2）"既已"同义连用，是说晏子已经告诉了国君，所以同叔向谈话时提到了这件事。例（3）"既"与"之后"一起表示"死"这一行为已经发生。例（4）"既以"亦是同义词连用，"以"相当于"已"。

可见，"既"字古往今来，都表示动作行为或状况已经产生或存在，这其实也就是我们所说的一般完成体的标记。据考证，唐五代时"了"还是一个高度虚化的时间副词，到了宋代才成为真正意义上的完成体助词。陆丙甫先生在《汉英语法比较的范围的扩大》一文中提到一个观点，汉语的程度补语中的动词已经失去动作意义，实际上起系动词的作用。由此我们引申到另一个观点，汉语里的时间副词同样在句子中有时起到了完成体标记的作用。我们可以这样理解，完成体本身只有一个时间意义，传统认为的结果义、持续义、经历义等以及现时关联，都不是现在完成体的固有意义，这些都是现在完成体与不同的上下文相互作用的结果，都属于语用意义的范围。这也就是"既"字作为完成体助词的发展渊源。

"吥"字在《集韵》尾韵中早有记载："普木切……撲，方言尽也。"这里说的"尽"，也就是一个结果完成的意义，和上面的"既"字比起来，更加强调了一个完结、结束的意义。由此我们可以推测，早在宋代"撲"字在方言中可能就已经含有完成的意味了。但为了方便标记，也从口语角度出发，我们还是用了一个更加虚化的字"吥"来表示。

四　过程完成体标记"既"的使用

松湖话里用来表示过程中完成意义的"既"和普通话里的"了"差不多，都是虚化程度较彻底的完成体标记，松湖话里的"既"相对于"吥"来说，依附性更强，紧挨在谓词后，表示动作已成为现实。既有普通话中"了$_1$"用在动词后、名词性宾语前的用法，也有像"了$_2$"一样用在句末置于名词性宾语后的用法。"既"字作为过程完成体标记，可以表示所有宽泛意义上的完成体意义。请先看以下几个例子：

（1）十点既，去睏觉。（无宾语）
（2）我刚吃既药，不能吃茶。（有宾语）
（3）渠又胖既一斤。（带数量词）

第一个例子中的"既"是已然体标记，后两个例子中是完成体标记。不难看出，"既"字在方言中在一定程度上起到了相当于普通话中"了"的作用。下面我们再来看一些"既"字在松湖话中的搭配使用情况。

（一）动词和"既"之间可以加补语使用，例如：

（4）讲错既冇关系，再讲一遍就是。
（5）渠斫断既这蔸树。
（6）渠徛起来既。
（7）衣裳都洗干净既。

从"既"可以在前面加补语使用，我们不难看出，"既"本身是一个完全虚化了的完成体标记，而不是作为完成意义的补语，这和古汉语中是不一样的，而这也是汉语发展的一个趋势：很多实词向完全语法化的虚词转变，也就是汉语正向着语法化的方向前进。

（二）"既"用在句末，来标记已然体。例如：

（8）小红到城里读书去既。
（9）叔叔的锁匙寻到既。
（10）钱都拿出来既，就这点子。
（11）我们寝室每天十一点就熄灯既。

（三）"既"还可以用来表示过程完成体中的存现句。例如：

（12）门打开既，大家进去吧。
（13）门口挤既好多人。
（14）房间里点既一盏灯。
（15）墙上挂既一幅画。

可见，"既"不仅能够用来标记一般完成体，还可以用来标记已然体。其实，已然体和完成体都可以理解为一个过程的完结，也就是过程完成体。当然，"既"在松湖话中，并不完全等同于普通话中的"了"。譬如，在一般情况下，普通话中宾语为动词时前面的动词后面不能加"了"，而应该把"了"放在做宾语的动词后面。而松湖话中的"既"一般就用在宾语动词前面而不是宾语动词的后面。如：

（16）渠答应既打扫房间。

（17）我决定既明日去北京。

这两个例句中，"既"可加可不加，但加上"既"就更加强调了前面动词过程的完成意义。"答应"和"决定"这一类动词，在语义上似乎没有多少"完成"的意义，在普通话中就很少用完成体标记"了₁"来进行标记，而用已然体标记"了₂"来表示。而我们这里说的松湖话里，"既"是过程完成体标记，只要动词所表示的过程是真实存在并确定已经完结的，我们就可以用"既"来进行标记。既然"既"字没有"了₁"那么强调严格的完成意味，"既"字就可以直接加在谓语动词后面。

五 结果完成体标记"吓"的使用

松湖方言中的"吓"，一般插在动词和宾语或补语之间。在有后续的谓语性成分或小句的条件下，在动词和宾语或动词和补语之间插入体标记"吓"，表示"先行动作"的完成。"吓"约相当于普通话"放了学再去"，"想了半天也想不通"中的"了"。具体用法如下。

（一）动词之后带有补语，"吓"置于补语之前。如：

（18）渠话吓半日还冇话清楚这个事。
（19）我股市上又亏吓五千块钱。
（20）我又走吓三里路才到渠屋里。

"吓"之后补语一般是数量补语，表示先行动作数量；或是时间补语，表示先行动作持续的时间。但不论是数量补语还是时间补语，我们都可以看出，这是一个有明显的开始与结束时间点的一种行为过程，是结果完成体。所以我们一般都用"吓"来进行标记。

（二）动词之后带有宾语时，"吓"在宾语之前。如：

（21）做吓作业再去玩！
（22）吃吓饭我马上就来。

从以上例句中可以看出，松湖话中的"吓"有"完毕"、"后"的意思。它是动词补语轻读而变来的体标记。"吓"的用法对句子的语义限制更加强烈。例如，我们可以说"卖呸了"而不能说"买呸了"，可以说"少呸了"而不能说"多呸了"，可以说"跌呸了"而不可以说"涨呸了"，等等。这种现象不止在松湖话中出现，在赣语区的其他地方也有这种现象，甚至吴语区、闽语区都有。能和"呸"搭配使用的动词，一般带有消失或流逝这方面的语义，如："吃"、"用"、"死"、"卖"等。值得注意的是，某些同时含有两方面意义的词语，和"呸"连用，也明显地表现出这类的意义。例如"租呸了"，表示租出去了房子，而不是租到了房子；"偷呸了"，表示被偷掉了自行车，自行车没有了，而不是偷到了自行车。

值得注意的是，在普通话中，"他吃了早饭"、"我做了作业"等短语结构可以独立成句，而在松湖话中"他吃呸饭"、"我做呸作业"不能成句。在松湖话中"动词＋呸＋宾语/补语"还不是一个成句的结构，后面必须再带上一个谓词性成分或一个小句子才能使语义完备，如上例。如果一定要将"他吃呸饭"、"我做呸作业"用松湖话来单独成句的话，就要将句子转化为前文所说的过程完成体标记"既"的用法——"他吃（呸）既饭"，"我做（呸）既作业"，或者用类似普通话的"把字句"的处置式表达。

六　两个词连用的情况及比较

"呸既"是松湖话完成体的第三个形式，它在语法意义上兼具前两种语法形式的意义：既表示句子所指的是一个完成的事件，同时含有动作完成和动作完结的意义。例如：

（23）一大碗菜就驮渠三下两下吃呸既。
（24）我在菜场买的金鱼子一个晚上全死呸既。

但是，不像普通话"了$_{1+2}$"在肯定句和否定句都可以用，"呸既"不可以用在否定句末尾，否定句末尾只能用"既"。例如：

（25）＊渠不能来呸既。　　　　他不能来既。
（26）＊房间灯不亮呸既。　　　房间灯不亮既。

究其原因，我想还是要归到两个助词的本质上来。在两个词连用时，"呸"发挥的作用应该还是属于补语类而不是完成体助词。在过程完成体句子中，前面已经出现了否定副词，后面就不再需要补语了。这一点在普通话里也是同样适用的，例如我们不能说："他不能来到了。"从这里我们也可以看出，过程完成体中的完成体标记比结果完成体中的标记更加虚化。普通话里的"掉"是一个例子。

在松湖话中，完成体助词"既"和"吓"都能出现的句式有两种：①动词＋既（吓）＋时量/动量补语；②动词＋既（吓）＋物量定语＋宾语或动词＋既（吓）＋物量宾语。它们的共同点是"动词＋既（吓）"后一定有数量结构。例如：

(27) 我做吓/既两个钟头。（时量补语）

(28) 老师教吓/既渠一遍。（动量补语）

(29) 渠吃吓了/既一碗。（物量宾语）

在这两种结构中，用"既"只是客观陈述动作延续的时间、次数或宾语所指事物数量的多少，而用"吓"则有强调意味。当"动词＋吓"后面的数量结构是物量时量短语或数词是"一"以上的动量短语时，强调的是说话者主观认为动作延续时间长、次数多或宾语所指的事物数量多，说话时数量词要重读。

七　余论

通过上面的分析，我们不难得出这样一个结论："既"和"吓"在方言中的使用并不能等同于"了"在普通话中的使用，虽然同为完成体助词，但无论在语法意义上还是使用范围和其他词搭配上都存在着差异，前者的语法意义更加宽泛并且有时具有词汇意义，使用范围也更加广泛。而这个差异，让我们看到了方言中的完成体和我们现在一般通行的普通话的完成体之间的差异。并且两方出现差异的这个现象，并不是只在松湖话中出现，在赣语甚至吴语、徽语等中也都普遍存在。

当我们把方言和普通话进行比较时，总会发现方言中往往保留了很多更加古老的语言习惯和用法。在本文中，也可以看出这一点。但当我们作方言语法研究时，从"既"、"吓"到"了"的比较中，更加容易看到汉语的共同语正在朝着更加语法化的方向发展。

参考文献

［1］陆丙甫:《汉英语法比较的范围的扩大》,*Journal of the Chinese Language Teachers Association*, 2002 年。

［2］梅祖麟:《先秦两汉的一种完成貌句式——兼论现代汉语完成貌句式的来源》,《中国语文》1999 年第 4 期。

［3］裴瑞玲:《〈搜神记〉完成体研究》,博士学位论文,山西大学,2004 年。

［4］吴福祥:《重谈"动词 + 了 + 宾"格式的来源和完成体助词"了"的产生》,《中国语文》1998 年第 6 期。

浅析新余方言动词完成体

黄丽敏

（新余市第三中学）

　　新余方言是赣方言的一支，属赣方言的宜浏片，具有赣方言的一些共同点而又多赣中地方色彩，亦有其自身特色。新余方言以渝水区方言为代表，分宜县的方言与渝水区还是有一定的差异性。从整体上看，市区又可以分为北片、中部片、东片三片，其中中部片又以城区为中心，含水西、珠珊、沙土等地，是新余市居优势的方言。作者即水西镇人，本文所记录的是作者的母语水西话，水西话与新余话基本无差别，因此可以把它作为新余方言的代表。

　　"体"是关于动词特有的语法范畴，汉语中动词的体主要是以附加虚词的语法形式来表示。表现动词体的形态手段大都从词汇手段变化而来，其具体来源复杂，虚化程度不一；同时，各个方言之间、方言与共同语之间在体的形式与意义也往往有较大差异。所以研究方言中动词体的表现情况，可以在一定程度上帮助我们全面认识现代汉语体的性质特点。本文试图通过对新余方言中动词完成体的面貌的描写，为现代汉语体范畴的研究提供比较的材料。完成体表示在某一个特定的时点上，动作或变化已经完成或实现，是动词最主要的体之一。完成体表示两种语法意义：一种是动作或变化在某一参照时点已经完毕，我们称之为一般完成体；另一种表示动作或变化在某一参照时点已经生成某种结果，我们称之为结果完成体。普通话中动词的完成体是由"动词＋了₁"构成的，动态助词"了₁"可以单纯表示动作的完成，包括动作行为从开始到完成、状态从开始到结束这样一个过程（一般完成体），我们把它记作"了₁"；"了₁"不仅可以表示动作的完成，还可以表示动作有了某种结果（结果完成体），我们把它记作"了₁"。区分"了₁"的这两种作用，主要看它前面的动词的性质。在新余方言中表示动词的一般完成体的"了₁"用"哩"表示；表示动词结果完成体的"了₁"用"泼[pʻo⁽³⁴⁾]"表示，区分得比较清楚。"动＋哩"、"动词＋泼"是动作完成意义的主要表达方式。

(1) 我喫哩饭再去屋里。（我吃了饭再回家。）

(2) 我把哩几块钱渠。（我给了他几块钱。）

(3) 渠洗泼碗就出去。（他洗了碗就出去。）

(4) 丢泼该件衣服去，相下烂哩。（扔了这件衣服，太烂了。）

一般完成体只关注某一动作在特定时点已经完毕而忽略该动作是否已经生成相应的结果，如：例句 (1) 表示"吃"的动作在说话的时间点上已经完毕；例句 (2) 表示在说话的时点上，"给"钱的动作已经完毕。结果完成体关注的是在某一特定时点，某一动作已经生成相应的结果，或是某一变化已经实现相应的状态，如：例句 (3) 表示碗在"出去"这一时间点上的状态已经实现；例句 (4) 表示衣服在说话的时间点上出现了被"扔"的结果。

一　哩

在新余方言中，"哩"是使用频率最高的完成体标记，它可以出现在众多的语法结构中。"哩"用于句中动词之后，构成"动词 + 哩"的形式，表示行为动作的完成。例如：

(5) 我喫哩三碗饭。（我吃了三碗饭。）

(6) 渠把哩三斤柑仔我，我马上就把哩钱渠。（他给了我三斤橘子，我马上就给了他钱。）

(7) 我昨日到哩南昌。（我昨天到了南昌。）

(8) 门口挤哩蛮多人。（门口挤了很多人。）

(9) 我都话哩你几道，你就是不听。（我都说了你几次，你就是不听。）

(10) 该几年渠老哩蛮多。（这几年他老了很多。）

(11) 我请哩渠来喫饭。（我请了他来吃饭。）

动词 V 与"哩"之间还可以插入补语，构成"动词 + 形容词 + 哩"的形式，表示主语动作进行的一种状态或者一种程度关系，在新余话中，此时的"形容词"一般是一个单音节形容词。例如：

(12) 渠修正哩该张自行车。（他修好了这辆自行车。）

(13) 话错哩有关系，再话一遍就是。（说错了没关系，再说一次就是。）

"哩"还可以用在连谓句或紧缩句中，构成"动词＋哩"，表示前后两个动作有先后关系，前一动作完成后才有另一情况发生。例如：

(14) 渠日日喫哩饭就出去。（他天天吃了饭就出去。）

(15) 我瞓哩一下仔就眼睜哩。（我睡了一会儿就醒了。）

(16) 等我问哩渠再话事你。（等我问了他再告诉你。）

(17) 李明□［lɛ⁴⁵］到哩小王不让渠去屋里。（李明拉住了小王不让他回家。）

"哩"还用于存现句，兼表完成和持续。例如：

(18) 间里点哩一盏灯。（房间里点了一盏灯。）

(19) 渠手里拿哩两本书。（渠手里拿了两本书。）

V＋哩的否定式是"冇＋V"，"哩"不出现。例如：

(20) 我冇买书。（我没买书。）

(21) 林老师冇买到一件好看个衣服。　（林老师没买到好看的衣服。）

需要注意的是当句中宾语是动词时，普通话中前面的动词后面不能加"了₁"，"了₁"放在做宾语的动词后面，而新余言中"哩"可以用在前面的动词后。例如：

(22) 渠答应哩去。（他答应去了。）

(23) 我决定哩今日动身。（我决定今天动身了。）

但是在普通话中却只能说成：我答应去了；我决定今天动身了。

动词表示经常性动作时，普通话中后面不能加"了₁"，在新余方言中后面可以加"哩"，例如：

(24) 我每日上昼 11 点钟就喫哩饭。（我每天上午 11 点就吃饭。）

(25) 学堂每日下昼 5 点钟就放哩学。（学校每天下午 5 点就放学。）

但是这两个句子在普通话中只能说成：我每天上午 11 点钟就吃饭；学校每天下午 5 点就放学。

二　泼

当句中有表"去除"、"使消失"的意义的动词，如"吃、关、放、脱、跌、丢失、做、打、杀、死、卖、还、忘记"等，这些动词所带的宾语在接受动作后都会存在本质上的"消失"和数量上的"完结"的变化，并生成相应的结果或状态。在普通话中这种结果完成意义，通常是以结果补语来表示，新余方言中，"动词 + 泼"是这种动作结果完成意义的主要表达方式。例如：

(26) 张三杀泼渠屋里□［$xε^{34}$］只鸡。（张三杀了他家的那只鸡。）

(27) 如果不喜欢，可以卖泼旧个买新个。（如果不喜欢，可以卖了旧的买新的。）

(28) 渠做泼作业再去瞌觉。（他做了作业再去睡觉。）

(29) 渠死泼蛮久哩，我俚还紧是想起渠。（他死了好久了，我们还经常想起他。）

在新余话中，"泼"还可以做补语，与普通话的"掉"相对应，如：

(30) 钱一下就用泼哩。（钱一下就用掉了。）

(31) 衣服烂泼哩。（衣服烂掉了。）

(32) 脚车仔个链条松泼哩。（自行车的链条松掉了。）

刘丹青（1996）认为："现代汉语方言的体貌形态手段，大都是从词汇手段虚化来的"，"结果补语是汉语体标记的重要来源"。新余方言中的完成体标记"泼"来源于结果补语，作为完成体标记在句中只表示生成了结果的语法意义。在新余方言中大致可以看出"泼"虚化直至成为完成体标记的过程，例如：

（33）我打泼哩一只杯仔。（我打破了一个杯子。）

（34）牛踩泼哩我个脚。（牛踩破了我的脚。）

（35）做泼哩事再喫饭。（做完了事再吃饭。）

（36）卖泼哩菜再去屋里。（卖完了菜再回家。）

（37）渠俚婆婆死泼两年哩。（他奶奶死了两年了。）

例句（33）—（34）中的"泼"处于结果补语的位置，与宾语联系紧密，并且"泼"还可以在句中做谓语，但"泼"这种充当补语的功能使其在其他情况下发生虚化成为了可能。在例句（35）—（36）中，做结果补语的"泼"与动词"做"、"卖"的黏合显然要比前两个例句更为紧密，这种只能充当补语的词刘丹青（1996）称之为"唯补词"，并认为是"结果补语虚化为标记的真正开端"。例句（37）中的"泼"已经不能看成是结果补语，它已经虚化到了独立成为完成体标记的程度，近似于普通话的"了₁"。

在划分带有结果补语痕迹的体标记和纯体助词时我们采用三条具体标准："（1）能否用在动结式后；（2）适用面的广窄，即类推性的大小；（3）后面能否再带同类体意义的纯体助词。"在新余方言中，有一种最简单区分结果补语"泼"与纯完成体标记"泼"的方法，即结果补语"泼"后一般可以加完成体的标记"哩"表示结果完成意义，而纯完成体标记"泼"后不能再加"哩"。例如：

（38）你洗泼哩衣服么？（你洗完了衣服吗？）

（39）渠俚昨日拆泼哩渠屋里个老屋。（他们昨天拆掉了他家的旧房子。）

（40）我前日跌泼哩钱。（我前天掉了钱。）

（41）小王昨天杀泼一只猪。（小王昨天杀了一头猪。）

（42）我今年做泼一间新屋。（我今天做了一间新房。）

例句 (38) — (40) 中的 "泼" 即为结果补语，而例句 (41) — (42) 中的 "泼" 则为纯结果补语标记。但是在新余方言中，这种 "唯补词" "泼" 单独使用的机会较少，它经常与完成体标记 "哩" 同时出现构成 "泼哩" 的形式来表示结果完成意义，并且这种结构在表达结果完成意义时比较常用。

"动词＋泼" 虽然也是可以表达结果完成意义，但其使用范围比 "动词＋泼哩" 要小，出现的频率并没有前者高。"动词＋泼" 一般要求宾语是无定的，而 "动词＋泼哩" 并没有这方面的限制，如例句 (41) — (42) 中的 "猪" 和 "新屋" 都是不定指的。

三　泼、哩

在新余方言中，"哩" 是个虚化程度比较彻底的完成体标记，它的依附性很强，可以用于各类句法结构中。在上述例句中，能用 "泼" 的地方都能用 "哩"，但是两者表示的意义则不同。

"哩" 仅仅表示一般的完成意义，与普通话中的 "了₁" 的作用相同，而完成体标记 "泼" 除了表示结果完成意义之外，还可以用于动作动词和状态动词后面，表示强调意义。此时的 "泼" 有时并不是侧重表示某种结果，而是说话者强调动作所用的时间长或动作、宾语的数量多，常见的结构有 "动词＋泼＋时量补语"、"动词＋泼＋数量定语＋宾语"。我们可以比较以下几个例句：

(43) 他昨天中午睡了两个钟头。

a 渠今日昼间瞌哩两个钟头。

b 渠今日昼间瞌泼两个钟头。

(44) 这本书我读了三次。

a 该本书我读哩三次。

b 该本书我读泼三道。

(45) a 我等哩半个钟头，门就开哩。（我等了半个小时，门就开了。）

b 我等泼半个多钟头，门正开。（我等了半个小时，门才开。）

(46) a 该件事渠话哩三道，我就记得。（这件事他说了三次，我就记得。）

b 该件事渠话泼三道，我正记得。（这件事他说了三次，我才记得。）

（47）买这件衣服，我用了三百块钱。

a 买该件衣服，渠用哩三百块。

b 买该件衣服，渠用泼三百块。

（48）这餐饭吃了他六百块钱

a 该餐饭喫泼他六百块钱。

b 该餐饭喫泼他六百块钱。

上述例句中，（43）—（46）是"动词＋泼＋时量补语"的形式，（47）—（48）是"动词＋泼＋数量定语＋宾语"的形式。（43）a 和（44）a 分别强调了睡的时间长、读的次数多，言下之意是其实不必睡那么长时间、读的次数太多了，而此时 b 中如果用"哩"就只能表示动作的一般完成意义，睡的时间和读的次数。（45）b 和（46）b 分别在前一动词后用"泼"来表示说话者认为说的时间长、数量多，后一动词前常用"都"、"正才"，a 句中"哩"表示说的时间和数量，后面的动词前用"就"，强调的是时间和数量的少。（47）a 和（48）a 动词后用"泼"，构成"动词＋泼＋数量定语＋宾语"的形式，既表示动作的某种结果，又含有强调数量之多（数量一般都超过"一"）。如果不强调数量之多，一般在动词后用"哩"。

四 小结

通过以上对"泼"和"哩"的分析，我们可以获得以下认识：在新余方言中表示动词的一般完成体的用"哩"表示；表示动词结果完成体的用"泼［pʻoʔ³⁴］"表示，区分得比较清楚。结果完成体标记"泼"是由结构补语发展而来，可以与"哩"一起组成"泼哩"的形式来表示结果完成意义。"泼哩"是新余方言常见的结果完成体标记。完成体标记"泼"除了表示结果完成意义之外，还可以用于"动词＋泼＋时量补语"、"动词＋泼＋数量定语＋宾语"结构中，表示强调意义，强调动作所用的时间长或动作、宾语的数量多。

参考文献

［1］戴耀晶：《赣语泰和方言语法的完成体》，载《动词的体》，香港中文大学出版社 1996 年版。

［2］黄伯荣、廖序东：《现代汉语》，高等教育出版社 2002 年版。

［3］刘丹青：《东南方言的体貌系统》，载《动词的体》，香港中文大学出版社 1996 年版。

［4］吕叔湘：《 现代汉语八百词》，商务印书馆 1999 年版。

［5］徐阳春：《南昌方言的体》，《南昌大学学报》（社会科学版） 1999 年第 3 期。

［6］朱德熙：《现代汉语语法研究》，商务印书馆 2005 年版。

湘语与赣语的否定词比较

罗昕如

（湖南师范大学文学院）

本文比较湘语、赣语中与普通话"不"、"没有"对应的否定词。通过比较，揭示二者的异同。

一 湘语与赣语对应于"不"的否定词比较

（一）湘语和赣语与"不"对应的否定词

普通话的副词"不"用在动词、形容词前表示否定，各方言都有与之对应的否定词。官话多为双唇音声母的吴语多为唇齿音声母，如上海 [vɐʔ]，苏州 [fəʔ]，温州 [fu]，潘悟云（2002）认为本字就是"不"；客家话、闽语、粤语多为自成音节的鼻音类，语音形式为 [n̩]、[m̩]、[ŋ̍]，记作"唔"、"呒"、"伓"或"勿"。北部的湘语和赣语受官话影响较深的方言大多说"不"，中南部的湘语和赣语多为自成音节的鼻音类否定词，有些地方"不"、"唔"兼用。刘纶鑫（1999：707）对否定词"不"在赣语中的使用规律有过总结："其大致的规律是：赣北与赣中的一部分地区说'不'，赣中'不'、'呒'兼用，赣中南部、赣南则说'呒'。"南部的湘语和赣语还有当"不"讲的否定词与当"没有"讲的否定词同形的情况。

下面举例列出湘语和赣语与"不"对应的否定词，用字依各材料所引文献的用字。

表 1   湘语和赣语与"不"对应的否定词表

湘语	不	赣语	不
长沙	不 pu^{24}	湖口	不 pɛ^4
湘潭	不 pu^{24}	星子	不 pɛ^3

续表

湘语	不	赣语	不
益阳	不 pu^{55}	永修	不 $pu?^8$
衡阳	不 pu^{11}	南昌	不 pit^5
衡山	不 pu^{35}	乐平	不 $pə?^6$
涟源桥头河	不 $p'u^{33}$	横峰	不 $pu?^6$
娄底	不 $p'u^{13}$	奉新	不 $pət^6$
祁阳	不 pu^{33}/勿 n̩ (^{53}上声)	东乡	不 $pət^6$/呒 n̩
双峰花门	唔 n̩^{35}阴去	莲花	不 pe^1/呒 n̩
邵东	唔 n̩^{35}阴去	黎川	毋 n̩^{35}阳平/不 $pi?^3$
隆回	唔 n̩^{44}阴平	高安	呒 n̩^{2}
溆浦	不 pu^{13}/冇 ma^{53}阳去	泰和	呒 m̩^{55}/冒 mau^{211}
新化	唔 n̩^{45}去声/冇 $mɔ^{33}$阴平	洞口	唔 n̩^{45}去声/冇 $mɔ^{55}$阴平
武冈	冇 mau^{13}阳去	绥宁唐家坊	冇 $mɑo^{33}$阳去

注：用数字标调类的方言材料来自刘纶鑫（1999）。

上述材料也显示，北部的湘语和赣语大多说"不"，中南部的湘语和赣语多为自成音节的鼻音类否定词，有些地方"不"、"唔"兼用，南部的湘语和赣语还有当"不"讲的否定词与当"没有"讲的否定词同形的情况。当"不"讲的自成音节的鼻音类否定词本字不明，它们与客家话、闽语、粤语的这一否定词是同一类型，属于方言固有的早期层次，而"不"是受官话影响而产生的，属于后起的层次。当"不"讲的否定词在湘语与赣语中的这种南北分布比较一致，这是二者关系密切的一种体现。

（二）湘语当"不"讲的否定词的类型与发展轨迹

湘语中，当"不"讲的否定词情况比较复杂，从南部往北部看有下面几种类型。

武冈型：当"不"讲的否定词与当"没有"讲的否定词同形，都用当"没有"讲的否定词"冇［mau^{13}］"。例如武冈方言（向柠、贝先明，2007）：

（1）我里冇看咧。（我们不看了。）｜有油冇盐格菜他冇吃。（有盐没油的菜他不吃。）｜红得冇乖态。（红得不漂亮。）

（2）你里冇看倒。（你们没看见。）｜还冇吃饭。（还没吃饭。）

辰溪、江永等方言可以归入武冈型。辰溪方言当"不"讲的否定词与当"没有"讲的否定词同形，读［ma⁵⁵］（阳去）（谢伯端，1996）；江永方言当"不"讲的否定词与当"没有"讲的否定词同形，读［mɯə¹³］（阳上）（黄雪贞，1993），但都不是来自古效摄。

新化型：当"不"讲的否定词有"唔［n̩⁴⁵］"和"冇［mɔ³³］"，二者兼用。"唔"可对译为普通话的"不"；"冇"与当"没有"讲的否定词同形，如新化方言"我冇去（我没有去）"。

大多数情况用"唔"表示"不"的意思。例如新化方言（罗昕如，1998）：

　　　（3）其晓唔晓得？其唔晓得。（他知道不知道？他不知道。）｜我该唔该来？（我该不该来？）（第319页）

以下两种情况用"冇"表示"不"的意思。
一是在判断动词"是"前用"冇"（也可用"唔"）。例如：

　　　（4）我冇是长沙人。（我不是长沙人。）（第269页）

二是在能愿动词"要"前用"冇"（也可用"唔"）。例如：

　　　（5）今天冇要做作业。（今天不要做作业。）（第269页）

邵阳、溆浦等方言可以归入此类型。邵阳方言"唔［ŋ̍³⁵］"与"没［mo³⁵］"并用当"不"讲，溆浦方言"不［pu¹³］"与"冇［ma⁵³］"并用当"不"讲。

邵东型：当"不"讲的否定词用"唔［n̩³⁵］"。例如邵东方言（黄磊，2007）：

　　　（6）问嘎半天其都唔声。（问了半天他都不说话。）
　　　（7）我今日连唔舒服。（我今天很不舒服。）

双峰花门、隆回等方言属于这种类型，当"不"讲的否定词用"唔"，双峰花门读［唔 n̩³⁵］；隆回读［ŋ̍⁴⁴］。

祁阳型：当"不"讲的否定词"不［pu³³］"与"勿［ŋ̍⁵³］"（唔）并用，县城多说"不"，县城以外的大部分地区说"勿"。（李维琦，1998：76）县城说"不"，例如：

　　（8）果这只吴县尉，他一不要凳子，二不要椅子，三又不要桌子。（同上，第 222 页）

长沙型：当"不"讲的否定词用"不［pu²⁴］"。例如长沙方言：

　　（9）不认得｜不做声｜不听见｜不看见｜不好过｜不得完（鲍厚星等，1998：25）

湘潭、益阳、衡阳、衡山、涟源、娄底等方言属于这种类型。

南部湘语相对保守，其演变速度慢于北部湘语，上述从南往北的几种类型可以反映湘语当"不"讲的否定词的演变轨迹：

冇武冈型→唔/冇新化型→唔邵东型→不/唔祁阳型→不长沙型

伍云姬（2007：354）认为，湖南方言中最原始的否定词只有一个，既表主观否定，也表客观否定，"没（有）₂"和"不"同形，这个否定词为双唇鼻音声母的"没"，如怀化读［mau²¹］（记作"冇"或"冒"）。后来之所以出现了"不"和"没（有）₂"的对立，是北方方言侵入湖南的结果。

上述湘语当"不"讲的否定词的演变类型可以印证伍云姬的观点。湘语当"不"讲的否定词最早与"没有"同形，只有一个"冇"，如武冈型。后面当"不"讲的否定词与当"没有"讲的否定词有了分工，"不"为自成音节的鼻音类否定词"唔"，"没有"为双唇鼻音声母的"冇"。在分工的早期阶段，"冇"当"不"讲的用法没有完全隐退，"冇"与"唔"平行使用表示"不"，如新化型。在分工的定型阶段，当"不"讲的否定词为"唔"，如邵东型。在北方方言的影响下，"不"开始取代"唔"，如祁阳型，县城多说"不"，其他地方多说"勿"（唔），"不"与"唔"在祁阳方言中都使用。在受北方方言影响大、演变速度快的北部湘语中，当"不"讲的否定词完全演变成了"不"，如长沙型方言。

特别要说明的是，以上研究只是一种粗线条的推测，还不是结论。因为我们的材料还十分有限，很多复杂的现象有待进一步调查研究。如陈晖指出，在涟源市，桥头河镇方言受外界影响小，比较保守，当"不"讲的否定词说"不［pʻu³³］"，而市政府所在地的蓝田方言受外界影响较大，当"不"讲的否定词反倒说"唔［n̩⁴⁴］"（杨家滩镇、白马镇等乡镇也说"唔"），这似乎与上面勾勒的湘语当"不"讲的否定词的演变轨迹不一致。2008级研究生朱娟提供双峰县甘棠乡当"不"讲的否定词用"冇［mə³³］"、"唔［n̩⁵⁵］"、"不［pu³⁵］"三个，这又提出了一种新的类型。可见有关这个问题的研究还远远不够。

（三）赣语当"不"讲的否定词的类型与发展轨迹

赣语当"不"讲的否定词也有与湘语对应的五种类型，与湘语有大致相同的发展轨迹，列举如下。

绥宁唐家坊赣语当"不"讲的否定词与当"没有"讲的否定词同形，只有一个"冇［mɑo³³］"，同湘语武冈型。例如（曾常红，1996）：

（10）坏嘎咧，我冇记得咧。（真糟，我不记得了。）｜你好生做事，冇不准再乱跑咧！

（11）作业做起嘎冇？（作业做完了没有？）

绥宁方言当"别、不要"讲的否定词也说"冇"，例如：

（12）坐倒！冇乱跑。（坐着，别乱跑。）

正因为绥宁方言统一用同一个否定词，所以就有下面的句子：

（13）冇得我冇讲田里咯禾冇得长，就连一蔸草都冇得活。（没有我别说田里的禾苗长不了，就连一蔸草都活不了。）

泰和方言当"不"讲的否定词有"呒［m̩⁵⁵］"和"冒［mau²¹¹］"，二者兼用，同湘语新化型。例如（戴耀晶，2003）：

（14）我呒去。（我不去。）｜我呒吃烟。（我不抽烟。）｜我吃呒饱。（我吃不饱。）

（15）渠平常冒闹德话事。｜渠平常呒闹德话事。（他平时不怎么说话。）

（16）红花多数冒香，香花多数呒红。（红花多数不香，香花多数不红。）

耒阳方言当"不"讲的否定词用"唔［ n̩²¹³］"，同湘语邵东型。例如（王箕裘、钟隆林，2008：349）：

（17）常辰唔落屋。（时常不在家。）｜肚子总是唔好。（肚子一直不好。）｜常辰吃唔饱。（常常吃不饱。）

黎川方言当"不"讲的否定词"毋［ n̩³⁵］"与"不［ piʔ³］"并用，同湘语祁阳型。例如（颜森，1995：64、220）：

（18）毋吃不吃｜毋去不去｜毋送了不送了｜毋要不要｜毋害紧不要紧
（19）不做声｜不在乎｜不要脸｜不敢当｜不得了｜不作数

南昌方言当"不"讲的否定词用"不［ pit⁵］"，同湘语长沙型。例如（熊正辉，1998：264）：

（20）不去｜不吃｜不认得｜不答应｜不做唧不做声｜不舒服｜不远｜不高

可见赣语当"不"讲的否定词与湘语有大致相同的类型与发展轨迹：冇→冇/唔→唔→不/唔→不。

同样，我们对赣语的这一研究也只是一种粗线条的推测，该研究还有待进一步调查事实，总结规律。

二 湘语与赣语对应于"没（有）"的否定词比较

普通话"没有"在口语中常说"没"，后接体词性成分时当"无"讲，是动词；后接谓词性成分时当"未"讲，是副词。为方便区分，本文用"没（有）$_1$"表示动词，"没（有）$_2$"表示副词。下面分别用"没（有）$_1$"、"没（有）$_2$"称呼方言中对应的否定词。本节的语料来自已经发表的文献（见参考文献）。

据覃远雄研究（2003），北方方言当"无"或"未"讲的否定语素一般写作"没（有）"，读音与"没"的中古音声母、韵母相合。南方方言的这个否定语素多写作"冇"、"冒"和"无"，根据声调的不同分为三种类型：

类型一，今读阳上或上声，主要分布于粤语和部分桂南平话。这一类型否定语素的声母都来自古明母或微母，声调都来自古上声，韵母分别来自古流摄三等、效摄一等和二等。

类型二，今读阳去或去声，主要分布于湘语和赣语。这一类型否定语素的声母都来自古明母，声调都来自古去声，韵母来自古效摄一等。

类型三，今读阳平，主要分布于闽语和客家方言。这一类型否定语素的声母都来自古明母或微母，声调都来自古平声，韵母来自古效摄一等。

覃远雄推测，这些当"无"和"未"讲的否定语素都来源于"无有"的合音，并专文论证读类型二的方言中这一否定语素是来源于"无有"的合音。（2007）

从上面的研究可知，南方方言中，同属类型二的湘语与赣语这一否定语素都来自古效摄一等明母去声，来源于"无有"的合音，这种合音反映的是早期的读音层次，也反映了湘语与赣语有着密切的历史渊源关系。下面从这一否定语素（否定词）在湘语与赣语中的词形考察其发展演变的异同。

下面举例列出湘语和赣语中"没（有）$_1$"（当"无"讲，动词）和"没（有）$_2$"（当"未"讲，副词）的否定词，用字依各材料所引文献的用字。

表2　　　　　　　　　湘语"没（有）$_1$"和"没（有）$_2$"

方言点	没（有）$_1$	没（有）$_2$
长沙	冇得 mau^{21} tɤ^{24}	冇 mau^{21}
湘潭	冇得 maɯ^{21} tæ^{24}	冇 maɯ^{21}
汨罗	冇得 məɯ^{21} ti$^{43-33}$	冇 məɯ^{21}
益阳	冇得 mau^{11} te	冇 mau^{11}
衡阳	冇得 mau^{213} te^{21}	冇 mau^{213}
衡山	冇得 mou^{44} tie^{35}	冇 mou^{44}

续表

方言点	没（有）₁	没（有）₂
涟源	冇得 mə¹¹ tɕ³³	冇 mə¹¹
南县	冇得（合音）mau²⁴	冇 mau²¹
娄底	冇（得）mγ¹¹（te）	冇 mγ¹¹
祁阳	冒（得）mau³⁵（te）	冒 mau³⁵
邵东	冇得 mauɯ⁵⁵ tɛ	冇（有）mauɯ⁵⁵（iəu³²）
新化	冇（得）mɔ³³（ti³³）	冇（有）mɔ³³（iəu²¹）
武冈	冇（得）mau¹³（tə¹³）	冇（得）mau¹³（tə）
溆浦	冇（有）ma⁵³（iɣɯ¹³）	冇（有）ma⁵³（iɣɯ¹³）

表3　　　　　　　　赣语"没（有）₁"和"没（有）₂"

方言点	没（有）₁	没（有）₂
茶陵	冒 mɒ⁶	冒 mɒ⁶
吉水	冒 mau⁶	冒 mau⁶
新余	冒有 mau⁶ iu³	冒 mau⁶
安义	冒有 mau⁶ iu³	冒 mau⁶
都昌	冒有 mau⁶ iu³	冒 mau⁶
余干	冒有 mau⁶ iu³	冒 mau⁶
弋阳	冒有（合音）miu³	冒 mu⁶
南昌	冒（有）mau¹¹（iu²¹³）	冒 mau¹¹
黎川	冒（有）mou¹³（iəu⁴⁴）	冒 mou¹³
南城	冒（有）mou⁶（iu³）	冒 mou⁶
萍乡	冒（得）mau¹¹（tɛ）	冒 mau¹¹
浏阳	冇（得）mau¹¹（tie）	冇 mau¹¹
醴陵	冇（得）mao¹¹（tɛ³⁵）	冇 mao¹¹
常宁	冇（得）mo²⁴（te³³）	冇（有）mo²⁴（iɯ⁴⁴）

注：用数字标调类的方言材料来自李如龙、张双庆（1992）。

下面讨论两个问题：

1. "没（有）₁"与"没（有）₂"的音节数目问题

"没（有）₁"与"没（有）₂"有四种音节类型：

类型一，"没（有）₁"与"没（有）₂"都为单音节。赣语的茶陵、吉水属于这种类型。

类型二，"没（有）₁"为双音节，"没（有）₂"为单音节。湘语的长沙、湘潭、汨罗、益阳、衡阳、衡山、涟源和赣语的新余、安义、都昌、余干属于这种类型。

类型三，"没（有）₁"单音节"冇"与双音节"冇得"或"冇有"并存，"没（有）₂"为单音节。湘语的娄底、祁阳和赣语的南昌、黎川、南城、萍乡、浏阳、醴陵属于这种类型。

类型四，"没（有）₁"与"没（有）₂"都是单音节与双音节并存。湘语的新化、武冈、溆浦和赣语的常宁属于这种类型。

此外，还有"没（有）₁"合音的情况，如湘语的南县、赣语的弋阳。

就"没（有）₁"来说，湘语一般为双音节或单音节与双音节并存，赣语少数为单音节，大多为双音节或单音节与双音节并存。就"没（有）₂"来说，湘语与赣语大多为单音节。

汉语词汇演变的规律是单音节向双音节演变，"没（有）₁"与"没（有）₂"都为单音节的方言保留着较早的层次，单音节与双音节并存是单音节 A 向双音节 B 演变过程中的 AB 阶段，这个阶段可能是漫长的，如普通话的"没（有）₁"与"没（有）₂"都是单音节与双音节并存。如果说演变的结果是定型于双音节，那么湘语和赣语中只有"没（有）₁"有定型于双音节的情况，"没（有）₂"大多为单音节，可以说"没（有）₁"向双音节转化的进程快于"没（有）₂"。湘语和赣语中"没（有）₁"与"没（有）₂"音节类型的多样性是不同方言演变速度不一致的表现。

2. "没（有）₁"向双音节转化的语素配置问题

当"没（有）₁"与"没（有）₂"处于单音节阶段时，湘语与赣语的这个否定词都来自古效摄一等明母去声，来源于"无有"的合音，读音相当一致。在随后的演变中"没（有）₁"向双音节转化，湘语与赣语各有了不同的语素配置，湘语一般与"得"结合成"冇得"，赣语一般与"有"结合成"冇有"，湖南境内的浏阳、常宁、醴陵及靠近湖南的萍乡等赣语受湘语的影响也说"冇得"。

通过对湘语与赣语中"没（有）₁"与"没（有）₂"的考察，可以得出如下认识：

湘语与赣语中"没（有）₁"与"没（有）₂"的核心语素都来自古效摄一等明母去声，这是两大方言的"没（有）₁"与"没（有）₂"具有较强的一致性的重要基础。在后来的演变中，两大方言"没（有）$_1$"与"没（有）$_2$"的音节类型大致相同，"没（有）$_1$"向双音节转化快于"没（有）$_2$"的进程也相同。二者的突出差异是"没（有）$_1$"向双音节转化时，各自的语素配置不同，湘语一般说"冇得"，赣语一般说"冇有"。

参考文献

［1］鲍厚星等：《长沙方言词典》，江苏教育出版社 1998 年版。

［2］戴耀晶：《赣语泰和方言的否定表达》，见《汉语方言语法研究和探索》，黑龙江人民出版社 2003 年版。

［3］黄 磊：《邵东城关镇方言的副词》，见《湖南方言的副词》，湖南师范大学出版社 2007 年版。

［4］黄雪贞：《江永方言研究》，社会科学文献出版社 1993 年版。

［5］李 荣主编：《现代汉语方言大词典》（42 种分地本），江苏教育出版社 2002 年版。

［6］李如龙、张双庆主编：《客赣方言调查报告》，厦门大学出版社 1992 年版。

［7］李维琦：《祁阳方言研究》，湖南教育出版社 1998 年版。

［8］刘纶鑫：《客赣方言比较研究》，中国社会科学出版社 1999 年版。

［9］罗昕如：《新化方言研究》，湖南教育出版社 1998 年版。

［10］罗昕如：《湘方言词汇研究》，湖南师范大学出版社 2006 年版。

［11］潘悟云：《汉语否定词考源》，《中国语文》2004 年第 2 期。

［12］覃远雄：《部分方言否定语素"冇/冒"所反映的读音层次》，《方言》2007 年第 3 期。

［13］王箕裘、钟隆林：《耒阳方言研究》，巴蜀书社 2008 年版。

［14］魏钢强：《萍乡方言词典》，江苏教育出版社 1998 年版。

［15］伍云姬主编：《湖南方言的副词》，湖南师范大学出版社 2007 年版。

［16］向 柠、贝先明：《武冈方言否定副词研究》，见《湖南方言的副词》，湖南师范大学出版社 2007 年版。

［17］谢伯端：《辰溪方言的动态助词》，见《湖南方言的动态助词》，湖南师范大学出版社 1996 年版。

［18］熊正辉：《南昌方言词典》，江苏教育出版社 1998 年版。

［19］颜清徽、刘丽华：《娄底方言词典》，江苏教育出版社 1998 年版。

［20］颜 森：《黎川方言词典》，江苏教育出版社 1995 年版。

［21］赵素轶：《湖南省双峰县花门镇方言的副词研究》，硕士学位论文，湖南师范大学，2008 年。

［22］曾常红：《绥宁方言的动态助词概述》，见《湖南方言的动态助词》，湖南师范大学出版社 1996 年版。

［附记：本文系湖南省教育厅科学研究项目"湘语与赣语比较研究"（项目编号：07A047）研究成果之一。］

XA 式形容词：客家话与赣、湘方言的比较

严修鸿

（广东外语外贸大学中文学院）

一　客家话单点报告

客家话有一种特殊的双音节形容词，第一个音节往往是词缀性质，并无实际意义，常常也无明确的字源。现在以笔者的母语，地处闽、粤、赣三省交界处的客家话坪畲点为例，作详尽的调查，先罗列如下（标调值，调值与调类对应为：阴平 35，阳平 11，上声 31，去声 55，阴入 2，阳入 5）。

（一）　与触觉有关的

表 1

条目	释义及句中举例
1. tu^{11} 笨（phun^{35}）	很厚：～个书，好难读完。
2. ŋau^5 薄	很薄：佢破个篾～。
3. pia^{11} 烂	很烂：落哩雨，路～。
4. çio^{11} 泛（phaŋ^{55}）	很不结实：谷子～。
5. liu^{31} 滑	很光滑：路面～，行路爱小心。
6. tçiu^{11} 韧	很坚韧：～个板子，食唔去。
7. piet^8 烂	很烂：落哩雨，路～，唔好行。
8. çiet^8 利	很锋利：佢眼法～，一下就看出来。
9. mut^5 绵	很细碎：骨头炖哩咹久，都～哩。
10. mut^5 灰	吃起来感觉很粉：芋子～，好食。
11. tauʔ 湿	很湿：衫裤分雨涿哩～。
12. tauʔ^5 殁（mut^2）	腐烂程度高：分雨涿哩～。
13. tok^5 殁	腐烂程度高：～个树头，无么个用。
14. pat^5 殁	腐烂程度高：树皮～。
15. pak^5 塞	阻塞严重：佢感冒哩，鼻公～。

续表

条目	释义及句中举例
16. tak⁵ 结	很结实：地板钟得~。
17. kuaŋ¹¹ 硬	很硬：~个粄子，唔好食。
18. kuak⁵ 硬	很硬：天旱好久，地場晒去~。
19. lai¹¹ 粗	很粗糙：手脚~。
20. kuai¹¹ 软	身体很酸痛：一身都~，爱休息咯。
21. ŋit⁵ 软	很软熟：粄子~，老人也食得去。
22. phun 松	很松：~个石头，一推就烂。
23. pok⁵ 煞	密封程度高：罂子扭得~，打唔开。
24. kuŋ⁵⁵ 缃	很紧：索子绑得~。
25. phut⁵ 嫩	很嫩：佢做个豆腐~，十分精。
26. çit⁵ 嫩	很嫩：青菜~个，好切。
27. khut⁵ 爽	很爽脆：牛百叶炒来几好食，~。
28. khuak⁵ 火曹	很干燥：樵~，好烧。
29. khuak⁵ 酥	很酥脆：正炒啊倒个番豆仁~。
30. mut⁸ 酥	很酥脆：~个薯片，好香。
31. po³⁵ 脸（nen¹¹）	很软：柿子熟哩，只只都~个。
32. ho¹¹ 烧	很热：佢一身~，得病哩。
33. lak⁵ 滚	很烫：汤~，爱小心食。
34. vat⁵ 冷	很冷：手冻去~。
35. kuai⁵ 冷	很冷：~个饭，食都唔下。
36. in³¹ 凉	很凉：大树底下~。

（二）与视觉有关的

表 2

条目	释义，词例
37. faŋ³⁵ 红	很红：分人一骂，佢面色~。
38. tut⁵ 乌	很黑：人都六十了，头颅毛还~。
39. len³⁵ 黄	很黄：佢面色~，可能有病。
40. kau¹¹ 青	很青绿：佢酒越食，面就越至~。
41. tçia³⁵ 蓝	很蓝：潭水看起来~，好深啊。
42. phuŋ³¹ 白	很白：踏出来个米渐~。
43. va¹¹ 光	很亮：屋子~。

条目	释义，词例
44. liu 光	很光滑：刨佢一下，就会 ~。
45. pat⁵ 令	光滑、漂亮：介只细妹子生来 ~。
46. pat 醒	样子很显眼的样子：装头 ~。
47. kuk 浑	很浑浊：田里个水 ~，鸭子寻过食。
48. fit 赤	暗红色：屙个尿 ~，有热气。
49. tit 圆	圆溜溜：今夜月光 ~，系十五哩。
50. tiu 弥	次数多：为了寻钱，佢日日都踽去 ~。
51. tit 弥	转得很快：陀螺转得 ~。
52. put 缲	很杂乱：桌上个书唔好翻去 ~。
53. tut⁸ 浓	很浓密：竹叶 ~，根下应该有笋。
54. tshauʔ² 齐	很整齐：筷子顿去 ~。
55. taŋ¹¹ 显（ɕian⁵⁵）	很明显：佢个手筋 ~。
56. ȶaŋ⁵⁵ 鲜	汤水很稀：汤 ~，料好少。
57. tak⁵ 准	很准确：佢打枪眼法好，瞄得越准。
58. kuak⁵ 劲	走路很有力气：佢行路还 ~。
59. tshuŋ⁵⁵ 新	崭新：衫还 ~个，还着得。
60. tet⁵ 肥	很胖：细人子 ~，得人惜。
61. piet⁵ 壮	很壮实：猪子会大，条条 ~。
62. ȶauŋ¹¹ 瘦	很瘦：佢个牛无人掌，蓄去 ~。
63. ɕiu³¹ 直	很直：山上个杉树条条都 ~。
64. tsoŋ³¹ 平	很平：潮汕一带无么山，一路都 ~。
65. liu³¹ 长	很长：介条南蛇 ~。
66. tuŋ¹¹ 暗	很黑暗：间肚里 ~，么个都看唔到。
67. tɕhiok⁵ 暗	很黑暗：哪都 ~，看唔倒。
68. mut⁵ 融	很细碎：碗分人拌哩 ~，一地泥都系析。
69. put⁵ 满	很满：两只袋子都装去 ~。

（三）与嗅觉、味觉有关的

表3

条目	释义，词例
70. ta⁵⁵ 苦	很苦：茶忒浓，~。
71. tiu⁵⁵ 苦	很苦：药 ~，唔好食。

续表

条目	释义，词例
72. tɕiu⁵⁵ 苦	很苦：药~，唔好食。
73. tauʔ⁵ 涩（tauʔ²）	很涩：柿子启熟，~。
74. ɕio¹¹ 淡	很淡：汤无味，~。
75. kuat¹¹ 淡	很淡：汤无味，~。
76. phun³¹ 香	很香：馒头~。
77. phuŋ³⁵ 臭	很臭：屎缸下~。
78. tuŋ¹¹ 馊	馊气很足：~个菜碗好拿去洗哩。
79. vin¹¹ 腥	很腥：湖鳅~，大家都唔食。
80. vit⁵ 腥（siaŋ⁵）	杂味重：镆头还~，启洗伶俐。
81. phuŋ¹¹ 臊	臊味很重：羊肉唔加配料，~。

（四）其他状态形容的

表 4

条目	释义，词例
82. ɕio¹¹ 苲（ŋen⁵⁵）	很虚弱：佢病去~，一身无力。
83. pak⁵ 抑（at²）	内心很痛苦：我听了心下~。
84. ten¹¹ 重	很沉重：石头~，实在搬唔动。
85. tet⁵ 重	很沉重：石头~，实在搬唔动。
86. khut⁵ 乐（nak²）	很开心：听到好消息，佢心下~。
87. lauʔ² 熟	很熟：老地方，我~。
88. pak⁵ 辄（tsauʔ²）	很用功：佢做事，来得彻个。
89. fak² 生	很有生机：鱼子还~。
90. tuk⁵ 驯	很驯服：牛分佢教哩~。
91. kuk⁵ 兴（ɕin³¹）	很有兴致：佢都~，好有兴味。
92. phin³¹ 轻	很轻：担子唔会重，~。
93. tɕiok8 静	很安静：屋子肚里~，无人。
94. tɕiet8 旺	很热闹：昨晡墟日~，去人都唔得。
95. kuet⁵ 饱	很饱：今都还~，一滴都食唔下。
96. tauʔ⁵ 醪（nəu¹¹）	很浑浊：加滴水，莫煮得~。
97. kuat⁵ 腻	很腻味：过年肉气多，食哩~。
98. khuaŋ³⁵ 忶（fun¹¹）	很晕：分佢搞去头颅~。
99. tok⁵ 离（lai¹¹）	很没精神：佢分人骂哩，~。

续表

条目	释义，词例
100. kuk^5 精	很精明：佢个算盘～，算得好清楚。
101. mia^{35} 醉	大醉：佢半夜食倒～正来转屋。
102. phaŋ^{35} 雄	身体很健康：老阿伯七十咯，身体还～。
103. taŋ^{55} 稳	很稳：纸在壁上粘去～，撕唔下。
104. tok^5 掂（tiauŋ^{35}）	内心很笃定：佢做事～，一样一样来。
105. tsoŋ^{31} 晴	很晴朗：半只月来天时都～。
106. tauʔ^8 浇（me^{55}）	很脏：手舞去～，快去洗伶俐来。

（注："笔直、雪白、绯红、蜡黄、寂静、滚烫、雪白、冰冷、墨绿、漆黑、笔直、僵硬……"这类，前字有理据可考者，全国各地的汉语方言都有一部分，本文暂不考虑这类。）

二　XA 式形容词的性质

（一）XA 式形容词的程度与色彩

这类形容词本身含有一定程度的意味，不能再接受程度副词"十分、好、几、绝"的修饰：

phuŋ^{31}白，十分白／＊十分 phuŋ^{31}白　　　çiu^{31}直，好直／＊好 çiu^{31}直。

XA 与"很 A"相比，两者之间还略有差别，因为除了程度意味，这类形容词还有点形象意义，具有生动色彩。因此，以上列举客家话虽然有了"几，好，十分"等程度副词，仍然存在大量这类 XA 式的形容词。

（二）XA 是词还是短语？X 是什么？

X 是定位的不成词的虚语素。出现在单音节形容词的前边，单独不成词，意义比较虚，可以看做是前缀。这种前缀语音形式多样，XA 构成一个表示程度加深的状态形容词。虽然 XA 大致相当于"很 A"，可是因为前者是虚语素，且多不能随意替换，因此可看做是一种附加式的构词而非短语。

一般情况下，客家话浊音声母今读塞音、塞擦音者当为送气音，可是 X 有些是不符合对应规律的，虽读阳调却不送气，如以下列举的不送气的阳平、阳入的音节。

X 为阳平，不送气：

tu^{11}笨（phun^1）、kuai^2 冷、ten^{11} 重、kau^{11} 青、tuŋ^{11} 馊、kuai^{11} 软、pia^{11}

烂、tɕiu^{11}韧、taŋ^{11}显（çian^5）、kuaŋ^{11}硬、ʈauŋ^{11}瘦、tung^{11}暗

X 为阳入，不送气：

kuat 淡、tet 重、乌、put^5 满、kuk^5 精、tok^5 掂（tiauŋ^{35}）、kuk 浑、tit 圆、tit 弥、put 缵、浓、tuk^5 驯、tet^5 肥、tauʔ5 醪、tok^5 离（lai^2）pat 醒、准、kuk 兴、khut^5 爽、lak^5 滚、kuet^5 饱、tau^8 浇（me^{55}）、pat^5 令、piet^8 烂、kuak^5 硬、kuak^5 劲、piet^5 壮、tɕiok^8 静、tɕiet^8 旺、kuat^5 腻

X 的意义空灵，不一定符合语音历史对应，看来若执著地去考证其语源是不着边际的。就其地域上不断出现的歧异形式而言，它们不一定有古代文献的来源，而很有可能是后起的一些不断更新的形式，是在浊音清化之后不断填补这些不合对应音节的空白所产生的。

（三）XA 式形容词的 XA 之间的对应关系

XA 的搭配多数是各自成型，不可互相替换，但有部分存在一对多、多对一的情形

一 X 对多 A：tau^5：～殁，～醪，～浇；tak^5 准，tak^5 结；tok^5 殁，tok^5 离（lai^{11}）

多 X 对一 A：tok^5 殁、tauʔ^5 殁、pat^5 殁；kuaŋ^2 硬，kuak^5 硬；tung^{11} 暗、tɕhiok^5 暗。

（四）XA 式形容词的语法功能

音缀的添加，使得 XA 转化为状态形容词，在句中担当谓语、补语、定语。加上转指标记"个"之后，也可以担当主语与宾语。

XA 式形容词担当句中谓语见下表：

表 5

ȵiauʔ^5 薄	很薄：佢破个篾～。
pia^{11}烂	很烂：落哩雨，路～。

XA 式形容词担当句中定语见下表：

表 6

tu^{11}笨（phun^{35}）	很厚：～个书，好难读完。
tɕiu^{11}韧	很坚韧：～个板子，食唔去。

XA 式形容词担当句中补语见下表：

表 7

pok⁵ 煞	密封程度高：罋子扭得～，打唔开。
kuŋ⁵⁵ 绲	很紧：索子绑得～。

（五）XA 音节搭配的倾向

上文说了，这类词缀一般没有实在含义，纯粹是一种衬托，那么前音缀的出现有无规律？有没有语音组合上的限定与内在目标？我们尝试进行对比分析。

1. 声调搭配见下表

表 8

前字＼后字	1（35）	2（11）	3（31）	5（55）	7（2）	8（5）	X 的声调总计
1（35）	/////	6	/////	2	/////	/////	阴平 8 个
2（11）	12	/////	/////	8	/////	/////	阳平 20 个
3（31）	4	3	/////			3	上声 10 个
5（55）	2	2	4	/////	/////	/////	去声 8 个
7（2）	1	1	/////	/////		1	阴入 3 个
8（5）	13	11	6	13	12	1	阳入 56 个

（注：括号前数字是调类，括号内是调值。///////////表示缺乏相应的组合。）

2. XA 的组合倾向分析

X 与 A 之间，声调多数不同（只有一个例外 8 ＋ 8：n̩iau$?^8$ 薄）。

X 与 A 之间，声母多有不同，不出现双声［经检查发现一个例外：kuak⁵ 劲（kin⁵⁵）］。

X 与 A 之间，韵母多有不同，不出现叠韵（经检查发现一个例外：kuaŋ¹¹ 硬）。

以上组合表明，前后两个音节似乎有意使得符号组合复杂化，以便维持张力，用于达到强调的效果。

3. 强调前字还有其他证明

前字以阳入（调值为高短调的 5）最多，占了一半多。据朱晓农（2004），高调适合表示强调。

坪畲点前字非入声可以延长，入声则可停顿；停延也是语言强调时常用的手段。

可以加入衬字"古"，构成"X 古 XA"的格式：φiet^5 古 φiet^5 利，$fa\eta^{35}$ 古 $fa\eta^{35}$ 红。

在 X 是上声 31、阴入 2 这两个比较低而短的调类时，若后字是可以延长升高的 35 阴平调或者高频短促的 5 阳入短调，则后字变为轻声的 3，用于凸显前面表现强调色彩的 X。

liu 光（$ko\eta^{35>30}$）、phun^{31} 松（$su\eta^{35>30}$）、phun^{31} 香（$\varphi io\eta^{35>30}$）、phin^{31} 轻（$\varphi ha\eta^{35>30}$）

liu^{31} 滑（$vat^{5>30}$）、phun^{31} 白（$phak^{5>30}$）、φiu^{31} 直（$tsh\mathfrak{d}t^{5>30}$）

lau? 熟（$suk^{5>30}$）、生（$sa\eta^{35>30}$）

据张少克（2004），长沙点的 XA 式，前缀强调，可以延长："延长'bA 的'中'b'的读音，通常可以达到第二音节'A'的两至三倍，甚至更长"；长沙的这类前缀还可以变为高调 55；据熊正辉（1995），南昌则可以叠加 X，构成 XXA 式，据谢留文（1998），赣南的于都客家话的 XA 式也可以有 XXA 格式，通过音节重叠达到延时，进而强化的效果。

（六）前缀歧异多变

这也似乎与强调相关，涉及感觉词语，因而不稳定。一方面表现在单点上，前缀 X 的语音形式比较多样，另外在地理上差异也比较大，即使是同一方言内部要找到比较一致的对应都比较难（参见下文）。大致几十平方公里方位内方有比较一致的用法，大致相当于一个圩场。

汉语里，与强调有关的程度副词在地理上表现为歧异复杂。据曹志耘（2008）语法卷 020 条：今天很热。汉语方言中的"很"的形式有"很、挺、真、好、好点、上好、野、诚、蛮、好多、交关、恶、怪、怪样、糊涂、危险、死人、吓农、实、是、可、尽、顶、极、十分、特别、忒、太、老、够、多、黑里、几、当、介、$na^{33}ku^{25}$、$ka\eta^{53}$"近 40 条。此外，"贼、倍儿、绝"也是大家熟知，现代校园还嫌不够，又出现"N + 形容词"，"超 + 形容词"的组合，但并未收录在内。

（七）数量、范围

本文列举的客家话 XA 式形容词，超过百数，涉及范围比较广，多数与直观感觉相关。但是并非所有的单音形容词都有 X 前缀与其搭配，大致看来比较抽象的形容词这类搭配比较少：大、细、紫、短、辣、久、远、阔、狭、高、好、坏、奇、娇、懒、闲、健、乱、暖、寒、渴、灵、急、真、假、快、慢、凶、恶、蠢、弯……

目前湘方言单点报告这类格式出现的数量最多。《长沙方言词典》(鲍厚星等，1998)列出了长沙方言"bA的"式124条，张小克(2004)曾调查归纳出200条。看来只有进行专项调查，进行穷尽的搜集，才有比较可靠的数字。

(八) XA 的格式的进一步简化

兴宁、梅县、武平三地出现简化迹象，即在众多的"X"前缀中选出一个相当于"很"的程度副词，可以与任何一个单音形容词及双音形容词(XA 格式之外的那类)相配。兴宁是 mak^8，梅县是 $kuat^8$，武平则是 $le\mathrm{?}^7$，新丰、翁源则是 $pa\eta^{51}$，这类程度副词的来源与"很、极、蛮、极、绝、死"等不同，但是简化以后，就相当于"很"，即单纯表示程度，而形象色彩方面修饰作用就淡化了。

三　其他客家话的分布

据目前了解，客家话很多地点都有这类 XA 式形容词，但各地并不统一，只在相对较小的社会内统一。以下画 ⬜ 者表示与坪畲点相同。

1. 闽西客家话：永定下洋

据李小华(2006)，带单音前缀 XA 式，如：滴苦、巴粗、寡瘦、娃光、碌滑、雪白、丢酸、□$k\alpha\mathrm{?}^5$ 软、□pia^{24}烂、篷脆、微薄、精光、喷腥、打准、焦红、□kei^{24}笨、扑白、梆紧、律乌。"其前缀 X 是同音字，无具体的实义，仅用于表示程度极高。"

2. 赣南瑞金(刘泽民，2006)："特殊的形容词前缀"

瑞金话不少单音节形容词往往可附加一个前缀，这种前缀大多没有确切的语义，无汉字可写，主要功能是把性质形容词变成状态形容词。在语法上，这类词可以做谓语、定语和补语，不做状语。这类前缀列举如下：

| □$p^h x\eta^1$：～臭、～臊、～腥 | □$fa\eta^5$：～红 | □n_iu^5：～苦 |
| □$t\varepsilon in1$：～甜 | □$fi\mathrm{?}^8$：～香 | □$t\varepsilon^hiu^2$：～绿 |

□kʰɑŋ²：～黄　　　　　　　　□nen⁵：～黄

□ɕiuɛʔ⁸：～白，可能是"雪"

□toŋ⁵：～青　　　　　　　　□mia⁵：～乌　　　　　□miʔ⁸：～烂

□tsɤʔ⁸：～烂　　　　　　　　□tɕiu²：～韧

□po¹：～肿、～醉（眼皮浮肿）

□po²：～nen²（柔软）　　　　□kuiʔ⁸：～浊　　　　　□iɛŋ⁵：～ɕiɛn1（清澈）

□toʔ⁸：～miʔ⁷（腐朽）　　　　□kʰaʔ⁸：～软（腿脚发软）

□tuiʔ⁸：～壮（肥胖或壮实）

□taʔ⁸：～lɛ³（筋疲力尽）　　　□nɑŋ¹：～高　　　　　□kʰuiŋ⁸：～nɑŋ²（短）

□me¹：～暗（昏暗）　　　　　□kʰeʔ：～蒙（老眼昏花）

□pʰɑŋ¹：～兴（兴高采烈）　　□taʔ⁸：～润（东西潮湿）

□taʔ⁸：～腻（腻歪、发怵）　　□fiʔ⁸：～轻　　　　　□fin⁵：～轻

□toʔ⁸：～等（重）　　　　　□taʔ⁸：～滑（溜滑）

3. 赣南客家话：安远县孔田（发音人为同事魏慧斌），获得 50 余条 XA 式形容词

va²¹ 皓（光）	ɕiõ⁻⁵¹ 红	mia³³ 乌	ŋy⁵¹ 苦
kia³³ 泛（空）	sei³³ 淡	pa³³ 重	pən³³ tei³³（厚）
ma⁵⁵ kiə²¹	pia³³ 烂	pin³³ 冷	tɕy² 韧
tiɤ³³ 滑	kuɤ⁵¹ 圆	pi³³ 软	pʰɤn³¹ 松
pi³³ 青	kua⁵⁵ 湿	pɐŋ⁵⁵ 滚	pʰɐŋ³³ 馊
kiɤ³³ 粗	mia³³ 暗	ko²¹ 融	kʰɤ²¹ 腥
kuɤ⁵¹ lai³⁵（疲倦）	pɐŋ⁵⁵ 雄	pɤ³³ 浑	pʰɤ³³ 饱
pʰɐŋ⁵¹ 晕	pʰɐŋ³³ 臊	lin⁵¹ 甜	tɤ³³ 掂
i⁵⁵ 薄	kuɤ³³ 硬	tɤ³³ 劲	pʰɤŋ⁵⁵ 煞
pʰɐŋ³³ 臭	tɐŋ²¹ 新	kia³¹ 蓝	sei³³ 嫩
kʰɤ³³ 火曹	phiau⁵¹ 轻	kia³³ 瘦	mo⁵¹ 平
piɤ⁵⁵ 直	po³³ 壮	pɐŋ⁵⁵ 紧	ta⁵⁵ 结

只有十分之一的相近，即以上画框的部分。也就是说各个客家话之间，

多数看来有 XA 格式的形容词，但是前字的 X 是各地不统一的，据笔者初步了解，地理上越接近的方言，X 的相似点就越多。

反映香港地区 19 世纪客家话的文献《启蒙浅学》，也有部分用例：

拼吓箇石壁裡去，拼吓【觖→碎】（一百七六）講論　氣係由口奈裡来。

【嚄新】箇鞋襪都有得着，脚底唔使冷（一百七八）講論情願冇鞋著

"觖碎"与"嚄新"就是两个 XA 式的形容词。

四　其他方言的分布

XA 式形容词，在地理上有一定的范围：除了客家话之外还有湘语、赣语、内陆闽语、西南官话有这类词语，主要是中部的方言区的区域特征，而边缘的吴语、沿海闽语、粤语则比较少见。

以往的研究，多数单点列举，很少涉及比较。

1. 赣语南昌话，据熊正辉（1995），词典内文称为"前缀形容词"，如：

宣红	森黄	橘绿	$tu\Omega^2$ 紫	乜乌	乜黑	煞白
乜暗	蓬香	$h\mathfrak{d}\Omega^5$ 臭	pie^{42} 腥	揪酸	$h\mathfrak{d}\Omega^5$ 苦	呵辣
丁咸	刮淡	$khie^{11}$ 涩	揪韧	pan^{42} 硬	硗硬	乜软
戍软	乜烂	$l\mathfrak{d}\eta^{42}$ 清	飞滚	揪圆	溜尖	脱大
吞厚	se^{42} 薄	吞重	飘轻	脱高	$khie^{11}$ 粗	辣湿
tat^2 粘	溜滑	$kiet^2$ 紧	$l\mathfrak{d}\eta^{42}$ 稀	蓬松	ie^{42} 烂	$tshe^{42}$ 光
kan^{42} 瘦	$kien^{42}$ 健					

作者又咨询南昌人余颂辉先生补充：

（1）新例

pin^{42} 冷　$t\mathfrak{d}\Omega^2$ 浑　p^han^{42} 松　$ts\mathfrak{x}\Omega^2$ 白　$fi\Omega^5$ 嫩　lo^{11} 猛（长）

$p^h\alpha^2$ 满　$h\mathfrak{d}\Omega^5$ 臊

（2）相同条目的另外的说法

ten^{45} 光　k^han^{42} 瘦　se^{11} 软　lo^{11} 圆　$k^h\mathfrak{d}\Omega^5$ 硬　tun^{11} 软

len^{42} 黄　$t\mathfrak{x}\Omega^2$ 壮

2. 根据赣语黎川，颜森（1995）的《黎川方言词典》摘录：

触觉

tɕiəu³⁵ 韧	ɕiɛ⁵³ 扁	fi²² 薄	lɔn⁴⁴ 尖	ly ʔ⁵ 除 ⁼（钝）
ly³⁵ 滑	ti³⁵ 滑	kuəiʔ⁵ 凉	uaʔ⁵ 烧	nɛ⁵³ 软
kaŋ³⁵ 硬	paŋ³⁵ 硬	khaŋ¹³ 硬	nɛm²² 尖	mɛ²² 烂
kua³⁵ 热	khuɛ²² 湿	lam²² 干	taʔ⁵ 粘	ɔŋ²² 清
fi²² 滚	fa³⁵ 滚	ua³⁵ 滚		

视觉

tɕiəu³⁵ 绿	tɕiəu³⁵ 蓝	thio²² 乌	thioʔ³ 乌	mɛ²² 乌
kuŋ³⁵ 黄	ɔŋ²² 青	hom²² 红	kho²² 白	kuʔ⁵ 混
lɔŋ²² 疏	viaŋ⁵³ 光	kuŋ³⁵ 圆		

味觉、嗅觉

piʔ⁵ 臭	kaŋ³⁵ 苦	phuŋ⁵¹ 香	phuŋ³⁵ 臊	phuŋ³⁵ 臭
phuŋ³⁵ 腥	tɕiəu³⁵ 酸	tɕiəu³⁵ 涩	tɕim³⁵ 甜	ka³⁵ 咸
tɕia²² 淡	la²² 淡 kua³⁵ 辣			

其他状态形容的

ma²² 矮	tɕyʔ⁵ 矮	ma²² 旧	kuəiʔ⁵ 短	kaŋ³⁵ 瘦
tɛm³⁵ 重	tɛp⁵ 重	pɔʔ⁵ 脆	pɔʔ⁵ 脯	tɕiɛ³⁵ 密
tɔʔ⁵ 烂	paʔ⁵ 准	liŋ⁵³ 光滑		

其中"tɕiəu³⁵ 韧、kaŋ³⁵ 硬、kuʔ⁵ 混、phuŋ³⁵ 臭、tɛm³⁵ 重、tɛp⁵ 重"六条，与客家话坪畲点还很相似，不知是耦合呢，还是早年分化之初便共同拥有的。

3. 黎川 XA 的声韵组合上的对应

61 个词语中，前字为 35 调阳平的有 21 个，前字为阳入的有 12 个，前字为阴平低调的有 17 个，前字为高降 53 的有 7 个。而前字为上声 44、阳去 13、阴入 3 的各仅有一例。前字以极端高调与低调为多，44、13、3 因为是中间的调值，或许因个性不鲜明则反而数量少。

前后字双声相同的没有一个。

前后字叠韵的少见，只有三个例外。

颜森（1995，引论，第 17 页）："升变音……又用于口味、颜色等方面的形容词前面来加强语气，表示'很'的意思，如：老长 lo⁴⁴﹥³⁵ 长 | 冰冷 pɛŋ²²﹥³⁵ laŋ⁴⁴ | 口硬 paŋ²²﹥³⁵ 硬南昌口字读阴平"。第 18 页："高变音……用在形容词前面加强语气，表示'很'的意思，如：口重 tɛp³﹥⁵ tshuŋ²² | 口短 kuəi（ ³﹥⁵ ton⁴⁴ | 口臭 piʔ³﹥⁵ tɕhiəu⁵³。"该词典列出了前加成分，并在每条 XA 词注上："形容词前加成分，表示程度深。"

黎川的阳平（如：tɕiəu³⁵蓝）、阳入塞音（如：tɛp⁵重）不送气的情形与客家话相似，也是违背了一般语音对应规律的。

4. 湘语长沙话，张小克（2004），一共列举了200条，如下摘取有关颜色与味觉的两类，以资参考：

颜色：

红　飞~的｜通~的

青　乌~的｜溜~的

黄　□kən~的｜聋~的｜□lən~的

绿　飞~的｜锭~的｜掼~的｜共~的｜韭~的

黑　□mə┤~的｜秘~的｜□mia┤~的｜□mie┤~的｜黢~的｜乌~的

白　□ka↓｜~的｜寡~的｜聋~的｜甚~的｜雪~的｜刷~的

味觉：

淡　□p'ia~的｜蹩~的　　　　　　酸　纠~的｜精~的

咸　精~的｜駒~的　　　　　　　　鲜　透~的

木　嘎~的｜□kua~的　　　　　　酽　巴~的

甜　秘~的｜□min┤~的｜清~的

涩　巴~的｜□pa~的｜□kua~的

苦　□lia┤~的｜□mia┤~的｜□mie┤~的｜□n̠ia┤~的｜□n̠ie~的｜哇~的｜啰~的

根据该文的描述，前缀的性质与上述列举的客赣方言相似：X以语源不明的音缀为主，"XA"式的形容词语法功能以做谓语、定语、补语为主，X音节可以延长，可以变为高调来加强程度。所不同的是，"bA 的"是固定格式，bA 不太单独出现，后缀的"的"，总是一起出现。

湘语的 XA 之间的音韵搭配，与客赣方言相似，都是前字 X 与 A 之间尽量保持声韵上的距离，基本不出现双声、叠韵的情形。

五　历史源流探讨

在先秦文献中不见 XA 式形容词，而且早期与中原汉语分化比较久远的粤语、吴语、沿海闽语都不见这类格式。从这些情况来看，我们推测，这类 XA 格式的形容词应该产生于中古汉语词汇的双音化之后，以江西为中心，与早期江西境内的语言有关，自宋代以后随着江西移民大规模的东西扩张

（西进到湖南、东迁至闽北），南传至客家。而不论是在湖南还是客家乃至内陆闽语产生，倒过来影响都比较难得到移民历史事实的支持。

据笔者初步判断，这类 XA 式形容词前缀的语音形式与时间、空间因素密切相关，与共同创新有关，这可以用来判断方言属性与亲疏程度的指数。本文在此提出一个假设：如果两者的 XA 式词语达到某个百分比，那么空间距离不会超过多少公里。当然，这个参数的设定及假说本身尚需更多材料的检验。我认为有必要对一定数量的客、赣、湘方言进行详尽的分析比较，检验 X 与 A 之间的音韵搭配规律，检验 X 的分布与方言亲疏之间的关系。

参考文献

［1］鲍厚星等：《长沙方言词》，江苏教育出版社 1998 年版。

［2］曹志耘主编：《汉语方言地图集》，商务印书馆 2008 年版。

［3］李小华：《闽西永定客家方言虚词研究》，博士学位论文，中山大学，2006 年。

［4］刘泽民：《瑞金方言研究》，文化艺术出版社 2006 年版。

［5］《启蒙浅学》，巴色会出版，编者不详。

［6］谢留文：《于都方言词典》，江苏教育出版社 1998 年版。

［7］熊正辉：《南昌方言词》，江苏教育出版社 1995 年版。

［8］颜　森：《黎川方言词典》，江苏教育出版社 1995 年版。

［9］张小克：《长沙方言的"bA 的"式形容词》，《方言》2004 年第 3 期。

［10］朱晓农：《亲密与高调》，《当代语言学第六卷》2004 年第 3 期。

孝感方言第二人称代词的来源

郭 丽

（上海外国语大学国际教育学院对外汉语系）

一 引言

孝感方言的第二人称代词同湖北西南官话存有较大区别，同邻近的赣语较为相似。请看"你"、"您"在湖北方言中的音韵表现。①

表1 湖北赣语区方言"你"、"您"的音韵表现

地点	你	您	地点	你	您
通山	^{c}n̩	n̩ne	蒲圻	^{c}n̩	^{c}n̩na ka
咸宁	^{c}n̩	^{c}n̩ na	通城	^{c}n̩	^{c}n̩ na ka
阳新	^{c}n̩	^{c}n̩ naŋ ka	监利	你	^{c}n̩ ^{c}naŋ ka
崇阳	^{c}n̩	^{c}n̩ naŋ ka	大冶	^{c}ŋ	^{c}n̩ nar

表2 湖北黄孝方言"你"、"您"的音韵表现

地点	你	您	地点	你	您
安陆	你	^{c}n̩ na	英山	你	你老人家 kɒ
孝感	你, ^{c}n̩	^{c}n̩ nɛ	应城	你	你 na
应山	你	^{c}n̩ no	竹山	你	你老儿
礼山	你	^{c}n̩ nakə	罗田	你	^{c}n̩ nəkə
黄安	你	^{c}n̩ nə			
鄂州	你	^{c}naŋka	黄陂	你	nən a
浠水	你	你老人家 ^{c}ni ^{c}ruŋ ka	黄梅	你, ^{c}n̩	^{c}n̩ 老 n̩ ka
云梦	你	你 na	黄冈	你	你 naka
蕲春	你	^{c}n̩ ^{c}naŋ ka	麻城	^{c}n̩	^{c}n̩ nekə
广济	^{c}n̩	^{c}n̩ ^{c}naŋ ka	竹溪	n̩	n̩ nar

---

① 材料来自《湖北方言调查报告》第1511页。

表3　　　　　　　　　　　湖北西南官话"你"、"您"的音韵表现

地点	你	您	地点	你	您
秭归	你	ᶜniə	宜都	你	ᶜniə
巴东	你	ᶜniə	长阳	你	ᶜniə
宣恩	你	ᶜniə家	兴山	你	ᶜniə
来凤	你	ᶜniə家	钟祥	你	niar ka（＜你老）
枣阳	你	你	鹤峰	你	ᶜniə　niə家
石首	你	你ᶜnaŋ	恩施	你	ᶜniə家；niə
公安	你	你ᶜnaŋ ka	当阳	你	你na
荆门	你	你na	江陵	你	你ᶜna
汉口	你	你家	房县	你	你nə
汉阳	你	你家	南漳	你	你niə家；niə家
天门	你	ᶜn̩ na	郧西	你	你老儿
京山	你	ᶜn̩ na ko；ᶜnən	郧县	你	你老儿
松滋	你	ᶜn̩ na	均县	你	你老儿
武汉	你	ᶜn̩家	襄阳	你	你老儿；你老人家
汉川	你	ᶜn̩ na	光化	你	你老儿家
仙桃	你	ᶜn̩ na	嘉鱼	你	你na
枝江	你	ᶜniã	保康	你	niar
宜昌	你	ᶜniaŋ			

　　从上表看，"你"读声化韵〔n̩〕主要见于赣语区和黄孝方言，西南官话区都为"你"。鄂东赣语区第二人称代词为〔ᶜn̩〕方言点占主流，而黄孝片方言只有蕲春、武穴、竹溪、孝感、麻城、黄梅第二人称"你"今音值是〔n̩〕，但是从尊称"您"的音节的第一个音素来看，无论湖北的西南官话、黄孝方言，还是鄂东赣语，音节多以〔n̩〕开头。

　　湖北方言第二人称尊称"您"应为"你老人家"，吕叔湘先生（1985，2004）指出"您"初见于金人的诸宫调，表示第二人称单数，来源不明，没有敬称的意义，明代尊称用"你老人家"、"他老人家"，清代用"你老"。今湖北方言敬称多用"你老人家"，如黄梅：ᶜn̩老 n̩ ka，武穴：ᶜn̩ᶜnaŋ ka，浠水：ᶜni ruŋ ka。或"你老"，如鹤峰：niə家。那么，第二人称敬称"您"的第一个音是声化韵〔n̩〕，这是保留着"尔"的古读，还是"你"

发生此类 ni > n̩ 演变呢？

我们认为，今读"你老人家"中的"你"是文读，而部分方言中"ᶜn̩ 老 n ka"中的 [ᶜn̩] 是"你"的白读，不是 ni > ᶜn̩ 的变化所致。

二　孝感方言第二人称代词的今读

上古汉语第二人称代词有"汝、尔、若、乃、而、戎"（王力，2003：258），中古第二人称代词，逐渐统一为"汝、尔"，又从"尔"中分化出"你"（吕叔湘，1985）。今闽南话和沿海闽语、吴语第二人称代词是"汝"（李如龙，2004），梅祖麟（2004）、郑伟（2008）等持此观点；或者认为吴语第二人称代词是"尔"，游汝杰（1997）、陈忠敏（1999）持此观点。吴闽语中第二人称代词单数今音值多是声化韵 [n̩ᶜ] 或 [nE] 等。除了吴闽语等南方方言保留了第二人称代词"汝、尔"外，官话方言中也有读当"你"讲的"尔"，如"山西方言有九处'你'说自成音节的 [n̩]，本字是'尔'。这九处呈带状分布，西起离石、望东至汾阳、文水、祁县，折向东南，至沁县、襄垣、长治（市区）、潞城"（李荣，1997）。下面转引几句例句：

文水：你姓甚？我姓王。[n̩ˬ　ɕieŋ˥　səŋ˧，ŋai˨　　səŋ˧　ʊ]

平遥：你老好哇。[n̩˥　 lɔ˩　xɔ˥　du˦]

我们按照上述的讨论方法，分别列出孝感等地方言下列五项的表现，即（1）单字调；（2）"你"的口语音；（3）"你"的文读及同声韵字；（4）止摄开口日母字；（5）遇摄日母字。

（一）孝感

1. 孝感方言有六个单字调，它们是阴平 33 、阳平 31、上声 53 、阴去 35、阳去 44、入声 213 。

2. "你"白读今读为 [n̩⁵³]。自成音节的 n̩，只有一个"你"字。例如：你过来 [n̩⁵³ kuo⁴⁴ lai⁵³]。孝感方言口语中"你"都是自成音节的 [n̩⁵³]，你 [ni⁵³] 只出现在文读音中。

3. 孝感方言"你"的文读音是 [ni⁵³]，和它的同声韵的字有"［31］泥黎梨犁雷离篱玻尼狸狸猫、［53］礼履吕缕屡你李里理鲤、［35］腻栗、［44］例厉励丽累荔利痢虑滤吏莉、［213］逆历立粒笠律率匿力"。

4. 孝感方言止摄开口日母字全读〔ɚ〕，它们是"儿尔二贰而耳饵"。

5. 孝感方言遇摄日母字都读〔ʮ〕，它们是"如汝儒乳"。

下面我们列举几处鄂东赣语的例子。

（二）阳新①

1. 阳新有四个单字调，它们是阴平 33、阳平 212、上声 21、入声 45（52 页）。

2. "你"白读〔n̩²¹〕，其同音字是"嗯"。《阳新方言志》第 216 页，"你打我崽，我就打你崽〔n̩ tɒ ŋo tsæ, ŋo tsʰiu tɒp21 n̩ tsæ〕"。第 216 页"故事"：卢高说："你伣一下诬赖我"〔n̩ lɛ i xɒ u læ ŋo〕。第 165 页有"很你 xɐn n̩：咱们，你伣：n̩ lɛ 你们，你欸：n̩ ɛ 你家，你箇：n̩ ko 你的"。《阳新方言志》未记载"你"的文读音。

3. 阳新方言止摄开口日母字今读〔ʐŋ〕，它们是〔33〕二贰耳、〔212〕儿而、〔21〕尔耳饵。

4. 阳新方言遇摄日母字都读〔ɕy〕，它们是〔212〕如儒、〔21〕汝乳。

（三）大冶②

1. 大冶方言有五个单字调，分别是阴平 11、阳平 21、上声 43、去声 35、入声 213。

2.《鄂东南方言音汇》第 82 页，"你"白读〔n̩⁴³〕，其同音字是"嗯"，没有其他同音字。第 55 页载"你"文读音〔li⁴³〕。《湖北方言调查报告》③ 第 1152 页："我后天请客，ŋ 去不去呀？〔ŋo xe tʰi kʰa, tsʰʮ pu tsʰʮ a?〕"，"我说 ŋ 听啊〔ŋo sʮa ŋ tʰin a〕"。

3. 大冶方言止摄开口日母字今读〔zŋ〕，它们是〔22〕二贰、〔21〕而儿、〔43〕尔耳（见第 54 页）。

4. 大冶方言遇摄日母字都读〔ɕy〕，它们是〔21〕如儒、〔43〕乳汝（见第 57 页）。

---

① 资料来自黄群建《阳新方言志》，中国三峡出版社 1995 年版。

② 大冶、通山、赤壁、通城、崇阳、咸宁的材料来自黄群建主编《鄂东南方言音汇》，华中师范大学出版社 2002 年版，文章所标页码即是本书的页码；孝感的材料来自笔者的田野调查。

③ 以下简称《报告》。

（四）通山

1. 通山方言有六个单子调，它们是阴平 213、阳平 21、上声 42、阴去 35、阳去 33、入声 55。

2. 第 135 页载"你"白读［n̩⁴²］，没有声韵的字。"你"文读 næi42，同音字是"你"（第 116 页）。《报告》第 1245 页："n̩（你）从通山来吧［n̩ tsaŋ tʰaŋ sa lã pa］"。

3. 通山方言止摄开口日母字今读［zɿ］（第 103 页），它们是［21］儿而、［42］尔耳饵、［33］二贰。

4. 通山方言遇摄日母字都读［ɕy］（第 106 页），它们是［21］如儒、［42］乳。

（五）咸宁

（1）咸宁方言有六个单字调，它们是阴平 44、阳平 31、上声 42、阴去 213、阳去 33、入声 35。

（2）第 170 页载咸宁方言第二人称代词单数形式"你"白读为［n̩⁴²］，同音字是"嗯"，《报告》第 1196 页："n̩ na（你尊称）贵姓啊？［n̩ na（n̩ na）kuei ɕiən a？］"。文读形式是［ni42］。同声韵的字有［44］呢（疑问语气词）、［31］仪疑尼泥宜倪、［42］你拟蚁、［33］义议毅艺、［55］列烈裂业捏聂孽镍（第 144 页）。

（3）咸宁方言止摄开口日母字今读［zɿ］，它们是［31］儿而、［42］尔耳饵、［33］二贰（第 144 页）。

（4）咸宁方言遇摄日母字都读［øy］，它们是［31］如儒、［42］乳（第 146 页）。

（六）蒲圻（赤壁）

（1）蒲圻（赤壁）方言有六个声调，它们是阴平 44、阳平 24、上声 31、阴去 213、阳去 22、入声 55。

（2）蒲圻（赤壁）方言第二人称单数"你"的白读形式是［n̩³¹］，同音字是"嗯"，同声韵的字是"那"的白读［n̩²¹³］（第 252 页），"你"的文读形式是［n̩i³¹］，《报告》第 1290 页："n̩ 是哪里人啊？［n̩sɿ（n̩）a dʰi（ŋ）ən a？］；你—你娘呐？［n̩i—n̩ n̩ioŋ ne？］"。在第二个例句中，"你"

的文白读同时出现。

和"你"文读同声韵的字是［24］尼泥呢妮倪霓宜疑仪、［31］你拟议蚁、［213］诣、［22］腻义艺毅谊、［55］逆匿昵溺。

（3）蒲圻（赤壁）方言止摄开口日母字今读［ɕor］，它们是［24］儿而、［31］尔耳饵、［22］二贰。

（4）蒲圻（赤壁）方言遇摄日母字都读［ɕʮ］，它们是［24］如儒、［31］乳汝（第222页）。

（七）崇阳

（1）崇阳方言有六个声调，它们是阴平22、阳平21、上声3、阴去214、阳去44、入声55。

（2）崇阳方言第二人称单数"你"的白读形式是［ŋ^{53}］，没有同音字。《报告》第1268页："我几时来约你哈 ［ŋo tɕi sʅ næ io ŋ xaʔ］"。

（3）崇阳方言止摄开口日母字和遇摄日母字今都读［ɕY］，它们是［21］儿而如儒、［53］尔耳饵、［44］二贰（第277页）。

（八）通城

（1）通城方言有六个声调，它们是阴平212、阳平33、上声42、阴去214、阳去45、入声55。

（2）通城方言第二人称单数"你"的白读形式是［ŋ^{42}］，没有同音字（第324页）。《报告》第1322页："ŋ 屋里现在还并，别个还好点 ［ŋ uʔ dʰi ɕien dzʰai hai bʰin，bʰieʔ ko hai hau ten］"。

"你"的文读形式是［ni^{42}］，没有同音字，同声韵的字有［ni^{45}］。

（3）通城方言止摄开口日母字和遇摄日母字今读［ɕy］，它们是［33］如儒儿而、［42］尔耳饵、［45］二贰（第298页）。

从上文八个方言点的例字看，湖北官话方言中"你"读［ŋ］的现象，零星地见于黄孝方言，普遍见于鄂东南的赣语方言，赣语中第二人称代词今读［ŋ］，其本字已被证实为"尔"（李荣，1997），兹不赘述。那么，黄孝方言中第二人称代词今读［ŋ］很有可能来自"尔"的中古读音。

三　湖北方言中"您"的读音形式

湖北官话方言和赣语止摄开口日母字还未见有读声化韵的报道，鄂东赣语区只见日母有读鼻音的记载，如崇阳方言"日～子"白读"［ȵin］"。虽然武汉方言部分日母字读鼻音［n］，但同南方言不同，详见项梦冰（2006）。

虽然我们在湖北西南官话中还没有找到止摄开口日母字读鼻音［n̩］的词语，但湖北方言的儿化现象给我们提供了有力的证据。武汉方言的小称音变只发生在有韵尾的字，它们是［i］、［u］、［n］、［ŋ］，音变后，韵母主元音变为［ɛ］和［o］。根据曹逢甫、李婉瑜（2008）的研究，武汉方言的小称音变应该是由鼻音尾-n的加缀所引起的。武汉方言的小称，是直接通过改变韵母的形式来表达小称的，这在鄂东和吴语中都可以看到。汉语方言中表达小称通过"儿"尾表示，因此早期武汉方言"儿"字是鼻音［n］。至今武汉方言中还有鼻音韵尾型的小称（引自曹逢甫、李婉瑜，2008），如：

小斗笠　　çiau³³ tou⁵⁵ lin¹¹／çiau⁵⁵ tou⁵⁵ liŋ³³
蝌蚪　　　kʰə²¹ ma²¹ nin²⁴

另外，《武汉方言研究》中也有一些材料，它们是：

第116页：晚上：晚心 uan⁴² çin，夜心 ie³⁵ çin；半夜：梗晚心 kən⁴² uan⁴² çin

第122页：蚂蚁：蚂印子（武昌）ma⁴² in tsɿ，蚂燕子（汉口）ma⁴² iɛn tsɿ

"晚心"就是"晚夕儿"，元杂剧《马陵道》"只待早起修了天书，我便早起杀了那厮；晚夕修了天书，我便晚夕杀了那厮，我务要将他剪草除极，萌芽不发"。

因此，止摄开口日母字出现鼻化音［n］的遗迹，进一步证明了孝感方言中"你"读为［n］是"尔"的中古读音。

四　小结

《汉口竹枝词》载"此地从来无土著，九分商贾一分民"，也有"居民土著者十分之一，冠婚丧祭及四时礼节亦各不同"①的文献记录。湖北方言中表示第二人称的声化韵［ᶜn̩］是"尔"的白读，当"你"讲的［ᶜn̩］

---

①　王葆心等：《汉口小志》，商务印书馆1925年版。

是江西赣语在黄孝方言中留下的，是武汉方言中的早期层次。这一白读层次的来源说明，今湖北省官话方言在明清时期曾和赣方言密切接触，我们可在黄孝方言和毗邻的西南官话中找到一些具有赣语性质的语音、词汇特征。

参考文献

［1］曹逢甫、李婉瑜：《武汉方言的小称音变研究》，《历时演变与语言接触》，中国东南方言国际研讨会会议论文，香港，2008 年。

［2］陈忠敏：《论苏州话人称代词的语源》，载《中国语言学论丛》（第 2 辑），北京语言文化大学出版社 1999 年版。

［3］黄群建主编：《阳新方言志》，中国三峡出版社 1995 年版。

［4］黄群建主编：《鄂东南方言音汇》，华中师范大学出版社 2002 年版。

［5］李　荣：《汉语方言里当"你"讲的"尔"》（上、中），《方言》1997 年第 1—2 期。

［6］李如龙：《从闽语的"汝"和"你"说开去》，《方言》2004 年第 1 期。

［7］吕叔湘：《吕叔湘文集》（第 3 卷），商务印书馆 2004 年版。

［8］梅祖麟：《苏州话的"唔笃"（你们）和汉代的"若属"》，《方言》2004 年第 3 期。

［9］项梦冰：《客家话古日母字的读音——兼论切韵日母的音值及北方方言日母的音变历程》，《广西师范学院学报》2006 年第 1 期。

［10］游汝杰：《游汝杰自选集》，广西师范大学出版社 1999 年版。

［11］赵元任等：《湖北方言调查报告》，科技出版社 1948 年版。

［12］朱建颂：《武汉方言研究》，武汉出版社 1992 年版。

余江话中的几个特殊副词

章新传

（上饶师范学院文学与新闻传播学院）

余江县位于江西省东北部信江中下游，东与鹰潭、贵溪接壤，南和金溪
毗连，西界东乡，北邻万年、余干，总面积 963.93 平方公里。余江话以县
城邓埠话为代表，分布在全县各乡镇，属赣语鹰弋片。

余江话的某些副词的意义和用法颇具特色，然而，迄今为止，除《余
江县志》仅有其中的七个副词"耽脚、快儿、晓得儿、朴闪下、冇、□pi-
au³¹、净"注音外，未见其他专门论著。本文对此进行专门论述，以期对赣
方言中的副词研究，进而对汉语方言以至现代汉语的副词研究有所裨益。

一　特殊的否定副词

（一）□piau³¹

否定副词□piau³¹当为"不要"的合音；其意义大致相当于普通话中的
"别"与"不必"。其用法如下。

1. 表示劝阻或禁止。

（1）□piau³¹ + 动/形。

~吵/~革（别生气，别难过）/~打/~ = （别傻）/~结结赖赖（别
不利索，别节外生枝）/~神神癫癫（别恶作剧，别滑稽，别得意）

（2）用于谓语的小句前。句子有熟语性。

~别烂泥糊不上壁（别不成器，别没有出息）/~手骨里往外弯（别吃
里扒外）/~青皮梨里，好看不好吃（别徒有其表）

（3）单用。用于接着对方的话语。

唔勒歇下，让阿勒来洗（你休息，让我洗）——~，还是阿勒来（别，
还是我洗）/唔勒坐飞机，阿勒坐火车——~，阿得（我们）都坐火车。

2. 表示揣测，所揣测的事往往是自己所不愿意的。经常与"是"合用，相当于语气副词"莫非"。

对方不接手机，～是出差吧/细人（小孩）发烧（高烧），～是感冒里/闹钟不响，～是钟坏不里（坏掉了）。

3. 表示不需要，用不着。

（1）□piau^{31} ＋动。

～问别人，阿勒（我）都晓得（知道）/～问路，看地图就得（可以）/慢慢来，～着急。

（2）□piau^{31} ＋形。形容词前要有表程度的修饰语。

～太长/～伊侬（那样）/～一样光滑

表示情绪、态度等的形容词，可直接受□piau^{31}的修饰。

～着急/～紧张/～当真（不必当作一回事）

4. 习用语。

（1）～看　　　提出一种情况，下文表示相反的意思。

～看张三个子矮，力气倒不小/～看便宜，还是实用

（2）～管　　　同"无论"。

～管好坏，全部拿来/～管是何个（谁），见人就话（说）

（3）～话

①连词，相当于"别说"，贬低某一事物的重要性，借以突出另一事物的重要性。有两种用法：

其一，用于前一小句，后一小句常用"即使（就是）……也"或"（就）连……也"。

～话个（这）点小事，就是再大个（的）事，阿勒（我）也不怕。/电视剧《家有儿女》，～话细人（小孩）喜欢看，连大人也喜欢看。

其二，用于后一个小句，句尾多用"了"。前一句常有"都、也"。

更大个（的）官都见过，～话一个县长/个（这）种事，连张三都冇（没有）经历过，就～话李四了。

②相当于"别提"，表示程度很深，不用细说，含夸张语气。也有两种用法：

其一，～话＋几＋形/动。

小王屋里（家里）炒菜，～话几（多）香。/伊格（那个）伢里（男孩）～话几（多）会话事（说话）。

其二，用于句末，前面是感叹词语。

小李明朝出国，伊个（那个）高兴劲啊，就～话了。

（二）冇 mau[11]

"冇"用为否定副词，否定动作或状态已经发生。

1. 冇＋动。

小张～骑脚踏车/花还～开

2. 冇＋形。限于表示状态变化的形容词。

衣裳～干/饭还～熟/汤还～凉，等下吃

3. 问话有两种形式：

（1）"动＋形＋冇＋动/形"用于单纯提问，不作推测。

打里（了）～打？/吃里（了）～吃？/鞋里（鞋子）湿里（了）～湿

（2）"冇＋动/形＋哇"表示怀疑或惊讶，要求证实。

狗崽（小狗）～死。——～死哇？/衣裳～干。——～干哇？

4. 可以单独回答问题。

唔（你）吃里（了）不？——～/唔（你）问里（了）老师不？——～

以上用作否定副词的"冇"，在意义和用法上与普通话中的"没有"大致相当。

"冇"用作动词，或写作"冇"，或写作"冇有"，或写作"冇/冇有"皆可，因超出本文论述范围，故不细说。

二　程度副词

（一）恶

余江话中的程度副词"恶"与普通话中的程度副词"很"的意义和用法大同小异。

1. 用在形容词前，表示程度高。

～好/～坏/～高/～平/～积极

2. 单音形容词前常加"恶"，凑成双音节。

个（这）块地～平/伊个（那个）东西～重（"伊个东西～重含对比意味，暗示另一个东西轻"）

（1）恶＋助动词。下列助动词可单独受"恶"修饰。

~应当/~应该/~可以

下列助动词必须构成动词短语才能受"恶"修饰。

~肯干/~会跳舞/~恶会话事（说话）/~敢唱

（2）恶+动。限于一部分表示情绪、态度、评价、状态的动词。

~喜欢/~高兴/~生气/~崭劲（很用功）/小方个（的）情况阿（我）~了解

（3）恶+动宾短语。某些动词不能单独受"恶"修饰，但带宾语后，整个动宾短语可受"恶"修饰。

~听领导个（的）话/~让人为难/~受感动/~占去处（很占地方）/~讲道理/~讲礼仪（很讲礼节）

（4）恶+带"得、不"的动结式、动趋式。限于少数表示态度、情绪、感受、评价的动词语。

~走得起（很受人尊重）/~看不起［人］/~不过意（很过意不去）/~划得来（很合得来，很划算）

（5）恶+动+数量。动词后多带"里（了）、过"。数词限于"一、两、几"。

~打里（了）崽（儿子）几下/~吵过几次/~有两下子

3. 用在"不……"前。

~不好受/~不小心/~不讲理

4. 用在四字语前。限于一部分描写性的和表示态度、情形、评价的成语。

~顾虑重重/~三心二意/~提心吊胆/~粗心大意

"恶"的上述用法均与普通话中的"很"相当；但普通话中的"很"的下列用法是余江话中的"恶"所不具有的：

"很"可用在"得"后，表示程度高；"恶"没有这种用法。

好得很（×好得恶）/粗心得很（×粗心得恶）/喜欢得很（×喜欢得恶）/热闹得很（×热闹得恶）

（二）晓得几

《余江县志》将"晓得几"解释为"很、挺（表示程度高）"。我们认为普通话中能用"很"的地方，在余江话中大部分地用"晓得几"去替换也讲得通；但余江话中"晓得几"还渗透着表达者的感情、态度和评价，它表示程度很高，含夸张语气和强烈的感情色彩，多用于感叹句中，其意义和用法与普通话中的"多么"大致相当。

1. 晓得几 + 形/动，句末常带"啊（哇）"。

~长（高）个（的）人啊/~粗个（的）树啊/个（这）对双生里（双胞胎）长得~像哇（长相多么相像啊!）雨落（下）得~大啊

2. 晓得几 + 不 + 形/动

~不简单/~不容易呀/~不懂理呀

三　时间、频率副词

（一）朴闪下

表示急促而出人意料，与普通话中做副词用的"突然"意义和用法大同小异。

1. 所修饰的动词、形容词的前或后要有其他成分。

演员唱下唱下（唱着唱着）~就停下来不唱了/伊条（那条）花狗~扑过来/电话~跌不里线（电话突然断线了）

2. 用在主语前，后面常有停顿。

阿（我）刚想上床（睡觉），~手机响了/~小车冲出里（了）马路

3. "不 + 动"、"冇有 + 名"之前可以用"朴闪下"，"冇有 + 动"前不能用。

电视机~不响去里（不响了）/~冇有一点响声/×~冇有响

所不同的是，普通话中的"突然"后边有时可以加结构助词"地"，而余江话中的"朴闪下"后边不加结构助词"地"。

汽车突然［地］来了个急转弯（×汽车朴闪下［的］来（了）个急转弯）/石头突然［地］滚下来（×石头朴闪下［的］滚下来）

顺便要指出的是，普通话中的"突然"除可以用作副词，还可用作形容词；而余江话中的"朴闪下"只能用作副词。

（二）凑

余江话中用作副词的"凑"，放在动词之后做补语。

1. 表示一个动作（或一种状态）的继续，其意义大致与普通话中的"再"字相当。

（1）单用于动词之后做补语。

唔吃～（你再吃）/唔做几～（你再干些）/猪太几～就卖落去（猪再长大点就卖掉）

（2）与"再"配合使用，构成"再＋动＋凑"的形式。这种用法可能受了普通话的影响。

唔再吃几～（你再吃点）/唔再想下～（你再想下）/头发在长几～就剪落去（头发再长些就剪掉）

2. 表示一个动作的重复，意思与普通话中的"又"大致相当。单用或与"再"配合使用均可。

唔话下～，阿就打唔勒（你再说一次，我就揍你）/唔再读下～阿听下（你再读一遍给我听一下）

（三）起

余江话中用作副词的"起"，均放在动词之后做补语。

1. "起"的意思相当于普通话中的"先"，表示时间或顺序在前。

唔买～，阿等下买（你先买，我等下买）/唔吃～，阿等一下吃（你先吃，我等下吃）

2. "起"的意思相当于普通话中的"快"，有时与"快"配合使用构成"快＋动＋起"形式，意思与单用一样。

（走在前面的人对走在后面的人喊话）唔走～哟（你快走哟）/唔快走～哟（你快走哟）

四　范围副词

（一）做起

余江话中用作副词的"做起"，表示在同一地点或合到一处，同普通话中的副词"一起"意思相同，用法大致相当。

1. 单用。

阿得（我们）～住了三年/阿得（我们）～做事（干活）

2. 常与介词"跟、老（和）"组成介词短语。

阿得（我们）跟唔勒（你）～走/小王老（和）小李～到过北京

（二） □ken^{554}

其意义和用法大致相当于普通话中的副词"净"。

1. 光，只。□ken^{554}＋动词短语。

不能～听唔话（你说），还要听听大家个（的）意见/～晓得话，不晓得做（只知说，不知干）

2. 总是，老是。□ken^{554}＋动词短语。

老王～拉天（总吹牛）/小刘～吃冷水（喝生水）

3. 全，都。□ken^{554}＋是。

着球衣个（穿运动服的）～是学生/刘大妈买个（的）东西～是便宜货

五　语气副词

（一）难话

1. 余江话中用作副词的"难话"，其意义和用法与普通话中的"大概"、"恐怕"大致相当。

（1）难话＋数量

一袋米～四五十斤/桥长～一百米个（的）样子

（2）难话＋时间词语

阿～下周出差/小芳～明朝转来（明天回来）

（3）难话＋动＋数量

一圈～跑里（了）五分钟/伊个伢里出世～有七八个月（那个男孩出生了大概七八个月）

2. 表示对情况的推测；可能。

（1）难话＋动

墙冇砌好，～会倒/接连落里（下了）几日大雨，～要涨大水（洪水）

（2）难话＋形

个条裙崽（这条裙子）～合适，唔着下看（你试穿一下）/学生～考得不错

（3）可以用在主语前

见面就吵架，～唔两个人（你两人）合不来/～问题严重

（二）好在

余江话中用作副词的"好在"，其意义和用法与普通话中"幸亏"大致相当，一般用在主语前。

1. 单用

~小明力气大，背得起王婆婆/~唔勒（你）跑得快，冇等雨淋到（没有被雨淋着）

2. 与"才"配合使用，构成"好在……才……"格式。

~送医院送得快，才捡到一条命/~来里（了）警察，才解里（了）围

3. 与"不然（否则、要不）"配合使用，构成"好在……不然（否则，要不）……"格式。

~车开得慢，不然就要出事/~刀不快，否则就会砍断里（了）指头/~练得多，要不就过不得关

六　结束语

以上所论余江话中的特殊副词，其特殊性主要表现在词形上（当然也表现在读音上），其意义和用法或与普通话中某几个相关副词相当，如□pi-au^{31}；或与普通话中的某个副词的意义大致相当，但用法截然不同，如"起"和"凑"；或与普通话中的某个副词大同小异——这种情况占绝大多数，如前述副词中除"□piau^{31}"、"起"、"凑"之外的其他副词。至于这些特殊副词的来源及其赣语其他方言中表现如何等方面的研究，尚待诸位同仁继续努力。

参考文献

［1］ 江西省余江县志编撰委员会：《余江县志》，江西人民出版社 1993 年版。

［2］ 吕叔湘：《现代汉语八百词》，商务印书馆 1984 年版。

赣语樟树方言中"得"字的意义和用法

熊 瑜

（南昌县莲塘一中）

一 引言

樟树市地处江西中部，历史上一直是赣江流域的政治、军事要点和商业贸易中心。樟树方言属于赣方言中的宜（春）浏（阳）片。樟树方言中的"得"字用法灵活而频繁，有许多不同于普通话之处。除了具备用作普通的"获得"义的单音节动词"得"以外，还可以用为结构助词、动态助词、语气助词、介词、助动词等。例如：

（1）咯件衣裳我洗得不干净。（这件衣服我洗得不干净。）

"得"用作结构助词，表示结果。
可比较下面的句子：

（2）弄得饭熟哩。（把饭做熟了。）

"得"用作动态助词，与表语气的"哩"字构成一种处置句式，这种用法在普通话中却不常见，关于处置句式下文会有详解。

（3）渠追得来哩，快冒哩走。（她追来了，快点走。）

句中的"得"已彻底虚化为动态助词。

（4）衣服懒洗得。│事懒做得。

此句当中的"得"作为一种语气助词是较为特殊的用法，在句中，受事宾语出现在动词之前。

　　（5）咯本书把得我。（把这本书拿给我。）

"得"做介词，表示"给"。

另外，还有一些用法在其他方言中也不多见，比如"得"是一个构词能力较强的语素，这种用法在后面会有详细的论述。

二　"得"字的意义和用法

樟树方言中"得"字的意义和用法，可以归纳为以下三大类，共 20 个义项：

（一）"得"用作助词

1. "得"用作结构助词
（1）构成"动词＋得＋补语"格式

格式中"得"本身表结果的意义已经虚化，仅在动词与表示程度或结果的补语间起连接作用，"得"因此成为结构助词，是动词带补语的标志。这种用法与普通话基本相同。例如：

　　（6）走得远｜来得巧｜悟得深
　　（7）事情办得有条理｜东西做得漂亮｜话得头头是道（说得头头是道）

格式（1）的否定式为"动词＋得＋不＋补语"。例如：

　　（8）做得不好｜写得不好
　　（9）事情做得不成功。

此外，上述结构的否定式在樟树方言中还可以用"冒"字来否定，"冒"字在樟树方言中作为否定词经常出现。例如：

（10）案子还冒查得清，先莫下结论｜事情还冒做得完｜你个话我冒听得清｜本事冒过得硬

在未然句里，让宾语与补语同处在"得"字后面，也是樟树方言的一种习惯用法，如"冒做得作业完｜冒买得菜来"，这些宾语也都可以放在补语后面。未然句因为前面有一个"冒"，不会误解成可能性的动补结构，所以"得"不可省去。例（10）中，如果去掉"得"，就变成已然句。究其原因，也许是为了避免误解成"可能性"的动补结构。

（2）构成"形容词+得+多/比况短语"格式

格式中"得"用在形容词与表示程度的"多"和比况短语中间起连接作用，是形容词带补语的标志。例如：

（11）好得多｜贵得多｜漂亮得多｜安全得多

（12）红得跟个苹果样个。（红得像苹果一样。）

（13）漂亮得跟个明星样个。（像明星一样漂亮。）

格式（2）的否定式为"否定词+形容词+得+补语"，否定词用"冒没有"而不用"不"，也就是说，这些句子都是未然句，即动作过程还未实现的句子。例如：

（14）冒好得多｜冒长得多｜冒红得跟个苹果样咯

（3）构成"处所词语+动词+得+有+名词"格式

这种格式表示某处有某物，"得"在句中表示"存在"的意思，这是樟树方言中一种表存现的常用句式。例如：

（15）屋里买得有菜。（家里买了菜。）

（16）衣服上绣得有花。（衣服上绣了花。）

（17）池塘里养得有鱼。（池塘里养了鱼。）

格式（3）中的"得"联系前面的动词和后面的"有"，也构成一个动补结构。"买得有"、"养得有"后面所带名词宜看做整个动补结构的宾语，而不仅仅是"有"的宾语。

2. "得"用作动态助词

（1）构成"动词＋得"格式（1）

格式中的"得"作动态助词，表示动作处于一种进行或持续的状态，其作用类似于普通话中的动态助词"着"。例如：

（18）你缩得也冒有用，你哩爷迟早会擎到你。（你躲着也没用，你爸迟早会找到你。）

（2）构成"尽＋动词＋得"格式

格式（1）可以前加副词"尽（读上声，'尽自'之'尽'）"构成格式（2），以强调动作、状态的进行或持续，"尽"相当于普通话中的"一直"、"老是"、"总是"，"尽＋动词＋得"格式带有不满、责备的语气。例如：

（19）渠不来也冒话一声，搞得我尽等得。（他不来也没说一声，让我一直等着。）

（20）日头都晒到屁股了，渠还尽睏得。（太阳都晒到屁股了，他还在睡着。）

（21）莫尽记得咯件事，忘记哩最好。（不要一直记着这件事，最好忘记它。）

（22）你尽想得也冒用。（你一直想着也没有用。）

（3）构成"动词Ⅰ＋得＋动词Ⅱ"格式

格式（3）也由格式（1）发展而来。格式（3）中，动词Ⅰ是用来表示动词Ⅱ的状态方式的，而"得"附于动词Ⅰ之后，表示动词Ⅰ处于持续的状态，其作用也类似于普通话中的动态助词"着"。例如：

（23）事情个么紧急，渠是跑得来个！（事情这么紧急，他是跑着来的！）

（24）渠追得来哩，快猫哩走。（她来追了，快点走。）

有时，上述表达还可以省略为"跑来个"、"追来哩"，但在省略"得"以后，句子的意思会有所变化。试比较：

　　(25) 渠追得来哩，快猫哩走！

　　(26) 渠追来哩，快猫哩走！

　　例 (25) 中的"追得来"是着重强调动词"追"的即将发生，是将要发生的动作，而例 (26) 则表示一种正在进行的动作状态，是进行时态，例 (25) 类似于普通话中的"他来追了，快点走！"而例 (26) 相当于普通话中的"他追来了，快点走！"

　　(4) 构成"动词+得"格式 (2)

　　格式 (4) 与前述格式 (1) 同形，但格式中的"得"不表示动作、形状的进行或持续，而表示动作或性状的完成，即已经成为事实，意义相当于普通话的动态助词"了"。例如：

　　(27) 那些文件中重要的几份没烧得。

　　有学者[①]把《水浒全传》中助词"得"分为三类，樟树方言"动词+得"格式 (2) 的"得"与其中助词三"得"在用法上最为接近，即"动词+得"的复合词，例如：

　　a. 庄又不曾打得，倒折两个兄弟。

　　b. 昨晚要就灯下烧时，恐怕露在戏人眼里，因此不曾烧得。

　　这些"得"字在今天没有大致相当的助词，一般根据语意，将动词由单音节改用动词结果式的双音节，如：打得——打下、取得——取到、烧得——烧掉等。樟树话中的"得"也有类似的构词作用，但适用范围变小了。如前所述，樟树话中的"烧得——烧掉"便符合这种情况。

　　例如比较以下两个例句：

　　a. 那些文件中重要的几份没烧得。

　　b. 昨晚要就灯下烧时，恐怕露在贱人眼里，因此不曾烧得。

　　这也是樟树方言中保存下来的早期白话用例与《水浒传》当中的文言用例在"得"用作语气助词上的相交点。我们从上面的比较中不难发现它们有共通之处，但又不完全对等。

　　---

　　① 李思明：《〈水浒全传〉"得"字的初步考察》，载北京大学中文系《语言学论丛》编委会编《语言学论丛》(第15辑)，商务印书馆1988年版。

（5）构成"动词＋得＋宾语＋补语"格式

格式中的"得"表示动作或性状的实现，即已经成为事实，意义相当于普通话的动态助词"了"，这时的"得"常与语气词"哩"连用，属于一种处置句式，与普通话中的"把"字句相当，强调一种积极的处置，即指谓语动词所表示的动作对"把"字引出的受事施加影响，使它产生某种结果，发生某种变化，或处于某种状态。例如：

（28）做得菜熟哩。（把菜做熟了。）
（29）买得东西回来哩。（把东西买回来了。）

（6）构成"动词Ⅰ＋得＋称人词语＋会＋动词Ⅱ"格式

此格式表示由动词Ⅰ引起的动词Ⅱ的将然的动作状态。例如：

（30）莫跑，跑得会跌跤。（别跑，跑了会摔跤。）
（31）莫话，话得渠会着气。（别说，说了他会生气。）

这里的"得"在句子中引出的动作是将要发生的，前后两个分句分别表示假设与结果。如果将句子中前一个分句与"会"字去掉，再在"跌"与"跤"，"着"与"气"中加"哩"，就变成已经发生的行为动作了，表示"已然"的意义。

这类格式的句子如果在"得"后加"到"字，则可以加强对受事宾语的处置性，例如：

（32）鸡蛋送得到渠屋里去哩。（鸡蛋送给他家里去了。）
（33）东西寄得到小李那里去了。（东西寄给小李那里去了。）

在例（32）、（33）中，动词后面有"到"组成的介词短语，在这里，"到"是"给"的意思。另外，"得"与"到"字之间还可以插入受事宾语，构成"动词Ⅰ＋得＋受事名词＋到＋宾语＋动词Ⅱ＋哩"的句式。其中，受事名词与动词Ⅰ、动词Ⅱ分别有动宾关系，"到"在此也是"给"的意思。① 例如：

---

① 徐阳春：《南昌话"得"字研究》，《南昌大学学报》（哲社版）1998年第12期。

　　（34）弄得菜到渠吃哩。（把菜做给他吃了。）
　　（35）做得裙子到我穿哩。（做裙子给我穿了。）

　　这两句中的动词与宾语是动宾关系。这一类格式中的动词通常和宾语结合得特别紧密，并且用"哩"来加强完成语气。需要指出，在这里"哩"字不能少，否则，句子的意义会产生很大的变化，整个句子不再表示完成的语气了。可比较上述例（28）、（29），如果把"哩"字去掉，句中的"得"只是表示动作的进行状态，并不带有完成的意味。
　　（7）构成"动词+得+名/代词+来"格式
　　格式中的名词或是代词是动词的宾语，动作尚未发生，一般表示祈使语气，和普通话的"把"字句相当。在这一点上，"得"的用法类似于格式（5），不同的是，这里的"得"无须借助语气词"哩"可单独表示"完成"的意义，其中"来"为趋向补语。例如：

　　（36）快点子买得肉来！（快点把肉买来！）

　　在格式（7）中，出现的如果是人称代词，它的位置既可以出现在"来"之前，也可以出现在"来"之后。例如：

　　（37）听话你买哩件新衣裳，哪日子穿得来我看/我来看。（听说你买了件新衣服，改天穿给我看。）

　　3. "得"用作语气助词
　　（1）构成"动词+得"格式
　　"得"字紧跟在动词后面煞句，表示一种强调语气。从樟树话的演变来看，作为这种语气助词"得"是由表示完成意义的动态助词"得"变化而来的。其根据为：
　　a. "得"后可以带宾语（这种情况下"得"为动态助词），例如：

　　（38）吃冒吃得，穿冒穿得//头冒剃得//冒事问得

　　只有表示"未然"意义的句子才可以使用语气助词"得"，所以句中经

常出现实际上是表示未然的字眼:"冒、冒得"。总之,凡表示"已然"的句子都不能在动词后直接加上语气助词"得",句中的"得"略去后,句子的基本意思不变。

b. "得"后面也可以充当补语成分,如可以说"吃冒吃成,做冒做成",相比较"吃冒吃得成,做冒做得成"更注重表示动作的效果,因而含有"完成"的意味。在这个带"冒"字的未然句里,不妨认为,"得"字后略去了一个可以补得出的补语。①

(2)构成"冒+动词+得"格式

"得"字煞句,表示一种后悔或惋惜的语气。"冒"字之前可加"可惜"一类的词来加强语气。例如:

(39)咯么好咯衣裳,可惜你冒买得。(这么好的衣服,可惜你没买。)"冒买得"的含义是"没有买,买了就好了"。

(40)我话哩你莫急么,你看这菜,还是冒煮得。(我说了叫你不要着急,你看这菜,还是没煮好。)同样,"还是冒煮得"前可加"可惜"。

另外,动词和"得"之间可以插入其他语言成分,例如:

(41)早晓得渠懂,冒问渠一下得//冒问一下渠得。(早知道他懂,应该问下他。)句末的"得"是语气助词。

(3)构成"动词+得+宾语/补语"格式

这个语气助词"得"同普通话里加在可能式前面的"能"、"可以"一样,并不是多余的,可能式仅仅表示一种"可能性",而"能"、"可以"以及樟树话的语气助词"得",则增加了一种强烈的主观看法,也就是"确认"了可能式表现的可能性,认为这种可能性确定无疑。樟树话在使用了语气助词"得"以后,还可以在它们前面再加"可以"。例如:

(42)你修得好么?——可以修得好得。

---

① 张大旗:《长沙话"得"字研究》,《方言》1985年第1期。

这样两个"得"字连用，强调的语气就更为强烈了。但在日常生活中，大多数当地人已经把"修得好得"之中的后一个"得"字略去不讲了，这也是樟树方言演变的迹象之一。

（二）"得"用作介词

"得"带上名词（代词）组成介词结构，此结构置于谓语动词之后，"得"在这里相当于一个起标记作用的介词，介引出其所关涉的对象。依据"得"后所带名词的性质，"动词＋得＋名词（代词）"格式有三种语义结构。

（1）构成"动词＋得＋处所词语"格式
格式中"得"与普通话的"在、到、向"等相仿。例如：

（43）尾巴翘得天上去哩。（尾巴翘到天上去了。）

（44）我寻哩你半日，你到底住得倷哩？（我找了你半天，你到底住在哪里呢？）

（45）渠走得西边去哩。（他走向西边去了。）

（2）构成"动词＋得＋称人词语"格式
格式中的动词限于"给予"类的动词，例如"送、扔、还、拿、借"等；称人词语包括人称代词、称谓名词和人名；"得"相当于普通话的"给"。介引出表示施事、受事以及其所关涉的对象，整体主要修饰、补充谓词性语词，表明跟动作、性状有关的施事、受事、对象等。该格式后可加趋向动词"来//去"。例如：

（46）送得渠去//扔得我来//莫还得小王……

另外，该动词也可以用作行为动词，与"得"后面指人的名词或人称代词构成主谓关系。例如：

（47）话得张山听//拿得渠吃//借得我用

樟树方言虽然"得"与"到"可以一并使用在一个句子里，但有时"到"也可以独立使用，表示"给"，它与介词"得"的区别在于："得＋

称人词语"紧跟在谓语动词后面，而"到 + 称人词语"不紧跟谓语动词，例如比较：拿得渠拿给他——拿哩好多东西到渠（拿了好多东西给他）。

参考文献

［1］曹秀林：《"得"字的语法化和"得"字补语》，《延边大学学报》（社科版）2005 年第 9 期。

［2］陈淑梅：《鄂东方言中表状态的结构助词"得"》，《黄冈师范学院学报》2000 年第 4 期。

［3］胡云晚：《洞口方言能性"得"字研究》，《南昌大学学报》（社科版）2005 年第 3 期。

［4］黄伯荣等编著：《汉语方言语法调查手册》，广东人民出版社 2001 年版。

［5］黄锦君：《二程语录中的"得"》，《古汉语研究》2002 年第 4 期。

［6］蒋学梅：《"得"字与两种"得"字句》，《四川教育学院学报》1994 年第 4 期。

［7］李思明：《〈水浒全传〉"得"字的初步考察》，见北京大学中文系《语言学论丛》编委会编《语言学论丛》（第 15 辑），商务印书馆 1988 年版。

［8］陆镜光：《粤语"得"字的用法》，《方言》1999 年第 8 期。

［9］吕叔湘主编：《现代汉语八百词》，商务印书馆 1999 年版。

［10］马　慧：《唐以前"得"字及相关"得"字句的演变研究》，《湖南师范大学学报》2003 年第 4 期。

［11］梅祖麟著：《梅祖麟语言文字论文集》，商务印书馆 2000 年版。

［12］彭小川：《广州话"V 得（O）"结构》，《方言》1998 年第 1 期。

［13］邵　宜：《赣语宜丰话"得"的研究》，《语文研究》2007 年第 1 期。

［14］唐爱华：《宿松方言研究》，中国社会科学出版社 2005 年版。

［15］徐阳春：《南昌话"得"字研究》，《南昌大学学报》（哲社版）1998 年第 2 期。

［16］许嘉璐主编：《语言文字论文集》，商务印书馆 2005 年版。

［17］曾晓鹰：《先秦"得"字研究》，《贵阳师范高等专科学校》（社科版）2004 年第 4 期。

［18］张大旗：《长沙话"得"字研究》，《方言》1985 年第 1 期。

［19］周振鹤、游汝杰著：《方言与中国文化》，上海人民出版社 2006 年版。

赣语吴城方言的结构助词"个"*

肖 萍

（宁波大学中文系）

　　结构助词常用在词语之间，表示修饰与被修饰、限制与被限制、补充与被补充的关系。赣语吴城方言的结构助词有：个、子、哩、得。它们都读轻声，不能单说单用。根据带"个"的格式在句法结构中充当句法成分的能力，"个"可以分为"个₁"、"个₂"、"个₃"、"个₄"四类。其中，"个₁"是状语标记，"个₂"是状态词标记，"个₃"是转指标记，"个₄"是定语标记。形容词重叠式的后缀"子"、"哩"是状态词标记。"得"是补语标记。

　　石毓智（2002）曾从多角度论证了量词、指示代词和结构助词三者之间的关系，指出：在近代汉语和广大南方方言中存在着一种类型学研究价值的现象：普通量词虚化为结构助词。很多语言的定语标记都来自指示代词，量词向结构助词的发展必须经过指示代词这一中间阶段。笔者认同这一结论。按照这一观点推断，赣语吴城方言的近指代词 [ko²¹³]、量词 [ko³⁵]、结构助词 [ko⁰] 实际上是同一个东西，它们有着共同的来源。吴城方言的结构助词 [ko⁰] 是由量词 [ko³⁵] 经近指代词 [ko²¹³] 虚化而来的。从语音形式上看，它们声、韵全同唯声调有别。为了表述的方便，笔者在书面上把吴城方言的近指代词记作"箇"，量词记作"個"、结构助词记作"个"。限于篇幅，本文仅讨论结构助词"个"的意义和用法。

---

　　* 本文符号等的说明：字下加浪线表示该字为同音字，单竖线表示分隔例子，圆括号内文字或补充说明或表示对前面例子的解释，有方框的国际音标表示对前面方言字的注音，无方框的国际音标表示有音而无合适字形可写的方言字。

一 状语标记"个₁"

（一）"个₁"的分布

"个₁"附着在副词性成分后，一般出现在以下五种语言环境中：
1. 副词＋个₁＋谓词

（1）渠对人家硬无须话得，相当个₁客气。（他对别人那就不用说，非常地客气。）

（2）今日我特别个₁高兴。（今天我特别地高兴。）

（3）细个子拿得尔带，我越加个₁放心。（小孩交给你抚养，我更加地放心。）

（4）有什哩事尔只管话，我会尽量个₁满足尔。（有什么事情你尽管说，我会尽量地满足您。）

（5）渠平白无故个₁拿人家锻之一餐。（他无缘无故地把别人骂了一顿。）

能够进入这一格式中的副词有选择性限制，不能是单音节的，多为双音节的。双音节副词有以下一些：比较、非常、格外、分外、更加、特别、尽量、十分、相当、越加、略微（表程度的副词）、反复、经常、一再、再三（表重复、连续的副词）、尽量、通盘、通通（表范围的副词）、明明、确实（表肯定、否定、估量的副词）、暗暗、赶快、偷偷、自然、特事（特地）、劲事（故意）（表情貌、方式的副词）。还有一些是多音节的副词，主要是四字格形式，如：接接连连（连续不断）、不警不觉（不知不觉）、自咕自然（自然而然）。在"副词＋个₁＋谓词"式中，"个₁"在句中起着突出、强调前面副词的作用，可以略去不说。"个₁"后的动词可以是简单形式也可以是复杂形式，"个₁"后的形容词只能是简单形式。

2. 形容词＋个₁＋动词

（6）随便个₁看下子。（随便地看一下。）

（7）老实个₁话，生崽还不如似生女 $[\eta in^{213}]$。（老实说，生儿子还不如生女儿。）

　　（8）渠痛快个₁答应之我。（他爽快地答应了我。）

　　这一格式中的形容词数量有限，多具有副词的特点。这里的形容词一般是双音节的，后面的"个₁"可省略，直接修饰动词，如："随便看下子｜老实话｜拼命做"。

　　3. 重叠数量词＋个₁＋动词

　　（9）书要一隻字一隻字个₁读。（书要一个字一个字地读。）
　　（10）事要一样一样个₁做。（事要一件一件地做。）
　　（11）纸等渠一张张个₁撕巴之。（纸被他一张张地撕掉了。）

　　这里的重叠数量词包括数量名＋数量名、数量＋数量、数量＋量三种情形。前两种也可以说成"数量名个₁＋数量名个₁""数量个₁＋数量个₁"，如："书要一隻字个₁一隻字个₁读｜事要一样个₁一样个₁做"。这里的"个₁"在句中起着强调数量词和舒缓全句语气的作用，均可省略。

　　4. 时间名词/处所名词＋个₁＋动词

　　（12）毛伢子一日到夜个₁吵得要死。　（婴儿一天到晚地吵得要命。）
　　（13）<u>染</u>屋里爷长年四季个₁不落屋，一径哩在外头赚钱。（你爸爸长年没在家里，一直在外面赚钱。）
　　（14）渠间［kan³⁵］三间四个₁会来看我。（他每隔一段时间会来看我。）
　　（15）东西落巴之，渠秚［tsat²］间秚屋个₁寻。（东西丢了，他满屋地找。）

　　这类时间名词或处所名词多为并列关系的四字格，如：整［kien²¹³］日整夜、天光白日（大白天）、冇日冇夜（不分白天黑夜）、三朝两日（三天两天；经常）、时时刻刻（每时每刻）、<u>捩</u>［liet²］话捩起（事先未作安排而临时决定）、挨家挨户、楼上楼下，也可以是非并列结构的四字格，如：一日滔天（整整一天）、清时蛮早（早晨很早的时候）。这一格式中的"个₁"在句中起着强调事件发生的时间、处所以及舒缓全句语气的作用，可以省略。

5. 拟声词 + 个$_1$ + 动词

（16）水 fa^{21} 声个 1 一下倒下来之。（水哗的一声泼下来了。）

（17）绳子 tsa?^{2} 声个 1 一下断巴之。（绳子 tsa?^{2} 的一声断了。）

这一格式中，"个1"前的拟声词多为单音节的，单音节拟声词后面一般要带上"声"字。该格式中的"个1"处可作短暂的逻辑停顿，以突出事物在变化过程中所发出声响的作用，也可省略，比如上两句可以说成"水fa^{21}声一下倒下来之｜绳子 tsa?^{2} 声一下断巴之"。

（二）"个$_1$"的语法特点

上面列举了"个1"出现的五种语境，为称说方便，我们把"个1"前的副词性成分记作 F，F 与"个1"的组合是"F 个1"。"F 个1"具有以下几个特点：1. 不能单说；2. 只能做状语；3. 不能修饰名词性成分。"F 个1"结构中的"个1"可以省略，省略后不会影响句子的基本意义。"个1"的主要作用是凸显 F，使 F 更具有描写性。同时，"个1"在句中也起着舒缓语气的作用。

二 状态词标记"个$_2$"

"个$_2$"是状态词标记。这里的状态词也称之为状态形容词、形容词的复杂形式、形容词的生动形式。吴城方言带"个$_2$"的状态词可分为甲、乙两个类型共 34 种格式。若以 A、B、C 表示词根，X、Y、Z 表示词缀，则有如下类别。

甲类状态词（后可带"个$_2$"，例中"个$_2$"略去）

1. AA 子 淡淡子｜奸奸子｜咸咸子｜甜甜子｜软软子｜苦苦子｜壮壮子｜暗暗子

2. AA 哩 偷偷哩｜死死哩｜凶凶哩｜生生哩｜红红哩｜空空哩｜胖胖哩

3. AXX（子）死板板子｜齐崭崭子｜圆滚滚子｜好生生子｜干瘪瘪子｜慢拖拖子

4. AXX（哩）凶巴巴哩｜急冲冲哩｜懒洋洋哩｜黑压压哩｜响当当哩｜花蹦蹦哩

5. XA　　硗［tɕieu²¹］硬｜溜［liu²¹］软｜绷［puŋ²¹］紧｜飘［pieu²¹］轻｜ŋet²实｜pie²¹腥

6. XXA　　淤淤青｜tɕiu³⁵ tɕiu³⁵圆｜鲜鲜红｜冰冰冷｜乜乜烂｜老［lau²¹］老早

7. X咕XA　　餲咕餲淡｜乜咕乜烂｜浸咕浸甜｜ㄚ咕ㄚ苦｜硗咕硗硬

8. X咕搭A　　鳝咕搭黄｜鲜咕搭红｜墨咕搭黑（形容很黑）

9. XAXA　　巴干巴干｜pʰit⁵凉 pʰit⁵凉｜tin³⁵清 tin³⁵清｜tuŋ³⁵软 tuŋ³⁵软

10. AABB　　拗拗捩捩｜凉凉快快｜顺顺扯扯｜开开阔阔｜勤勤力力｜善善懦懦

11. AAXX　　棚棚 kaŋ²¹³ kaŋ⁰（缠绕不清）｜瘦瘦 maʔ⁵ maʔ²（形容人很瘦）

12. XXAA　　fit⁵ fit² 惟惟（形容办事不踏实）｜tit⁵ tit² 懂懂（懵懵懂懂）｜tɕi²¹ tɕi⁰ 抓抓

13. A哩AB　　糊哩糊涂｜土哩土气｜老哩老气｜小哩小气｜神哩神气｜古哩古怪

14. A是AB　　熨是熨帖（形容修饰得很整洁；安排得很妥帖）

15. A搭AB　　撇搭撇脱（言谈、举止、风格洒脱，爽快）

16. ABAC　　急忙急火｜细声细气｜提七提八｜掐生掐死｜鬼头鬼脑｜狭手狭脚

17. ACBC　　天晏地晏（形容时间很晚）｜死哭活哭

18. AXBX　　lie⁴⁴ tuŋ⁰ tie³⁵ tuŋ⁰（形容衣着不整洁）

19. ABCD　　勤抓苦奔｜强打死要｜粗头蛮脑｜劳心费力｜强横霸道｜翻苑绝灭

20. A咕BC　　冰咕铁冷｜墨咕黢（黑黑乎乎的样子）｜作咕正经（很认真、很正经的样子）

21. AXYZ　　血污哩辣（血淋淋的样子）｜乌毛丁咚（指漆黑一团）｜麻哩极 kʰet²（形容表面不光滑）

22. ABXY　　乌焦巴 tɕiuŋ²¹（形容很黑）｜硬头乒乓（形容做事不知变通，不灵活）

23. XYAB　　xaŋ²⁴精鬼瘦（形容人特别瘦）｜ɕie⁴⁴ㄚ鬼叫（形容大声喧哗，贬义）

24. A咕搭B　　弯咕搭毁→［tɕiu³⁵］（物体、道路等弯弯曲曲）

25. AB 搭 C　　xe²¹皮搭脸丨糊盆搭勺（指残羹剩饭混在一块）丨缠死搭赖（不停地纠缠）

26. A 搭 BC　　正搭八气（正儿八经）丨鬼搭眼花（形容眼睛看东西模糊不清）

27. AB 不 C　　六亲不认丨寸步不离丨坐倚不安丨四手不动丨残缺不全

28. A 不 BC　　文不加点（形容文思敏捷）丨财不露白（形容在人前不露出自己的财物）

29. ABXC　　乌紫 ŋau²¹青丨面红 kuat⁵ 赤（满脸通红的样子）丨鬼头 taŋ³⁵脑

30. A 巴 BC　　汗巴水流（形容汗水很多）

31. AB 巴 C　　吓死巴人（很难看；很难为情；形容脏极了；某种情势让人感到十分害怕）

32. XABC　　kuat⁵ 天大晴丨烹天大臭（指臭得无法忍受）丨雁胆屁臭（形容臭气腥味很浓）

乙类状态词

33. "f + 形容词 + 个₂"式　　（f 代表"好、蛮、恶、相当"一类的程度副词）如：好力练个₂丨蛮年轻个₂丨恶大方个₂丨相当包义个₂。

34. "多音节拟声词 + 个₂"式　　如：劈劈啪啪个₂丨咕噜咕噜个₂丨（一张嘴巴）tɕʰit⁵ tɕʰit² kʰuat⁵ kʰuat² 个₂丨tɕʰin²¹ tɕʰin⁰哐哐个₂（响）。

1—4，是状态词标记"子个₂"或"哩个₂"连用的格式，其中 AXX 也可以直接与"个₂"组合，构成"AXX 个₂"式。5—9 式中，XA 是基式，XXA、X 咕 XA、X 咕搭 A、XAXA 是 XA 通过重叠等手段派生出来的格式。10—18 是重叠式四字格状态词。19—32 是非重叠式四字格状态词。33—34 是状态词的另外两种特殊情形。

由上可知，同样是作为状态词的标记，"子"、"哩"的使用范围比"个₂"要小得多，"子"、"哩"仅作单音重叠状态词标记，"个₂"可作除此之外的其他状态词标记。AXX 式除单用外，还有两种组合形式，即在加"子"尾或"哩"尾后再与"个₂"组合，构成"AXX 子个₂"或"AXX 哩个₂"格式；或者直接与"个₂"组合，构成"AXX 个₂"格式。

（一）甲类状态词

甲类状态词与"个₂"组合后，在句中经常做谓语、补语，还可以做状语，特定条件下可以做主语和宾语。下面举例说明。

谓语：屋里头冷冷静静个₂。│渠话起事来总是细声细气个₂（他说话总是轻言细语的）。│一双手冰咕铁冷个₂（形容极冷），快滴子去加件衣裳。│身上淤［ŋe²¹］青淤青个₂。│昨日夜里门大打揢［sa²¹］开个₂（门、窗等敞开着），应得（幸亏）贼冇进来。│渠上课干巴巴哩个₂（他讲课枯燥乏味）。

补语：箇隻乡巴佬一身衣裳穿得土哩土气个₂。│尔今日郎个又来得天晏地晏个₂，到哪里窜死收魂去之哦？│一些子东西压得化化烂烂个₂（形容物体挤压得粉碎）。│衣裳穿得lie⁴⁴ tuŋ⁰ tie³⁵ tuŋ⁰个₂（衣着不整洁），几难看，快滴子拿扣子扣正来。│冷天（冬天）一到，渠就拿细个子包得完完团团个₂（严严实实）。│楼上打得lit² 天lat² 地个₂（形容撞击、敲打等的声音响、震动大），不晓得在做什哩鬼。

状语：撇撇脱脱个₂话（爽快地说），尔到底去还是不去？│渠每日都是tɕi²¹³ tɕi⁰ tse²¹³ tse⁰（形容说话不正经、不实在，爱耍弄人）个₂过日子。│老人家一拐一跷（瘸子走路的样子）个₂走来之。│要话就正搭八气个₂话（正儿八经地说）。

主语：结结赖赖个₂，不像话。│欺皮颜脸个₂（形容嬉皮笑脸，很不严肃的样子），要不得。

宾语：渠做起事来总欢喜查高问底个₂（他做事喜欢彻底弄清事情的原委）。│渠欢喜彭七彭八个₂（为了达到某种目的而故意夸大事实）。

以上例句中的"个₂"都可省略。甲类状态词做主语时，谓语多用否定形式，至少含有否定性意义。做宾语时，谓语中心词一般是心理动词。

（二）乙类状态词

乙类状态词与"个₂"组合后，在句中经常做谓语、补语，还可以做状语。下面举例说明。

谓语：考试题目恶（很）容易个₂。│渠有时间（有时候）也蛮听话个₂。│许隻女人一日到夜喊喊嚼嚼个₂（那女人整天唠唠叨叨的）。

补语：渠长是长得蛮客气个₂，就是不上相（她长得很漂亮的，就是相片照出来不太好看）。│肚子饿得tɕit² tɕit² ku²¹ ku⁰个₂叫（肚子里咕噜咕噜直响）。│扁担压得tɕit² ŋa³⁵ tɕit² ŋa³⁵个₂响（扁担压得咯吱咯吱直响）。

状语：细猫牯miau²¹ u²¹ miau²¹ u²¹个₂叫（小猫咪呜咪呜地叫）。│锅里个水ku²¹ lu⁰ ku²¹ lu⁰个₂开之（锅咕嘟咕嘟地开起来）。

需要指出的是，"f＋形容词＋个₂"式在句中不能做状语。以上例句中的"个₂"都可省略。

三 转指标记"个₃"

"个₃"附着在体词性成分或谓词性成分后面，使它前面成分的意义发生变化。体词性成分本指事物，加"个₃"后转指另一类事物；谓词性成分本指动作、性状等，加"个₃"后也转指事物。我们把具有这一语义功能的"个₃"称为转指标记。"个₃"与所附的短语组合后，语法功能同名词，不能受副词修饰，能受数量词修饰，可以单说，可以做主语、宾语。下面举例说明。

（一）体词性成分 + 个₃（ + 名词）

（18）灶饭里（厨房里）个₄碗让渠放得许里，饭桌上个₃收起来。（饭桌上个₃ = 饭桌上的碗，做主语）

（19）就字来话，渠个₃比尔个₃写得硬是要平整些。（渠个₃ = 他的字，做主语；尔个₃ = 你的字，做介词宾语）

（二）谓词性成分 + 个₃（ + 名词）

（20）哪块布好看些？红个₃比黑个₃好看些。（红个₃ = 红的布，做主语；黑个₃ = 黑的布，做介词宾语）

（21）旧个₃不去新个₃不来。（旧个₃ = 旧的东西，作主语；新个₃ = 新的东西，作主语）

（22）（片子）换过一只好看滴子个₃。（好看滴子个₃ = 好看点儿的电影片，做宾语）

（23）不去新疆个₃就算之，去个₃交两千块钱。（不去新疆个₃ = 不去新疆的人，做主语；去个₃ = 去新疆的人，作主语）

（24）简隻题目会做个₃举手。（会做个₃ = 会做的人，做小句主语）

（25）许隻戴眼镜子个₃是我老师。（许隻戴眼镜子个₃ = 那个戴眼镜的人，做主语）

（26）爷跟尔话个₃，尔要记记得得放得心里。（爷跟尔话个₃ = 父

亲跟你说的话，做主语)

由上可知，表示转指的"个₃"后面都省略了中心语，这个中心语完全可以根据上下文的意思将它补足。为什么要省略它呢？不外乎以下两个原因：第一，这个中心语在上文中已经出现过，为避免重复而省略；第二，这个中心语虽然在前面没有出现过，但它是说者与听者双方都明白的。

四　定语标记"个₄"

"个₄"是定语标记，其分布环境主要有以下几种情形：
（一）名词/代名词＋个₄＋名词

（27）老王个₄书好多，小李个₄书好少。
（28）鄱阳湖个₄草（特指蘩蒿），南京人个₄宝。
（29）箇条凳子（个₄）脚松之，要跟渠加个欉［tɕin²¹］（木片楔子）。
（30）缸里个₄水都结之凌冰。

例（29）的"个₄"可以省略，理由是其后的中心语"脚"具有不可让渡性，这里的"脚"是"凳子"的重要组成部分，只属于这个"凳子"。
（二）数量短语＋个₄＋名词

（31）渠做之千十万回（极言数量之多）个₄龌龊事。
（32）几日子个₄时间就亏巴之一万多块（钱）。

（三）动词/动词短语＋个₄＋名词

（33）尔去个₄日子记得跟我话一句。
（34）箇团子背风向阳，是做屋个₄好地方。
（35）今日kuat⁵天大晴，tɔʔ⁵真是出门个₄好天。（今天天气晴朗，的确是出行的好天气。）
（36）尔买个₄衣裳恶好看。
（37）我吃个₄苦就是三日三夜都话不完。

（四）形容词＋个4＋名词

（38）渠欢喜客气个4细個子。（他喜欢漂亮的小孩儿。）

（39）洗澡用麻麻热子个4水就要得。

（五）其他＋个4＋名词

（40）尔屋娘是隻善善懦懦个4人。（你妈是一个很善良的人。）

（41）渠是隻口快心直（性情直爽，有话就说）个4人。

（42）尔嫂子是一隻尖尖钻钻［tson³⁵］（挑剔；爱占小便宜）个4人，吃不得一滴子亏个。

（43）老师今日教我唱之一隻恶好听个4歌子。（我们今天唱了一支很好听的歌曲。）

（44）一沰 lin³⁵ lin⁰ luŋ³⁵ luŋ⁰ 个4鼻涕搭过嘴（搭在嘴唇上）。

（45）我好像听到哪里有哗哗个4流水个4声气。（我似乎听到哪儿有哗哗的流水声。）

（46）pʰaŋ²¹ pʰaŋ²¹ 个4锣响拿我吵醒之。（镗镗的锣声把我惊醒了。）

在第一种情形中，所修饰的中心语如果是不可让渡的，定语标记则可以省略。如："我个4爷"，这里的"爷"具有唯一性，只属于"我"，不可转让，因为"我"和"爷"关系密切，所以中间可以省略定语标记，说成"我爷"。同理，"我个4崽"可以说成"我崽"。而"我个4帽子"则不然，因为"帽子"是物品，是可以转让的，帽子由谁持有便是谁的帽子。"我"和"帽子"之间的关系较为松散，所以为了强调其领属关系，"我个4帽子"中的定语标记不能省略，即不能说成"我帽子"。数量短语修饰名词时，"个4"可以省略，具体原因目前尚不清楚，待日后再作继续研究。（三）、（四）、（五）三种情形中的"个4"均不能省略。

如何看待吴城方言结构助词"个1"、"个2"、"个3"、"个4"四者之间的关系呢？笔者认为，从语法功能上说，"个1"、"个2"、"个3"、"个4"

具有一定的互补性。"个₁"只用作状语，"个₄"只用作定语，"个₃"只用作主语或宾语，"个₂"较为特殊，经常用作谓语、补语。

参考文献

［1］朱德熙：《说"的"》，《中国语文》1961 年第 12 期。

［2］朱德熙：《从方言和历史看状态形容词的名词化兼论汉语同位性偏正结构》，《方言》1993 年第 2 期。

［3］项梦冰：《连城（新泉）话相当于北京话"的"字的语法成分》，《方言》1989 年第 2 期。

［4］石毓智：《量词、指示代词和结构助词的关系》，《方言》2002 年第 2 期。

［5］肖　萍：《江西吴城方言语音研究》，齐鲁书社 2008 年版。

［附注：本文在研讨会宣读后发表于《现代语文·语言研究》2011 年第 6 期。］

江西乐安方言中的助词"哩"

詹 纯

（星子县劳动就业服务局）

乐安县位于江西省中部，隶属于抚州市。它东邻崇仁、宜黄；东南靠宁都；西南接永丰；北毗丰城；西北靠新干。乐安方言属于赣方言区的抚广片。乐安境内通行几种方言：县城话、公溪话、戴坊话、罗陂话和招携话。本人的母语是县城话。

"哩"是乐安方言中一个使用频率较高的助词，读作 [li]。它常用在动词、形容词及句子的后面，表示一定的附加意义。"哩"既可以在普通话中找到与之对应的词，又有其特殊的用法，尤其是表疑问语气句子里的"哩"仍保留着古语痕迹。从字形来看，"哩"是近代汉语中新出现的语气词，它是语气词"裏"的后起字。研究近代汉语的学者，通常认为"哩"的写法出现于宋元时期，如王力（1980）认为："'哩'字大概产生于十三世纪左右。"江蓝生（1986）也认为出现于宋代，孙锡信（1999）认为见于元代。也有学者对"哩"出现于宋元时期持怀疑态度，但还未下定论。吕叔湘（2003）认为现代汉语普通话中，已不再使用"哩"这个语气词，它的功能已被"呢"取代。本文将对"哩"在乐安方言中的用法进行分析和探讨。

一 "哩"的完成体标记功能

（一）"哩"常用在动词中心语后表示某种动作已经完成。有以下几种情况。

1. 动词 + 哩

这种格式用于一般疑问句或陈述句中动词或形容词后，表示实际已经发生的动作。用在一般疑问句中的回答是省略句，"哩"在句尾表示肯定的语气。例如：

（1）A：昨日落哩雨么？B：落哩。 （A：昨天下了雨吗？B：下了。）

（2）A：你到哩么？B：我快到哩。 （A：你到了吗？B：我快到了。）

（3）天晏下来哩，我人快滴走哇。（天晚了，我们快点走啊。）

2. 动词＋哩＋数量宾语

这种格式表示动作所经历的时量，后一分句中的"哩"表示动作完成，出现的数量宾语是说话者在把事物发展的新情况告诉听话者，有引起对方注意或惊讶的意味。例如：

（4）该个崽俚真会吃，一餐饭就吃哩五碗。（这个男孩很能吃，一顿饭就吃了五碗。）

（5）该个天连着落哩五日咯雨。（天连续下了五天的雨。）

（6）佢读书蛮攒劲，一日就看完哩五本书。（他读书很用功，一天就看完了五本书。）

3. 动词＋哩＋数量宾语＋……＋哩

这种格式"哩"前后常用"才……就"来强调，表示前一动作经历了若干时间后又出现后一动作或某种状态。这里的"哩"和普通话中的"了₁"用法基本相同。例如：

（7）老李才当哩半年咯校长就死哩。（老李才当了半年的校长就死了。）

（8）该个毛伢崽才困哩一下仔就醒哩。（这个婴儿才睡了一会儿就醒了。）

（9）佢看哩五分钟的书就去玩哩。（他看了五分钟的书就去玩了。）

4. 动词＋补语＋哩

这种格式"哩"表示动作已经完成。例如：

（10）婆婆洗正哩衣裳。（奶奶洗好了衣服。）

（11）佢坐下去哩。（他坐下去了。）

（12）张三打烂哩该只碗。（张三打破了这个碗。）

5. 动词 + 哩 + 数量补语

这种格式"哩"表示动作持续的时间、次数或宾语所指事物数量的多少。例如：

（13）我等哩三个钟头。（我等了三个小时。）
（14）姆妈买哩一袋苹果。（妈妈买了一袋苹果。）
（15）己己教哩我一遍。（姐姐教了我一次。）

6. 动词 + 了 + 哩

这种格式在"动词 + 了"的前面一般有受事主语或后面有受事宾语。句中"了"作为动词，与普通话中的"掉"对应，强调受事者的消失或变化。"哩"与普通话中的"了"对应。例如：

（16）该只南瓜烂了哩。（这个南瓜烂掉了。）
（17）阿婆畀我咯钱跌了哩。（外婆给我的钱掉了。）
（18）小王拆了哩旧屋。（小王拆掉了旧房子。）

（二）"哩"用在形容词性中心语后，是为了和后面的成分一起补充说明中心语，表示客观描述人或事物的某一性质或状态。这种情况有以下两种格式。

1. 形容词 + 哩

当句中的谓词为形容词时，"哩"后面的补语必须是程度副词，如"蛮多"、"好久"，而不能是数量短语，不管这个数量短语是定量还是不定量。例如：

（19）该几年老王胖哩蛮多。（这几年老王胖了很多。）
（20）该个女俚比以前排场哩滴。（这个女孩比以前漂亮了点。）
（21）佢穿咯衣服大哩滴。（他穿的衣服大了点。）

2. 动词 + 形容词 + 哩

这种格式单音节动词后面可以跟一个单音节形容词，动词可以是吃、走、说、站、挤……，表示一种程度关系。例如：

（22）佢个话哇多哩，我都不愿听。 （他的话说多了，我都不愿听。）

（23）昨日吃多哩，腹嗼鼓鼓咯。（昨天吃多了，肚子鼓鼓的。）

（24）今朝走多哩路，脚都磨起哩泡。（今天走多了路，脚都磨起了泡。）

3. "哩"可以用于许多的语法结构中，表示动作已经完成。例如：

（25）小李今朝请哩刘老师吃饭。（兼语句）（ 小李今天请了刘老师吃饭。）

（26）桌上放哩一盆花。（存现句）（桌上放了一盆花。）

（27）公公畀哩我一百块零花钱。（双宾语句）（爷爷给了我一百块零用钱。）

4. 当"哩"用在句末时，实际上兼有"了$_{1+2}$"的作用，既可算作动态助词，又可算作语气助词。"哩"用在动词、形容词或动词的补语后，表示动作、变化已经完成，或肯定有了某种结果以及表示动作出现了某种结果。这种用法与普通话的动态助词"了"相当。例如：

（28）我咯鞋子烂哩。（我的鞋子破了。）

（29）佢绑个鞋带松哩。（他绑的鞋带松了。）

（30）我间里咯锁匙寻到哩。（我房间的钥匙找到了。）

（31）华嗼到港里游泳去哩。（华华到河里游泳去了。）

例（28）、（29）句中的"哩"用在动作和结果动词的后面，表示动作已经完成和肯定有了某种结果；例（30）、（31）句中的"哩"用在动词的补语后，表示动作已经出现某种结果。这些"哩"都用在句末，因此，同时又兼有"了$_{1+2}$"的作用。

二　"哩"的语气助词功能

"哩"作为助词，通常用在句末表示陈述、祈使、疑问的语气，相当于普通话的"了、呢"等。"哩"在乐安方言中不用于感叹句中。

1. 表示陈述语气

"哩"一般位于陈述句末，相当于普通话中的句末语气词"了"，用以叙述或说明事实，带有明白无误或显而易见的意思。例如：

（32）外头起风哩。（外面刮风了。）

（33）再过一日就礼拜六哩。（再过一天就星期六了。）

（34）我人快期末考试哩。（我们快期末考试了。）

2. 表示祈使语气

"哩"用在句末或动补短语之后表示祈使、催促、劝阻等意思，多用于否定句中。例如：

（35）该张画是我自该画略，你莫撕烂哩！（这张画是我自己画的，你不要撕烂了！）

（36）拿稳滴，莫把碗打了哩！（拿稳点，不要把碗打掉了！）

（37）慢滴跑，莫跌倒哩！（慢点跑，不要跌倒了！）

例（36）句中的"了"作为动词，相当于普通话中的"掉"，强调受事者的消失，是一种虚化。"哩"与普通话中的"了"对应。

3. 用于疑问句的特指问句中

"哩"相当于普通话的"呢"。其前面要有"怎么"、"哪里"、"谁"等疑问词，主要询问情状、人物、处所等，说话者希望对方给予答复。例如：

（38）该样久冒见你，你住□［xei²¹³］里去哩？（这么久没看到你，你住哪呢？）

（39）将古是□［xei²¹³］个在话事哩？该声音听起来蛮熟。（刚才是谁在说话呢？这声音听起来很熟。）

（40）快迟到哩，你哪□［（in²¹³］还不走哩？（快迟到了，你怎么还不走呢?)

三 "哩"的动作趋向功能

"哩"在句中作连谓结构的第二个动词,即"哩"在句中还承担着表义功能,例如:

(41) 我昨日夜间唱歌哩(去)了。(我昨天晚上去唱歌了。)

(42) 佢将古看电影哩(去)了。(他刚才去看电影了。)

(43) 小张开会哩(去)了?(小张去开会了?)

"哩"的这种用法的出现条件是:"哩"的前面必须有另外一个动态动词,由该动词和"哩"共同构成一个连谓结构,"哩"作为连谓结构的后一成分,如例(41)、(42)、(43)句中"哩"前分别另有"唱歌"、"看电影"和"开会"等动词性结构。但是,当前面动词带有表示物体运动终点的介词结构时,则不能再用"哩",而应该用"去"来表示,这样的句子如:

(44) 佢把东西搬到屋里去了。不能说成: (佢把东西搬哩家里了。)

(45) 伟嘚自该跑到城里去了。不能说成: (伟伟自该跑哩城里了。)

(46) 风一起,纸屑飞到天上去了。不能说成:(风一起,纸屑飞哩天上去了。)

四 "哩"的其他用法

1. "哩"常与时间名词或动宾词组搭配,构成"名词+哩"、"动词+宾语+哩"、"动词+补语+哩+宾语"等格式,表示"……的时候"或"……以后",指将来的某一时间概念。例如:

(47) 放假哩,你就有时间跟我玩。(等到放假的时候,你就有时间和我玩。)

（48）过年哩，我就有新衣裳着。　（过年的时候，我就有新衣服穿。)

（49）佢读完哩书，你就可以享福哩。（等他读完书以后，你就可以享福啦。)

2. "哩"用在假设条件分句末尾，表示"……的话"的意思，引导条件分句。这种用法相当于普通话的"了₁"。例如：

（50）菜要是冷哩，再去弄滚来。（如果菜凉了，再去热一热。)
（51）佢来哩，我就走。（他要是来了，我就走。)
（52）你要是饿哩，就先吃饭。（你如果饿了，就先吃饭。)

3. "哩"可以用在"量词＋把"的后面。量词后加介词"把"再加上"哩"尾，在这种格式中，介词一般只用"把"，"哩"尾表示的是一种大概的数量关系。是"……左右"的意思，不好说出准确的数量。例如：

（53）我咯厅下摆得下桌把哩。（我的客厅里可以摆一桌左右。)
（54）该块布可以做套把哩衣裳。（这块布大概可以做一套衣服。)
（55）该滴水果就斤把哩。（这点水果就一斤左右。)

4. "哩"与"个"结合组成"哩个"，它可以放在动词、形容词或形容词短语前，句中形容词含有"变……"的意思。　"哩个"常用在"莫……"的句式中，表示劝某人不要做某事。例如：

（56）莫吃烂了哩个苹果。（不要吃烂了的苹果。)
（57）莫吃馊了哩个菜。（不要吃馊了的菜。)
（58）莫吃过期哩个饮料。（不要喝过期了的饮料。)

本文描写了乐安方言中较常用的助词"哩"的用法、意义和功能，详细地谈了"哩"的完成体标记功能、简略地谈了"哩"的语气助词功能、动作趋向功能，比较了它跟普通话助词"了"在意义、用法上的差异，说明了赣语和普通话在语法上还是存在着一定的差异。乐安方言中的助词

"哩"，在句子里的位置不同，用法和意义也相应的不同，研究"哩"在乐安方言中的语法功能和语法意义等方面的特点，对于探讨乐安方言词以及乐安方言的内部规律有着重要的意义。由于篇幅有限，本文没有探究乐安方言中的"哩"和赣语其他方言中的"哩"在用法上的差异，这个问题有待深入的研究，这样的研究能为进一步的认识赣语和周边方言的语法特点及其与普通话的语法差异提供实例，具有重要的价值。

参考文献

［1］黄伯荣、廖序东：《现代汉语》，高等教育出版社 2003 年版。

［2］江蓝生：《疑问语气词"呢"的来源》，《语文研究》1986 年第 2 期。

［3］刘辉明：《赣语湖溪话的完成体》，《东华理工大学学报》2008 年第 1 期。

［4］吕叔湘：《现代汉语八百词》（增订本），商务印书馆 2003 年版。

［5］孙锡信：《近代汉语语气词》，语文出版社 1999 年版。

［6］王　力：《汉语史稿》，中华书局 1980 年版。

［7］王晓红：《南阳方言中的助词"哩"》，《南阳师范学院学报》2003 年第 2 期。

［8］张军香：《宁武方言中的助词"哩"》，《忻州师范学院学报》2005 年第 1 期。

江西彭泽方言的语气词

汪高文

（北京语言大学语言研究所）

彭泽县位于江西省最北部，彭泽方言属赣方言鹰弋片。彭泽方言中的语气词，从其所在的位置来看，主要用于句末，也有个别用于句中；从音节的多少来看，有"单音节语气词"和"多音节语气词"。彭泽方言的语气词主要有："嘞、啰、啵、嘢、哆2、吵、呐、咯、哒、噻、不啰、冇啰、不噻、哆嘀、就是哆"等。其中，少数与普通话的用法基本相同，多数则具有方言特点。本文的讨论范围，限于彭泽方言新派口语。

彭泽方言语气词个别用于句中时，有的可表停顿，基本含义相当于"就……而言"、"至于"，有的可表举例。例如：

渠两个正好相反，男个嘞，就小气得要死，女个嘞，就大方得不得了。（他们两个正好相反，男的呢，就小气得要命，女的呢，就大方极了。——表停顿）

山上好多动物，么事蛇啰、老虎啰、黄鼠狼啰。（山上很多动物，什么蛇啊、老虎啊、黄鼠狼啊。——表举例）

一 单音节语气词

1. 嘞 $[l\varepsilon^{44/0}]$

使用频率很高，且表义功能强，是一个能表达各种语气的典型语气词。用在句中，读 [44] 调；用在句末，读轻声。

（1）用于陈述句末尾，表强调；也用于句中停顿处，既可表示说话人的犹豫或为引起对方的注意，也可表示后一情况的假设条件。如：

　　　我明朝还来嘞。（我明天还来呢。）

　　　伊个事嘞，尔就不用操心哆。（这件事呢，你就不用操心了。）

　　　等我下回来嘞，带几本书来。（等我下次来呢，带几本书来。）

　　（2）用于特指问、正反问、选择问等问句末尾，表示疑问语气，但不用于是非问句。这是"嘞"最重要的语法功能。此外，"嘞"还可表反问语气。如：

　　　尔明朝几时走嘞？（你明天什么时候走呢？）

　　　尔喜不喜欢伊件衣服嘞？（你喜不喜欢这件衣服呢？）

　　　尔去问渠嘞，还是我去问渠嘞？（你去问他呢，还是我去问他呢？）

　　　跟在搞伊些还有么事用嘞？（现在弄这些还有什么用呢？）

　　（3）用于感叹句末尾，表示赞叹、厌恶等强烈的思想感情。如：

　　　昨夜个电视真叫好看嘞！（昨晚的电视真是好看啊！）

　　　渠家人真讨厌嘞！（他家人真讨厌啊！）

　　（4）用于祈使句，表建议、催促等含义，近似普通话"吧"。如：

　　　喝嘀酒嘞！（喝点酒吧！）

　　　去吃饭嘞！（去吃饭吧！）

　　2. 啰 [lo⁴⁴]

　　可用于多种语气，表示多种不同含义。

　　（1）用于表示疑问语气，有时带有"不耐烦"、"不满"等感情色彩，依语境而定。主要用于特指问句，相当于普通话的"呢"；也可用于其他疑问句。如：

　　　冬冬是几时到个啰？（冬冬是什么时候到的呢？）

　　　嗯人姓么事啰？（那人姓什么呢？）

　　　床单今朝还洗不洗啰？（床单今天还洗不洗呢？）

（2）用于表示祈使语气，表"命令、敦促、请求"等，句子时常有"不满、不耐烦、指责"等味道，近似"呀"。如：

　　唱啰，莫摆架子啰。（唱吧，别摆架子啊。）
　　快嘀走啰，莫停啰。（快点走吧，别停啊。）

（3）用于陈述句末尾。

a. 表示一种"为……开脱"的语气，句子含有"只不过、不过是、可能是……罢了"等意思。如：

　　我冇注意啰。（我没有注意啦。）
　　渠把东西拿错哆₁啰。（他把东西拿错了啦。）

b. 有时，"啰"不表"开脱"，而是表一种加强肯定或评价的语气，主要用在"嗯/伊……是……"类句式中，使句子本含有的"如此说来"之义更加明确。如：

　　嗯就是渠媳妇要不得啰。（那就是他媳妇不对啦。）
　　麻将还是尔打得好嘀啰。（麻将还是你打得好点儿啦。）

c. 放在独语句分句末尾，"啰"的读音较短促，也表示一种加强肯定，分句含有"不耐烦、无可奈何"等色彩。如：

　　要得啰，莫□□［tsʰən³¹ tɛ³¹］哭啰。（可以了，别一直哭啦。）

（4）放在复句中的前一分句末尾，对分句进行加强肯定。该分句可以是主谓分句，也可以是无主句。表示某种警告，含有"如果……的话"之义。读短促调时，警告的色彩更浓更明显。如：

　　渠个书尔拿啰，拿哆我就告诉渠。（他的书你拿吧，拿了我就告诉他。）
　　笑啰，等下尔就要哭。（笑吧，等会儿你就得哭。）

3. 啵 ［po⁴⁴］

应为"不啰"的合音形式。是一个带有疑问含义的语气词，主要用于是非问句和反问句，也可用于祈使语气。

（1）用于表示疑问语气。在是非疑问句中，表猜测语气，相当于"是不是、对不对"、"吗"等含义；"啵"用于反问句，有"难道"、"莫非"之义，表某种怀疑色彩。如：

被裹套是姆妈洗个啵？（被单是妈妈洗的吗？）
尔喜欢啵？（你喜欢吗？）
说几句话会要尔个命啵？（说几句话会要你的命吗？）

（2）用于祈使句，表商量语气，相当于"吧"、"怎么样"。如：

进去看下啵，好像蛮好看咯。（进去看下吧，好像挺好看的。）
身体不舒服，去医院做个检查啵。（身体不舒服，去医院做个检查吧。）

4. 嘪 ［mo⁴⁴］

应为"冇啰"的合音形式，在彭泽方言中是一个典型的表正反问的疑问语气词。"v＋嘪"表示"v了没有"。如：

看懂嘪？（看懂没有？）
渠回去嘪？（他回去没有？）

5. 哆₂ ［to³¹］（注：助词"哆₁［to³¹］"，表动作的完成。如：在家里住哆一年。）

（1）"哆₂"在陈述句中的用法：

a. 用于宾语后，肯定事态出现了变化，重在报告一种新情况。如：

渠来北京哆。（他来北京了。）
我回学校哆。（我回学校了。）

b. 直接用在动词后，表示事态有变化，但并不表动作的完成。如：

都那夜哆，渠早就困哆。（都这么晚了，他早就睡了。）

我昨日就晓得哆。（我昨天就知道了。）

c. 用于名词或形容词后，表示新出现的情况。如：

快元旦哆。（快元旦了。）

几年冇见，渠个头毛一下白哆。（几年没见，他的头发全白了。）

（2）用于祈使句，且只用于否定，表示劝阻和命令。如：

小事情，莫再吵哆！（小事情，别再吵了！）

6. 吵 [sa⁴⁴]

"吵"的使用频率较高，可用于多种语气。句子时常带有"不满、不耐烦"等消极色彩。

（1）用于表示疑问语气，带有"不耐烦、谴责"的意思；就所表示的不耐烦的语气强烈程度来说，哆₂吵＞吵＞啰。如：

我个书在哪里吵？（我的书在哪里啊？）

（2）用于表示陈述语气，表示一种加强肯定。句子多含有"不满"、"不屑一顾"等色彩；有时也表示一种说明性的肯定，有"不容争辩"的意思。如：

伊是尔几说个吵。（这是你们说的啊。含有"难道不承认？"之意）

我是不去搞吵。（我是不去弄啊。含有"没有什么了不起"之意）

嗯时候是六月吵，天气热得死。（那时候是六月啊，天气热得要命。）

衣服买来是要穿个吵。（衣服买来是要穿的啊。）

（3）用于表示祈使语气，表催促、命令、请求等，有时有"不耐烦"的色彩。如：

快嘀走吵。(快点走啊。)

尔看吵，嗯个疯子又来哆。(你看啊，那个疯子又来了。)

（4）用在分句或独语句分句后，含有某种警告、强调或加强肯定的意思。如：

尔笑吵，看尔高兴到几时。(你笑啊，看你高兴到什么时候。)

要得吵，渠还有么事不同意咯。（可以啊，他还有什么事不同意的。）

7. 呐［na^{44}／na^{31}］

（1）用于反问句的末尾，有"难道"、"莫非"之义，表某种惊奇或怀疑色彩。读为［na^{44}］。如：

渠还冇死心呐？(他还没有死心啊？——表惊奇)

未必渠还不喜欢尔呐？(难道他还不喜欢你吗？——表怀疑)

（2）用于感叹句的末尾，表示赞叹、厌恶等强烈的思想感情，近似"嘞"。读为［na^{31}］。如：

菊花真好看呐！(菊花真好看啊！——表赞叹)

尔好烦人呐！(你很烦人啊！——表厌恶)

8. 咯［ko^{31}］

用于陈述句末尾，肯定一个已经发生的事实或表示对将来事实的确定无疑的推断，有一种明白无疑的意味。如：

我是昨日来咯。(我是昨天来的。——表示已经发生的事实)

迟早要有伊一天咯。（迟早会有这一天的。——表示对未来的推断）

我走过去咯。(我走过去的。)

最后一句根据不同的语境则有不同的理解：如果是"昨日嗯个位置不

远，我走过去咯（昨天那个地方不远，我走过去的）"，表示已经发生的事实；如果是"我今朝没有开车来，过下我几肯定是要走过去咯（我今天没有开车来，等会儿我们肯定是要走过去的）"，则表未来。

9. 哒 ［ta^{44}/ta^{31}］

（1）主要用于疑问句末尾，只对已然动作进行提问，也可表反问语气。读为 ［ta^{44}］。如：

> 刚去寝室哒？（刚去寝室了？）
> 伊样就算冇有事哒？（这样就算没事了吗？）

（2）用于祈使句末尾，且只用于否定，表劝阻，含有"无可奈何"之意；近似"哆"，但"哆"的语气更强硬。读为 ［ta^{31}］。如：

> 莫想哒！（别想了！）
> 莫再吵哒！（别再吵了！）

10. 嚒 ［mɛ^{44}］

仅用于陈述句末尾，表示"答应、同意"之义。如：

> 好嚒，我会去。（好啊，我会去。）
> 可以嚒，让渠去培训。（可以啊，让他去培训。）

二 多音节语气词

1. 不啰 ［pu^{44} lo^{44}］（合音形式为"啵"）

（1）用于正反问句。

a. 在彭泽方言中，"v + 不啰"为正反问句的一般形式。"不啰"在节拍上结合得十分紧密，中间没有任何停顿，若将其省略为"v 不"形式，句子会显得十分生硬。如：

> 尔听不啰？（你听不听？）
> 小李喜欢不啰？（小李喜不喜欢？）

b. 同样表正反问的"v 不 v + 啰"格式也常用，相比"v + 不啰"而言，多出了"不耐烦"的意味。如：

尔去不去啰？（你去不去啊？）

（2）用于反问句，有"难道"、"莫非"之义，表某种怀疑色彩。如：

吃几口会要尔个命不啰？（吃几口会要了你的命吗？）

2. 冇啰 ［mo⁴⁴ lo⁴⁴］（合音形式为"嘤"）

彭泽方言正反问句中，"v 冇 + 语气词"为另一常用形式，也有与之相对应的"v 冇 v + 语气词"格式。如：

饭熟冇啰？（饭熟了没有？）
尔听到冇啰？（你听到没有？）
锅里还有饭冇啰？（锅里还有饭没有？）

"不啰"、"冇啰"都用于正反问，但在语言使用环境上各有分工："不啰"偏向于提问主语的主观意愿动作；"冇啰"偏向于提问客观事物、现象的性质和状态。如：尔结婚不啰？（你想不想结婚？）——尔结婚冇啰？（你结没结婚？）

3. 不噻 ［pu⁴⁴ sei （⁴⁴）］

仅用于反问句末尾，反问语气强烈，表所述情况出现的可能性很小，有时含有"不屑"之义。如：

我还怕尔不噻？（我还怕你不成？）
未必尔还不如渠不噻？（难道你还不如他不成？）

4. 哆₂ 嘀 ［to³¹ ti⁴⁴］

仅用于感叹句末尾，组成"太……哆嘀"结构，表特别强烈的谴责意味，含有愤怒的情感；还可以加上程度副词"很"，进一步加强批评语气。如：

尔也太不像样哆嘀！（你也太不像话了点！）

伊件事太不对劲很哆嘀！（这件事太不对劲了点！）

5. 就是哆₂ [tɕʰiu²²³ sɿ²²³ to³¹]

"就是哆₂"仅用于陈述句末尾。相当于普通话的"好了"、"罢了"，表达一种认同的肯定语气，含有"问题简单，没啥了不起"或者"不用犹豫，快去做好了"等意义色彩。如：

该渠个钱还渠就是哆。（欠他的钱还他就是了。）
渠要走，让渠走就是哆。（他要走，让他走就是了。）
喜欢吃，尽管吃就是哆。（喜欢吃，尽管吃就是了。）

三　小结

彭泽方言句末语气词的使用情况列表如下：

表1

音节类型	语气词	疑问	陈述	祈使	感叹
单音节	嘞	+	+	+	+
	啰	+	+	+	
	啵	+		+	
	嘿	+			
	哆₂		+	+	
	吵	+	+	+	
	呐	+			+
	咯		+		
	哒	+		+	
	嚏		+		
多音节	不啰	+			
	冇啰	+			
	不嚏	+			
	哆₂嘀				+
	就是哆₂		+		
合计（个）		15	10	7	6	3

据前文及表1：

1. 彭泽方言的语气词，绝大部分只用于句尾，少数既可用于句中又可以用于句尾。

2. 彭泽方言中可用于四种句型的语气词有一个："嘞"；可用于三种句型的语气词有两个："啰、吵"；可用于两种句型的语气词有四个："啵、哆$_2$、呐、哒"；可用于一种句型的语气词有八个："噻、咯、噤、不啰、冇啰、不噻、哆嘀、就是哆$_2$"。很明显，单音节语气词可分布的句型普遍比多音节语气词更广，所表语气自然也更为丰富。

3. 从所起的作用看，可以分为典型语气词和一般语气词两类。"嘞、啰、吵、啵、噻、哆$_2$、咯"是彭泽方言中的七个典型语气词。"嘞、啰、吵"可用于四种或三种句型中，所表语气丰富复杂，灵活地传达出说话者对交际内容的某种感情、态度或意向。"啵"是彭泽方言中的典型疑问语气词，尽管也用于祈使句，但仍含有微弱的询问意味。"噻"是典型的表正反问的疑问语气词，"哆$_2$、咯"则是典型的表陈述的语气词。这七个语气词在彭泽方言口语中，使用频率都特别高。其他八个语气词，可粗略归为一般语气词。

4. 从语义功能上来看，彭泽方言典型语气词"哆"大体可以对应于普通话的"了"。据徐晶凝《情态表达与时体表达的互相渗透》一文考证，"了"由一个时体标记词，正在向情态标记发展。经比较，彭泽方言中，"哆"的发展轨迹与普通话的"了"类似。"哆$_1$"可表动作完成，是典型的时体标记词，而"哆$_2$"则是主用于陈述句的典型语气词。多音节语气词"哆$_2$嘀、就是哆$_2$"的使用，也促使了"哆"向情态标记的转化。

5. "啰"作为典型语气词，通过与否定副词"不、冇"的高频率连用，逐渐凝固化，同时也使得"不、冇"的否定词义不断弱化，最终产生合音形式"啵、噻"语气词。这很像古时的注音方式"反切"，即取前字的声母、后字的韵母及声调。例如：不［pu^{312}］＋啰［lo^{44}］＝啵［po^{44}］。

6. 多音节语气词"不啰"和"冇啰"都用于正反问，但在语言使用环境上各有分工："不啰"偏向于提问主语的主观意愿动作；"冇啰"偏向于提问客观事物、现象的性质和状态。这在很大程度上是受"不"和"冇"的影响和制约。从否定对象和否定作用来看，否定副词"不"主要用于否定意愿和性状；"冇"主要用于否定事实和变化。那么，疑问句中"不"也多用于提问主观方面，"冇"多用于提问客观方面。合音后，"噻"仍偏向提问主观意愿动作，"啵"则既可提问客观事物又可提问主观意愿。

7. 彭泽方言口语中，多音节语气词往往与其合音形式并行通用：如"不啰"与"啵"、"冇啰"与"嚛"。但合音形式语气词的使用范围有扩大趋势，如"不啰"只用于疑问句型，"啵"既可用于疑问句型又可用于祈使句型。与此相关，合音形式语气词的使用频率也越来越高于其多音节语气词。这亦符合语言趋向经济、简便的发展规律。从语气词的使用现状来看，合音形式语气词不仅使用频率更高，且承载的语法功能亦有所扩大。如"啵"则既可提问客观事物又可提问主观意愿。那么，多音节语气词存在的必然性受到了巨大挑战。

8. 单音节语气词通过连用，有增强语气的作用。比如，就所示的不耐烦的语气强烈程度来说，哆₂唦 > 唦 > 啰。就所示的批评程度来说，哆₂嘀 > 哆₂。

9. 有的单音节语气词，在疑问句和其他句型中，分别使用不同的声调。两个调值分工明确，相互对立。在疑问句中，读较高的44调；用于其他句型时，读31调，如"呐、哒"。

语调往往和语义相互配合，才能把内容和附着在内容之上的感情、态度准确、鲜明地传达出来，达到交流思想的目的。"各种语调大致都和一定的语气相关，例如升调常表达疑惑、诧异等语气，降调常表达感叹、强调、祈求等语气，曲调常表达委婉、不满等语气，平调则表达和缓等语气。"（徐晶凝，2001）彭泽方言中，表达情绪激动或带有疑惑的句子，整个语调上扬，所以"呐、哒"的调值不可能使用降调。而"呐"用于感叹、"哒"用于祈使句型时，受整个语调的影响，也不可能使用高平调。

参考文献

[1] 黄伯荣：《汉语方言语法类编》，青岛出版社1996年版。

[2] 吕叔湘：《现代汉语八百词》，商务印书馆1980年版。

[3] 齐沪扬：《语气词与语气系统》，安徽教育出版社2002年版。

[4] 徐晶凝：《汉语语气表达方式及语气系统的归纳》，《北京大学学报》2001年第3期；《情态表达与时体表达的互相渗透》，《汉语学习》2008年第1期。

[5] 张 斌：《现代汉语描写语法》，商务印书馆2010年版。

[附注]

1. 凡是只能位于句子末尾的语气词，就是句末语气词；凡是既可以位于句末，又可以位于句中的语气词，就是句中语气词。

2. 典型语气词就是那些使用频率特别高，分布领域比较广，所表语气相对复杂的语气词。一般语气词就是指那些使用频率比较低，分布领域比较窄，所表语气比较简单的语气词。除了典型的语气词之外，都是一般语气词。

3. 语调是语气在语音层上的表达方式。所谓语调是指附着在整句话上的语音形式，它表现为句子节律的音高变化、节奏的快慢以及语句的重音。

赣方言（宜丰话）疑问范畴研究

邵　宜

（暨南大学中文系）

　　赣方言主要分布于江西省的中部和北部以及相邻的湖南省东部、湖北省东南部、安徽省西南部和福建的西北部等广大地区，使用人口大约 3000 万人。赣方言是汉语诸大方言中研究较为薄弱的一种，早期罗常培先生曾经调查和记录了临川方言，后来整理为《临川音系》（1941）。大面积对赣方言进行调查和记录，后来进行过三次。第一次是颜森先生对江西各地赣方言点的调查，后来发表出版的数量并不多（如《黎川方言研究》）；第二次是由李如龙和张双庆两位先生率领的调查组于 80 年代后期所作的一系列调查，后来基本上都反映在《客赣方言调查报告》（1992）里；第三次是由刘伦鑫先生率领的课题组对江西境内赣方言的全面搜索，其调查成果都收入后来出版的《客赣方言比较研究》（1999）中。

　　这三次调查以语音、词汇为主，虽也记录了一些语法材料，但数量较少且不成系统，以专题形式（如疑问句）开展研究的更加鲜见。其他研究赣方言的论文在谈到赣方言的特点时，更多是从语音、词汇角度考察，较少涉及语法。

　　本文以江西宜丰话为对象，按照"疑问句→疑问代词→疑问语气词→疑问语调"这样的先后顺序对宜丰话进行描写与研究。

　　赣方言的疑问句结构类型跟普通话相似，也可分为是非问、特指问、选择问和正反问四类。跟普通话相比，赣方言的疑问句尽管在语气词、疑问词、句式及句调等的选择上与普通话有一定差异，但从总体上说，其基本类型与普通话较为一致。

一　赣方言的是非问句

　　与普通话比较，赣方言是非疑问句的特色主要表现于以下两点：

　　第一，在疑问信息的载体上，普通话的是非疑问句既可由语气词负载疑问信息，也可由句调（升调）负载疑问信息，而赣方言是非问句的疑问信息只能由语气词负载。

　　第二，在语气词的运用上，普通话是非问句末可用语气词"啊"、"吧"、"吗"，赣方言是非问则用"墨"、"啊"、"吧"。

（一）赣方言是非疑问句的常见格式及其特征

　　赣方言是非问句必须匹配语气词，这是与普通话明显不同之处，也就是说，仅凭语调表达疑问的是非问句是不存在的。

1. S + 墨 $[mæ^{33}]$

　　这是典型的是非问句。说话人对客观事实未能掌握足够的信息，主观上无法作出肯定或否定的判断，故而通过提问来获得答案。语气词"墨"相当于普通话的"吗"。请看下面的例句：

　　（1）你昨日上了课墨？（你昨天上了课吗？）
　　（2）你哩爷晓得你归来了墨？（你爸爸知道你回来了吗？）
　　（3）天气预报话明日会落雨墨？（天气预报说明天会下雨吗？）
　　（4）佢是开得车积来咯墨？（他是开着车来的吗？）

　　和普通话的疑问语气词"吗"一样，赣方言是非疑问句如果改为其他表示疑问的手段，语气词"墨"就不能出现，而要改用"叻"。譬如用正反疑问形式，上述句子就得说成：

　　（5）你昨日上冇上课叻？（你昨天上没上课呢？）
　　（6）你哩爷晓不晓得你来了叻？（你爸爸知道不知道你来了呢？）
　　（7）天气预报话冇话明日会落雨叻？（天气预报说没说明天会下雨呢？）
　　（8）佢是不是开得车积来咯叻？（他是不是开着车来的呢？）

2. S + 啊 $[æ^{33}]$

　　这是求证是非问句，问话人对疑问内容有某种程度的估计，只是主观上尚不能确定，故而发问求证。这里的"啊"带有惊讶的语气。普通话是非问句的疑问信息可以由升调承担，但是赣方言例外，因此"啊"在这里被看做疑问语气词。例如：

（9）你不记得阿啊？（你不记得我了？）

（10）松伢昨日冇上课啊？（松伢昨天没上课吗？）

（11）你哩许块通了火车啊？（你们那儿通了火车了？）

（12）讨你哩吃得赢了两只啊？（被你们吃得剩下两只了？）

受前面音节韵尾的影响，语气词"啊"有几种音变形式，鼻音韵尾（宜丰话前后鼻音韵尾不分，只有前鼻音韵尾）后面变成"哪"，前高元音韵尾后面变成"呀"，在后高元音韵尾后面变成"哇"。这与普通话"啊"的音变几乎一样。例如：

（13）佢话了明日归呀？（他说了明天回来吗？）

（14）你过了许只桥哇？（你过了那座桥哇？）

（15）你认得个只人哪？（你认识这个人吗？）

（16）你不晓得佢去了北京哪？（你不知道他去了北京吗？）

3. S + 吧

该格式疑问句的疑问语气相对较弱，即信大于疑，但也要求对方回答，语气词"吧"承担了疑问信息。这跟普通话的"吧"字疑问句类似。例如：

（17）个是你哩爷吧？（这是你爸爸吧？）

（18）个积晏正来，睏着了觉吧？（这么晚才来，睡迷糊了吧？）

（19）你哩是两姊妹吧？（你们是两姐妹吧？）

（20）看你走路咯样子，你吃了酒吧？（看你走路的样子，你喝了酒吧？）

如果语气词换成"墨"或"啊"，疑问语气增强，要求对方一定给予回答。

（二）赣方言是非疑问语气词"墨"与"啊"的比较

使用不同的语气词，表达的意思会略有不同，故而通常情况下语气词不能随意替换。而如果改变问话的语气，通常也是通过改变语气词来实现。

1. 语气词"嚜"和"啊"的分工

如果用"嚜",问话人对事件基本上不了解,是典型的是非问句。这类疑问句的回答格式一般是对谓语动词的肯定或否定(否定句式还可以用简单式"冇")。例如:

(21) 你吃了饭嚜?(你吃了饭吗?)——吃了(喔)/冇吃(喔)。

(22) 你今阿下昼去了街嚜?(你今天下午上街了吗?)——去了(喔)/冇去(喔)。

(23) 厅下咯灯微了嚜?(客厅的灯熄了吗?)——微了(喔)/冇微(喔)。

(24) 佢哩姐姐嫁了人嚜?(她姐姐嫁了人吗?)——嫁了(喔)/冇嫁(喔)。

如果用"啊",通常问话人对结果已猜出七八分,问话只是想进一步证实。这类疑问句的回答格式一般也是对谓语动词肯定或否定。例如:

(25) 你吃了饭哪?(你吃了饭了?)

(26) 你今阿下昼去了街呀?(你今天下午上了街了?)

(27) 厅下咯灯微了哇?(客厅的灯熄灭了?)

(28) 佢哩姐姐嫁了人哪?(她姐姐嫁了人了?)

2. 语气词"嚜"和"啊"的差异

虽然都是表是非问的语气词,"嚜"和"啊"(及其音变形式)所表达的语气还是有差异的。例如:

(29) 你哩老婆生咯是崽嚜?

(30) 你哩老婆生咯是崽啊?

假如听话人一直渴望生个儿子,问话人得知听话人的妻子已经生产,便询问听话人生的是不是男孩儿。上面两个句子问话的情境是绝不相同的。例(29)问话人不知道生的是男是女,因为此前未曾获得任何有关信息,故而询问,希望了解事实。例(30)听话人或许已经知道生的肯定是男孩儿,故而喜上眉梢,问话人根据对听话人的表情观察作出判断:八成是儿子;或者问话人已经听到风声或传言，对事实已有大致的估计。因为有了预设判断，问话的疑问程度显然不如例（29），只是为了进一步验证。

此外，从回答的趋向来看，两者也是不同的。例（29）的回答可以有两个选项：肯定或否定。例（30）则不同，由于有了预设判断，而且这个判断多半能够成立（即符合事实），因而回答通常只能有一个选项，即作肯定的回答。一般情况下不会出现否定的回答。

以上所讨论的内容，可用格式表示如下：

A 格式　　问：S + 墨?　——答：肯定式或否定式

B 格式　　问：S + 啊?　——答：肯定式

在反问句里，两者也有区别，用"啊"表示问话人比较意外或失望，而用"墨"在意外或失望之外略有一丝不满甚至愤怒。

A 格式：你哩老婆生咯不是崽墨?

B 格式：你哩老婆生咯不是崽啊?

但两者有一点是共同的，那就是对事实感到意外或失望，这正是反诘问的特点。

（三）赣方言是非问测度句

测度问介乎疑、信之间，它表示说话人对所说内容持一种不十分肯定的态度。普通话的测度句一般是在句中添加语气副词"大概"、"别是"、"恐怕"等，或是在句尾添加语气助词"吧"而构成。赣方言的测度句不用"别是"一类词，但可以用"莫"、"怕"以及"吧"、"舂"、"舂吧"等语气词。下面根据这些标记词的差异来探讨赣方言测度问句的各种格式。

1. S + 吧?

表示对 S 所陈述的命题内容持某种怀疑倾向。例如：

（31）佢不得做杠咯事吧?（他不会做这样的事吧?）

（32）个件事是你话咯吧?（这件事是你说的吧?）

（33）总不得是阿舞坏咯吧?（总不会是我弄坏的吧?）

（34）你哩姐姐阿好似有看过吧?（你姐姐我好像没见过吧?）

2. S + 舂?

"舂"不是一个专职疑问语气词，表示疑问语气时通常出现在否定句式。例如：

（35）你总不会卢阿弄？（你总不会骗我吧?）

（36）个次总不得塌八弄？（这次总不会误事吧?）

（37）个次你总怪不得别人弄？（这次你总怨不得别人吧?）

（38）佢总有话你弄？（他总没有说你吧?）

3. S+弄吧?

表示对 S 所述内容持一种"猜测"态度，而且希望对方给予证实。
例如：

（39）话了九点钟咯，总会来弄吧？（说好了九点钟的，大概快来
了吧?）

（40）天个积暗，会落雨弄吧？（天这么黑，快下雨了吧?）

（41）个积大咯肚积，会生弄吧？（这么大的肚子，快生了吧?）

（42）到了钟弄，会出来弄吧？（到了时间了，快出来了吧?）

4. 莫+S?

表示对 S 所述内容持怀疑或猜测的态度。例如：

（43）莫佢不来了喔？（别是他不来了?）

（44）莫是你话讯到佢听咯喔？（别不是你告诉他的?）

（45）莫今阿不上课了喔？（别是今天不上课了?）

（46）莫你哩爷晓得了喔？（别是你爸爸知道了?）

（四）是非问与疑问语气的关系

根据上述分析，赣方言是非疑问句有两个主要的疑问语气词"墨"和
"啊"。这两个疑问语气词可以相互替换，但替换后表达的语义或语气存在
一定的差异。

1. 问句为肯定格式

使用"啊"的语气比使用"墨"更有一种出乎意料的惊讶、惊喜。
例如：

（47）　个是你哩老妹呀？（这是你妹妹吗？）

（48）　佢就是你话咯小学同学啊？（他就是你说的小学同学吗？）

（49）　个是正舞咯饭哪？（这是刚做的饭吗？）

（50）　你是昨日暗头上咯车啊？（你是昨天晚上上的车吗？）

例（47）还可以简略为"你哩老妹啊？"通常不说"你哩老妹墨?"譬如发现自己喜爱的漂亮姑娘原来是同学的妹妹，通常会说"个是你哩老妹呀？"而不说"个是你哩老妹墨？"

用语气词"墨"，只是一般性的疑问，问话人此前并未获得可供预判的信息，因而也不可能对对方的回答作出某种推测。而以"啊"发问，问话人事先对答案已有基本的估计，其依据来源于听到的风声或对某些现象的推测。

2. 问句为否定格式

如果问句是否定格式，用"啊"与用"墨"表达的语气也不一样，两者都有出乎意外的语气，但前者表现的更多的是失望的语气，而后者则有质询的意味，不满之情溢于言表。例如：

（51）　佢冇开得车积来啊？

（52）　佢冇开得车积来墨？

3. 疑问语调与疑问语气

表示一般询问的疑问语气是最强的，其语调是上扬的。例如：

（53）　你去北京哪？

如果疑问焦点是"去北京"，那么强调的重点在"去北京"，整个句子的疑问语调落在句末。如果疑问焦点在"你"，那么强调重点在"你"，整个句子的疑问语调在重读"你"时已经体现，句末语调则显得不那么重要了。

表示测度语气的疑问句，其疑问语气是最弱的，因而疑问语调通常都是下降的。例见上。

二　赣方言的特指问句

特指疑问句一般是指由疑问代词表示疑问焦点，并要求针对该疑问代词作出回答的疑问句。在赣方言宜丰话中，常用的疑问代词主要有：谁（许个）、什（什么、什哩）、许块（哪里）、什辰间（什么时候）、几久、几多（多少）、几、凼（怎、很）等，它们是构成宜丰话特指疑问句的基础。另外，跟普通话一样，在宜丰话中，有时特指问的疑问代词也可以不出现，而是由语境来确定疑问焦点。这样，根据疑问代词出现的情况，我们可以把宜丰话的特指问分为由疑问代词表现疑问焦点的一般格式和语境制约下有疑问语气词表示疑问焦点的特殊格式。

（一）赣方言特指疑问句的一般格式

由疑问代词表示疑问焦点。赣方言的疑问代词主要有"谁（谁人）、什、许块、什辰间、凼、几"等。一般情况下，句末需有语气词呼应，特殊情况下（如追问）语气词可以不出现。例如：

1. 谁、谁人、什人

询问关于人的信息。"谁"与"谁人"相当，色彩较为中性，可以互换。"什人"用于句中常有责备、埋怨等色彩。请看例句：

（1）许只着花褂积咯人是谁叻？（那个穿花褂子的人是谁呀？）
（2）谁人拿阿咯鞋积弄起来了？（谁把我的鞋子藏起来了？）
（3）个件事你是听闻谁话咯？（这件事你是听见谁说的？）
（4）什人话咯今日会出日头叻？（什么人说的今天会出太阳啊？）
（5）什人撂得个块咯？（什么人丢在这儿的？）

"谁"表示任指意义通常用于表示反问语气，这时就格式而言与特指疑问句有些类似。

但表示反问语气时，"谁"等只能出现在句首的位置，而且需重读。试比较下面两句：

（6）谁请了假叻？（凼少一个人呐？）——谁请了假了？（怎么少一个人？）

（7）谁请了假叻？（阿不日日系个上班呐。）——谁请了假了？（我不天天在这儿上班吗？）

就普通话而言，如果形式相同，"谁"是否重读能够区分两种不同语气，宜丰话也是通过重读与否来区分不同的语义。

再者，如果将"谁拿你咯车积骑起走了啊？莫乱话叻！（谁把你的车骑走了，别乱说!）"换成"谁拿阿咯车积骑起走了啊？"则句子只表示特指疑问语气，没有反问语气的用法。也就是说，如果询问的事件关乎第一人称，那么就是特指疑问语气；反之，如果询问的事件关乎第二或第三人称，则特指疑问和反问两种语气都有可能。

2. 什

加在名词或名词性词组前面，构成偏正结构，通常在主语或宾语的位置，询问有关的事情、事物，相当于普通话"什么"。请看例句：

（8）你手底拿了什东西叻？（你手里拿了什么东西呀？）
（9）佢寻阿有什事叻？（他找我有什么事吗？）
（10）医师跟你开了什药叻？（医生给你开了什么药哇？）
（11）什事舞得你吃不落困不着叻？（什么事弄得你吃不下睡不着？）

"什"如出现在句首位置，也会出现同一形式既表示特指问又表示反问的现象。例如：

（12）什东西佢吃不得叻？（什么东西他不能吃啊？）
（13）什苦你有吃过叻？（什么苦你没吃过啊？）

和普通话一样，宜丰话也可以用重读和非重读的方式来区分特指和反问。如果上述两个句子中的人称代词换成第一人称"阿"，则"什"表示任指，句子只表示反问语气，而不是特指问了，这一情形带有普遍性，前面也举过类似的例子。

3. 许块

询问地点等。在宜丰话里，"许"有上声和高升调两种读音，表示远指读的是上声调，表示疑问指读的则是高升调。例如：

（14）阿咯衣裳你放得许块叻？（我的衣服你放在哪儿了？）

（15）佢不晓得老师住得许块啊？ （他不知道老师住在哪儿吗？）

（16）你到底许块痛哪？（你究竟哪儿痛啊？）

（17）佢哩哥哥系许块浸杀咯叻？（他哥哥在哪儿淹死的？）

"许块"如果位于句首，仍然可以表示特指问。例如：

（18）许块寻得你到叻？（哪里能找到你？）

（19）许块有齐整妹积叻？话一个到阿。（哪里有漂亮姑娘呢？给我说一个。）

和上面几个疑问代词一样，"许块"位于句首时可以表示任指义，整个句子是反问的语气。特指义和反问语气可以通过重读来加以区分。

另外，位于句首的"许块"在很多情况下其处所义开始弱化，与"许"（难道）相若，更像一个语气副词。一般情况下，这种句子表达的多半是反问语气了。例如：

（20）许块哭了叻？你莫乱话！（哪儿哭了？你别胡说！）

（21）许块有话叻？嘴筒齐话烂了。 （哪儿没说啊？嘴巴都说破了。）

4. 什辰间、几辰间、几久

询问时间。"什辰间"可以指现在、过去的某一时间，"几辰间"一般只能指现在或不久的时间。例如：

（22）什辰间出咯日头叻？（什么时候出的太阳啊？）

（23）佢什辰间正得归叻？（他什么时候才能回家？）

（24）几辰间咯事叻？（什么时候的事？）

（25）要等几久正轮到阿哩叻？（要等多久才轮到我们哪？）

5. 几、几多

询问数量。"几"后面若连接单音节名词，则必须有量词作中介，"几多"则无此限制。例如：

> （26）间积底坐了几个人叻？（房间里坐了几个人哪？）
> （27）你请了几多人叻？（你请了多少人哪？）
> （28）佢有几姊妹叻？（他有几个兄弟姐妹呀？）
> （29）话了几多钟到叻？（说了几点钟到啊？）

询问数量的疑问代词无论出现在句子中的什么位置，其表达的意义和功能都是一样的，没有反问语气的功能。

6. 几

后接形容词，询问量度：

> （30）门口咯塘有几深哪？（门口的池塘有多深哪？）
> （31）你咯崽长得几高来了啊？（你儿子长得多高了？）
> （32）从你哩屋下到学堂底有几远积叻？（从你家到学校有多远？）
> （33）个张床有几阔叻？（这张床有多宽哪？）

和询问数量的疑问代词"几、几多"一样，询问量度的"几"表意的功能也是单一的，并不会随着其在句中位置的改变而有不同。

7. 凼

用于谓语动词前面（有时省略谓语动词），询问方式。例如：

> （34）佢硬不晓得凼办？（他简直不知道怎么办？）
> （35）凼拿得到你叻？（怎么拿给你呢？）
> （36）阿凼话你正会相信阿叻？（我怎么说你才会相信我呢？）
> （37）你准备凼赔叻？（你准备怎么赔呢？）

"凼"是可以用来表示反问语气的。一般已经或曾经发生的事情可以用反问语气发问，这时候询问的已经不是方式，而是表达看法或发泄情绪，事实上并无明显的疑问了。例如：

> （38）你凼打得佢赢呢？（你怎么打得过他呢？）
> （39）凼阿会不晓得呢？（怎么我会不知道呢？）

（40）你㘷舞得康块积都是叻？（你怎么弄得到处都是啊？）

8. 做什、㘷

后接谓语动词，询问原因，可以互换。例如：

（41）你做什不耳佢叻？（你为什么不理他呀？）
（42）佢哩爷做什发个大咯气叻？（他爸爸为什么发这么大的火呀？）
（43）你㘷不话讯佢听叻？（你为什么不告诉他呢？）
（44）旧年过年你㘷不归来叻？（去年过年你为什么不回来呢？）

（二）赣方言特指问的特殊格式——简略格式

简略格式不出现疑问代词，但特指意味较浓，询问的焦点还是"谁、哪里、什么、怎样"等，看具体的语境而定。请看举例：

1. N + 呢［ni^{33}］/时

"呢"和"时"在这个位置上可以互换，意思不受影响。例如：

（45）你哩娘呢/时？（你妈妈呢？）
（46）阿咯书包呢/时？（我的书包呢？）
（47）正脚放得个块咯车积呢/时？（刚才放在这里的车呢？）
（48）阿昨日钓咯鱼积呢/时？（我昨天钓的鱼呢？）

这类问话的回答不能像一般的是非问那样简单肯定或否定，必须对潜在的疑问焦点（即省略的疑问代词）进行针对性回答。如"你哩娘呢/时？"回答必须是"去了街/系屋阿/还好哦……"实际上在具体的语境当中，这类对话的意思是非常清楚明白的。

2. VO + 呢［ni^{33}］/时

（49）去乡下呢/时？（去乡下呢？）
（50）换过一件呢/时？（换一件呢？）
（51）走路去呢/时？（走路去呢？）
（52）试下中药呢/时？（试试中药呢？）

这些句子都是动宾短语充当主语，意思是"如果去乡下/换过一件/走路去怎么样？"回答必须针对省略的疑问代词（疑问焦点），回答也不可以简单地肯定或否定，必须针对性地给予回答。

（三）特指问句与是非问句的区别

特指问句与是非问句无论是在形式上还是在使用疑问语气词上都存在一定的相似性，因而有时容易混淆。我们主要谈谈形式上的区别。

特指问句是指出现了疑问代词的疑问句，但是不一定有疑问代词的都是特指问句。请看下面两组例句：

A 组：你晓得谁是校长嚜？　　B 组：谁是校长呐？

你晓得佢买了什嚜？　　　　佢买了什呐？

你记得佢住得许块嚜？　　　佢住得许块呐？

你晓得佢凼话咯嚜？　　　　佢凼话咯呐？

B 组是特指问，A 组是是非问句，尽管每一句都出现了疑问代词。判断特指问句和是非问句的办法有三个：第一，最重要的就是语气词的不同，"嚜"只能用于是非问句，"呐"只能够用于非是非疑问句。第二，疑问代词在句子中是处于第一层次还是第二层次，如果处于第一层次的主语、谓语、宾语或第二层次的状语、定语位置，该句则为特指问句，如 B 组；如果是第二层次的主语、谓语、宾语或补语，则该句为是非问句，如 A 组。第三，看其如何回答。特指问是就疑问代词来发问及作答的，而是非问句是就动词谓语来发问及作答的。试比较下面的例句：

A. 你晓得佢买了什嚜？　　　B. 佢买了什呐？

A 句的疑问代词是宾语（由主谓短语"佢买了什"充当）中的小宾语，属于第二层次，此外，回答针对的不是疑问代词"什"，而是动词谓语"晓得"。其回答有两个选项：肯定（晓得）或否定（不晓得）。而 B 句的"什"是句子的第一层次（宾语），而且回答必定针对"什"。所以 A 句是是非问句而 B 句是特指问句。

（四）特指问句的语气词

特指问句的疑问信息主要由疑问代词承担，所以句子不一定出现疑问语气词。例如：

（53）你是谁？

（54）你放得许块？

（55）你凼骂佢咯？

（56）你系个做什？

通常这样发问时语气都不太客气，加上语气词后语气有所缓和。例如"你是谁"通常用于表达对造访者不太欢迎，而"你是谁叻"则语气缓和得多。

事实上，特指疑问句往往伴随语气词的出现，出现在特指疑问句中的语气词数量有限，"叻"是其中最为常见的一个。此外还有"啊"（包括其各种音变形式）。受特指疑问句的功能限制，不是任何语气词都能在这类疑问句中出现。请看例句：

（57）佢什辰间会来叻？（他什么时候会来呢？）

（58）你放得许块叻？（你放在哪里了？）

（59）你凼卖得到佢咯叻？（你怎么卖给他的？）

（60）个次考试你得了几多分叻？（这次考试你得了多少分呀？）

"嚜"一般用于是非问句，以上四句中的"叻"不能替换为"嚜"。

语气词"呢"[ni³³]只用于疑问句，而且只用于特指疑问句。一般情况下，"呢"[ni³³]出现在简略格式中。实际上，与出现在这个位置上的另一个语助词"时"一样，它们所导出的语言片段（VO，不包括N）是一个假设复句的条件部分，其结果部分在口语中被隐去了。例如：

（61）去乡下呢/时？（你去不去？）——（如果）去乡下呢？（你去不去？）

（62）换过一件呢/时？（你着不着？）——（假如）另换一件呢？（你穿不穿？）

（63）走路去呢/时？（你去不去？）——（要是）走路去？（你去不去？）

口语当中通常把复句的后一个分句省略不说。由于整句是疑问句，承载疑问语气的后一个分句的省略导致疑问语气只能附着在前一个分句上了，这才有了本无疑问的前一分句表示疑问语气的现象。

特指问句的常用语气词包括"叻"、"啊"、"哦"（包括其音变形式"哟"、"喏"等）。使用不同的语气词表意有没有差异呢？我们来比较下面几个例子：

A. 你是谁叻？　　　B. 你是谁啊？　　　C. 你是谁哟？

A、B 两句表达的语气是相同的，而 C 表达的语气略有不同，有追问的含义。譬如听话人在回答"你是谁叻"或"你是谁啊"的问话后，问话人尚不能明白，通常用 C 表示追问，并略有不耐烦的语气。再如：

A. 你放得许块叻？　　　B. 你放得许块啊？

C. 你放得许块哦？

A. 你凼卖得到佢咯叻？　　　B. 你凼卖得到佢咯啊？

C. 你凼卖得到佢咯哦？

A. 你得了几多分叻？　　　B. 你得了几多分哪？

C. 你得了几多分喏？

"你放得许块哦"是在问话人听到听话人关于"你放得许块叻"或"你放得许块啊"的回答去寻找而没有找到后的第二次询问；"你凼卖得到佢咯哦"是在问话人听到听话人针对"你凼卖得到佢咯叻"或"你凼卖得到佢咯啊"的回答感觉不满意后的再次追问；"你得了几多分喏"也是问话人在听到听话人关于"你得了几多分叻"或"你得了几多分哪"的回避式回答后的第二次询问，都含有问话人不耐烦的语气。

三　赣方言的选择问句

选择问是指由发话人提出并列的两项或多项，让对方从中进行选择的疑问句。因此"提出并列的两项或多项"，是选择问句区别于别的疑问句句式的最显著的特征。根据并列项组合情况的不同，我们可把赣方言宜丰话的选择疑问句格式分为两种类型。

（一）赣方言选择疑问句的格式及其特征

两个或多个选择项的结构是相同的，即"VO……啊……VO（叻）"或"NO……啊……NO（叻）"。例如：

（1）你吃啤酒啊吃白酒叻？（你喝啤酒还是喝白酒呢？）

(2) 你坐飞机啊坐火车叻?（你坐飞机还是坐火车呢?)

(3) 你着一件啊着两件叻?（你穿一件还是穿两件哪?)

(4) 相信你啊相信佢叻?（相信你呢还是相信他呢?)

(5) 今日是礼拜一啊礼拜二叻?（今天是星期一还是星期二呀?)

(6) 你估红咯啊绿咯叻?（你猜是红的还是绿的?)

(7) 谁人接你哪? 你哩娘啊你哩爷叻?（谁接你呀? 是你妈妈还是你爸爸?)

中间的连接成分"啊"是可以省略的，后面的语气词"叻"也同时省略，"叻"［læ³³］不是"啊"的音变形式，它不会受前面音节的影响而发生变化。用"叻"的疑问句不能用"墨"或"啊"替换。

即便是结构相同的选项（如 VO），其重复的词语（通常是动词）也不能够省略。这种表达语气上略微有些生硬，多用于熟人之间或带有不太客气的口气。例如:

(8) 你吃啤酒吃白酒?

(9) 你坐飞机坐火车?

(10) 你着一件着两件?

(11) 相信你相信佢?

如果选项是名词性结构（NO），将"啊"和句末语气词"叻"省略即可。如:

(12) 今日是礼拜一礼拜二?

但如果选项为独立的片段，通常不适用于这种省略格式。如:

(13) 谁人接你呐? 你哩娘啊你哩爷叻?

(14) 明日什天呐? 阴啊晴叻?

(15) 你要许只叻? 大个啊细个叻?

(16) 你什辰间来叻? 今日啊明日叻?

如果前后两项的谓语动词相同，后项的谓语动词可以承前省略。通常为

"VO……啊……O（叻）"。例如：

> （17）你吃啤酒啊白酒叻？
> （18）你坐飞机啊火车叻？
> （19）你着一件啊两件叻？

如果选项所指是不同的两个行为或事件，则只适用第一种格式。例如：

> （20）你哩坐车啊走路叻？
> （21）你今日下昼看书啊写作业叻？
> （22）你今日暗头打为看电视啊困觉叻？

连接两个或多个选择项的成分通常被认为是连词，譬如"或者"、"要么"等。宜丰话出现在两个选项之间的"啊"可以看做是起停顿作用的语气词。受普通话影响，宜丰话也用"……还是……？"的格式表示选择疑问。例句从略。

（二）由"有"和"冇"构成的选择问句

"有冇 NP"应该属于正反问句，但是，宜丰话里，这两个选项中间一定要出现语气词"啊"，所以可以看做选择问，或者叫做"正反选择问"。根据其后面所接成分的性质，这类句式又分为两种情况。

1. 有 NP 啊冇叻

"有"和"冇"是真正的谓语，因而在语境许可的情况下，第二个 NP 完全可以省略。请看下面的例子：

> （23）个次活动佢有份啊冇叻？（这次活动他有没有份？）
> （24）你有佢咯地址啊冇叻？（你有没有他的地址？）
> （25）你心底到底有佢啊冇叻？（你心里到底有没有他？）

"有"的宾语 NP 如果移至句首做主语，或者在一定的上下文中省略，其最简略的格式是"有啊冇叻"。例如：

> （26）佢咯地址你有啊冇叻？（他的地址你有没有？）

2. VP 了啊冇叻

由于是对已然的情况发问，因而 VP 的 V 后面必然有时态助词"了"，"冇"只能用于表已然的情形，因而不需再加"了"。请看举例：

（27）你吃了饭哪冇叻？（你吃了饭没有？）

（28）你去看下饭熟了呀冇？（你去看看饭熟了没有？）

（29）正脚佢看着你哪冇叻？（刚才他看见你没有？）

一般情况下，这类选择问句句末都带有语气词（最常见的是"叻"），只有一种情况下，语气词是不出现的，那就是"VP 啊冇"作为宾语出现在整个选择问句中，例如上面的"你去看下饭熟了呀冇？"这类句子一般是祈使句。再如：

（30）你去问下佢归了啊冇？（你去问问他回来了没有？）

（31）你去看下佢哩落来啊冇？（你去看看他们下来了没有？）

如果询问的是未然的情况，则一定不能用"VP 了啊冇（叻）"格式，而要用"VP 啊不 VP"。例如：

（32）你去问下佢肯哪不肯？（你去问问他愿意不愿意？）

（33）你去试下佢会话讯你哪不会？（你去试试他会不会告诉你？）

这类选择问句跟正反问句的界限比较模糊，区别的形式标记就是：如果在正反选择项中间出现语气词，那么就是选择问句，如例（32）；如果不出现语气词，那就属于正反问句，如例（33）。

宜丰话里，对于 VP 的否定是用"冇 + VP"的格式，这与大多数南方方言一致，但是肯定式不用"有 + VP"的格式，例如可以说"佢冇去"（他没去），但不能说"佢有去"，而必须用动词后加时态助词的方式表达，因而只能说"佢去了"。这种不对称的情形与粤方言、闽方言不太一样，但是跟吴方言比较接近。

四　赣方言的正反问句

和普通话比较，赣方言宜丰话的正反疑问句既有跟普通话对应的地方，也有较多能显示自己方言特色的不对应之处：其一，前省式和后省式并存；其二，后省式有两种格式并存。

（一）赣方言正反疑问句的格式及其特征

1. VO 不 VO?

这是最为完整的正反问句句式，但实际语言活动中，这种格式的使用频率并不高。例如：

（1）你认得阿不认得阿叻？（你认识我不认识我？）

（2）你咯店赊账不赊账咯？（你的店赊账不赊账？）

（3）个件事话讯佢不话讯佢听叻？（这件事告诉他不告诉他呢？）

2. V 不 VO?

为"VO 不 VO?"的前省略格式，又分两种情况：一种是 V 为单音节动词，另一种情况 V 为双音节动词。比较特殊的是第二种情况，双音节动词出现在"V 不 VO?"格式的正问部分只出现第一个音节，这个音节可以单说，也可能不能单说。举例如下：

第一种情况（V 不 VO? VO 为短语）：

（4）你咯店赊不赊账咯？（你的店赊不赊账的？）

（5）佢哩爷骂不骂人咯？（他爸爸骂人不骂人的？）

第二种情况（A 不 AB? AB 为双音单词）：

（6）你认不认得阿叻？（你认识不认识我？）

（7）个件事话不话讯佢听呢？（这件事告诉不告诉他呢？）

"认"、"话"都能单说，但下面例句中的"欢喜"的"欢"、"却剥"的"却"是不能单说的，同样可以出现在该格式中。例如：

  (8) 你到底欢不欢喜许只妹积叻? (你究竟喜欢不喜欢那个女孩儿啊?)

  (9) 佢哩娘却不却剥了? (她妈妈刻薄不刻薄啊?)

这个现象可用格式类化来解释。

3. V 不 V?

这种格式里的"V"一般是及物动词,只是它的宾语或出现在句首,或由于语境的制约而省略、隐含,没有说出。例如:

  (10) 正煮熟咯饭,吃不吃叻? (刚煮熟的饭,吃不吃啊?)

  (11) 一块钱两斤,买不买叻? (一块钱两斤,买不买啊?)

  (12) 你到底欢喜不欢喜叻? (你到底喜欢不喜欢啊?)

即便宾语出现在"V"后面,上面的句子仍然能说,例如"你到底欢喜不欢喜佢叻?"

4. V O 不 V?

这种格式类似普通话正反问句的后省略式。从信息传递的角度看,省略的是已知信息"O",其实普通话还有一种更为简略的格式"VO 不?""VO"作为已知信息完全省略,只是保留否定词"不"表示正反问的语气。这种更为简略的格式在赣方言宜丰话里没有相对应的格式。请看例句:

  (13) 个积好咯天,去街不去叻? (这么好的天气,上不上街?)

  (14) 不晓得今日上课不上? (不知道今天上不上课?)

  (15) 你哩两个人吃酒不吃? (你俩喝酒不喝?)

  (16) 佢哩两公婆间哪话事不话? (他们夫妻俩现在说话不说?)

这些句子不能说成"去街不?"、"上课不?"、"吃酒不?"、"话事不"。

5. V O 不叻?

这是"V O 不 V?"进一步省略的格式,其特点是句末一定要配有语气词"叻"或"唎"。换言之,这类正反问的省略格式不能说成"VO 不"而必须说成"VO 不叻/唎"。两个语气词"叻"和"唎"语气的强弱有些差异,前者比后者强。例如:

（17）阿出咯价比佢高，卖得到阿不叻/咧？（我出的价比他高，卖给我行不行？）

（18）暗边积舞得正不叻/咧？（傍晚能不能弄好？）

（19）系屋阿咯辰间，你哩爷打你不叻/咧？（在家的时候，你爸爸打你不？）

（20）你看桌上伶俐伶俐不叻/咧？（你看看桌上干净不？）

判断动词"是"同样适用该格式，例如：

（21）你是佢哩娘不叻/咧？（你是不是他妈妈？）

该格式不能用于否定句，如：

（22）你不晓得寻墨/哪？——＊你不晓得寻不叻？

（二）选择问、正反问的语调和语气词

一般选择问句的语调是上扬的，以语气词"叻"作为标志，而特殊选择问句"S＋墨咧"的语调则是下降的。这与问话人的心理活动有关，与这类问句的表义特征和语气有关。这类选择问句可以说是带有问话人的某种心理倾向的，也就是说有一个问话人希望对方接受的选择项。譬如"你认得咯许只妹积也会去，你去墨咧？"问话人希望对方去，并提供了一个很可能引导对方作出自己希望的选择的理由——你认得咯许只妹积也会去。从疑问强度来说，这类选择问句是较弱的，反映在语调上自然呈下降之势。

参考文献

[1] 朱德熙：《汉语方言里的两种反复问句》，《中国语文》1985 年第 1 期。
[2] 吕叔湘：《中国文法要略》，上海教育出版社 1985 年版。
[3] 邵敬敏：《现代汉语疑问句研究》，华东师范大学出版社 1996 年版。

[附记：本文为邵敬敏教授主持的国家社会科学基金项目"汉语方言疑问范畴研究"（项目批准号：03BYY029）赣方言部分，略作删改。]

赣语乐平鸬鹚话的比较句

程熙荣　戴　正

（上饶师范学院小学教育分院）

一　引言

乐平市位于江西省东北部，东临德兴市和婺源县，西靠鄱阳县，南接万年县，北邻景德镇郊区昌江区。从方言分区来看，乐平话属于赣语鄱阳片（刘纶鑫，1999）。鸬鹚位于乐平市中部，是乐平市的一个乡镇，本文的鸬鹚话以鸬鹚埠话为代表。

关于比较句的定义，历来观点不一。有人认为只有比较标记和比较基准同现的句子才是真正的比较句，有人认为比较句中标记的基准不一定出现，有人认为比较句中必须有特定的基准存在，甚至有人说只要是形容词作谓语的句子都可以认为是比较句。而本文所要讨论的比较句是有一定的比较标记，并且有特定的比较基准同时存在的有比较意义的句子。"他矮我一截"之类的句子，虽然缺少比较标记，但人们通常都认为这是一种较为典型的比较句，所以本文也将其作为讨论对象进行讨论。

二　乐平鸬鹚话比较句的类型

（一）等比句的类型

1. 表示肯定意义的等比句

（1）主体＋跟＋基准＋样个/差不多＋形容词

　　（1）你跟渠样个胖。（你跟他一样胖。）
　　（2）阿跟你差不多重呢。（我跟你差不多重。）

（2）主体＋有＋基准＋形容词

（3）你有渠胖。（你比他胖。）
（4）你家嘞有渠家嘞好过。（你家比他家好过。）

从以上例句可以看出，乐平鸬鹚话的等比句从标记的情况来看，大致有两种类型：一是"……跟……样个／差不多"，与普通话"……跟……一样"相似；二是用"有"作为等比标记。但这种句式在时也可以用来表示差比。例句（3）也可以表示你比他胖，例句（4）也可以表示你家比他家有钱。

2. 表示否定意义的等比句

否定意义的等比句，乐平鸬鹚话一般有两种类型。

（1）主体＋跟＋基准＋不样个＋形容词

（5）阿跟渠不样个好看呢。（我跟他不一样好看。）
（6）你跟渠不样个□［mɑŋ²⁴］呢。（你跟他不一样高。）

（2）主体＋不跟＋基准＋样个＋形容词

（7）阿不跟渠样个好看呢。（我不跟他一样好看。）
（8）你不跟渠样个□［mɑŋ²⁴］呢。（你不跟他一样高。）

这两种类型有细小的差别，"主体＋跟＋基准＋不样个＋形容词"这种类型更强调两个比较对象的不同，而"主体＋不跟＋基准＋样个＋形容词"只是陈述这么一种事实，没有强调的意思。但两种类型都没有说出明确的比较结果。例句（6）没有说明主体和基准谁高，例句（8）也没有说明主体和基准谁高。

（二）差比句的类型

1. 表示肯定意义的差比句

（1）主体＋比／有＋基准＋形容词

（9）渠比别人好话［ua⁵³］事。（他比别人好说话。）
（10）你哇渠坏，你比渠更坏。（你说他坏，你比他更坏。）

（11）——渠有□［ε^{51}］个人□［$\mathrm{maŋ}^{24}$］不？　（他有这个人高不？）

——渠有□［ε^{51}］个人□［$\mathrm{maŋ}^{24}$］。（他比这个人高。）

在前文我们说过，"主体＋有＋基准＋形容词"既可以表示等比，也可以表示差比，但表示差比时，必须是在回答问题的时候，如例句（10），如果不是回答问题，则都表示等比。

（2）主体＋形容词＋似＋基准

（12）渠□［$\mathrm{maŋ}^{24}$］似你。（他比你高。）

（13）你强似渠。（你比他强。）

这种差比句结构和"主体＋有＋基准＋形容词"一般用于差距不是太大、太明显的两个事物之间的比较，如果两个事物之间相差悬殊，那么一般用"主体＋比＋基准＋形容词"。

2. 表示否定意义的差比句

（1）主体＋不如＋基准＋形容词

（14）你不如渠听话［ua^{53}］。（你没有他听话。）

（15）阿家嘞不如你家嘞大。（我家没有你家大。）

（2）主体＋冇＋基准＋形容词

（16）渠冇你学习好。（他没有你学习好。）

（17）小明冇小花细心。（小明没有小花细心。）

（3）主体＋不如＋似＋基准

（18）——你跟渠比，何样？（你跟他比，怎么样？）

——阿不如似渠。（我不如他。）

（19）你还不如似阿。（你还不如我。）

（4）主体＋比不上＋基准

（20）渠比不上你。（他比不上你。）

第三种结构和第四种结构后面都不能带形容词，如果一定要带形容词，那只能用前面两种结构。

（三）递比句的类型

1. 表示肯定意义的递比句

（1）主体 + 形容词 + 似 + 基准

（21）一日热似一日。（一天比一天热。）

（22）过□［ti⁰］春分，日子一日长似一日。（过了春分，白天一天比一天长。）

（2）主体 + 比 + 基准 + 形容词

（23）一日比一日好过。（一天比一天好过。）

第二种结构跟普通话表肯定意义的递比句结构是一样的。但第一种结构在老年人当中更普遍一些，而第二种则在年轻人中用得更多点。

2. 表示否定意义的递比句：主体 + 不如 + 基准 + （形容词）

（24）祖祖的身体一日不如一日。（爷爷的身体一天不如一天。）

（25）渠一日不如一日勤快。（他一天不如一天勤快。）

表否定意义的递比句结构后面的形容词有时加有时不加，后面加形容词的情况比较少，一般都用表肯定意义的递比句形式表示，把后面的形容词换成意义相反的词。如例句（25）更多的时候会说成：

（26）渠一日比一日懒。（他一天比一天懒。）

三　乐平鸹鹩话比较句结构分析

(一) 标记、基准、形容词的结合关系

根据前面我们分析的乐平鸹鹩话的结构类型，从比较标记相对于形容词的位置看，大致可以归为两类：一类是比较标记位于形容词前面，一类是比较标记位于形容词后面。大多数情况都是比较标记位于形容词前面，只有比较标记为"似"时，形容词才会出现在比较标记后面。如：

(27) 今朝比昨日冷多了。(今天比昨天冷多了。)
(28) 今朝冷似昨日。(今天比昨天冷。)

从结构上看，比较标记位于形容词前面这种情况，比较标记与基准的关系更为紧密，结合成一个介词短语做状语。而比较标记位于形容词后面的情况，当地人在说这种类型的比较句时，形容词与比较标记是连在一起说的，而与基准则有明显的停顿，如例句 (28)，当地人说话时的停顿如下：

今朝 ｜ 冷似 ｜ 昨日。

再举个形容词为双音节的例子：

(29) 今朝暖和似昨日。(今天比昨天暖和。)

当地人的停顿是：

今朝 ｜ 暖和似 ｜ 昨日。

从这里我们可以看出，这种情况的比较标记在语义结合上更倾向于前面的形容词。

(二) 形容词的使用

在比较句中，形容词是用来描述比较内容属性的词语。在乐平鸹鹩话中

有时做谓语，有时做补语。如：

（30）□［ɛ⁵¹］块石头硬似铁。（这块石头比铁硬。）

（31）□［ɛ⁵¹］个人比你矮。（这个人比你矮。）

以上形容词做谓语。

（32）渠做得快似你。（他做得比你快。）

（33）渠比你做得快。（他比你做得快。）

（34）渠做得比你快。（他做得比你快。）

以上形容词做补语。

在乐平鸬鹚话的比较句中，还有两种情况是不能带形容词的，这两种类型分别是"主体＋不如＋似＋基准"和"主体＋比不上＋基准"。

（三）表量成分

表量成分主要出现在差比句中。而乐平鸬鹚话中，表量成分只能出现在表肯定意义的两种差比句类型中，一种是"主体＋比＋基准＋形容词"，另一种是"主体＋形容词＋似＋基准"。如：

（35）阿比渠好看得多。（我比他好看得多。）

（36）你比阿□［maŋ²⁴］三公分。（你比我高三公分。）

（37）铁硬似石头好多。（铁比石头硬很多。）

（38）你家嘞好过似阿家嘞好多。（你家比我家好过很多。）

在表肯定意义的差比句中，"主体＋比＋基准＋形容词"中的比较标记还可以是"有"，但如果比较标记是"有"的话，形容词后面则不加表量成分。

四　余论

从上面的分析可以看出，乐平鸬鹚话比较句的比较标记有五个：跟、比、似、有和如。下面我们重点来看看"比"和"似"这两个比较标记。

在乐平鸬鹚话的比较句中,"比"和"似"是表肯定意义时用得比较多的比较标记,而这两个比较标记中,在使用人群上是有区别的。"比"在年轻人中用得较多,"似"则在上了年纪的人当中用得比较普遍。笔者调查了一位 91 岁高龄的老人,他所说的比较句从不用"比",而都是用"似"。笔者对这一现象产生了兴趣,就按不同年龄段又各选了 2 人(70 岁 2 人,50—70 岁 2 人,30—50 岁 2 人,20—30 岁 2 人,20 岁以下 2 人)进行调查,发现"似"的使用频率随着年龄段的上升而越来越高。这种调查结果显示,"比"这个比较标记应该是后来的,以前的乐平鸬鹚话当中是没有"比"这个比较标记的。而从结构分析看,"似"作为比较标记,它的作用也似乎在弱化,所以在有的比较句中就出现了两个比较标记的现象。如:

(39)渠还不如似你。(他还不如你。)

参考文献

[1] 胡松柏等:《赣东北方言调查研究》,江西人民出版社 2009 年版。

[2] 詹伯慧:《汉语方言调查》,武汉教育出版社 1996 年版。

赣语小称儿化词尾"仂"（li）之音韵溯源

——兼论汉语儿化音的历史层次与类型分布

张民权

（中国传媒大学文学院）

一　问题的提出

　　"儿"和"子"是现代汉语中两个非常活跃的名词后缀形式，诸如花儿、瓶儿、盒子、盖子之类。就语音的历史变化而言，"子"在南北各地方言中音变形式不是很大，但"儿"尾音读差异却非常大，有的甚至根本看不出其后是个"儿"尾形式，如赣方言的"仂"（一般读 li）就是如此，"雀仂"其实就是"雀儿"，即普通话的鸟儿之意思（今宜春、南城、余干等地区仍然叫"鸟仂"，详见下文）。

　　然而，很多研究赣方言的著作并没有注意到它的"儿"尾性质，只是把它视为与"子"相同的词尾形式。如袁家骅《汉语方言概要》，熊正辉《南昌方言词典》，陈昌仪的《赣方言概要》及后来主编的《江西省方言志》，李如龙、张双庆《客赣方言调查报告》等，都未曾涉及其语音实质问题。《汉语方言概要》赣语部分举了南昌话的"子"和宜春话的"立"作为两个常用词尾形式加以讨论（如茄立、鞋立、麻雀鸟立，第142页），其音韵来源问题却没有论及，且认为南昌话没有"儿"尾。《方言志》虽然以相当的篇幅讨论了名词词尾"子"、"仂"及其变化形式（第11—12页），而历史来源却未加以解释。

　　论文方面，熊正辉先生早年发表的《南昌方言的子尾》一文（《方言》1979年第3期），只讨论了"子"尾的分布及其用法问题，没有涉及"仂"的词尾性质及其音读问题。后来谢留文发表《南昌县（蒋巷）方言中的"子"尾和"里"尾》（《方言》1991年第2期），全面讨论和描写了"子""里"的用法，但就"里"的语音来源问题也未能加以讨论。"里"（li，轻读）即本文所说的"仂"，但该文所描写的形容词加"里"的形式，却不属于小称儿化词范围，如：

衣服穿得厚厚里，跑得快快里，等等。此"里"为"子"或"的"的音变互用形式。或认为轻读的"里"相当于词尾"子"、"儿"，如许宝华、宫田一郎主编的《汉语方言大辞典》第2卷"里"（li）字条：

> 词后缀。放在物品名词之后，相当于"子""儿"。㊀赣语。江西永修［liˀ］桌~｜裤~。㊁客话。广东五华：刀~刀子｜细人~小孩儿。（第2682页）

其实它就是"儿"尾，不是"相当"的问题。尽管上述文献有多种书写形式："立"、"仂"、"里"，或写成"哩"（《调查报告》记为"哩"），但其实都是"儿尾"音读的借音标记，只是因为今之赣语"儿"字读音［ə］（熊正辉先生拟作［θ］，音色相近），与［li］音相距甚远，才掩盖了其历史真正面目。本文遵从陈昌仪先生的研究，使用"仂"代替其他书写形式，并试从其语音史及其语言类型分布两个方面加以论证。

二　判断赣语"仂"为儿化音的语音依据

考"儿"字之历史音变，其变化形式最为复杂。大致可分为南北两系：北方官话区大部分由《中原音韵》的支思韵［zʅ］（ɿ，ʅ）演变为儿化韵 ər（［ɚ］）。南方方言区则保留了更古老的语音痕迹，以鼻音［ȵi］为主。依笔者研究，其祖音应当是隋唐时期的卷舌鼻音［ȵie］或闪音［ɾie］。自宋元之后，"儿"字才在北方官话区发展为卷舌边音［ɭi］和［zʅ］，今天在北方官话区的一些次方言区域内"儿"字读音仍是如此。声纽［ȵ］、［ɾ］、［ɭ］都是舌尖后音，音色非常相近，因此，儿尾词的读音在南方方言中就有可能朝着两个方向演变，一系是鼻音化声母，如吴语儿尾形式：ȵi 或 ȵi（如南部吴语）；一系则由 ɭi 变为 li，如赣方言区。由于赣方言没有卷舌音即舌尖后音，故今普通话声母读 r 的字（绝大部分为中古日母字）很少读成 zʅ-，要么读 ȵ-（细音前）或 n-（洪音前），要么读 l-，如南昌话把太阳说成"日头"［ȵitʰ ᴄtʰɛu］，瓜瓢读成［ᴄkua ᴄlaŋ］，少数中古为喻母而普通话读 r- 的字仍读零声母，如"容易"读成［ᴄioŋ　iˀ］。所以赣语中的"雀仂"应当是"雀儿"的儿化词形式，它是历史语音的遗留。

赣方言没有儿化韵，普通话读［ɚ］的词如"儿耳二贰"等单念时只读［ə］（音位变体有 e、ɛ、ɔ 等），后面没有卷舌动作。另外，在南昌话中，少数中古日母遇摄字如"如儒乳"等也读［ə］，如街道"孺子路"，老年人一般念成［（ɕə·tsʅ ᶜlu］，只有年轻人才按照普通话的读音念读。许多名字听起来像"国儿"、"保儿"的，其实都是"国如""保如"的念读。于是，有些中小学生或教师由于不明其音读关系，则直接将名字"国如"写成"国儿"。但作为儿化词形式的"雀儿"之"儿"，却没有按照［ə］音读，而是念成了"雀伲"或"鸟伲"。它保留着更古老的历史语音层次，而单念［ə］者则因为近代以来受官话音的影响所致。

三　儿化词尾"伲"在省境内的分布状态

与普通话一样，赣方言名词词尾"子"、"儿"（"伲"）的用法非常活跃，一般情况下，表示物件或动物鸟类等单音节词都可以后缀"子"或"伲"，下面以南昌话为例：

（1）——子：刀子、凳子、柜子、板子、棍子、镜子、包子、钩子、叉子、锤子、锯子、桔子、柚子、格子（窗子，过去农村房屋窗户均由木条格子组成），等等。

（2）——伲（儿）：裤伲、褂伲、裙伲、鞋伲、雀伲、鸽伲、珠伲、梳伲、帚伲、树丫伲、竹伲、崽伲、猪牯伲、星伲、影伲、痨病壳伲（有肺病的人，有时为骂詈之语），丝伲（如头发丝伲）、蚊伲、蝇伲（苍蝇），等等。

有时人名也可以儿化表示亲昵或爱称，如名字为"根宝"可以叫"根伲"，女孩名称"淑华"、"国华"之类的可以叫"华伲"。在普通话的影响下，"伲"的使用范围不如"子"，且有萎缩之势，城里青年人一般说"子"。上述裤伲、褂伲、裙伲、鞋伲、雀伲、鸽伲之类都可以换成裤子、褂子、裙子、鞋子、雀子、鸽子，等等。但一些以"子"做后缀的词一般不说成"伲"，如凳子、柜子、板子、锤子、锯子、格子等一般不以"伲"后缀，只有桌子才一般可叫"桌伲"；同时"丝伲"、"蝇伲"之类也不可换成"子"尾。

"子"在一部分地区音变叫"得"，如南昌县河头乡就是如此，如凳得、柜得、板得、锤得、锯得、格得，等等，在省境内其他县市区也多以"得"做名词后缀。

下面以普通话"鸟儿"为例，详细列写省境内各个县区的读音情况，从中可以考察儿尾"伲"的分布范围。材料取自《江西省方言志》（原书第506—507 页）。

表 1

星子	꜀tiɛu 鸟	金溪	꜀tiau 鸟	高安	雀子 tsʰiok꜔·tsu	崇义	鸟儿 ꜀ciɔ·ɿ
都昌	鸟得 ꜀tiɛu·tɤ	崇仁	鸟伲 tioʔ꜔·i	宜丰	鸟伲 ꜀tiɛu·tɕi	上犹	鸟儿 ꜀tiau·le
武宁	鸟子 ꜀tiau·tsɿ	宜黄	鸟伲 ꜀tiau·li	上高	鸟崽 ꜀tiɛu·tsɛ	于都	鸟子 ꜀ciɔ·tsɿ
安义	꜀ȵiɛu 鸟	乐安	雀崽 tɕioʔ꜔·tøi	万载	鸟得 ꜀tiau·tɤ	兴国	鸟伲 ꜀tiau li
新建	雀仔 tɕʰioʔ꜔·tɕi	南城	鸟伲 ꜀tiau·li	丰城	□□仔 paᵓpaᵓ·tɕi	宁都	鸟子 ꜀tiau·tsə
南昌	雀子 tɕʰiɔʔ꜔·tsɿ	黎川	鸟伲 ꜀tiau·i	樟树	鸟仔 ꜀tiɛu·tɕi	瑞金	鸟子 ꜀ciɔ·tsɿ
彭泽	꜀tiau 鸟	南丰	雀伲 tɕioʔ꜔·li	新干	鸟崽 ꜀tiau·tse	石城	鸟子 ꜀tiau·tsɿ
波阳	꜀ȵiau 鸟	广昌	鸟 tioʔ꜔	峡江	鸟得 ꜀tiau·te	九江	鸟儿 ꜀ciɔuɹ
乐平	꜀tiɛu 鸟	永丰	鸟得 ꜀tiɛu·tɤ	新余	鸟得 ꜀tiɛu·tɤ	瑞昌	꜀ȵiɣ 鸟
万年	鸟伲 ꜀tiɛu·li	吉安	鸟伲 ꜀tiau·li	分宜	鸟得 ꜀tiɛu·tɤ	上饶	꜀tiɔ 鸟
余干	鸟伲 ꜀tiɛu·li	泰和	鸟伲 ꜀tiau·li	宜春	鸟伲 ꜀tiəu·li	玉山	鸟儿 ꜀tiɤu·ni
横峰	꜀tiau 鸟	安福	鸟 ꜀tiau↗	萍乡	鸟仔 ꜀tiau·tɕi	广丰	꜀tieɯ 鸟
铅山	꜀tiau 鸟	永新	鸟伲 ꜀tiɔ·li	定南	鸟儿 ꜀tiəu·uə	婺源	꜀liou 鸟
贵溪	鸟伲 ꜀iau·（li	莲花	鸟仔 ꜀tiau·tɕi	龙南	鸟得 ꜀iau·tɤ	德兴	꜀ciɔ 鸟
余江	鸟伲 ꜀tiau·li	遂川	鸟伲 ꜀tiau·li	寻乌	鸟子 ꜀tiau·tsɿ	浮梁	雀儿 tsienᵓ
进贤	鸟崽 ꜀tiɛu꜀tei	万安	鸟儿 ꜀tiau·lɛ	会昌	鸟崽 ꜀tiɔ tsei	赣州	鸟子 ꜀ciɔ·tsɿ
东乡	鸟伲 ꜀tiɛu·li	靖安	雀伲 tɕʰioʔ꜔·li	大余	鸟儿 ꜀tiɔ·læ		
临川	鸟崽 ꜀tiɛu꜀tsei	奉新	雀伲 tɕioʔ꜔·li	南康	鸟子 ꜀tiɔtsɿ		

　　说明：上表所列 70 个县区"鸟"的称名，笔者限于足迹，未能一一核实，但大部分可以感知。笔者母语为南昌话，在后来工作和生活中与周围很多县区的人有所接触。只是其中有些"子"缀的地区仍可读"伲"，如南昌、新建、安义大部分地区读"雀伲"。然而，即使是同一个县区内，其名称或读音也有差异，描写只能就大体而言，因此，其间可能有少些参差，但基本数据可信。

从上表所列"鸟儿"称名中，可以看出如下几个特点：

（1）"鸟"字声母绝大部分地区读舌音［t］，还保持中古时期读了切（《广韵》）的读音，只有极少数地区读［ȵ］（《洪武正韵》之后读尼了切），这是客赣方言的基本特点。

（2）除了15例单名"鸟"外，其余55例都有后缀词，或为"伲"（儿），共26例；或为"子"和"得""崽"等，共29例。从中可见"伲"和"子"的互用问题，同时也可以说明"伲"的萎缩性。其中"仔"、"得"、"崽"等都是"子"音的讹变。

（3）在以"伲"做后缀的26例词语的读音中，大部分读［li］，少数读［lə］，如崇义、上犹二县，个别地区声母弱化，读［i］，如黎川县①。这是主流。此外，受官话影响，首先，九江地区则为卷舌儿化韵，且儿尾不能自成音节，"鸟儿"念成［ᶜȵiɔɯr］②；其次是受吴语或徽语影响，赣东北地区的玉山、浮梁等县儿化后韵尾成-n或自成音节［ȵi］③，如横峰话"毛伢儿"读成［mau³³ŋa⁴⁴ȵi］。

由此可以得出一个结论，儿化词尾"伲"的音读形式是赣语的一个重要特征，也是区别赣方言与否的一个重要特征④，并由此可以考察其与省境外周边地域及其方言的关系，如与客家方言、湘方言、吴方言或徽语及江淮官话的关系。

四　现代汉语儿化音的历史层次及其类型分布

为了进一步弄清赣方言儿化音的语音性质，我们有必要运用历史比较法原理，就现代汉语儿化音的历史发展作一番探讨，并从现代汉语南北各地方言儿化音的语音类型分布上作一个比较全面的考察，以印证赣方言儿化词尾

---

① 黎川方言儿尾 i 在前一个韵母辅音后会产生相应的鼻音儿化，如"燕儿"［in ni］、"影儿"［iaŋ ŋi］，参见颜森：《黎川方言的仔尾和儿尾》，《方言》1989年第1期。

② 在鼻音后作 ne，如棍儿 kun41 ne。参见张林林：《九江话里的儿化现象和儿尾》，《江西师范大学学报》1992年第2期。

③ 广丰话儿尾亦读［i］，当地人一般写作"阊"。参见胡松柏：《广丰方言的"儿"尾》，《上饶师范学院学报》1983年第2期。

④ 会后匿名评审专家对此有异议，因为至今没有人提出过类似观点。笔者认为，只要认真地审视上文图表内容乃至《江西省方言志》中所有名词词尾形式，读者一定会同意本文所提出的观点。

"伲"的历史语音遗留问题。

　　然而，探讨"儿"字的历史音变是一个非常棘手的问题，高本汉曾言："拟测古代汉语的声母系统，日母是最危险的暗礁。"① 属于日母的"儿"字更甚于此。尽管许多前辈学者及其时贤在这方面开掘甚多，成绩可嘉，但其中许多问题仍未能解释清楚。随着近年来方言调查和方言研究的深入，使我们对这些问题有了更进一步的认识。

　　首先，我们必须辨析清楚这样几个概念：儿化词、儿化韵、儿化音。

　　儿化词不等于儿化韵，儿化词是汉语词汇双音化的产物。根据诸多学者的研究，自汉魏以后，具有小称意义的儿化词开始出现，如《史记·外戚列传》有"臧儿"（景帝王皇后之母亲），《汉书·王莽传》有"卖饼儿"，以表示人名或职业身份，带有贱称之色彩。经历南北朝至唐宋之后，儿化词已经是个非常普遍的词汇现象，由开始的人名可以泛称鸟兽草木鱼乃至生活用品等物什，沿用至今。但儿化韵——也就是现在北京话的卷舌元音[ɚ]——产生的年代则很晚，根据李思敬、薛凤生、鲁允中等前辈学者的研究，大致是在明代中期。儿化音则是指儿化词的儿尾读读及其在后来方言中的音变形式，因此，儿化韵[ɚ]只是儿化音中的一种音变形式。在今天的南方方言中，虽然没有儿化韵，但不等于没有儿化音，只是它的尾音与今日所谓的儿化韵不同而已，而赣语的名词后缀"伲"（ḽi）就是其中一种。显然，如果把汉语儿化音局限于北京话的儿化韵，在认知上是有缺陷的。

　　这里需要说明的是，很多方言学者严格区分"儿尾"与"儿化"一对概念，所谓能够自成音节者为"儿尾"，不能自成音节而能引起音变的为"儿化"。然而，在很多方言里，有的既能够做"儿尾"又能发生音变，所谓"儿化"，两者往往难以区分。实际上，"儿化"只是"儿尾"音变的进一步发展，即使在北京的"儿化"词里，老年人"儿"音 ər 仍可自成音节，"花儿"[xuar]可以说成[xua ər]。又如梅县客家话儿尾为 e，自成音节，但在前面韵母尾音的影响下，可以发音成诸如 ne、me、ŋe、pe 之类。因此本文从语音史出发，把名词儿尾的读音及其在方言中的演变均称为"儿化音"②，以便于行文表述。

　　根据我们对汉语语音史的研究和现代方言学的成果，我们有理由认为，

---

① 高本汉：《中国音韵学研究》，赵元任等译，商务印书馆1995年版，第338页。
② 会后有学者建议是否可改为"儿尾音"，但笔者思虑再三，本文使用的"儿化音"是因承用词汇意义的儿化词说的，所以未能从教。

现代方言中的各种儿化音形式，其元音应当是隋唐时期的［ȵie］或闪音
［ɾie］①，也就是说，《切韵》时代"儿"字读音是［ȵie］（支韵），后来随
着《切韵》支、脂、之三韵合流，则变为［ȵi］，大致在唐五代之后发展为
［ȵi］和［ɾi］。②［ȵi］可能是早期语音状态，［ɾi］有可能是后来的语音蜕
变。随着后来北方人口迁徙和民族融合，早期形态的儿音朝两个方向发展：
［ȵi］音系发展为南部吴语的鼻音形式 ŋi 或 ȵi（大部分客家话也是如此）；
［ɾi］在当时的北方官话区则演变为［li］，其演变完成时间大致是在宋金时
期，ɾ 为闪音，类似卷舌边音 ɭ，在某种意义上 ɭ 是 ɾ 的音位变体。今天山东
莱芜、河北武安、井陉、山西祁县和西南官话中的遵义等地方言中"儿"
读［li］者（作儿尾时有的自成音节），是这种语音的遗留。同时在西北地
区［ɾ］进一步发展则为［ʐ̩］，不卷舌则为［z̩］，如甘肃武山和陕西商县
张家塬地区"儿"字仍读［zŋ］。

《中原音韵》产生了新的韵部支思韵，一般认为其韵母为［ï］（ɿ，ʅ）。
"儿"在支思韵，因此，人们似乎有理由认为其音读为［zï］。③ ɿ 和 ʅ 都是
洪音，在舌尖浊擦音的作用下容易产生音位变体 ə（e、ɯ、ɛ、ɤ 等都可以
成为它的音位变体）。这点完全可以从现代汉语方言中得到印证，在很多地
区方言的儿化词中，当儿尾前的韵母为 ɿ 和 ʅ 的音节时，则变成 əl 或 ər 等
形式，如河北安国话：写字儿［sie²¹³ tsər⁵¹⁻²¹³］；井陉话：写字儿［ɕiɤ³⁵
tsəl⁵¹］；蔚县话：写字儿［ɕiɤ⁵⁵ tsəi¹³］；如果保留 ɿ 和 ʅ 时，儿尾则必须独
立成音节，如迁安话：写字儿［ɕiɛ²¹⁴⁻²¹ tsʅəɯ⁵¹］。④ 实际上从发音原理上说，

---

① 这种拟音也许会面临着很大的挑战，因为有学者可能会提出质疑：［ȵie］或［ɾie］都具有
舌尖后卷舌性质，《切韵》时代有没有舌尖后声母，值得怀疑，从语音系统上看，齿音照组系列还
没有演变为舌尖后卷舌声母。但是我们认为，拟音都是近似，从谐声系统看，日母在中古以前肯定
是个鼻音，从泥母［n］到娘母［ȵ］以及疑母［ŋ］之间，属于鼻音的只有［ȵ］和［ɲ］，而
［ȵ］与［ɾ］和［ɭ］发音部位相同，可以解释它们的语音历史变化关系，也许日母是率先跨出其
系统的声母。否则，我们只好采用高本汉的拟音 ȵʑ。

② 关于《切韵》的日母音值，高本汉拟为鼻音与浊擦音的结合体：ȵʑ，王力《汉语史稿》
与后来的《汉语语音史》和《汉语音韵》表述均不同。《汉语史稿》描写其音变轨迹为：ȵ（上
古）→ȵʑ（中古）→ʐ（元明至今）。《汉语语音史》则描写为：ȵ（上古至隋唐）→r 或 ɾ（晚唐至
今）。

③ 关于宋元时期的日母及其儿音的拟音，笔者原则上接受王力先生的看法，日母音值为［ɾ］
而非［ʐ］，这里姑且采用比较通行的说法。

④ 以上例子取自李巧兰《河北方言中的"×—儿"形式研究》，山东大学博士学位论文，
2007 年。

［zʅ］是个很难发的音节，现代汉语普通话这个音节中只有一个"日"字，可以说明这个问题。① 当［zʅ］发音时，必须发出一个近似"则"的音才能够比较顺畅，也就是说它的元音音值实际上是一个近似 ə 的混浊元音。② 如果说，《中原音韵》"儿"音是［zʅ］的话，也只是维持了一个非常短暂的时期就被 ə 元音扩张而发生"讹变"，大致在元明以后的中原官话区，"儿"字语音的声母开始弱化，声母脱落后成零声母状态。当"儿"音脱落声母以后，由于没有声母的约束，它获得了一个相对独立自由的发展空间，然而，［ɿ］是难以单独发音的，要表现它的存在就必须转换它的身份标志，也就是说改变它的读音，于是才有了 ə 或 e、ɯ、ɛ、乃至 u 的元音变体系列，由于它脱胎于卷舌声母，在它分离过程中必然还会带着卷舌音的痕迹，由此我们可以理解在《西儒耳目资》有 uɭ 或 əɭ 的语音存在，ɭ 与 r 都是卷舌音，同位互转，因此，əɭ 转变成 ər 都是很自然的事情。

关于儿音 əɭ 或 ər，我们还可以提供另外一种音理上的解释，ɭ 或 r 和 ʅ 都是响音，可自成音节，在它完成这个发音动作之时，就伴有一个模糊的 ə，于是就形成了 əɭ 或 ər 这样的音节。③ 也有学者认为这有可能是自宋金以来北方少数民族进入中原以后，在语言的汉化过程中而产生的语音讹变。④ ər 当时做儿尾时还能自成音节，后来才发展为与前面韵母融合共存的卷舌儿化韵音节，如北京话的"花儿"［xuar］。这是儿化音的进一步发展。

今天赣语的儿化音"仂"，其直接来源则是宋代北方官话区的卷舌边音［ɭi］，由于在赣语中没有卷舌音，因此，它直接变为 li 或 lə，这与赣语的历史形成有关。⑤

因此，现代汉语儿化音可以归结为三大历史派系：鼻音系、边音系和元音系。它们各有不同的历史层次。鼻音系是最古老的层次，边音次之，但其

---

① 《现代汉语词典》（商务印书馆 2002 年版）ri 音节收有"日驲"两个字，后一个为文言词。又《广韵》质韵日小韵也只有五个字：日驲靵䏖祖。

② 支思韵早期也有可能是个圆唇的［ʮ］，根据吴棫《韵补》对资思韵的描述，它是一个读似鱼虞的音，因此，笔者颇疑《中原音韵》的支思韵的音值是［ʮ］，而不是［ɿ］。存疑于此。

③ 关于儿化韵生成的语音机制，薛凤生先生解释为"语音易位"（《国语音系解析》，第 79 页），目前许多学者都接受这个说法。笔者认为，从语音史的演变出发加以解释可能更富有合理性。

④ 参见季永海：《汉语儿化音的发生与发展——兼与李思敬先生商榷》，《民族语文》1999 年第 5 期。

⑤ 笔者认为，现代赣语的形成包含着三大要素，唐宋时期的古楚语（现代江淮官话是其中重要成分）、北方中原地区官话和吴语。

源头可能是闪音 ɽi。闪音后来向两个方向发展，一是边音化，二是朝着卷舌声母 ʐ 方向发展，最后随着声母脱落，ə 音或相对独立，音位变体有 ɯ、ɛ、a、ai、ei 等；或舌位逐渐后移而产生卷舌动作，从而形成了以北京话为代表的所谓儿化韵 ər。其历史演变及其历史层次可以简略地表述如下。

　　第一层次鼻音型：ŋie→ŋi→ȵi／ŋ、n　　（隋唐时期）

　　第二层次边音型：ɽi→ɽə→ɭə→lə／li　　（宋金时期）

　　第三层次 ə 音扩张型：ʐ ʅ→ʐə→əʐ ʅ／əl　　（元明时期）

　　第四层次卷舌儿音型：ə→ɹ ə　　　　　　（清至现代）

　　鼻音化的历史层次可以得到现代吴语、粤语乃至越南汉音的证明，边音型层次可以得到杭州话和山东、山西、河南和河北部分地区方言的证明。在浙江吴语区，除杭州以外，"儿尾" 均为鼻音型，或 ŋi 或 ȵi，或 ŋ 或 n，唯有杭州儿尾读边音 [l]。杭州为南宋都城，此边音无疑是宋室南渡从中原移植过来的语音，其底层语音应当是与其他吴语区一样的鼻音，由于北来人口势众，强大的吴语并没有把它淹没乃至同化。不过，杭州儿尾本为卷舌边音 [ɭ]，由于吴语中没有卷舌音，故为平舌 [l]。① 第三层次应当是元明时期的语音，第四层次则是清代以后的语音。

　　从 "儿" 音史的情况看，汉语儿化音在音型结构上至少有五种语音类型：

　　（1）卷舌元音型儿化音系列 ər。又可以分为自成音节和不能自成音节的两种。自成音节的如河北易县 "豆儿" [tou ər]；不能自成音节的如北京话 "小屋儿" [ɕiau ur]，这是 ər 音的进一步发展。其发展的轨迹仍然可以从一些官话方言中观察出来，起初它既可自成音节，又可同时与前面韵母发生融合关系而改变原有的韵母结构，如湖南永顺方言（属西南官话区）儿化后吞没前面的韵母，仅保留其介音及其声母，故其儿化韵母有固定的四个：-ər、-iər、-uər、-yər。② 有的则根据前一个音节尾音情况而形成新的儿

---

　　① 关于吴语儿尾鼻音和杭州儿尾边音 [l] 的历史来源问题，很多学者虽然有所解释，但大多语焉不详。如《汉语方言概要》："浙江有些地方有 '儿' 尾，大概是南宋以后受了杭州话的影响。"（第 97 页）这里混淆了吴语儿化音的本末关系。郑张尚芳则曰："有人曾推测浙江方言的儿尾 '大概是南宋以后受了杭州话影响' 而产生的。依我们看，倒很可能是杭州话本来的 [n] 尾受了北方方音的影响变成 [l] 尾。" [《温州方言的儿尾语音变化（一）》，《方言》1980 年第 4 期] 但问题是，为什么 [n] 尾受了北方方音的影响就会变成 [l] 尾？是杭州人 [n] 和 [l] 不分？不是。合理的解释就是其身前是卷舌边音 [ɭ]，而杭州话没有卷舌音，才如此。

　　② 参见李启群：《湖南永顺方言中的儿化》，《吉首大学学报》1992 年第 1 期。

化音节，如湖南安乡话"狗儿"［kou ŋər］。① 不过，在有些官话区，具有卷舌性质的-r 音有消失的趋势，如云南滇南地区方言，"沙梨儿"：liər→liə。老官儿：kuaər→kuə。②

（2）舌面元音型儿化音系列。"儿"字读音零声母化是官话方言的一大特点，除卷舌元音 ər 外，很多方言点为舌面元音，主要有 ə、ɯ、ɛ、a、ai、ei、ʌɯ（陕西神木）等，没有卷舌动作。作儿尾时，一般可自成音节，如甘肃兰州话"儿"读［ɯ］，作儿尾读音亦如此；河南西南部大部分方言点如洛阳、孟津、西峡、淅川等"儿"字及儿化音亦作［ɯ］。又青海西宁方言儿尾作［ɛ］，自成音节。湖北鄂州方言作［a］，山西清徐话为［ai］，文水县方言作［e］③，等等。有的受前面韵母影响而往往产生音变现象，情况较复杂。如河北青龙地区，"牛儿"读 niou³⁵ uə，"羊儿"念 iaŋ³⁵ ŋə。④梅县客家方言儿尾读［e］（有人记作 ɛi），但在前一个韵母的尾音之后也会产生相应的音韵变化，例如前面韵母收音为-m、-n、-ŋ、-p，则变成相应的 me、ne、ŋe、pe 等音节，如"凳儿"：ten ne，帽儿：mau ve。⑤

（3）鼻音型儿化音系列。典型的是浙江地区方言，据曹志耘《南部吴语语音研究》，南部吴语"儿"音一般读［n̠ie］、［n̠i］、［ɲi］、［n］、［ŋ］，自成音节，附在本音（本词）后面充当词尾（原书第136页）。如义乌、浦江一带读［n］，缙云读［n̠i］，云和读［ɲi］，温州话儿化后其音为ŋ，如"呲牙儿"念成［dzɿ˨ ŋo˨ ŋ］。⑥ 此外，客家方言和粤语地区也以鼻音为主，如广西贺州地区为［n̠i］，广西容县"猫公儿"尾音［n̠i⁵¹］，广东信宜"猪儿"［n̠i⁵³］。⑦

---

① 参见应雨田《湖南安乡方言的儿化》，《方言》1990 年第 1 期。

② 参见陈叟《滇南方言的儿化音变》，《红河学院学报》1986 年第 1 期。并参见同期学报署名文章《临沧地区方言儿化韵和合成词初探》（作者：敖秀藩）。

③ 参见沈明《山西方言的小称》，《方言》2003 年第 4 期。

④ 参见张世方《从周边方言看北京儿化韵的形成与发展》，《语言教学与研究》2003 年第 4 期。

⑤ 参见黄雪贞《梅县客家话的语音特点》，《方言》1992 年第 4 期。

⑥ 以上并参见郑张尚芳《温州方言儿尾词的语音变化》等文，《方言》1980 年第 4 期、1981 年第 1 期。

⑦ 参见陈小燕《广西贺州本地话的"儿"尾——兼论粤语小称形式的发展和演变》，《广西师范大学学报》2006 年第 1 期。按，叶国泉、唐志忠的《信宜方言的音变》（《方言》1982 年第 1 期），"猪儿"记作［n̠in］，可参。

（4）边音型儿化音系列。有卷舌和不卷舌之分。卷舌边音主要分布在官话区，如山东鲁中淄川、寿光北部、莱芜地区等，这些地区"儿"字及儿化音均读［lɿ］。① 据李巧兰调查，河北省至少有 20 个县市区儿尾为卷舌边音型，如井陉、深州、赵县等地方言即是如此，或为 l、或为 əl，或为 lə 等。② 河南泌阳话儿尾也是［l］，多读为闪音，韵母多达 16 个，如"堆儿"：təl。③ 另外，西南官话中的遵义地区也是卷舌边音，但［l］一般做韵尾，有儿化音变现象，情况比较复杂，有 ʅl、il、ul、yl、æl、iæl、uæl、yæl 等多种形式。④ 不卷舌边音儿化音主要分布在赣语地区、杭州地区以及广东五华客家方言等，这些地区的语音系统往往没有卷舌音声母，故如此。属于这一系列的还有安徽宿松方言，"儿"字读舌尖后边音［l］，做儿尾时自成音节，如"马儿""羊儿""猪儿"之类均读为［l³⁵］。⑤ 此外还有山西晋语区的岚县、祁县、武乡方言，其儿尾读音也是如此，边音声母自成音节；兴县则为［lə］，后面带有元音［ə］。⑥ 重庆儿化音有文白二读，文读为［ər］，白读为［le］，郊区和老年人一般为白读。⑦ 由此可以看出重庆儿化音的历史发展及其历史底层问题。

（5）舌尖浊擦音儿化音系列。在这些地区，"儿"字声母一般读［ʐ］或［z］，如江苏丹阳和湖北阳新"儿"读［zɿ］，甘肃武山、甘谷一带则把儿尾念成［z］，自成音节，如"刀儿"［tou.z］。舌尖后浊擦音 ʐ 见于山西平遥方言，儿尾读［ʐʌʔ］，带喉塞音，阴入，与本地"热"字同音，如"锥儿"［tsuei ʐʌʔ］。另外山西岚县儿尾重读时，声母也读［ʐ］，儿尾读［ʐaʔ］，如"猪儿"［tsu ʐaʔ］。据高本汉调查，民国初安徽凤台话"儿"字也读［zɿ］。

以上纯粹是从"儿"做名词词尾的音型结构分析着手而归类的，它既有历时音变，又有共时音变。鲁允中先生将儿化音分为自成音节、不能自成

---

① 参见亓海峰、曾晓渝《莱芜方言儿化韵初探》，《语言科学》2008 年第 4 期。

② 参见李巧兰《河北方言中的"×一儿"形式研究》，博士论文，山东大学，2007 年。

③ 参见李宇明《泌阳方言的儿化及儿化闪音》，《方言》1996 年第 4 期。

④ 参见胡光斌《遵义方言的儿化尾》，《方言》1994 年第 1 期。

⑤ 参见唐爱华《宿松方言研究》，中国社会科学出版社 2005 年版，第 127 页。

⑥ 这方面的研究文章有：乔全生《山西方言的"儿化、儿尾"研究》（《山西大学学报》2000 年第 2 期），沈明《山西方言的小称》（《方言》2003 年第 4 期），高永鑫《山西祁县话的儿尾》（《陕西教育学院学报》2007 年第 4 期）。下文所言晋语方言特点参考文献同此。

⑦ 参见徐海英《重庆话的儿尾》，《重庆师专学报》2001 年第 3 期。

音节和附着于韵尾后起卷舌作用三种，这只是功能归类而不是语音归类。赵元任先生以现代 ər 音为范围，认为其来源于方位词"里"、时间词"日"和名物词尾的儿（ər）；李思敬先生则补充了京东话时态助词"了"读"儿"（ɚ）音而成四个来源。我们认为，这些"来源"只能说明 ər 音的语法功能扩大，无法解释"儿"音史及其音变类型问题。"这里"与"这儿"，"今日"与"今儿"，它只是换了一个"说法"而已。至于京东话"心里就像开儿锅似的"，将"了"念成"儿"，只是地方音变，更不属于名词"儿尾"意义上的儿化音，把它说成"来源"云云是不恰当的。在此，本文有必要加以辨正。

五　结语

本文讨论了"儿"的语音史问题以及在现代南北方言中的儿化音形式，从其类型分布中，可以看出赣方言的儿化词尾"仂"无疑属于方言学上的"儿尾"词，属边音型儿化音系列，在南北方言中都有它的"姊妹"存在，因此，它决不是现代汉语方言中的另类。正是从这些"姊妹"关系中，我们可以考察它的历史层次。沿着杭州话儿化音的边音线索，并参考其他官话方言，我们可以得出一个基本的结论，它是宋代官话"儿"音的遗迹。

这个结论不仅仅是来自方言的历史比较，还有历史移民及其赣方言形成的历史研究。篇幅所及，将另文讨论。

后记：关于汉语方言儿化音的类型分布问题，本文写作完毕，发现在 20 世纪 90 年代初，俄国学者莫景西（A. Monastyrski）对此问题也早有研究，所分五种类型与笔者研究不谋而合，论文发表在《中山大学学报》1992 年第 4 期上，题曰《"儿化"、"儿尾"的分类和分区初探》。可惜此文未能引起国内研究方言的学者注意，在讨论儿化音的类型时沿用的还是旧的说法。但该文也有不足之处，没有对儿化音的历史层次加以研究，在说明儿化音的类型时，举例有不恰当之处，如在说明元音类型儿化音时，所举南昌话儿尾 [ɵ] 为例不确。南昌儿尾为 [li]，所举"猫儿"读 [ɵ] 为特殊例子，南昌话今读 [ˍmau·n̩i]（有可能是爱称"猫女"音读），除此以外，绝大多数儿尾词读 [li]，轻声。

又：本文在 2009 年 11 月南昌第二届赣方言学术研讨会上宣读后，承蒙匿名评审专家赐教，拜读了王福堂先生的《汉语方言语音的演变和层次》

一书，多有启发。所幸的是拙文所言儿化音在音型结构上的五种语音类型与王先生不谋而合。但王先生似乎没有讨论儿化音的历史层次问题，所言"儿化韵"的分布地区有三：（1）官话方言区，（2）相连的吴方言、徽方言和赣方言地区，（3）粤方言区。所谓赣方言区的儿化韵盖意指与徽语区"相连"的赣东北地区的玉山、浮梁等县鼻音形态的-n尾儿化韵，但举例甚少，文中仅列举了余干和都昌方言女儿的一个儿化韵的例子，而关于"仂"是否为儿化韵问题则未能涉及。

后有先生审稿时提出，赣方言中古日母三等字声母为 ŋ，而本文将"仂"看成"儿"音，声母为来母，何以如此？其实，从上述列举的各地方言儿尾音的语音形态看，并不难理解。儿化音是个比较特殊的音，一旦形成后便具有自己独立的语音形态，它与"儿而尔二"等系列字及其他日母字的语音发展并不平行，在声母和韵母上都是如此。赣方言儿尾"仂"是一个历史语音的沉积，只是时间久了，语音形态固定下来，身份隐蔽，人们不易察觉而已。

会议期间，本文研究有幸得到王福堂、李小凡、胡松柏等先生的赐教与帮助。会议后，匿名评审专家又对拙文提出了很多富有建设性的修改意见，个别意见虽未从教，但于笔者研究很有启发，谨此深表谢忱。

2010 年 5 月 31 日特记于此。

参考文献

［1］陈昌仪：《赣方言概要》，江西教育出版社 1991 年版。

［2］李如龙、张双庆：《客赣方言调查报告》，厦门大学出版社 1992 年版。

［3］袁家骅：《汉语方言概要》，文字改革出版社 1989 年第 2 期。

［4］熊正辉：《南昌方言词典》，江苏教育出版社 1995 年版。

［5］李思敬：《汉语"儿"［ɚ］音史研究》，商务印书馆 1994 年版。

［6］鲁允中：《轻声和儿化》，商务印书馆 2001 年版。

［7］薛凤生：《国语音系解析》，台湾学生书局 1986 年版。

［8］赵元任：《中国话的文法》，丁邦新译，载《中国现代学术经典》（丛书本），河北教育出版社 1996 年版。

［9］曹志耘：《南部吴语语音研究》，商务印书馆 2002 年版。

［10］熊正辉：《南昌方言的子尾》，《方言》1979 年第 3 期。

［11］谢留文：《南昌县蒋巷方言的"子"尾和"里"尾》，《方言》1991 年第 2 期。

［12］黄雪贞：《梅县客家话的语音特点》，《方言》1992 年第 4 期。

［13］乔全生：《山西方言的"儿化、儿尾"研究》，《山西大学学报》2000 年第 2 期。

［14］徐海英：《重庆话的儿尾》，《重庆师专学报》2001 年第 3 期。

［15］赵日新：《徽语的小称音变和儿化音变》，《方言》1999 年第 2 期。

［16］李巧兰：《河北方言中的"×—儿"形式研究》，山东大学博士学位论文，2007 年。

［17］陈昌仪主编：《江西省方言志》，方志出版社 2005 年版。

［18］颜　森：《黎川方言的仔尾和儿尾》，《方言》1989 年第 1 期。

［19］张林林：《九江话里的儿化现象和儿尾》，《江西师范大学学报》1992 年第 2 期。

［20］胡松柏：《广丰方言的"儿"尾》，《上饶师范学院学报》1983 年第 2 期。

［21］高本汉：《中国音韵学研究》，赵元任等译，商务印书馆 1995 年版。

［22］季永海：《汉语儿化音的发生与发展——兼与李思敬先生商榷》，《民族语文》1999 年第 5 期。

［23］郑张尚芳：《温州方言的儿尾语音变化（一）》，《方言》1980 年第 4 期。

［24］李启群：《湖南永顺方言中的儿化》，《吉首大学学报》1992 年第 1 期。

［25］应雨田：《湖南安乡方言的儿化》，《方言》1990 年第 1 期。

［26］陈　叟：《滇南方言的儿化音变》，《红河学院学报》1986 年第 1 期。

［27］敖秀藩：《临沧地区方言儿化韵和合成词初探》，《红河学院学报》1986 年第 1 期。

［28］沈　明：《山西方言的小称》，《方言》2003 年第 4 期。

［29］张世方：《从周边方言看北京儿化韵的形成与发展》，《语言教学与研究》2003 年第 4 期。

［30］郑张尚芳：《温州方言儿尾词的语音变化》，《方言》1980 年第 4 期。

［31］陈小燕：《广西贺州本地话的"儿"尾——兼论粤语小称形式的发展和演变》，《广西师范大学学报》2006 年第 1 期。

［32］叶国泉、唐志忠：《信宜方言的音变》，《方言》1982 年第 1 期。

［33］亓海峰、曾晓渝：《莱芜方言儿化韵初探》，《语言科学》2008 年第 4 期。

［34］李宇明：《泌阳方言的儿化及儿化闪音》，《方言》1996 年第 4 期。

［35］胡光斌：《遵义方言的儿化尾》，《方言》1994 年第 1 期。

［36］唐爱华：《宿松方言研究》，中国社会科学出版社 2005 年版。

［37］高永鑫：《山西祁县话的儿尾》，《陕西教育学院学报》2007 年第 4 期。

黎川方言亲属称谓的特点及其文化底蕴

付欣晴　刘　静

（南昌大学客赣方言与语言应用研究中心/
华中师范大学语言与语言教育研究中心）

亲属关系是社会关系的基本典范，它反映在亲属制度中并通过亲属称谓词记录下来。有几千年封建宗法制称谓背景的中国古代社会，其社会结构的协调运作是以家庭内部的亲属制度的调整为前提的。这种亲属制度规定了家庭内部成员远近的血亲、姻亲、直系、旁系的复杂称谓，以区分他们之间不同的辈分、等级和地位。黎川方言和共同语一样都有十分复杂的亲属称谓系统，为了行文方便，本文在论述方言亲属称谓时，用了从不同角度区分出来的直系、旁系、血亲、姻亲、宗亲、外亲、妻亲、父系、母系、夫系、妻系等概念。

如果没有特别注明，本文中出现的"方言"均指"黎川方言"，采用国际音标注音，右上标的数字是调值。

一　黎川方言亲属称谓系统

据《中国大百科全书·法学卷》："中国的封建法律基于男尊女卑、宗族为本的原则，把亲属分为宗亲和外亲，自《大明律》开始，又由外亲分出妻亲。……中华人民共和国根据男女平等的原则，不再把亲属分为宗亲、外亲和妻亲，而是分为配偶、血亲和姻亲3种。"

本文为了能够更好地揭示方言亲属称谓系统对传统文化的传承，体现方言亲属称谓系统以父系家族为中心，以"亲"和"尊"为纽带的特点，将之分为四大亲属称谓体系：父系亲属称谓、母系亲属称谓、夫系亲属称谓和妻系亲属称谓。

（一）父系亲属称谓

父系长辈：太公（曾祖父）、太婆（曾祖母）、公（爷爷）、姆妈（兼指母亲和奶奶，但形同音不同，前者读为 $m^{22}ma^{22}$，后者读为 $m^{35}ma^{53}$）、爸（对称父亲）、爷（叙称父亲）、娘（叙称母亲）、大爸（父之兄）、儿（大伯之妻）、叔（父之弟）、婶（叔之妻）、贺姑（父之姐）、贺爷（父之姐夫）、姑（父之妹）、姑爷（父之妹夫）

父系同辈：哥（对称哥哥）、兄（叙称哥哥）、嫂（哥之妻）、弟（叙称弟弟）、弟嫂（叙称弟媳妇）、霞姊（姐姐）、姊夫（姐夫）、妹（叙称妹妹）、妹夫（叙称妹夫）、叔伯兄弟（堂兄弟）、叔伯姊妹（堂姐妹）

父系晚辈：崽（儿子）、女（女儿）、新妇（儿媳妇）、郎（女婿）、孙崽（孙子）、孙新亲属妇（孙子媳妇）、孙女（孙女）、孙郎（孙女婿）、曾孙（曾孙子）、曾孙女（曾孙女）、侄子（兄弟之子）、侄新妇（兄弟之媳）

（二）母系亲属称谓

母系长辈：太公（曾外祖父）、太婆（曾外祖母）、阿公（外祖父）、阿婆（外祖母）、舅公（舅公）、妗婆（舅婆）、母舅（舅舅）、妗儿（舅母）、贺姨（母之姐）、小姨（母之妹）、姨夫（母之姐妹之夫）

母系同辈：表兄弟（表兄弟）、表姊妹（表姐妹）

母系晚辈：外甥（外孙）、外甥新妇（外孙之妻）、外甥女（外孙女）、外甥郎（外甥女的丈夫）

（三）夫系亲属称谓

爸（对称公公）、公儿（叙称公公）、姆妈（对称婆婆）、家娘（叙称婆婆）、霞爸（叙称夫之兄）、霞叔（叙称夫之弟）、霞姑（叙称夫之姐妹）

（四）妻系亲属称谓

爸（对称岳父）、太人（叙称岳父）、姆妈（对称岳母）、太人婆（叙称岳母）、霞舅（叙称妻之兄弟）、大姨子（叙称妻之姐）、小姨子（叙称妻之妹）

二　黎川方言亲属称谓的特点

（一）有些亲属称谓与实际亲属关系不一致，如把侄子和侄女分别称为"孙子"和"孙女"，这种称谓拉大了说话人与被称呼人之间的辈分。而把外孙和外孙女分别称为"外甥"和"外甥女"，这种称谓则缩小了说话人与被称呼人之间的辈分。再比如"嫂"原本只用来称谓哥哥的配偶，而黎川方言中，"嫂"还可用来称谓弟弟、侄子、孙子、外甥和外孙的配偶。如把弟媳称为"弟嫂"，把侄媳和孙媳称"孙嫂"，把外甥和外孙媳称为"外甥嫂"。"郎"原本是指丈夫，而在黎川方言中却把女婿称为"郎"，把侄婿和孙婿称为"孙郎"，把外甥婿和外孙婿称为"外甥郎"。"媳妇"原本是指自己的妻子，而黎川方言中却把儿子的配偶称为"媳妇"。另外，还有把岳父母分别称为"契爷"和"契娘"。

（二）对长辈和平辈中年长于自己的亲属对称和叙称一般是相同的，都按亲属称谓来称呼；而对晚辈和平辈中年幼于自己的亲属对称和叙称则不相同，对称时常常不用表示亲属关系的称谓来称呼，而用名字（甚至是名字的昵称）来称呼，而叙称则用亲属称谓来称呼。也就是说，下面这些词语平常是不作对称的：妹、妹夫、弟、弟嫂、崽、媳妇、女、郎、外甥、外甥女、外甥嫂、外甥郎、孙子、孙女、孙嫂、孙郎等。

（三）夫妻之间由于层次和年龄不同，所使用的称谓也不同。在城镇小夫妻中，当面称姓名或名字、小名，也有在丈夫或妻子的姓前面加一个"小"字的，如"小张"、"小李"等，叙称则是"老公"、"老婆"。而中年夫妻当面则是在丈夫或妻子的姓前面加上一个"老"字，如"老张"、"老李"等，叙称也是"老公"、"老婆"。对于上了年纪的老夫妻，他们则不管当面还是背后，一律叫"老顽子"、"老妈子"。但在文化层次较低的农村，有的小媳妇由于羞以启齿，当面则叫"喂，我说"，叙称则为"□〔au⁵³〕那个人"，这是比较含蓄的叫法。而有些中年夫妻就叫得比较直白，他们背后往往会叫"□〔au⁵³〕女客婆"、"□〔au⁵³〕男客"。而且现在无论是农村还是城镇，都习惯在背后称自己的老婆为"老妈子"。

（四）在黎川方言各种形形色色的亲属称谓中，有一些固定的前缀用字。比如"堂"、"表"、"贺"、"霞"等。本文详细分析"贺"和"霞"。

1. "贺"

在汉语普通话亲属称谓中，对父母的姐妹是不加以区分的，只是按排行来称呼。而在黎川方言亲属称谓中，则用"贺"〔ho¹³〕字来区分。即在称呼父母的姐姐的称谓前，加上"贺"字。例如，把父亲的姐姐称为"贺姑"或"贺娘"，把母亲的姐姐称为"贺姨"或简称为"贺"。而对父亲的妹妹仍称为"姑"，母亲的妹妹则称为"小姨"。另外，还有把姑父称为"贺爷"，把妻子的姐姐称为"贺姨娘"。由此可见，"贺"通常用于父辈、母辈和妻辈的亲属，表明年长于父母或妻子。

2. 霞

"霞" [ha^{35}] 在黎川方言的亲属称谓中的使用频率是比较高的，通常用于夫辈和妻辈的亲属。若以男性为己身，把内兄弟（妻子的哥哥或弟弟）称为"霞□ [k^{h}ɛu^{44}]"，他们的配偶（妻子的嫂子或弟媳）则称为"霞妗"。如果这些亲属称谓语有好几个对象，则通常按长幼分别冠以"大"、"二"、"三"、"细"之类，称为"大霞□ [k^{h}ɛu^{44}]"、"二霞□ [k^{h}ɛu^{44}]"和"大霞妗"、"二霞妗"等。若以女性为己身，把大伯子（丈夫的哥哥）称为"霞伯"，小叔子（丈夫的弟弟）称为"霞叔"，大（小）姑子（丈夫的姐姐和妹妹）称为"霞姑"。由此可见，"霞"的使用有以下三个特点：

首先，它一般用于姻亲亲属。也就是说，一般只有已婚的男性、女性，才会出现以上亲属称谓。但有一个称谓例外，就是把自己的姐姐称为"霞□ [tɕi^{53}]"。

其次，它只用于平辈（妻辈或夫辈）的亲属。即妻子或丈夫的兄弟姐妹。但有趣的是，对于妻子时姐妹的称谓则不带有"霞"字，而是称为"贺姨娘"或"小姨子"。

最后，它一般用于叙称。也就是说，以上那些称谓平常是不做对称的。对称时，若是年长于自己的配偶（妻子或丈夫的哥哥和姐姐），则以从妻称谓或从夫称谓来称呼；若是年幼于自己的配偶（妻子或丈夫的弟弟和妹妹）的，则用名字称呼。

三　黎川方言亲属称谓的文化内涵

（一）浓重的宗法文化色彩

方言存在如此庞杂纷繁的亲属称谓系统，其根源在于中国传统的宗法文化。传统的宗法文化极其强调家庭成员之间的尊卑等级、长幼次序及亲疏、男女之别。由于受到了宗法思想的长期熏陶，亲属称谓也带有了明显的封建父系宗法制的烙印。

1. 亲疏有别

首先，方言中对与自己亲近程度最高的血亲亲属的对称，包括祖父、父亲、兄长、叔父、姑母的称谓，往往都用单音节形式，具体表述为：公、爸、哥、叔、姑。根据徐天云（2007），单音节称谓相比较其他音节结构称谓（包括重叠、后附和复合等构成的多音节），其体现出的亲情指数是最高的。而同属至亲的女性亲属，如祖母、母亲、姐妹等却并未获得相同的单音节亲情称谓，而是以双音节复合词的形式出现。① 这一点以及在整个黎川方言亲属称谓系统中所表现出的区分男女性别的特点都反映了中国历史上以父系为基础的严格区分男女的宗法制度对语言的影响。

其次，为了辨别亲属关系的亲疏远近，对于一些非直系亲属，方言中还常在其称谓前加上名字，比如直接用亲属称谓称呼自己的哥哥和姐姐，而对堂（表）哥、堂（表）姐则分别用"名字＋哥"、"名字＋姐"来称呼。还有对婆婆的叙称"家娘"与对自己妈妈的叙称"娘"的区别，前者中的"家"标记明显是因为不是自己人，所以特别客套，要拉近距离，而后者是宗亲称谓，是自己人，所以不需要再加上标记"家"。

再次，从方言中的"兄嫂"、"姑嫂"类组合称谓语内部的亲属语素的组合语序来看，先"亲"后"疏"，其组合格式含义昭然。"兄嫂"中的"兄"是直系宗亲，"嫂"是姻亲，与自己没有血缘关系，自然就"兄"前"嫂"后。而"姑嫂"中的"姑"是"自家人"，"嫂"终究是"外姓人"。这两例的排列顺序实际上是人们把宗亲看得比姻亲更重，是"亲疏有别"制约的结果。

2. 内外之分

由亲属称谓词体现出的亲属关系是以血缘关系和婚姻关系为轴心的两大亲属关系网，但这两类亲属关系在汉语人的观念中地位并不是平等的。纵观汉语亲属称谓发展、演变的历史，我们可以发现"因为中国传统社会是以父子关系为核心的宗法制社会，其人际关系的深层结构是血缘亲族组织"②。由于传统文化的深刻影响，决定了人们在亲属称谓上的价值取向，是从家族言家庭利益的角度出发来区别内外、分清远近的。

第一，这里所谈到的"内"、"外"首先区分为"内亲"和"外亲"。"内亲"是指宗亲，指由同一祖宗所出的男性亲属及其配偶以及未出嫁的女子。"外亲"则指血缘由女性相联系的亲属。从上文所列的方言亲属称谓系统可以看出，宗亲称谓词比姻亲称谓要丰富而且区分得更为细腻，比如，宗亲亲属称谓中区分"父亲的兄和弟"为"大爸"和"叔"，而外亲亲属称谓中"母亲的兄和弟"并不作区分，一律称为"母舅"，要区分其大小只能

① 徐天云：《北京话亲属称谓感情亲疏度的表达形式》，《肇庆学院学报》2007 年第 6 期。

② 马宏基、常庆丰：《称谓语》，新华出版社 1998 年版，第 23 页。

在称谓语前加排行"大"、"二"或"细"。这种不对称现象鲜明地体现出了汉民族对宗亲关系的重视。

第二,"内外之分"还体现在方言中父系、母系亲属称谓的清楚区分,比如父系的祖父(母)与母系的祖父(母)、父系的侄子(女)和母系的外甥(女)、父系的孙子(女)和母系的外孙子(女)的称谓都截然不同。

第三,"内"和"外"还会作为一个语素用于亲属称谓,比如"外甥(外孙或外甥)"、"外甥女(外孙女或外甥女)"、"内侄(侄子)"、"内侄女(侄女)"。

《说文解字》释"外"的本义为"远也",以此引申出"疏远"之义,用在已出嫁的女儿及姐妹的亲属称谓前,意为非本宗族之亲属。按此理推,和"外"相对的"内"所代表的亲属应该是指本宗族内的,但实际情况却绝非如此。从上面"内侄"和"内侄女"两例可以看出它们指称的都是姻亲亲属,而不是血亲。也就是说,在这些称谓中的"内"和"外"意义不是相对的,它们都有"非宗族、非血亲"之意。造成这种现象的原因其实还是源于中华民族宗族制度和父系社会的长期影响。在方言中把"妻之兄弟之子女"分别称为"内侄"和"内侄女",而并无与之相对应的"外侄"和"外侄女"的称谓,只是直接称为"侄子"和"侄女"。语言类型学的研究发现表明:认知上突出的事物在语言上往往是无标记的,而不突出的事物在语言中往往是有标记的。所以,加"内"称谓语所指称的对象的心理地位是低于相应的无"内"称谓语的。①

3. 尊卑、长幼有序

古代社会封建宗法统治的根本是秩序,长幼有序、兄仁弟恭、尊卑有等的道德准则对语言的影响极其深远,黎川方言的亲属称谓词就很鲜明地反映了这一特征。

首先,方言亲属称谓系统按照辈分原则井然有序地排列。(详见本文第一部分)。长辈和晚辈的称谓截然不同,突出辈分,不同的辈分采取不同的称呼,比如儿女辈、同辈、父母辈、祖父母辈,等等,老少分明;在同辈中,则突出排行,长幼有序,比如称自己的哥哥为"大哥"、"二哥"、"细哥(小哥哥)"等。这种现象是因为在中国历史上历来强调长者的权威性,而且年龄的长幼能决定地位的高低和权利的多少。

---

① 袁海霞:《从方位词"内"、"外"探讨亲属称谓的空间隐喻》,《安康师专学报》2007年第5期。

其次，还体现在组合称谓中。"公孙、爷崽、娘女、兄弟、姐妹"等称谓语的组合顺序反映了亲属语素的长幼之序，不管是同辈还是异辈亲属语素组合均是长前幼后。方言中没有与之对应的"孙公、崽爷、女娘、弟兄（共同语有）、妹姐"的说法，这说明长幼之序是绝对不能倒置的。而且，男女并举的"爷娘、夫妻、崽女、哥姐、弟妹"类其排序一律是男前女后。由于父系社会的长期影响，男尊女卑已成为汉民族传统伦理的一部分，因此，男前女后也是一种极其自然的尊卑之序。

（二）亲密的人际关系

为了强调人际关系的亲密，方言亲属称谓经常出现从他亲属称谓，包括"从夫"和"从妻"两种。比如，岳父（公公）、岳母（婆婆）面称时随妻（夫）称为"爸"、"姆妈"。

另外，方言中有些亲属称谓语会向外扩张，即彼此之间不具有亲缘关系的人，也使用表示亲属关系的称谓来互相称呼，因为使用者认为使用亲属称谓语能够起到缩小说话人和说话对象心理和感情上的距离的作用，显得彼此更亲近，更容易消除障碍。这种现象我们称为"拟亲属称谓语"。方言中外化的亲属称谓语在社会交际中主要用来称呼两类人，一类是与说话人不熟悉的听话者，另一类是关系密切的邻里、同学、同事、近友及其家庭成员。较为常用的拟亲属称谓语主要有以下 12 个：公、姆妈、大伯、叔、哥、弟、霞姊、姐、妹、儿、嫂、弟嫂。当这些亲属称谓语外化使用时，会加上相应的形式标记成分，如"老兄、老弟、老姐、老妹"在原来亲属称谓词前面加了前缀"老"，从而增加了尊重和亲切的感情色彩；有时这种形式标记是在亲属称谓的前面加上他笔者的名字或其丈夫的名字。可以看出，方言中虽然广泛使用拟亲属称谓语来称呼本没有亲缘关系的人，但它和常态的亲属称谓语之间仍然是泾渭分明的。

四　黎川方言称谓语的变化反映了社会发展

尽管称谓语是个严密的封闭系统，但"共同语方言有强大的吸引力，且影响是大量的、广泛的、深刻的"（李如龙：《汉语方言学》，高等教育出版社2001年版）。黎川方言也不例外地受到普通话的影响，许多地方亲属称谓正面临渐次退出交际领域的尴尬局面。比如许多地方，包括城镇和农村，许多小孩都称自己的父母为"爸爸"、"妈妈"，称祖父母为"爷爷"、"奶奶",称舅父和舅母为"舅舅"、"舅妈"。还有一些中小学生受到港台影视片的影响,把父母称为"老爸"、"老妈",把哥哥、姐姐称为"老哥"、"老姐"。

参考文献

［1］徐天云:《北京话亲属称谓感情亲疏度的表达形式》,《肇庆学院学报》2007 年第 6 期。

［2］马宏基、常庆丰:《称谓语》,新华出版社 1998 年版。

［3］袁海霞:《从方位词"内"、"外"探讨亲属称谓的空间隐喻》,《安康师专学报》2007 年第 5 期。

（附记：本文在研讨会宣读后发表于《作家杂志》2011 年第 10 期下。）

江西客家方言研究先驱邬心普及《赣方言考》述略

李 军

（南昌大学客赣方言与语言应用研究中心/南昌大学中文系）

赣方言与客家方言是江西地区的两大主要方言，其中客家方言主要分布于江西南部的 17 个县以及西北的铜鼓县。目前比较一致的看法是，学术界对江西赣方言的关注和研究比客家方言要早。罗常培先生 20 世纪 30 年代就对临川方言进行了研究，并在 1940 年出版了《临川音系》。罗常培先生的研究，被学术界认为是对江西赣方言的最早研究。至于江西客家方言的研究，从近年来总结概述江西方言研究历史与现状的几篇论文来看（如颜森，1995；刘纶鑫等，2003），似乎一直到改革开放以后才深入开展。事实上，在 20 世纪二三十年代，江西本土学者就对客赣方言有了初步的探索和研究，其中 20 世纪 20 年代初江西高安人士涂锉所著《国音四种》"改正土音法"部分，通过国音与高安土音的比较，总结了高安话与国音的 56 条对应规律，是一篇非常成熟的赣方言研究论著（参见李军，2009）。而最早对江西客家方言进行研究的，就是与涂锉同年代的《赣方言考》作者邬心普。

邬心普，名荣治，江西赣县人，曾任教于江西第二师范学校（今赣州市一中前身）。1920 年曾赴北平参加国语讲习所的培训，为学习推广国语服务。他在其另一部稿本《赣南方音考》之"赣南方音考述"中，是这样记载的："民国九年夏，我往京都研究国音学。"《赣方言考》就是邬氏利用注音字母这种新的注音工具，对"赣方言"的研究。这也可能是"赣方言"这一名称的最早出现和使用。不过，邬氏的"赣方言"和现代方言学中的"赣方言"不是同一概念。因为邬氏在《赣方言考》中所研究涉及的方言，虽然在少数地方提到了今属赣方言地区的方言，如南昌话等，但主要还是赣南方言，尤其是他自己的方言，即赣县乡下方音。所以，在扉页内，邬氏又题为《赣南方言考》。这些地区，都属于客家方言区，邬氏所研究的赣南方言实际上就是对江西客家方言的研究。因此，这应该是目前为止，我们所知

的最早对江西客家方言的研究。邬氏用注音字母记录了 20 世纪二三十年代
江西赣南客家话的部分语音特点，留下了一份非常珍贵的语音材料，尤其是
其对江西客家方言研究的开创之功，不容忽视。本文主要对《赣方言考》
的主要内容进行简单介绍。邬氏所记录的 20 世纪二三十年代的赣南客家方
言的语音特点，将另文整理介绍。

一　《赣方言考》的成书年代与主要内容

　　《赣方言考》是一部稿本，今藏南京图书馆。卷首有奉新人周蔚生的序
言，时间为民国二十五年夏，即 1936 年。介绍了邬氏的治学历程，《赣方言
考》的基本研究方法。序言中说，邬氏"蚤岁于音韵训诂之学，获窥堂奥，
己负屐北平，研习国音，于发音之学，治之益精，遂乃师扬氏之法，采章氏
之精神，得赣南方言百余事，登之学术刊物"。其基本方法与目的是："根
据语音学所定之符号，辅之以机械，分地调查，随人收集。谓据此可以知各
地方音之性质；知各地方音之性质，即可知各地方音与国音不同之原因；知
不同之原因，即可以谋改进方言，而获统一之国语。"

　　全书分甲、乙、丙三部分，即"甲：方言字考"，"乙：方言新考"，
"丙：古音新考"。书末另附有"六书转注考"、"'赣南方言呼母考'讲演
稿"。

　　"方言字考"原名"赣南方音考"，即周蔚生所介绍的"得赣南方言百
余事，登之学术刊物"。所谓"登之学术刊物"，是指此文曾在"江西省立
第二师范学校丛刊"中刊出，这就是上文所提到的《赣南方音考》，今藏江
西省图书馆。邬氏在"凡例"中说，"方言字考"是他在《赣南方音考》
的基础上"三易其稿"而成。

　　"方言字考"实际上是模仿章太炎《新方言》的方法，或考求赣南方言
字词的本义，或试图以古音古义证明方音，以及证明赣南方言词多保留古音
古义的特点。与章氏相比有突破的地方，在于能以注音字母作为工具，考求
赣南方言词与国音读音的差异及其原因，对方言字词的读音进行了标注，并
尝试从音理上进行解释。如"人事二"：

　　"勿要"，方音谓"勿要"为"ㄥ（[ŋ]）（国际音标为笔者转写，下
同）要"，"ㄨ"（[u]）变"ㄥ"（[ŋ]）也，如"五"读"ㄥ"，"吴"读
"ㄥ"，皆方音之变。

　　这一部分分别从"天文类"、"地理类"、"时令类"、"水火类"、"人事

类"、"宫室器物类"、"禽类"、"兽类"、"鱼类"、"虫类"、"草木类"等
11 个方面，考察了赣南地区 434 条（组）方言词。所考察的方言词以"方
音"居多，这里的"方音"实际上主要指他母语中的方音，即赣县乡下土
话。此外，这些方言词还包括"赣官音"，以及南康、龙南、于都等其他赣
南地区的方言词。其中"赣官音"，是指"赣县城内所操官音"。这些地区
的方言词比较少，并特别加以了注明。这种考求方言的方法，虽然还没有完
全摆脱旧的方言研究方法的影响，但在前人的基础上又有了新的发展。在记
录了 20 世纪二三十年代的赣南方言词汇的同时，在一定程度上记录了这些
方言词的读音，无论是方言词汇，还是语音方面都是非常宝贵的资料。

第二部分"方音新考"，包括"方音异读对照表"、"方音异读归纳表"、
"五声研究"以及"庚耕清青韵考"四方面的内容。

其中"方音异读对照表"，主要通过和国音的比较，归纳赣南方音与国
音"异读"（即读音有别）的种种表现。比较的方法主要是，利用注音字母
把国音中的音节（不区别声调）及其代表字，与其在赣南方音中的读音进
行比较。比较的时候，每一代表字组，上列国音，下列方音，方音分为三种
形式排列：（1）与国音声韵俱异者列第一栏，（2）与国音声母不同而韵母
相同者列第二栏，（3）与国音声母相同而韵母不同者列第三栏。

方音与国音的"异读"现象举例如下（改竖排为横排，不分栏）：

1. 声韵俱异者：

ㄔㄣ（[tṣʰen]）尘沉陈臣趁 ㄘㄥ（[tsʰeŋ]），
ㄔㄥ（[tṣʰeŋ]）撑橙 ㄊㄤ（[tsʰaŋ]）；

2. 声母不同而韵母相同者：

ㄓㄣ（[tṣʰen]）珍诊轸 ㄐㄧㄣ（[tɕin]），
ㄍㄨㄥ（[kuŋ]）恭弓躬宫龚拱巩 ㄐㄧㄥ（[tɕiŋ]）；

3. 声母相同而韵母不同者：

ㄑㄧㄥ（[tsʰiŋ]）青晴请倩 ㄑㄧㄤ（[tsʰiaŋ]），
ㄨㄣ（[un]）温瘟文纹闻 ㄨㄥ（[uŋ]）。

这一部分，一共比较了 290 个国音音节（不区别声调）与赣南方音有
别的情况。

在音节比较之后，邬氏分别从声母与韵母两方面把赣南方音与国音的
"异读"情况以表格的形式进行了归纳，称之为"方言异读归纳表"。并分
别在每一表后，把"异读"现象的规律进行了总结。如声母部分总结了 8
条，第一条为：

出声、送气相通转，但出声转送气多，送气转出声少。

第四条为：

方音无业彳尸囗（[tʂ, tʂʰ, ʂ, ẓ]），凡业彳尸囗（[tʂ, tʂʰ, ʂ, ẓ]）方音读卩ㄘㄙ（[ts, tsʰ, s]），囗[ẓ]音读一（[i]）或广一（[ɲi]）或ㄋ一（[ni]），又业彳尸囗（[tʂ, tʂʰ, ʂ, ẓ]）之小部读ㄐㄑㄒ（[tɕ, tɕʰ, ɕ]）。

其中，第一条实际上归纳出了客家方言声母最突出的特点，即古全浊声母仄声字，在国音中读不送气的塞音、塞擦音（即邬氏所谓的"出声"），而在客家方言中读为送气塞音、塞擦音的特征。第四条则总结了知章组字读音在当时赣县方言中的分化现象。

韵母部分，总结了四条，其中第三条为：

ㄢ（[an]）韵字，如ㄅㄢ（[pan]）、ㄆㄢ（[pʰan]）、ㄍㄢ（[kan]）、ㄎㄢ（[kʰan]）、兀ㄢ（[ŋan]）、ㄏㄢ（[xan]）、卩ㄢ（[tsan]），合口呼之全部，及ㄐㄩㄢ（[tɕyan]）、ㄑㄩㄢ（[tɕʰyan]）、ㄘㄩㄢ（[tsʰyan]）（按：疑为ㄒㄩㄢ[ɕyan]）等需另制闰母ㄢ，（ㄢ加点，读若"安"之方音）始能拼成各韵之方音。

第四条为：

尢（[aŋ]）韵字，唯"盎"字读尢（[aŋ]），其余全部字需别制闰母尢，（尢加点，读若方音"唐"之尾音）始能拼成方音。

这两条实际是指出，国音中读作ㄢ、尢两韵的部分字，在赣南方音中，韵母音值有所不同。今赣南方音中，上述第三条所举音节中，ㄢ韵多读为[on]，尢韵则多读为[ɔŋ]。

"五声研究"部分，邬氏以表格的形式，把赣南地区的24个县（包括今属赣方言区的南昌、奉新、萍乡、安福等地）与国音、赣官音的声调进行了比较。比较的时候，以国音为参照系，但没有用调值比较的方法，还是使用旧的描写的方法进行比较，如国音阴平以"轻而平"表示，阳平以"高而扬"表示，上声以"强而曲"表示，去声以"远而坠"表示，入声以"急而促"表示。赣官音则分别以"平道莫低昂，重浊，高呼猛烈强，分明哀远道，短促急收藏"来描写阴平、阳平、上声、去声、入声的高低升降。赣南地区各地的声调或通过与国音、赣官音的异同来表示，或通过与国音、赣官音某一调类的调值的相似性来表示，如于都的声调特点描写为："阴平读若官音之阳平，阳平同官音而略低，上、去、入同赣官音。"因此，这种对声调的比较还不是非常科学的，但著者的态度非常严谨，每一地点都有详细的发音人的记录。

"庚耕清青韵考"是作者感到比较得意的，是通过方音考古音的研究结论之一。邬氏通过梗摄字在赣南方音中韵母多读为尢的现象，并通过和顾炎武的古音十部、段玉裁的古音十七部，以及有关《诗经》的音注中，梗摄字读若宕摄字的现象进行比较，指出，赣南方音中梗摄字韵母读为尢的现象，"皆足证方音为古音"。并在卷首凡例第四条中说，自己对庚耕清青韵读音的考察以及古无晓匣母的观点（见下文介绍）"觉为创获"。

第三部分"古音新考"包括两部分，即"古无晓匣母考"与"古无晓匣母续考"。这一部分，作者通过晓匣母字在赣南方言中的读音，以及晓匣母字的谐声关系，提出了"古无晓匣母"的观点。

方言的证据，如"南康呼虹为杠，呼壑若殻，余之所征，古无晓匣纽也"。

至于谐声关系方面的证据，邬氏认为"形声字之从某声，后人仅就韵母立论，于声纽多忽略"。因此认为要利用谐声关系研究古音的声纽，并把谐声关系作为他提出的古无晓匣纽的一个主要依据，如"旭，九声，衅，分声，许氏所定，后人疑焉，耿、羔皆从火声，兄、否、后、喜皆从口声，许氏未详，可籍余征"。这一部分，作者罗列了大量晓匣母字与见溪群母字谐声的形声字以及赣南方言中晓匣母字读见溪群母的现象。

邬氏所提出的"古无晓匣纽"的观点，虽然不一定正确，但他利用方言证据、谐声材料来进行了证明，方法上具有一定的科学性。后来也有学者提出了同样的观点，如李新魁先生于1963年发表了《上古音"晓匣"归"见溪群"说》，所利用的证据也主要是形声字的谐声关系与现代汉语方言的读音。

当然，与李新魁先生的论证相比，邬氏的论证还是非常不成熟的，无论是方言证据，还是谐声的证据，都是不严谨的。如"南康呼虹为杠"这一方言证据就是无力的，因为《广韵》中，"虹"有晓母的读音；也有见母的读音，音同"杠"（《广韵》做"橦"）。至于邬氏所举的谐声证据，则多误解。如"耿、羔"并非从"火"声，而是分别从"圣"、"照"省声。"兄、否、后、喜"等字均非形声字，而是会意字。

二　邬氏《赣方言考》对江西客家方言研究的贡献、价值与不足

首先，邬氏注重从方言词汇方面，对赣南方言进行研究，并结合上古音

的研究成果，进行解释，以古音古义考察方音，在方言本字考察方面取得了一定的成绩。如考察"躲藏"之义的ㄅㄧㄤ［piaŋ］的本字为"囲"；方言"可虑、可怕"之义，方音读ㄒㄧㄠ［çiau］，本字为"晓"，等等，均有一定的根据。这400多条方言词汇的记录，对考察赣南方言的本字，仍具有一定的参考价值。尤其是对方言词汇间有注音，记录了20世纪30年代赣南方音的语音特点。

其次，在第二部分"方言异读对照表"与"方言异读归纳表"中，邬氏把国音中的290个音节的字与赣南方音（最主要的是他自己的方音，即赣县方音）进行了比较。并归纳了读音差异的条理。这种把方言与标准语进行比较，并归纳其条理的方法，已经是比较成熟的方言研究的方法。因此，我们认为，邬氏是目前所知道的，最早对江西客家话进行研究的学者。尽管他还没有意识到，赣南客家方言与赣北、赣中赣方言的性质区别，并把南昌等地的方言也纳入了他的赣南方言之中，但这些地区的方言在他所研究的范围内，只占了极少部分，最多的还是他比较熟悉的母语与周边方音。因此，这些内容对了解当时赣南客家话的面貌，尤其是赣县方言的面貌，以及近几十年来，这些地区的语音演变具有一定的价值。

此外，邬氏所提出的"古无晓匣纽"的观点，在音韵学上也具有一定的意义，尽管方法与结论不一定正确，这种利用方音考察古音的探索精神实属难能可贵。

但邬氏毕竟还没有受过系统正规的现代语言学的训练，还是一个处于新旧语言学相交替阶段的学者，在考察方音的时候，受传统语言学方法的影响较多。因此，在很多地方还不能突破传统语言学的束缚。

首先，不能对方音中的特殊读音的音值进行准确描写与记录。如ㄢ与ㄤ韵的音值，只能解释为"读若'安'之方音"与"'唐'之尾音"，对不了解赣南方音的人来说，这样的描写是无能为力的。

其次，对方音与国音的差异，不能从语音演变规律的角度进行解释，而是从通转的角度进行解释。如"方音异读归纳表"的第一条"出声、送气相通转"，实际上是在对客家方言"古全浊声母清化，平仄皆送气"这一语音演变特征进行归纳的基础上提出来的，但邬氏仅从通转的角度一笔带过，而没有揭示出这一客家方言最显著的特点。

再次，在方言词汇考释部分，也多有不当之处，如"时令"部分："凛，方言谓寒气入骨为凛，读为ㄉㄧㄤ［tiaŋ］。""凛"为侵韵系字，方言中韵母不当读为［tiaŋ］。ㄉㄧㄤ的本字，当为"冷"，符合客家方言来母细音字声母读［t］，梗摄字韵母读［aŋ］的特点。

　　尽管邬荣治的《赣方言考》还有以上一些缺陷，但作为对江西客家方言研究的先驱者，其开拓之功不容忽视。在江西方言研究的历史上，邬氏应当占有一席之地。他利用注音字母这一新的拼音工具，对赣南方音进行的考察，为江西客家方言的研究留下了一份非常珍贵的材料。

参考文献

　　［1］李　军：《上世纪二十年代的江西高安方音》，《方言》2009 年第 5 期。

　　［2］李新魁：《上古音"晓匣"归"见溪群"说》，见《李新魁自选集》，河南教育出版社 1993 年版。

　　［3］刘纶鑫：《江西客家方言概况》，江西人民出版社 2001 年版。

　　［4］刘纶鑫、田志军：《客赣方言研究的回顾与展望》，《南昌大学学报》（哲学社会科学版）2003 年第 2 期。

　　［5］颜　森：《江西方言的分区（稿）》，《方言》1986 年第 1 期。

　　［6］颜　森：《江西方言研究的历史与现状》，《江西师范大学学报》（哲学社会科学版）1995 年第 1 期。

　　［7］章太炎：《新方言》，见《章太炎全集》（七），上海人民出版社 1999 年版。

《唐书释音》声类反映出的宋代德兴方言特征

李 凯

（中国传媒大学文学院）

一 引言

《新唐书》由北宋宋祁、欧阳修等撰，宋仁宗嘉祐五年（1060）完成。随后宋人董衡为其注音释义，著成《唐书释音》。作者虽然在书中大量使用《广韵》中的反切，但并没有拘泥于此，他从自己的实际语音出发新制了许多切语，因此该书可以帮助我们考察宋代的实际语音系统，是很可靠的语音史资料。通过对书中所提供的材料中不同性质的音切进行甄别离析，我们可以考求通语、辨明方音，弥补诗词用韵研究在声母方面的不足之处。

董氏宋史无传，仅在《宋史·艺文志》中有"董衡唐书释音二十卷"。目前可以看到诸版本《唐书释音》中均未收录作者原序，仅在正文之前有"宋将侍郎前权书学博士董冲进"一语，生平籍贯不详。经过我们考证发现，作者籍贯为饶州德兴，以荐辟入仕，官至太学博士。《释音》成书至迟不会晚于1190年，故书中反映出的是11—12世纪时期的宋代语音。

因为作者的注音中因袭《广韵》的切语较多，所以我们采用音注类比法进行研究。全书被注音字共有11922个，但除去重文，其实只有3370个字。其中注音与《广韵》相同的就有2279个（同一词前后出现时往往使用不同的切语来注音，其中只要有一个与《广韵》相同的就记入此类），不同的有918个。那些与《广韵》不同的注音就是我们的研究对象。

考察这些与《广韵》不同的注音，我们发现声母中反映出的语音现象众多。除了来母，其他所有声母间都互有混切。除了轻重唇分化、非敷奉合并、知照合并、零声母范围扩大、匣溪晓混切等现象之外，《释音》中还有许多与通语演变规则不相符的语音事实，当属方音现象。

董氏为宋代饶州府德兴县人，德兴位于江西省东北部，地处赣、浙、皖三省交界处，东接浙江省开化县（今属吴语处衢片龙衢小片），东南与玉山县、上饶县毗邻（今属吴语处衢片龙衢小片），南和横峰县、弋阳县相接（今属赣语鹰弋片），西接乐平市（今属赣语鹰弋片），北连婺源县（今属徽语休黟片）。德兴原来属于赣语区，自从 1988 年出版的《中国语言地图集》把徽语划分为一个独立的方言大区之后，就划归了徽语区。

尽管在徽语是否自成一区上学术界还存在分歧，但把徽语从官话中分出去目前已是多数学者的意见。查《徽语分布图》得知，德兴属于徽语祁德片。历史上，"直至六朝这里应与吴语一样同属江东方言区。但由于南、西、西北都受赣语包围，在赣语强大影响之下，形成一种非吴非赣的方言，即韵母像南吴语而声母像赣语的徽语来"①。

即便在今天，徽语的声母系统也与赣语类似。在整个宋代方言体系并不明确的状况下，我们并不能断言在千年之前的宋代，德兴是属于赣语区还是徽语区，但文献资料中记载的语音现象本身是清晰可考的，它可以帮助我们了解这一地区宋代的语音情况。在此，我们重点考察声类系统中与通语不合的方音现象。

二　《唐书释音》声类中的方音现象

《唐书释音》声类系统中的方音现象，我们大致分为以下八类：

（一）浊音清化

《广韵》中的全浊声母在今天的普通话中都变为清音了，擦音没有送气与不送气的分别，它们的演变较为简单，都变为相应的清音。塞音与塞擦音的清化规律都是平声送气仄声不送气。在《释音》中，清化的迹象非常明显，只是塞音与塞擦音的清化并不符合这个规律。

1. 并母与帮、滂混切

以并切帮：狈，薄盖/博盖②；躄，婢亦/必益

以帮切并：呗，北迈/薄迈；别，笔列/皮列

以并切滂：踣，部口/匹候；扑，蒲卜/普木

以滂切并：辟，匹亦/房益；骠，匹召/毗召

另外还有两例，《广韵》中没有此音，但《释音》中为这同一个词注音

时用了音韵地位不同的切语：

胖，〔蒲官〕并、〔普安〕滂/无

旁，〔布浪〕帮、〔部浪〕并/无

这说明了作者心中，全浊清音并母与帮滂无别。

2. 澄母与知、彻混切

以澄切知：中，直众/陟仲

以知切澄：璩，拄充/持充

以澄切彻：綝，直林/丑林；场，长章/丑亮

3. 定母与端、透混切

以端切定：蹬，丁邓/徒亘；圚，党练/堂练

以定切端：谛，大计/都计；鞊，田黎/都奚

以透切定：贷，它得/徒得；绨，天黎/杜奚

以定切透：拕，徒我/吐逻；蹋，徒合/他合

4. 群母与见、溪混切

以群切见：捷，其偃/居偃；犍，渠言/居言

以见切群：璚，车营/渠营；樏，居月/其月

以溪切群：璩，丘于/强鱼；癹，弃追/渠追

5. 从母与精、清混切

以精切从：鬃，子宗/藏宗；嘈，则痨/昨劳

以清切从：靓，七正/疾政；瘠，七亦/秦昔

以从切清：辏，才奏/仓奏

清从混切：漼，徂回、取偎/无

6. 崇母与庄、初混切

以庄切崇：谍，邹免/士免；龃，壮所/床吕

以初切崇：儳，楚监/士咸

崇庄混切：苴，〔锄驾〕崇、〔侧下〕庄/《集韵》侧下切

在以上塞音和塞擦音浊音清化的例子中，平声送气 19 次，不送气 11 次。仄声送气 19 次，不送气 17 次，既然不符合北方方言浊音清化的规律，那么反映出来的应该是方音。

我们知道，古全浊声母今读塞音、塞擦音时不论平仄一律读送气清音，是赣方言的显著特点。显然，《释音》中反映出的情况与此不符。

而古全浊塞音声母清化时是否送气并不能看出条例，正是《中国语言地图集》所列举出的徽语独立成为一个方言区的理由之一。在今天的徽语

中，"旌德、绩溪、歙县、祁门、婺源、德兴……古全浊声母今读清音声母，逢塞音、塞擦音不论平仄绝大多数读送气清音……以上各点都有全浊声母今读不送气的字，不过这些字除个别外，大多是口语中的非常用字，并且大多数是仄声字"①。

也就是说，徽语中，古全浊声母清化时，有部分送气、部分不送气的特点。《释音》中反映出的语音特点正与今天的徽语特征吻合。作者因荐辟而官至太学博士，但或许受方言的影响较大，在进献的书中仍不自觉地流露出方音。在宋代的德兴方言中，全浊声母逢塞音、塞擦音时的清化规律并不明确，这或许正与作者语音系统中的"全清与次清音相混"有关。

（二）全清与次清音相混

书中有为数不少的全清与次清声母混切，不仅仅是非敷合并。帮与滂、庄与初、知与彻、章与昌都有混切，见母与溪母混切的竟有十多例。

以帮切滂：膊，补各/匹各；沛，博盖/普盖

以彻切知：绌，敕律/竹律

以昌切章：茝，昌里/诸市

以初切庄：鬅，测华/庄华；簀，楚革/侧革

以庄切初：汊，侧亚/楚嫁

以溪切见：邝，苦郭/古晃；崝，去博/古博

以见切溪：邢，古衡/苦浪；裓，古颖/口迥

最典型的是下面这些例子之间的混切：

帮滂并混：舶，〔傍陌〕并、〔溥陌〕滂、〔布伯〕帮/〔傍陌〕并

见溪群混：龟，〔袪尤〕溪、〔渠尤〕群、〔居求〕见/〔居求〕见

精清心混：脧，〔子泉〕精、〔荀缘〕心、〔此缘〕清/〔子泉〕精

端透定混：蓨，〔田聊〕定、〔他苗〕透、〔丁聊〕端/《集韵》田聊切

这些全清与次清混切全部发生在塞音和塞擦音之间，是送气与不送气音之间的混淆，也是方音现象。尤其是在后面几个声母相互混切的例子中，作者用同一发音部位的全清、次清、全浊来给同一个字注音。我们当然不能说帮滂并、见溪群、精清心、端透定都已经合并，只能说在作者的方言中，送气音与不送气音有可能混淆，加之全浊音清化，所以三者之间可以混并。

这种送气与不送气音混并的现象，在今天徽语中也存在。"就徽州方言

①　赵日新：《徽语的特点和分区》，《方言》2005 年第 3 期。

的发音而言，其中有一些字，在普通话里原属声母‘b’的系列，到了方言中，却将其声母改为‘p’，且尽管为数不少，却似无规律可循……还有将声母‘d’改为‘t’的……将声母‘j’改为‘z’的……将声母‘s’改为‘x’的……总之，看上去，这好像是一种集体行动，并非是单个字的无组织、无纪律的串岗。”①

（三）塞擦音与擦音之间混切

知组与照组之间为数不少的混切应该是知庄章合并的表现。在守温的36个字母中，照二与照三已经合并为照穿床审禅了。昌初、崇船、生书分别合并形成穿、床、审没什么疑问。昌彻、初彻、崇澄混切也没什么问题，但除此之外，还有许多与通语不符的混切，略举如下：

以初切章：箠：楚蘂/主蕊

以崇切生：槊，士角/所角

以禅切船：剩，石证/实证；舐，甚尔/神纸

以船切禅：脀，食刃/时刃；褶，实入/是执

以禅切章：招，市招/止遥；诊，上忍/章忍

以章切禅：缜，之忍/上刃；椯，朱缘/市缘

以禅切书：挻，市连/式连

以書切禅：襡，束玉/市玉

以崇切禅：崇，鉏山/市连

以章切彻：輴，章伦/丑伦

以彻切昌：掣，丑曳/尺制

以书切彻：梴，尸连/丑延

以彻切初：栅，敕革/楚革

以章切澄：诊，章刃/直刃

以澄切崇：砦，持艾/豺夬

以禅切知：咤，涉驾/陟驾

上文我们提到，在作者的语音系统中，送气与不送气似乎并没有严格的区分，章昌可以混切、庄初可以混切。但从《释音》中反映出的情况来看，章母与初母、书母、禅母、澄母、彻母可以混切，昌书、崇生、书彻、知禅

① 江声皖：《徽州方言探秘》，安徽人民出版社2006年版，第74—75页。

也都可以混切，似乎塞擦音与擦音也没什么区别，禅母的情况尤其复杂。

《释音》中，禅母共出现了 43 次，与船母混切 5 次，与章母混切 2 次，与书母混切 1 次；船母出现 11 次，与禅母混切 3 次；章母出现 83 次，与禅母混切 5 次。

禅母清化为书母并无异议。至于章禅混切，从中古语音到现代语音的演变过程中，禅母职韵字确实演变为 zh，但书中所反映的情况不在此范围中，所以也与通语不合。

船母与禅母的关系向来复杂，六朝时期它们相混，颜之推认为是方言特点。但在五个世纪之后的宋代，《切韵指掌图》船禅亦混，《集韵》中也有船、禅合并的倾向。这时，船、禅之间的混并现象应该已经不是方言特点了。但当我们把它放在全书反映出的语音系统中看时，似乎仍该认为体现的是方音。因为作者不仅仅是船禅混切，还拿禅母"市"来切崇母"孱"，这种擦音、塞擦音不分的现象应该是方音。而且船禅、崇禅这些全浊声母之间的混切，可能也表明了在作者的语音系统中还保留着浊音。

王力先生在《汉语史稿》里谈到崇船禅三母演变时指出，它们的情况比较复杂，"分化的条件不是很清楚的。现在看得很清楚的是：崇母为一类，平声不分化（一律是 ch），只有仄声分化（'助'zh，'事'sh）；船禅为一类，仄声不分化（一律是 sh），只有平声分化（船母：'乘'ch，'绳'sh，禅母：'成'ch，'时'sh）"[1]。耿军曾经对《广韵》中的"船"、"禅"二母字作了穷尽式分析，得出的结论是："《广韵》中的船母字，在今天普通话中，平声开口和仄声都读 sh，只有平声合口读 ch。而禅母字，平声阴声韵和仄声都读 sh，只有平声阳声韵读 ch。"[2] 很明显，《释音》中反映出的语音现象与今天的通语并不一致，在今天的徽语和赣语中，船禅崇读音都是有分别的，书中反映出的现象似乎与吴方言相似。

（四）零声母范围变大

在《广韵》声母中，只有"影"母是零声母。在现在普通话中，影母、云母（喻三）、以母（喻四）、微母、疑母大都变成了零声母。《释音》中，影母、云母、以母、微母、疑母彼此之间有混切，应该是它们中至少一部分字变为零声母了，所以才可以混用。

---

① 王力：《汉语史稿》，中华书局 1980 年 6 月第一版，第 116 页。
② 耿军：《〈广韵〉"船""禅"二母字今音统计及其规律》，《龙岩师专学报》2003 年第 5 期。

以云切影：优，羽求/於求①；洧，羽轨/荣美

以影切云：员，於问/王问

以影切以：缳，於幰/以淺；宛，於元/余袁

以云切以：掾，于眷/俞绢；罤，于如/羊茹

以疑切影：畹，五远/於阮

以微切云：樾，亡伐/王伐

以匣切影：暍，何葛/乌葛

以疑切晓：阋，倪历/馨激

以匣切疑：垠，户恩/语斤

以以切晓：歙，逸及/许及

以云切晓：翚，于韦/许归

　　王力先生认为，云、以合流至少在 10 世纪就已经完成了。疑母和喻母在 14 世纪已经完全相混了，且在当时影母和喻母在北方话里也只在平声一类有声调上的差别，上去两声就完全相混了。而微母与喻母、疑母的合流，时间为 17 世纪。②

　　从上述例子中反映出的情况来看，现在普通话中的零声母格局已初具雏形。影、以、云三者之间相互混切合并，微母、疑母可能已经开始零声母化，所以能够与云母、影母混切。影、喻、疑也许并非在 14 世纪才完全相混，在 11—12 世纪的《释音》中，它们之间已经多有混切，甚至连微母也可以与之相混。

　　至于匣母与影母混切，则可能属于方音现象，匣纽发生消变化，混入影纽。而且在当时作者的语音系统中，晓母也有可能读为零声母，所以它可以与影母、疑母、喻母混切。

（五）喉牙音混切

　　喉音和牙音由于发音部位靠近，常常互谐互通。《释音》中反映出的喉牙混切例子很多。如：

以匣切溪：诘，奚吉/去吉

以溪切匣：壶，苦木/户吴

匣溪晓混切：询，许候、胡遘/苦候

---

① 因"於"属影母，"于"属云母，故此处反切采用繁体。

② 《汉语史稿》，第 131—132 页。

以晓切溪：绔，荒故/苦故；屺，虚里/墟里

以影切见：崤，乌猛/古猛

以见切晓：旷，古镬/虚郭；沈，古穴/呼决

以晓切见：劣，呼外/居卫

以见切匣：鞨，居谒/胡葛；缸，古双/下江

以匣切见：缸，胡登/古恒；扞，侯旰/古案

以云切见：毅，友岳/古岳

以见切云：鄅，俱雨/王矩

以喻切群：俟，育其/渠之

以疑切见：蓟，鱼计/古诣；估，五故/公户

以见切疑：唫，古吟/鱼金

从大量的谐声字可知，上古时期喉牙音关系密切。在《广韵》中，两组音是井然有序的。但在《释音》中，两组音之间似乎混而不分。这与今天北方话的现实不符，但也很难说就是方音。拿常用字"缸"来说，《广韵》下江切，《集韵》胡江切，都在匣母。《中原音韵》音冈。但是我们可以看到在《释音》中"缸"为"古双切"，与今音相同，宋代已经如此了，并非到了《中原音韵》那个时代才出现了与今读相同的读音。

（六）精庄与知章对立

在宋代，知庄应该已经合流为照组了，但是从《释音》中反映出的情况来看，庄组与章组还是有差别的，各组混切类型如下：

以庄切精：迮，侧革/则落；酇，侧旰/则旰

以精切初：摵，则角/测角

以清切初：衰，仓回/楚危

以从切初：督，粗八/初八

以从切崇：劗，徂衔/锄衔

以心切生：搜，肃鸠/所鸠；溲，苏后/疎有

以心切书：僿，相吏/式吏

《释音》一书中，齿头音与正齿音混切共有十例，除了一例是以心切书之外，其余九例都发生在精组与庄组之间。很明显，精组与庄组关系更为密切。我们虽然不知道在作者的音系中精组与庄组的具体音值，但从混切的情形来看，精庄与章组应该是对立的，这一特点在今天的赣方言中可以见到。在赣方言中，庄组与精组、知二组的变化总是相同的，知三组与章组的变化

总是相同。

（七）日母与娘、影、喻混切

《释音》中，日母一共出现 61 次，只有三例混切，分别是与娘母、影母、喻母。

娘日混切：蠕，女之、如之/无

以影切日：然，燕山/如延

以日切以：汭，而锐/余芮

这些例子虽然都是孤例，但比较可靠。在现代赣方言中，日母读 n 或有ȵ 的白读，在今天的徽语中，日母以 n、ȵ 为主，也有零声母读法。既然在今天读 n，那么自然可以和娘母混切。又有零声母的读法，那么当然也就可以与影母、喻母混切。

（八）匣母与奉母混切

晓、匣合口字与非组混切同读 f，这是赣方言的一大特点。《释音》中仅有一例匣奉混切：坟，户吻切。《广韵》为房吻切。户为匣母，房为奉母。各版本文字一致，并无刊刻错误，则此例虽为孤例，已足以反映出一个重要的语音现象。

总之，语言是一种不断变化的系统，内部分化与外部接触交互进行。身处赣、浙、皖三省交界，德兴特殊的地理位置决定了它的语音演变受外部接触的影响会更大。从大的方面来说，赣方言东北部与吴方言的接触，是以徽语作为过渡的，德兴恰恰处于这个过渡区，因此这一地区的方音音系可能更复杂。

从《唐书释音》声类中反映出的方言情况来看，今天赣语、徽语中的许多区别性特征，在宋代已经形成。但书中反映出的声类系统，今天的汉语方言中没有与之完全对应的，这些真实而复杂的语音材料对于研究宋代方言具有重要价值。

当然，单凭这一部书的注音，我们不能断定宋代德兴方言的声类就是如此。某些语音特点，是德兴此地方音特点的一部分，还是广泛流行于长江以南的语音特点的一部分，还需要进一步推究才能决定。徽语与赣语在历史上的关系，也有待澄清。宋代德兴方音音系与《中原音韵》音系、与宋代和现代赣方言、徽语、吴语的关系也是我们必须重视的问题。在以后的研究中，厘清这些问题会对汉语方言研究大有裨益。

参考文献

［1］丁治民：《宋代徽语考》，《古汉语研究》2007 年第 1 期。

［2］侯精一：《现代汉语方言概论》，上海教育出版社 2002 年版。

［3］江声皖：《徽州方言探秘》，安徽人民出版社 2006 年版。

［4］鲁国尧：《鲁国尧自选集》，大象出版社 1999 年版。

［5］孙宜志：《江西赣方言中古精庄知章组声母的今读研究》，《语言研究》2002 年第 2 期。

［6］唐作藩：《音韵学教程》，北京大学出版社 1991 年版。

［7］王　力：《汉语史稿》，中华书局 1980 年版。

［8］赵日新：《徽语的特点和分区》，《方言》2005 年第 3 期。

［9］赵日新：《徽语古全浊声母今读的几种类型》，《语言研究》2002 年第 4 期。

［10］周祖谟：《宋代汴洛语音考》，见《问学集》（下册），中华书局 1966 年版。

［11］耿　军：《〈广韵〉"船""禅"二母字今音统计及其规律》，《龙岩师专学报》2003 年第 5 期。

玉山方言的框式状语

占小璐

（浙江财经学院人文学院）

玉山县位于江西省东北部，东界浙江省开化、常山、江山三县市，南接广丰县，西南邻上饶，北毗德兴，古称"两江锁钥，八省通衢"。玉山方言属吴语处衢片龙衢小片。在玉山方言中，既存在前置状语，如"再吃一碗"；也存在特有的后置状语，如"吃一碗凑（再吃一碗）"。比较特殊的是，该方言还存在着一种框式状语，即"再……凑"之类的结构。这个结构中的"再"为前置于谓词的状语，"凑"为后置于谓词的状语，两类状语意义基本相同，共同修饰一个谓语中心。本文拟以玉山岩瑞镇（原白云镇）方言为例，讨论这种状语和相关句式，研究框式状语的结构特点及其出现的动因。

一 框式状语的类型

（一）"再……凑"结构

这种结构是表示频率的状语，如"再吃一碗凑"，意思是"再吃一碗"。以下讨论"再……凑"之间出现的成分、两个状语成分的读音。

1. "再……凑"之间的谓词性成分。既能出现及物动词也能出现不及物动词，表示动作或状态的重复或继续，如：

> （1）东西再送些你凑。（再给你送些东西。）
> （2）再骗他一次钞票凑。（再骗他一次钱。）
> （3）你再休息一下凑。（你再休息一下。）

"送、骗"是及物动词，"休息"是不及物动词，当然从这些动词的语义特征来看，一般是自主动词居多，都是人有意识地发出某个动作达到某种结果，如："作业检查一遍凑。"

在"再……凑"之间，还能出现形容词，一般是性质形容词，表示程度增加，如：

（4）粥太浓啵，再清些凑，得要好吃些。（粥太浓了，再清一些，就要好吃些。）

（5）伊娜［na³⁵］尼［ȵi³¹³］再漂亮些凑，都可以去当模特啵。（这女孩再漂亮些，都可以去当模特了。）

状语不管是修饰动词还是形容词，VP 之后都要带上数量词，"再……凑"不能与光杆动词或形容词直接组合，如：我再嬉一下尼凑，等下做作业。（我再玩一会儿，等一会儿做作业。）｜*我再嬉凑，等下做作业。这一点跟下文要讨论的后置状语的句式类似："……凑"之前的 VP 也一定要带上数量补语，如：我嬉一下尼凑（再玩一会儿），等下做作业。玉山方言的前置状语"再……"表重复或继续时，亦如此，如：我再嬉下（再玩一会儿），等下做作业（详后）。这就是说，频率副词做状语，句中应该同时出现数量短语做补语。

2. 框式状语"再……凑"与后置状语"……凑"中的"凑"的语音并无明显不同，均念为［tsʻou⁵¹］。但在"再……凑"框式状语的话语表达中，"凑"的语速要比"再"的略快、音高略低。这说明：在框式状语中，即使是表示同样语法功能的副词，前置词往往比后置词更容易保持句法的独立性。这是因为后置词的语音转弱后，而前置词已经表达了同样的语用功能，后置词的功能也就不显著了。如例（3），"再"已经表达了说话人追加、继续之义，"凑"的意义就可有可无了。所以"凑"在句中被看成依附性成分，语用功能明显淡化。随着语用功能的淡化，"凑"在框式结构中不需要具备实在意义，语义虚化，逐渐地成为其前依附音节的助词，或者成为整个句子的语气词，起强调作用。

（二）"先……起"结构

这种结构是表示动作的时间先后次序的状语，如"你先走起"，意思是"你先走"。以下讨论"先……起"之间出现的成分、两个状语成分的读音。

1. "先……起"之间能出现的都是动词性谓语或谓语短语，动词性谓

语后面可以接数量补语,如:

(6)你先吃起,我等会吃。(你先吃,我待会儿吃。)

(7)格日先耕二亩田起,抹日再耕一亩凑。(今天先耕二亩田,明天再耕一亩。)

(8)他先做一个钟头起,你再接住做。(他先做一个小时,你再接着做。)

"起"后面不能再接宾语。

2. 在玉山方言中,"起"到底是做后置状语,表时间顺序的呢,还是作为趋向动词充当补语成分?这就可以通过调值上的差异进行区分。作为后置状语的"起"是个阴平调,念作〔kʻi³¹³〕,如上述各例。而做补语的"起"是个阴去调,念作〔kʻi⁵¹〕,如:拔东西拿起〔kʻi⁵¹〕,我人得走(把东西拿起来,我们就走)。并且"起"后面还可以接宾语,构成"V+起+O"的格式,如:他吃起〔kʻi⁵¹〕饭死快啵死快死,一下尼得吃么两大碗下去(他吃饭吃得非常快,一下子就吃下了两大碗)。还有"做起作业马马虎虎、看起电视没完没了",等等。但是,框式状语后不能出现宾语,如不能说"你先吃起饭",而得说"你先吃饭起"。

(三)"死……死"结构

这种结构是表示程度的状语,如"伊人死笨死",意思是"这人极其地笨"。以下讨论"死……死"之间出现的成分、两个状语成分的读音。

1."死……死"之间既能出现动词又能出现性质形容词,如:

(9)我伊孙尼弗欢喜读书,死嬉死。(我这孙子不喜欢读书,非常爱玩。)

(10)她样死清□〔ŋa³¹³〕死,真受弗了,我得弗欢喜去她屋里。(她那么地爱干净,都受不了了,我都不喜欢去她房间。)

同样,这里后置的状语"死"跟补语也有差别。如果程度副词"死"后置修饰动词(除心理动词外),一般是作补语,如"打死";"这条路样长,走路要走死个(这条路那么长,走路要走死人的)"。心理动词可以直接用后置词"死"修饰来表示"非常"义,而一般不接受"死……死"的框式结构。

"死……死"框式结构中，两个程度副词"死"相加，程度加剧，由"很、非常"义加深为"太、过"义。第一个"死"的意义比第二个的实，所修饰的动词一般是单音节的动作动词，而且修饰动词时一般都用"死……死"结构来形容极甚。如果形容词本身具有程度深的意义，则不能出现在"死……死"结构中。状态形容词在玉山方言中可以用"AAB"式来表示程度的加深，如雪雪白、冰冰冷、笔笔直、笔笔挺。所以在语言的经济原则下就不需要另用"死……死"的框式状语来修饰状态形容词。

2. 在同一个句子里面同时出现表同样语法功能的同形词，为避免造成句子的累赘，必然会导致其中一个语音由强变弱，语义由显著到淡化。例(9)、(10)重音都是落在前置词"死"上，相对地，后置的"死"不念重音。又由于"普通话的动前前置词事实上很少发生弱化现象"（刘丹青，2004：337），在"死……死"框式状语中，前个"死"念作 $[sə^{212}]$，后个"死"念作 $[sə^{12}]$，已经近似轻声了。

（四）"重新……过"结构

这种结构是表示反复的状语，如"字写错么得擦么重新写过"，意思是"字写错了就擦掉重新写"。以下主要讨论此结构之间出现的句法成分。

1. "重新……过"之间一般只能出现动作性比较强的自主动词，像"瞅看、读、寄、商量、打扮、教育"等，而且这些动词后面都得能带"一+动量"的数量结构，如：

(11) 伊次没排练到位，重新演过一遍。（这次排练没到位，重新表演一遍。）

(12) 平时弗好好读书，到时要你留级重新读过（一年），瞅你面红弗红！（平时不好好念书，到时叫你留级重新念（一年），看你脸红不脸红！）

由上两例可以看出，动词后一般不再接名词性宾语，动作的受事要么在话语中隐省，如例(11)"（节目）重新演过一遍"，要么提前放在句首，如例(12)"（书）重新读过"。这种句式往往可以在其结构末尾加个"凑再"，三重重复，更能强调重新做某事的决心，表坚决的态度。如例(11)"重新演过一遍凑"，例(12)"重新读过一年凑"。

2. 前面几个框式状语都是单音节的前置词对应单音节的后置词，而在玉山方言中并无单音节"重"对应单音节"过"形成"重……过"结构的用法。"重"虽然同"重新"，但后面只用单音节动词，如"重写、重洗、重考"等，如果在"重+单音节动词+过"，就像是"重+双音节动词"，非常不符合言语习惯，这也应该与汉语的词法韵律有不可割舍的联系。

玉山方言中的后置状语就只发现"凑、起、死、过、多"五个，而能构成框式状语也只有上述的四个。

二　框式状语与相关句式

与框式状语并存，玉山方言还有两种基本同义的非框式状语句式。

(一) 后置式状语

玉山方言中的状语后置结构仅限于极少的几个副词，如"凑、起、死、过"等。如下：

(1) 我没听清楚，你话一遍凑。(我没听清楚，你再说一遍。)

"……凑"结构用在动词之后表示一个动作的重复或继续；用在形容词之后表示程度的增加。并且不能修饰光杆动词或形容词，即 VP 一定要带上数量补语。

(2) 你走去起。(你先走。)

"……起"结构是表示时间顺序的状语，结构特点与前面的框式状语相同，"起"之后不能再接宾语。

(3) 地底样污佬死，你去打扫下。(地上这么脏，你去打扫一下。)

"……死"结构是表示程度的状语，它的语法特点与框式状语的基本一致。但"死"做补语和状语的调值不同，表示的意义不同，在句子中也就充当不同的句法成分。当"死"读作 $[\text{sə}^{212}]$ 时，表示"很、非常"义，话语中透露出的情绪表达很一般，即这个"死"是与状语对应的，如例

（3）。当"死"读作［sə³¹］时，传达出"太过了以至于让人难以忍受"的信息，语气就会变得很强硬，如："地底污佬死啵，你去打扫下！""臭死、重死、笨死"的"死"就念作［sə³¹］，中间可接"得/不"，也可以扩展为"…得半死"，与普通话"臭得要命、重得要命、笨得要命"对应，这个"死"是与补语对应的。当然，在玉山方言中，除非是为了表示强烈不满情绪的信息，不然一般很少有此表达。所以本文把后置词"死［sə²¹²］"看做是后置状语成分，而非补语成分。

（4）作业做得样糊涂仔细做过。（作业做得那么糊涂再重新仔细做。）

"……过"结构表的是重新、再一次，"过"紧接在动词之后，动作的受事一般提前，放在句首。当然普通话也有"过"跟在动词之后的，不过表示动作行为的完结或表事情的经历，玉山方言也有此类用法，如"我吃过饭啵了，你还没吃啊"；"我去过杭州三次啵了，你去过几次哩？"

（二）前置式状语

玉山方言中还有跟普通话一样的前置状语，举例如下：

（5）我没听清楚，你再话一遍。

"再"表重复、继续或程度增加时，修饰对象与后置式状语所修饰的一致，在此不多说明。但是在玉山方言中也有用"再"来表示一个动作发生在另一动作之后。如：吃饱饭再去嬉（吃饱饭再去玩）。

（6）你先走。

"先"表时间顺序，修饰动词性谓语或谓语短语，与普通话的结构特点相同，在此也不多作说明。

（7）地底样死污佬像，你去打扫下。（地上这么脏的样子，你去打扫一下。）

"死"表"很、非常"义，既可以修饰动词（多为单音节动词）也可以修饰性质形容词。但在汉语普通话中动词前一般不能直接受程度副词修饰，心理动词除外。而在玉山方言中，用前置状语"死"修饰动词时，表动作发出者非常爱干某事，但是说话者又很不赞成动作发出者的行为。如："格否好好读书，样死瞅电视个（还不好好读书，那么爱看电视的)！"表达了言语发出者对受话人的充满善意的训斥，也反映出受话人即动作"看"的发出者沉迷于电视的特点。

（8）作业做得样糊涂，重（新）做！（作业做得那么糊涂，重新做！）

"重新"表从头开始，其代替后置状语"过"的用法一般在新派中偶尔出现，在单用副词"重"时后面只接单音节动词，常表示命令的口吻。

（三）与赣方言的比较

玉山方言虽属吴语处衢片，但是由于早期入迁移民较多较杂，其中就有很多赣方言区的人们迁入，所以在语音、词汇和语法上也不同程度地受到赣方言的影响，拥有彼此相同的交汇点；另外，由于玉山方言在长期的自我发展和各方言的语言接触中，呈现出独特的语言风景。

1. 与赣方言的相同点

赣语中表示重复和继续的后置状语"凑"是赣方言的显著特征，有"再……凑"结构，而金华方言区普遍用"添"来表示；表示动作的先后次序的后置状语"起"，有"先……起"结构，其结构特征与玉山方言的基本一致；表示程度的前置状语"死"，如南昌话"死臭、死烂"表"太、过"义。

2. 与赣方言的不同点

玉山方言中的"凑"不能修饰光杆动词或形容词，一定要带上数量补语，而在南昌话中可以修饰光杆动词或形容词，如"两个指头不为少，不够就拿凑"（南昌采茶戏《秧麦》）；玉山方言同时有后置状语"死"如"笨死"，以及前置状语"死"，如"死笨"，又有"死……死"结构，如"死笨死"。据笔者目前的调查还未从赣语中发现有"死……死"的句式结构现象。

（四）前置式、后置式和框式三种句式的关系

1. 前置式和后置式的差异：文白

汪化云（2004：186）在《鄂东方言研究》一书中借用语音方面"文白"的概念用于语序，认为："文白异序现象是古今汉语演变、南北方言推移的中间现象，'白序'是鄂东方言中固有的语序，'文序'则是今北方方言、普通话语序在该方言中的叠置，这种叠置仍在发展之中。"玉山方言也出现了文白异序的现象，并且广泛存在于玉山方言中，如：

A. 装些饭凑。　　　　　　　　B. 再添点饭。

A. 你吃起，我等下吃。　　　　B. 你先吃，我等一会儿再吃。

由上可见，A 代表了老派的白序形式，B 则代表新派的文序色彩，两者在不同的场合可以交替使用，它们之间体现了文白的差异。前置式也是政府大力推行普通话之后在青年一代中普遍使用的，与后置式相比，更具书面特色。如果在与村里老一辈人聊天时老用前置式的这种语序，人家马上知道你是有文化的，因为这种说话的方式会让土生土长的乡下人觉得书生气十足。

2. 框式状语是前置式与后置式两种状语的杂糅现象

刘丹青（2004：338）借用（Greenberg）的框式介词理论，对汉语的框式介词现象进行详细阐述，并举例说明介词语法化的叠置现象。同理，玉山方言中的框式状语是同义的前置状语和后置状语处于不同的语法化程度而形成的叠置。框式状语的文白叠置现象因后置式状语和前置式状语的相互竞争而产生。

笔者曾参加岩瑞镇古城村民居委会关于新农村建设问题的会议，就留意到不同的说话人对三种不同句式的取舍不同，举例如下：

村支书："现在全国**得**（都）在搞新农村建设，今年我们又搞到一个项目凑：为了大家好走路，**先**拔弄里的路修**起**（先修弄堂里的路）。"

驻村大学生："财政拨款没样（那么）快，可能要**先**垫一部分资金，**再**由每家每户添些。"

村小组组长："每户弗（不）可能拿好多出来，只能一人头出一百块**起**（只能一个人口先出一百元钱）。叫他一些人出多么些（让他们这些人多出了点），大家**得**死叫死（大家都要拼命得吵）。"

由以上粗体字可以看出：大学生干部使用前置状语，中年村干部既不愿意显得很书生气，又想展示自己是有学问的，于是在文序与白序的选择中产生妥协，使用框式状语。可见框式状语是文白两序叠置的产物，是"文白

相持"（汪化云，2004：187）中的杂糅现象。

三　结语

玉山方言中框式状语只有这四个，是个非常特殊的语法现象。它的出现并不是偶然的产物，是一般方言与权威方言在语法结构层面上的矛盾体现。根据文白竞争的一般情形（汪化云，2004：188），我们认为，随着时间的推移，上述文白叠置的情况还会有新的发展，框式状语也最终会被前置式状语所替代。

参考文献

［1］冯胜利：《汉语的韵律、词法与句法》，北京大学出版社 2005 年版。

［2］何清强：《江西地方戏曲中的客赣方言语法现象》，《江西教育学院学报》（第 24 卷）2003 年第 4 期。

［3］胡松柏：《赣东北方言语法接触的表现》，见《汉语方言语法研究》，华中师范大学出版社 2007 年版。

［4］刘丹青：《语法化中的更新、强化与叠加》，《语言研究》2001 年第 2 期。

［5］刘丹青：《语序类型学与介词理论》，商务印书馆 2004 年版。

［6］刘丹青：《小句内句法结构〈语法调查研究手册〉节选》，《世界汉语教学》2005 年第 3 期。

［7］汪化云：《鄂东方言研究》，巴蜀书社 2004 年版。

［8］吴福祥：《汉语语法化研究》，商务印刷馆 2005 年版。

［9］徐通锵：《历史语言学》，商务印书馆 1991 年版。

（附记：本文在写作过程中，承蒙汪化云教授悉心指导，谨致谢忱。）

汉语方言应用研究三十年

曾献飞

（江西财经大学人文学院）

语言研究包括理论研究、本体研究和应用研究三个部分。中国的语言研究历来有注重应用研究的传统，方言研究也是如此。周秦时代"常以岁八月遣輶轩之使求异代方言，还奏籍之，藏于秘室"① 就是为了观风俗，察民情。由汉代扬雄所写的中国第一部方言著作《方言》有很明确的实用性，它是为了"考八方之风雅，通九州之异同，主海内之音韵，使人主居高堂知天下风俗"② 而作的。进入 20 世纪以来，方言的研究开始走向系统和深化，但一直提倡注重研究的实用性没有改变。1924 年在北京大学国学研究所成立的"方言调查会"调查方言就是为研究歌谣服务。1956 年开始在全国开展的方言调查是为在全国推广普通话服务的。

改革开放以后，方言研究进入了深化时期，取得了丰硕的研究成果。李如龙甚至认为，汉语方言学是中国语言学最成熟的领域。③ 近 30 年来，汉语方言在应用研究方面也取得了很大的成绩，主要表现在以下几个方面。

一是有了一些方言应用研究的理论性文章。在汉语方言普查时期，李荣在《中国语文》上发表了《怎样求出方音和北京音的语音对应规律》（《中国语文》1956 年第 6—7 期）、《怎样求出汉语方言音系的轮廓》（《中国语文》1956 年第 12 期）等的系列文章，可以说是方言应用研究的指导性论文。李如龙一直关注汉语方言的应用研究，发表了《语言教学与方言应用研究》、《方言应加强应用研究》、《方言与文化的宏观研究》等论文，还出版了《方言应用研究论集》、《方言学应用研究》、《汉语方言学》等著作。在《汉语方言学》（普通高等教育"九五"教育部重点教材）中，李如龙

---

① 吴树平：《风俗通义校释》，天津人民出版社 1980 年版。
② 刘　琳：《华阳国志校注》，巴蜀书社 1984 年版。
③ 李如龙：《二十世纪汉语方言学的经验值得总结》，《语言研究》2001 年第 1 期。

专门设立一章（第十一章 汉语方言学的应用研究）呼吁方言应当加强应用研究，其课题主要有：为方言地区的语言教育服务，为制定语文规划和语文政策服务，为其他相关学科服务（地名学、民俗学、语言识别等）。严戎庚《方言情结及其诱导与制约》（《语言文字应用》1999 年第 1 期）探讨方言情节与推广普通话的关系。林寒生的《汉语方言字的性质、来源、类型和规范》（《语言文字应用》2003 年第 1 期）探讨汉语方言字的性质、来源、类型和规范等问题。

二是为方言区的语言教育服务研究开始走向深化。解放初期的汉语方言调查就是为推广普通话服务和语言规范化服务。改革开放以后，方言为语言教学服务开始走向深化。人们不仅仅关注方言的语音、词汇和语法与普通话的差异，还关注地方普通话的状况、普通话对方言的影响等。例如有张树铮的《试论普通话对方言语音的影响》（《语言文字应用》1995 年第 4 期），高山的《"武汉普通话"语音考察》（华中师范大学 2006 年硕士学位论文），吴琼的《徐州口音普通话初探》（华中科技大学 2004 年硕士学位论文），汪化云、李辉望的《黄冈方言中的学生方音》（《语言文字应用》2005 年第 1 期）。方言应用研究还开始关注方言与外语学习，方言与对外汉语教学的关系。探讨方言与外语学习的文章有郭平建的《闻喜方言对英语读音的影响》（《山西师范大学学报》1993 年第 3 期）、朱少华的《英语中汉语粤方言借词研究》（《现代外语》1995 年第 3 期）、孔文的《山东方言在英语语音中的负迁移》（《东岳论坛》2005 年第 3 期），等等。探讨方言与对外汉语教学关系的论文有贺巍的《关于对外汉语方言教学的几个问题》（《外语教学与研究》1991 年第 1 期）、张振兴的《方言研究与对外汉语教学》（《语言与教学研究》1999 年第 4 期）、杨刚的《云南方言区对外汉语教学中的儿化问题》（《楚雄师范学院学报》2008 年第 4 期）等。

三是方言与文化的关系成为研究的重点。除了探讨方言与普通话的关系外，方言与文化的关系也成了方言应用研究的另一个亮点。语言与文化本身就存在密切的联系。罗常培在《语言与文化》一书就开始关注方言与文化的关系。80 年代开始，这一课题成为一个研究热点。仅探讨方言与文化的著作就有周振鹤、游汝杰的《方言与中国文化》，林伦伦的《潮汕方言与文化研究》，崔荣昌的《四川方言与巴蜀文化》，黄尚军的《四川方言与民俗》，罗昕如的《湖南方言与地域文化研究》，等等。

四是方言在其他学科的应用研究也取得了一些成绩。方言在戏曲、影视、音乐等学科上的应用也取得了一些成就。例如，杨春晖的《吴方言对歌唱的负迁移探因及对策》（福建师范大学 2006 年硕士学位论文）探讨吴方言对歌唱的影响和对策；陈新凤的《民族音乐引进方言知识进行教学的意义》（《福建师范大学学报》1998 年第 2 期）研究民族音乐运用方言知识进行教学的意义及其在具体教学中如何分层次、按需要、有重点地介绍方言知识。方迪的《方言在区域传媒中的应用现状与策略探讨》（四川大学 2006 年硕士学位论文）探讨方言在区域传媒中的作用、意义、现状、存在问题和解决办法等。林伦伦的《潮汕方言与潮剧的形成》（《语言文字应用》2000 年第 4 期）通过潮汕方言探讨南戏与潮剧的关系。有意思的是，张振兴认为"屿"是闽语的特征词之一，通过钓鱼岛在明代时就称为钓鱼屿的考证提出，钓鱼岛是早期闽人发现的，方言特征词"屿"为钓鱼列岛属于中国固有领土的正义主张，提供了一条有力的佐证。[1]

　　30 年来，尽管汉语方言应用研究取得了不少的成果，但汉语方言应用研究还是存在很多问题。

　　（一）汉语方言应用研究没有引起人们足够的重视。30 年的汉语方言研究的成果主要集中在汉语方言的本体研究和理论研究上，方言的应用研究并没有引起人们的普遍重视。与汉语方言的本体研究和理论研究相比，汉语方言应用研究显得相对落后了。《方言》杂志是汉语方言研究的最重要的刊物，它主要关注汉语方言的本体研究和理论研究，对汉语方言应用研究关注甚少。从严格意义上讲，《方言》杂志并没有发过一篇真正关于方言应用研究的文章，这不能不说是个遗憾。倒是《语言文字应用》和一些大学学报发了不少有关汉语方言应用的文章。方言的应用研究不可能等到汉语方言的描写和解释都全部清楚了才去搞方言的应用研究，也没有必要。况且现在的汉语方言的理论研究和本体研究已经取得了丰硕的成果。

　　李如龙在《方言学必须加强应用研究》一文中呼吁方言应当加强应用研究。[2] 十年过去了，方言应用研究还是没有引起人们的重视。大多数的方言研究的学者把主要的精力仍放在了方言的本体研究之中。搞过田野调查的人，大多有过这样的经历，发音合作人都会问你这样一个问题："你们调查方言有什么用？"当然，你可以列举为了推广普通话服务等多种理由。然而，现实确是我们很难看到这些成果真正地应用到社会中去。甚至有的学者都在怀疑自己，方言研究到底有什么作用？詹伯慧在《汉语方言研究三十

---

① 张振兴：《闽语特征词举例》，《汉语学报》2004 年第 1 期。

② 李如龙：《方言学应当加强应用研究》，《语文建设》1999 年第 5 期。

年》一文中指出，尽管仅 30 年的方言研究取得了很大成绩，但方言应用研究需要加强。"在共同语日渐普及的情况下，方言的社会功能如何？方言是不可能消灭的，如何在既推广共同语的同时，又保持方言的作用方面取得适当的平衡？这中间有理论的问题，有政策的问题，也有技术性的问题。方言的研究应该与社会语言学、应用语言学紧密配合。在这方面，过去 30 年有一定的发展，但研究还不够充分，今后也有必要加强。"①

（二）方言应用研究应需尽快建立自己的理论系统。我国汉语方言研究最大的成绩主要体现在本体研究上，特别是在方言语音、语法和词汇的描写之上。经过几次全面的汉语方言调查，几乎所有的汉语方言都已经被调查过了，发表了数量众多的论文、出版了大量的方言志和地方方言研究的专著。汉语方言也开始建立自己的理论，成了一门独立的学科。方言应用研究也取得了一些成果，但这些成果很少有理论色彩的文章。李如龙认为，方言应用研究比理论研究更难，数十年的汉语方言应用研究应该说效果并不太显著。"把应用理解为单纯的现成的工作而不去开展研究，便是我们已有的方言学研究成效不大的根本原因。"② 方言应用研究要想取得更大的进展，方言应用研究必须要总结方言应用研究的成果，建立自己的理论体系。

（三）汉语方言应用研究的成果主要集中在语言教学和语言学习方面，但成效并不明显。如何让方言应用研究在语言教学和语言学习中取得最大的效果是值得我们深思和探讨的问题。例如，了解自己方言的声调对于学习普通话和近体诗有很大的帮助。按道理来说，掌握自己方言的声调不是很困难的事情。但据我对我校的 6 个班 300 多名学生作过的一个调查，结果 90% 的学生并不知道自己的方言有多少个声调。也就是说，虽然汉语方言调查取得了很大成绩，但这些成绩并没有运用到实际的教学中去。汉语方言研究的成果还局限于方言的研究中，并没有应用到现实的生活中去。要提高方言在语言教学中的作用，应当注意以下几点。

一是要编制合适的教材或辅导资料。李如龙指出："上个世纪 50 年代的方言普查提出，要为'推广普通话服务'，编写了学习普通话手册，现代汉语教科书也增加了'方音辨正'但是因为教材没编好，要么太深，用许多语言学术语来分析方言；要么抓不到要害，比较一些人所共知的词汇（日头——太阳，月光——月亮），没有好效果。事实上，方言普查的成果

① 詹伯慧：《汉语方言研究三十年》，《云南师范大学学报》2009 年第 2 期。

② 李如龙：《汉语方言学》，高等教育出版社 2001 年版。

不能直接搬到课堂上，语文教学中的方言和通语的比较研究需要另辟蹊径。"① 然而，至今也没有看到好的方言辅助语言学习教材。没有好的教材或辅导资料，利用方言来辅助语言学习自然效果就差。我认为适合中小学方言的方言教材或资料应具备以下几个条件：其一，利用汉语方言来辅助教学的教材要大众化，不能太深，要把专业化语言学术语通俗化。其二，这种教材不能涉及太多的方言，应当以县内的方言为宜，甚至可以只涉及一个方言点，太多的方言反而会让教师无所适从。其三，制作配套的视频资料，这样就能让学生和教师更加直观地学习。很多语文教师根本看不懂国际音标，也不懂语言学的一些简单概念。

二是要提高中小学语文教师的语言素养，特别是方言素养。汉语方言研究主要的成果是为普通话教学服务，因此中小学教师是汉语方言应用研究成果推广的主力军。就目前来看，现在中小学教师的语言素养，特别是方言素养普遍较差。我们不可能把这些老师都训练成语言学者，但语言学者可以把该地区方言的音系、与普通话的对照等基本知识通过培训等手段教给这些教师。现在，很多地方都是教师每年都要培训。笔者认为应当把当地方言与普通话的比较的相关知识纳入语文教师培训的体系中去。当然，没有当地政府部门的配合，就不可能取得良好的效果。

三是要方言应用研究还要与历史、文化、影视、传播、广告、戏剧等学科结合起来，方言应用研究才能取得更大的成绩。

现在的方言应用研究主要关注方言与语言学习、方言与文化的关系，对方言在其他领域内的应用关注较少。例如，现在关注方言在影视中的应用、方言传播、方言广告等的文章都不是方言学者所写的，这说明方言研究视野过于狭窄。

参考文献

[1] 吴树平：《风俗通义校释》，天津人民出版社 1980 年版。

[2] 刘　琳：《华阳国志校注》，巴蜀书社 1984 年版。

[3] 李如龙：《二十世纪汉语方言学的经验值得总结》，《语言研究》2001 年第 1 期。

[4] 张振兴：《闽语特征词举例》，《汉语学报》2004 年第 1 期。

① 李如龙：《汉语方言资源及其开发利用》，《郑州大学学报》2008 年第 1 期。

［5］ 李如龙:《方言学应当加强应用研究》,《语文建设》1999 年第 5 期。

［6］ 詹伯慧:《汉语方言研究三十年》,《云南师范大学学报》2009 年第 2 期。

［7］ 李如龙:《汉语方言学》,高等教育出版社 2001 年版。

［8］ 李如龙:《汉语方言资源及其开发利用》,《郑州大学学报》2008 年第 1 期。

汉语主观量研究综述

——及其定义、来源等问题讨论

罗荣华

（宜春学院语言研究所）

一　主观量研究概况

国内较早注意到"量"的主观性或"主观量"这一问题的大概是马真。她在《修饰数量词的副词》（1981）一文中有过这样的阐述："现代汉语里，有一部分副词可以用来修饰数量词，表明说话人对某数量的看法和态度。例如'他吃了五个'，这只是客观地叙述他所吃的数量。如果在'五个'前加上'才'，说成'他吃了才五个'，就伴有说话人对那个数量的主观态度，即表示在说话人看来五个不算多。"她还进一步把直接修饰数量结构的副词分为"言够"、"言多"、"言少"、"等量"、"估量"、"总计"等七类，作了较全面的语法、语义分析。其中"言多"和"言少"类副词就相当于陈小荷（1994）所指的"主观大量"和"主观小量"了。施关淦（1988）在概括"就"的意义时说："时间副词'就'一般不能单独表示时间，也不表示一定的时量。它只表示说话者对于在某时发生了某事，或将于某时发生某事，在时间方面的一种主观的看法。正是在这种意义上，我们才把它看做副词的。"施先生认为副词"就"只表示说话者的一种主观看法。张谊生、吴继光（1994）在概括"才"的语义时说："我们认为，'才'的基本语法意义是强调说话人的带有倾向性的主观评价，这种倾向性可以有'趋大'、'趋小'两个相反方向。"张、吴两位先生的论述更进一步揭示了"主观量"的内涵。

陈小荷（1994）首次提出了"主观量"、"主观大量"和"主观小量"等概念，主要讨论与主观量有关的副词，如"就"、"才"、"都"等，除此之外也指出句重音、一些语气词（如"而已"、"罢了"、"了"）、一些后缀（如"－儿"、"－子"、"－崽"、"－基"）等也能用来表示主观量。随后陈小荷（1997）将主观量的研究视角转移到了方言（丰城话），将重音、语缀（"－基"、"－似"）、语气词（"哩"）手段与句式手段结合起来，详细探讨了丰城话里的主观量范畴。陈先生敏锐地挖掘出汉语主观量的语言事实，并首次明确提出"主观量"这一概念，具有开创性的意义。

李宇明（1997，1999a，1999b，2000）的一系列文章在前人研究基础上进一步考察了汉语主观量范畴，发现并总结出了更多的表示主观量的手段及其相关语言事实。他的《汉语量范畴研究》对汉语的"量"这一语义语法范畴进行了全面系统的考察，其中主观量范畴专列一章展开详细论述，该书的其他章节对主观量问题也多有涉及，特别对"与'一'相关的两种结构"等问题讨论比较深入。李著从主观量产生的根源出发，把主观量分为四类：异态型主观量、直赋型主观量、夸张型主观量、感染型主观量。李宇明所考察的现代汉语主观量手段主要涉及的是词汇和一些重要的结构，语音方面几乎没有触及，由数词构成的一些夸张式的成语或者结构也没有进一步讨论。另外在系统性方面和对规律性的探讨方面还有可以改进的地方。尽管有以上不足，但李宇明的研究无论是从深度还是广度，都大大超越了前人，从而将汉语的主观量研究推上了一个新的台阶。

李善熙（2003）以现代汉语主观量的表达为研究对象，对汉语主观量的表达手段进行了系统的研究。他对主观量的理论探索有一定的突破：阐明了主观量与语言主观性的关系；分析了主观量与客观量之间的区别与联系；引进了"期待量"这一核心概念来界定主观量；强调了主观量是个程度问题。他将汉语主观量的表达手段归为如下五类：语音手段、词汇手段、语序手段、复叠手段、语气词。对于主观量的句式表达手段，作者没有单列一章，但在各章的论述中都有所涉及。

李善熙对主观量的研究全面、深入，书中用大量的材料来说明表达主观量的各种手段，特别是语音手段，前人很少涉及，作者对表达主观量的各种语音手段作了全面的描写和说明，运用"像似性"理论作出了合理的解释。同时，作者善于理论思考，对主观量表达中存在的不对称现象运用统一的标记理论加以概括，对多个主观量标记词同现时在语义上的一致和不一致的情形，运用"语义协同"和"语义应变"理论作出了合理的解释。可以说，李善熙的研究在前人及李宇明的基础上又大大前进了一步。当然，也还存在不足的地方：夸张型主观量几乎没有涉及；主观量的表达手段的来源和演变几乎没有涉及；引进"期待量"概念来解释主观量也有一定的局限性。

研究主观量的单篇学术论文不多，除前面已提及的，另外还有十来篇。

绝大部分是研究现代汉语的，研究古代汉语仅见崔雪梅的《世说新语的数量词语与主观量》（2002）。由此可见，现代汉语主观量研究已有20来年的历史，取得了比较突出的成果，古代汉语、方言方面研究成果很少。

二　主观量的界定

国内较早注意到"主观量"这一问题的是马真、施关淦、张谊生、吴继光等，而明确提出"主观量"概念的则是陈小荷（1994）。他认为："'主观量'是含有主观评价意义的量，与'客观量'相对立。"他还把"主观量"分成两小类，即主观大量和主观小量，前者评价为大，后者评价为小。李宇明（1997）也指出："语言中的量，有些含有说话人的主观评价因素，有些不含主观评价因素。前者称为'主观量'，后者称为'客观量'。"李宇明与陈小荷的定义差不多，随后研究主观量的文章都采用了陈小荷先生的定义。但是，陈小荷的"主观量"定义未能概括汉语中所有的主观量语言现象。

李宇明（2000：118）指出：主观量的表达有语表手段和语境手段两大分野。语表手段是指结构本身带有主观量的标记，语境手段是指结构本身不带有主观量的标记，但通过一定的语境可以把握。语表手段有数量标、副词标、句末标、框架标。其中副词标、句末标、框架标基本上是由副词、句末语气词等主观性强的词类构成的，这些词语会对语义辖域内的数量词作出一定的"主观评价"，因此"主观量是含有主观评价意义的量"这一概念也基本上能概括其外延。但是，李先生在数量标中论述了一些特殊的数量性词语表示主观量，例如"成……上……"、"……日（天）……夜"、"千……万……"、"千……百……"、"七嘴八舌"、"十万八千里"等，这些数量组合显然有很强的夸张意味，表达的是虚量，不是实量，是一种主观程度很高的主观量。这些能不能说是"含有主观评价意义的量"呢？我们认为不妥。它们不像"才"、"就"等副词，对数量词作出主观评价，它们本身就是数量词语，通过数词或数词组合营构出夸张的修辞文本，表达了一种大于或小于实际量的虚量。这种"虚量"显然是说话者为了渲染对量的多或少的强烈主观感受而采用的一种表达形式。比如，李军找我借了三次钱，我认为已经很多了，这时我就会说："李军三番五次地找我借钱，真是烦死了。"这里的"三番五次"不是实指三次或者五次，也不是具体评价三次或五次为多，而是说话者通过这种约定俗成的数词组合表达了李军借钱次数比较多，心理不乐意的主观感受。可见，数词或数词组合所营构出的夸张修辞文本能够表达主观量，但这种主观量不是"主观评价意义的量"，而是说话者在激情状态下对量的大、小（或多、少）的一种强烈主观感受的释放，是"主观感受意义的量"。

可见，陈小荷、李宇明对主观量的界定不足以概括汉语中主观量的语言现象。我们认为："主观量"就是语言的主观范畴和量范畴的重合部分。如图1所示。

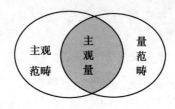

图1

李善熙（2003：10）认为："语言的主观性表现在量范畴上，就形成了'主观量'这一概念。'主观量'是语言的主观性在量范畴上的具体体现。人类认知不是被动地反映客观世界的量，而是经常带有主观的感受、态度和评价，使客观量带上一定的主观性。"主观量的具体表现为说话人对量的大小评价，或者说话人对实际量的夸大或缩小以表达自己强烈的主观感受，以及说话者或听话者（读者）对双量式中的前后量的强烈对比而产生对量的大小评价、感受。我们认为李善熙的定义比陈、李的定义更能准确地概括主观量的语言现象。

三　主观量的来源

（一）主观量产生的语言心理机制——与参照量的比较

"主观量"是语言的主观性在量范畴上的具体体现，是一种带有主观的感受、态度和评价意义的量。那么人们对量的多与少、大与小的主观感受、态度和评价究竟是怎样产生的呢？其背后的机制是什么？亚里士多德曾指出："事物就本身而言并非绝对是大的或小的，它们之被称为大的或小的应当说是由于一种比较的结果。"我们对某个量作出大量或小量的主观评价也可以说是一种比较的结果。语言中有不少比较句，如"我比你重十斤"，

"你比我高三厘米"，等等，这种比较是客观命题中的量的比较，所比较的结果是客观量差。其语表形式中往往有比较项、比较标记词、被比较项、比较点、比较结果。我们准备探讨的比较与比较句的比较是完全不同的范畴，这里所说的比较是一种主观的语言心理行为，它没有比较句的语表形式，但它有着或隐或现的参照量，说话者往往会在心里把被参照量与参照量进行比较，从而对被参照量作出"大量"或者"小量"的主观评价，其评价的结果往往又借助某些语表手段表达出来，诸如副词、语气词、某些固定结构或者句式。如"他早餐竟然吃了八个馒头"，说话者说出这句话之前，在主观心理上就会拿被参照量（即实际量八个）与参照量（说话人认知背景中的社会常态量，即人们早餐一般吃两至三个馒头）相比较，其比较结果"八个"远远多于"两至三个"，因此说话人在表述时就会借助语气副词"竟然"来表达"他吃八个馒头很多"的主观看法。当被参照量大于参照量时，我们称之为"主观大量"；当被参照量小于参照量时，我们称之为"主观小量"。例如[①]：

（1）渠三十岁就话哩老婆。（他30岁就娶了老婆。）
（2）渠三十岁正（才）话老婆。（他30岁才娶老婆。）

这两例的被参照量都是"30岁"，例（1）的参照量是"大于30岁的某个量"，被参照量小于参照量，所以为主观小量；例（2）的参照量是"小于30岁的某个量"，被参照量大于参照量，所以为主观大量。这种借助词汇手段来表达主观量形式的参照量是隐性的，往往存在于说话者的认知背景中。

语言中有一种"数量夸张"，说话者为了渲染主观感受，表达强烈感情，故意言过其实，把夸张的焦点落在数量词语上，进而赋予数量词语以主观量的色彩。这个具有夸张色彩的数量词是"被参照量"，被夸张对象的实际量则是"参照量"，这个量一般不会出现在句子中。人们在识解"数量夸张"时，往往会调动自己的背景知识对参照量的大小作出大约的估计，然后再与被参照量进行比较，从而作出是虚量还是实量的判断。比如"白发三千丈"与"白发三尺长"，听众（或读者）识解这两句话时，就会调动背景知识，即古人白发的实际量一般一尺或者几尺长，如果说是三千丈，显然

---

① 所举方言例子是宜春方言上高话，下同。

是数量夸张，表达了主观大量；如果说是三尺长，所表达的可能是个实际量。"数量夸张"句是表大量还是小量，人们在心里一定会用夸张量（被参照量）与夸张对象的实际量（参照量）作比较，从而得出大量还是小量的主观评价。

语言中还有一种"双量式"的句子，前后两种量可以互为参照量，如果前量是被参照量，后量则为参照量；如果前量为参照量，后量则为被参照量。比如：吾闻之，一日纵敌，数世之患也。（《左传·僖公三十三年》）人们如果把"一日"作为参照量，"数世"则为被参照量，两者相比较就会作出"数世"是大量的评价，"一日"则评价为小量。反之亦然。"双量式"句子的参照量与前两种不同，是显性的。

总之，对某一实际量作出"大量"还是"小量"的评价一定是说话者或听话者（读者）在主观心理上与参照量（隐性或显性）作出比较而得出的，因此可以说"与参照量的比较"是主观量产生的语言心理机制。

（二）参照量

前文多处提到了"参照量"，所谓"参照量"就是当我们在确定一个量的大小的时候，是以另一个量作为参照的对象，这个参照对象可以称做"参照量"。例如：我比他重。在这个句子中"他的体重"就是参照量，"我重"是通过与"他"比较得出来的。

主观量范畴中的"参照量"有隐性参照量和显性参照量之分。"隐性参照量"就是指参照量在语表形式中不出现，隐藏在句子的背后。如"他八岁才上小学"，人们在表述这句话之前，其认知背景中已经存在这样一个参照量：《教育法》规定六岁儿童必须上小学。因此当实际量是"八岁"时，说话者就借助"才"来表达"上学年龄偏大"的主观评价。

隐性参照量在语表形式中虽不出现，但往往存在于人们的认知背景中，具体有如下几种。

1. 社会常态量。某个社团的人们在社会活动中逐渐形成对世界上的事物、事件、性状的量的大小常态认识。其中一部分是社会各种条例的规定，比如：6岁儿童上小学，60岁男性公民可以退休；还有大部分是社会平均值，比如：人们结婚一般在25岁左右，南方男性公民平均身高一般在一米七左右。

2. 物理常态量。人们对客观事物的物理属性的量的大小的认识。比如：在常压下水在摄氏零度时结冰，在摄氏100度时汽化。

3. 个人常态量。每个个体在社会生活中逐渐形成的对事物、事件、性状的量的大小常态认识，这种认识往往与社会常态量并不一致。例如，我们国家法律规定"18 岁"为成年人，而某人则认为自己 19 岁的儿子还是个孩子，也许在他心目中满了 20 岁才算成年了。再如，张三每餐吃两碗饭是常态量，李四则每餐吃三碗饭是常态量。

4. 个人期待量。说话人主观意识中预先设定的并被认为是合乎情理的理想量，由于说话者对这种理想量有一种主观期待，我们也称做"个人期待量"。例如，"我这次期中考试才考 80 分，本来希望考 90 分以上"，这句话中的"90 分"就是个人期待量。

5. 客观实际量。世界上的事物、事件、性状客观存在的量的大小。比如，"小明去年的体重是 40 公斤，今年竟然 50 多公斤了"，这句话中的"40 公斤"就是客观实际量。另外"数量夸张"的参照量也属于客观实际量，这个参照量就是"数量夸张对象"的客观实际量，比如，"白发三千丈"中的"白发"的实际长度就是客观实际量。

我们列举了以上五种隐性参照量，但这并没有穷尽语言表达中所有的隐性参照量。由于隐性参照量一般存在于说话者的心理，因此我们称之为"心理参照量"①。当说话者要表达某个实际量时，往往拿"心理参照量"与实际量相比较，从而作出实际量是大量还是小量的主观判断，然后再选择一定的语言形式（重音、词缀、语气词、固定格式、句式等）表达出自己的这种主观评判。

"显性参照量"是指这种参照量在语表形式中出现，说话者或者听话者主观上把它作为参照量。具体有两种表现形式：

1. 语表形式中有两个数量短语或数词，其中一个可以作为参照量。例如，"一个年级才 30 人。"在这个句子中，有两种参照量，一种是"隐性参照量"，即一个年级一般上百人（言者认知背景中的社会常态量），说话者以此为参照量，对"30 人"作出了主观小量的评价，借助限定副词"才"来表达；一种是"显性参照量"，即"30 人"，既然"30 人"已经评价为小量，以此为参照，"一个年级"也就评价为"大量"了（李宇明先生把这

---

① 李善熙（2003）在解释主观量时，引进了"期待量"的概念，他的界定是："当参照量是说话人所期待的一个量，或说话人认为听话人所期待的一个量时，这个参照量可以称为期待量。"李先生的"期待量"相当于"心理参照量"中的"个人期待量"，范围比较小，不足以用来解释所有主观量现象。

种形式看做感染型主观量）。

2. 语表形式中只有一个数量短语或数词，其参照量是蕴涵"大量"或"小量"的词语、小句等。例如，"此葬龙耳，不出三年，当致天子。"（《世说新语·术解》）该句的参照量是"天子"，由于"天子"在人的地位的级次中是最高级别，即"最大量"，以此为"参照量"，"不出三年"也就反衬为小量。

（三）主观量的三种来源

李宇明（2000：112）从主观量产生的根源出发，把主观量分为四类：异态型主观量、直赋型主观量、夸张型主观量、感染型主观量。由于异态型和直赋型都是与心理参照量相比较而产生的主观量，前者的参照量是社会或个人常态量，后者的参照量多是个人期待量。另外，异态型与直赋性一样，也都借助主观量表达手段，否则就不是主观量了，比如，"刚五岁就上学了"，李宇明认为是异态型，但这句话也借助了"刚"、"就"表达手段，如果去掉就不是主观量了。由此可见，这两种类型可以合并为一类。

我们根据参照量的特点不同，主观量的来源可分为如下三类。

1. 因与心理参照量不同而产生的主观量

这一类主观量来源相当于李宇明的"异态型"和"直赋型"。说话者把实际量与心理参照量相比较，其结果有大于或小于两种。例如：

（1）李明八岁正（才）读书。（李明八岁才上学。）
（2）李明正（才）五岁就读哩书。（李明才五岁就上学了。）

例（1）"八岁"是实际量，例（2）五岁是实际量，这两例说话者的心理参照量都是《教育法》所规定的"六岁"。例（1）实际量大于心理参照量，说话者便用副词"正（才）"表达出对"八岁"这个实际量的"主观大量"的评价；例（2）实际量小于心理参照量，说话者便用"正（才）"和"就"表达出对"五岁"这个实际量的"主观小量"的评价。因此我们可以得出以下结论：

A. 实际量　＞　心理参照量 ——→ 主观大量
B. 实际量　＜　心理参照量 ——→ 主观小量

2. 因夸张而形成的主观量

任何夸张句都存在着夸张的焦点，当夸张的焦点落在数量词语上时，就会因夸张的作用而赋予数量词语以主观量的色彩。李宇明把这种由夸张方式造成的主观量称为"夸张型主观量"。由夸张而形成的虚量，都有主观量的色彩。这个虚量（被参照量）比夸张对象的实际量（参照量）要大得多或小得多，是说话者故意言过其实，目的是渲染主观感受，表达强烈感情，进而让听众对所表达的内容产生更深刻的印象。"数量夸张"的表现形式可以分为两种：（1）虚数型数量夸张。营构这类夸张修辞文本的数词一般是"三、四、九、十、十二、三十六、七十二、百、千、万"等。比如，"子在齐闻《韶》，三月不知肉味"（《论语·述而》）。（2）嵌数成语型数量夸张。汉语中某些数词还可以构成一些数词成语、数词固定结构，它们能表达一种主观程度很高的虚量，如"千A万B"、"千A百B"、"七嘴八舌"、"三言两语"、"一知半解"等。

夸张可分为扩大式夸张和缩小式夸张。

扩大式夸张，就是尽量向大处扩展。根据数字的不同，具体可以分为两小类，一类是数词的数值本来就小（如"三"、"四"、"五"等），由于受哲学、文化等因素的影响，人们使用这些数词来表达"多量"或"全量"，即"满数"概念。例如："吾日三省吾身。"（《论语·学而》）"四体不勤，五谷不分，孰为夫子？"（《论语·微子》）"天子以四海为家。"（《汉书·高祖本纪》）这些数词表达的都是夸张性虚量，该虚量大于实际量。另一类是数词数值比较大（如"九"、"十"、"百"、"千"、"万"等），人们常常使用这些数词来表达"多量"或"全量"，例如："亲结其缡，九十其仪。"（《诗经·豳风·东山》）"飞流直下三千尺，疑是银河落九天。"（李白《望庐山瀑布》）"回眸一笑百媚生，六宫粉黛无颜色。"（白居易《长恨歌》）这些数词表达的夸张性虚量远远大于夸张对象的实际量。

缩小式夸张，就是尽量往小处说。多用"一"和"半"。例如"遥望齐州九点烟，一泓海水杯中泻。"（李贺《梦天》）"一鳞半甲"。这类数词表达的夸张性虚量远远小于夸张对象的实际量。

因此我们可以得出以下结论：

A. 扩大式夸张：虚量　＞　实际量——→主观大量

B. 缩小式夸张：虚量　＜　实际量——→主观小量

3. 因与显性参照量对比而形成的主观量

这一类与李宇明的"感染型主观量"相似。在一些句子中，有时会出现两个数量词语，它们往往具有相关性，李宇明把这种关联共现两个数量词语称为"双量式"。主观量的感染一般都是出现在两个数量词语具有相关性的双量式中。在"双量式"的句子中，我们把出现在前面的数量词语称做"前量"，出现在后面的称做"后量"。前量和后量在一个句子中一般会产生强烈的对比效果，从而使数量词语赋予了主观性，表小的数量词语受染为主观小量，表大的数量词语受染为主观大量。即如果前量为主观小量，后量就为主观大量，反之，前量为主观大量，后量就为主观小量。例如：

（1）我只用哩半工就背出过百士百个单词。（我只用了半天就背出了近百个单词。）

（2）渠用泼哩十士十只工，正（才）割三亩赢基田个禾。（他用了近十天，才割三亩田的水稻。）

因此我们可以得出以下结论：

A. 前量：主观小量——→后量：主观大量

B. 前量：主观大量——→后量：主观小量

参考文献

［1］陈小荷：《主观量问题初探——兼谈副词"就""才""都"》，《世界汉语教学》1994 年第 4 期。

［2］陈小荷：《江西丰城话的主观量及其相关句式》，见《语言学论丛》（第 19 辑），商务印书馆 1997 年版。

［3］李善熙：《汉语主观量表达研究》，博士学位论文，中国社会科学院，2003 年。

［4］李宇明：《主观量的成因》，《汉语学习》1997 年第 5 期。

［5］李宇明：《"一量＋否定"格式及有关强调问题》，《华中师范大学学报》（人文社会科学版）1998 年第 5 期。

［6］李宇明：《"一 V……数量"结构及其主观大量问题》，《汉语学习》1999 年第 4 期。

［7］李宇明：《数量词语与主观量》，《华中师范大学学报》1999 年第 6 期。

［8］李宇明：《汉语量范畴研究》，华中师范大学出版社 2000 年版。

［9］马　真：《修饰数量词的副词》，《语言教学与研究》1981 年第 1 期。

［10］施关淦：《试论时间副词"就"》，见《语法研究和探索》（四），北京大学出版社 1988 年版。

［11］张谊生：《试论主观量标记"没、不、好"》，《中国语文》2006 年第 2 期。

［12］周守晋：《主观量的语义信息特征与就才的语义》，《北京大学学报》2004 年

第 3 期。

［13］亚里士多德：《范畴篇·解释篇》方书春译，商务印书馆 1997 年版，第 21 页。

［14］王　力：《中国语法理论》，山东教育出版社 1984 年版，第 327 页。

　［附记：本文系江西省社会科学规划学科共建项目"宜春方言主观量表 达研究"（项目编号：09WX269）的阶段性成果之一。］

抚州采茶戏音韵考略

胡松柏[1]　梅淑娥[2]

(1. 南昌大学客赣方言与语言应用研究中心
2. 抚州市临川第二中学)

一　引言

　　方言和地方戏曲是研究地方区域文化的两个重要而有紧密联系的领域。方言是一个民族的局部区域中人们的最重要的交际工具，是这一区域人们所创造的物质文化和精神文化的承载者。地方戏曲是其流行区域中拥有最广大受众的最具有地方特色的艺术形式。戏剧艺术以语言为第一要素和基本材料，因而地方戏曲与方言密切相关。在一般人们的认识中，地方戏曲的地方特色体现在声腔上。然而，"区别这些地方戏的最显著的特征是方言，而不是声腔"[1]。因为地方戏曲形成、发展并流行于一定的方言地区，所使用的语言与该地区的方言有着密切的关系。方言的字调对戏曲的旋律音调有制约的作用，各个地方剧种都是在方言的基础上滋生出各种风格的声腔音乐。正是汉语方言的纷繁复杂，使得中国的地方戏曲形成了剧种繁多、声腔丰富多彩的特点。因此，研究赣文化，离不开对通行于江西省境内的各种方言和流行于江西省境内的各种地方戏曲的考察，同时也离不开对江西方言与江西地方戏曲之间关系的考察。

　　据我们所知，有关江西方言和江西地方戏曲的研究，各都已有了相当丰富的成果，然而，把江西方言和江西地方戏曲结合起来研究，到目前为止还是乏人问津。其实，不仅仅江西，从全国来看也存在此类情况。正如有的学者所称："很少见有从现代语言学的角度研究地方戏曲的论著发表，专书更少。对其中有些剧种的音韵研究可以说还是空白，亟待开拓。"[2]　因此，地

---

①　游汝杰、周振鹤：《方言与中国文化》，上海人民出版社 1997 年版，第 190 页。
②　游汝杰：《地方戏曲音韵研究》，商务印书馆 2005 年版，序言，第 1 页。

方戏曲音韵研究，是把方言研究与地方戏曲研究相结合而开拓的地方区域文化研究的一个新领域。

基于这种情况，我们组织开展了以"江西地方戏曲语言研究"为题的课题研究。本文是我们所作研究的部分成果的简略报告。

这里所称"语言研究"，不是指研究语言运用的技巧，而是指研究地方戏曲表演所使用的舞台语言与自然口语相比较有些什么样的特点。因为与声腔紧密结合的是语音，一般所着重研究的也就是戏曲舞台语言的音韵特点。

江西本土主流戏曲文化的代表性剧种是赣剧和采茶戏，而以采茶戏流行范围最为广大。江西采茶戏是中国采茶戏的始祖，主要发源于赣南信丰、安远一带。赣南采茶戏形成后，分成几路向外发展，除远至闽、粤、湘、桂诸省区所形成的支系之外，在江西省境内即形成了赣东、赣西、赣南、赣北、赣中五大流派。抚州采茶戏是赣中采茶戏重要的一支。抚州是江西的戏曲之乡。由清初的宜黄腔和本地灯彩开始，从康乾年间形成的"三角班"，到清末民初的"半班"，抚州采茶戏经历了300年的发展，至20世纪三四十年代达到鼎盛时期。目前在抚州地区，除了市（抚州市）、区（抚州市区临川区）所属的"汤显祖艺术实验剧团"、"临川区抚州采茶戏剧团"以及市辖各县所属县办采茶剧团等正规院团以外，广大城乡还活跃着众多的民间采茶戏业余团体，采茶戏依然是抚河流域最具影响力的地方戏曲艺术，有着广泛的群众基础和广阔的演出市场。

二　抚州采茶戏舞台语音的音系

考察戏曲音韵，首先要了解戏曲舞台语音的音系。戏曲演出时，剧中人物所使用的语言可依角色的不同大致分为"土白"和"韵白"两类。净角、丑角多说"土白"，属于原汁原味的本地方言，而正旦、小生一般都用"韵白"，是整齐押韵的唱、念发音。对地方戏曲研究而言，韵白往往更具有研究价值，它是源于方言而又异于方言的经过加工的一种非自然口语的语音。本文所考察的即是抚州采茶戏的韵白。

根据对演员所作的现场调查和对声像资料的听音分析，本文归纳出以下抚州采茶戏舞台语音的音系。这一音系的发音人是抚州采茶戏的著名演员潘凤仙（女，53岁，临川区抚州采茶戏剧团旦角演员，国家一级演员）。

（一）声母　　抚州采茶戏舞台语音有19个声母：

p	布兵北	p'	怕盘别	m	门民麦	f	飞夫逢
t	刀单督	t'	太道夺			l	难兰连
k	贵狗家	k'	开狂共	ŋ	袄岸暗	x	好胡红
tɕ	精节经	tɕ'	秋丘旗	ȵ	年严娘	ɕ	休修旋
ts	糟早争	ts'	草初愁			s	苏书双
Ø	而危闻						

（二）韵母　　抚州采茶戏舞台语音有57个韵母：

ɿ	资慈师	i	衣泥灰	u	姑苏都	y	娶需语
a	麻查下	ia	佳霞亚	ua	瓦瓜夸	
o	河磨和			uo	果过锅	
ə	耳二白					
e	遮蛇车	ie	街写也			ye	靴茄瘸
ai	戴矮债			uai	乖快外	
oi	盖开爱					
ei	杯配妹			ui	泪贵亏	
au	豪毛扫	iau	妖飘骄			
eu	某楼口	iu	酒袖修			
an	反繁三	iɛn	天千险	uan	晚万挽	
on	乱含串			uon	管宽款	yon	选软泉
en	真深本	in	音引巾	un	论孙损	yn	君晕军

oŋ	帮糖长	ioŋ	枪将姜	uoŋ	光广匡
		iuŋ	穷用熊	uŋ	公童风
at	发插辣	iɛt	跌接别	uat	挖袜刮
ot	钵末喝			uot	阔脱活	yot	悦绝雪
et	哲撤摄	it	密笔七	ut	突忽窟	yt	橘出术
aʔ	拆	iaʔ	吓
oʔ	薄各落	ioʔ	弱若削	uoʔ	握扩国
eʔ	黑德贼	iʔ	益绩力			yʔ	菊欲曲
		iuʔ	绿宿肉	uʔ	屋叔福

（三）声调　抚州采茶戏舞台语音有 7 个单字声调：

调类	调值	例字	调类	调值	例字
阴平	32	高开安边初抽	阳平	24	穷陈床鹅麻人
上声	45	古口丑好五老			
阴去	41	盖帐醉抗菜怕	阳去	212	近柱社怒病漏
阴入	2	急竹割拍说削	阳入	5	局食读合六肉

三　抚州采茶戏与抚州方言的音韵比较

考察地方戏曲舞台语音，还要进一步作戏曲与方言之间的音韵比较。

（一）声母比较

抚州采茶戏的声母数量与抚州方言相同，都是 19 个。两个声母系统主要特点相同的有：

（1）塞音、塞擦音两分为送气清音、不送气清音，没有浊塞音、塞擦音。

（2）都只有舌尖前声母［ts、ts'、s］，没有舌尖后声母［tʂ、tʂ'、ʂ］。

（3）都没有鼻音声母［n］。

不同的特点主要有：

（4）知组、章组三等字抚州方言多读塞音（舌尖中音）声母［t、t'］，这部分字抚州采茶戏多读塞擦音（舌尖前音）声母［ts、ts'］。

（5）来母细音字抚州方言读塞音（舌尖中音）声母［t］，这部分字抚州采茶戏读边音（舌尖中音）声母［l］。

（6）晓、匣母合口字抚州方言读唇齿音（擦音）声母［f］，这部分字抚州采茶戏通常读舌根音（擦音）［x（u）］。

（7）见组二等字抚州方言多读舌根音（塞音、擦音）声母［k、k'、x］，这部分字抚州采茶戏通常读舌面音（塞擦音、擦音）声母［tɕ、tɕ'、ɕ］。

（二）韵母比较

从韵母类别上看，抚州采茶戏与抚州方言相同，都有阴声韵、阳声韵和入声韵三类。

从韵母数量上看，抚州采茶戏的韵母数少于抚州方言。抚州方言有新老派之别。不包括自成音节的［m̩］和［ŋ̍］，老派抚州方言共有 72 个韵母，其中有 47 个舒声韵（阴声韵、阳声韵），25 个入声韵。新派方言中闭口韵尾［-m、-p］消失，与舌尖韵尾［-n、-t］合流，共有韵母 62 个，其中舒声韵 42 个，入声韵 20 个。抚州采茶戏音系共有韵母 57 个，其中 37 个舒声韵，18 个入声韵。与新派方言一样，抚州采茶戏音系中没有闭口韵。

与新派方言相比较，抚州采茶戏和抚州方言的舒声韵母有 35 个是相同的。不相一致的是，抚州方言中有［yo、ue、ieu、uoi、aŋ、iaŋ、uaŋ］等 6 个韵母不见于抚州采茶戏音系。

抚州方言中流摄开口一等见系字读音内部有分歧，有读［ieu］韵母的，有读［eu］韵母的，或两者自由变读。在抚州采茶戏中，这部分字多读为［eu］韵母（其中韵腹舌位低于［e］，本文仍记为［e］）。抚州方言中梗摄字有文、白两读，［aŋ、iaŋ、uaŋ］韵母属于白读音，抚州采茶戏中梗摄字只作文读。此外，抚州方言中读［uoi］韵母的仅有为数不多的几个口语音节，这些音节也不见于抚州采茶戏的韵白。

抚州采茶戏中有 2 个不见于抚州方言的韵母［y］、［ye］。戈韵开、合口三等字抚州方言读［yo］韵母，在抚州采茶戏中则读［ye］韵母。遇摄三等字抚州方言读［i］韵母，在抚州采茶戏中通常读［y］韵母。此外，蟹摄合口一等帮组字、止摄开口三等字在抚州方言中读［i］韵母，在抚州采茶戏中则读［ei］韵母。止摄开口三等知、章组字抚州方言读［i］韵母，在抚州采茶戏中则读［ɿ］韵母。

抚州采茶戏 20 个入声韵母中有 19 个是与抚州方言相同的。不同的是，抚州采茶戏比抚州方言多了［yʔ］韵母，少了［ueʔ］韵母。抚州方言中读［ueʔ］韵母的字，在抚州采茶戏中读［uoʔ］韵母。抚州采茶戏中读［yʔ］韵母的只见于烛韵中的部分字。

（三）声调比较

抚州采茶戏声调与抚州方言声调一致，都是 7 个调类，调值也相同。

四　抚州采茶戏舞台语音分析实例

为了具体展示抚州采茶戏舞台语音的面貌，以反映其与抚州方言的一致性特点和差异性特点，下面节选抚州采茶戏剧目《毛洪记》中的唱段作简略的语音分析。

所选为《毛》剧中《生离死别》一段（张玉英：潘凤仙饰；毛洪：汪高发饰）：

张玉英：　头杯酒把哥敬，　　　　止不住两眼泪涟涟。
　　　　　把酒送到哥嘴啊边，　　莫忘小妹今生啊情。
毛　洪：　贤妹妹把酒敬，　　　　哥哥永世记在心。
　　　　　倘若日后把情变，　　　有天有地有神灵。
张玉英：　二杯酒泪涟涟，　　　　我给同年哥哥赠宝簪。
　　　　　见簪如见小妹面，　　　时时刻刻记在心啊。
毛　洪：　用手接过妹宝簪，　　　贴在胸前不离不散。
　　　　　妹妹情义比天高，　　　永生不忘结发啊情。

不计衬字"啊"和重复出现的字，上选唱段共有 69 个字。潘凤仙所唱两段中，与抚州方言发音有别的字有"杯、两、眼、泪、涟、给、赠、簪、时、在"10 个；汪高发所唱两段中，与抚州方言发音有别的字有"妹、世、日、地、神、手、簪、离、在、义"10 个。69 个字中，共有 18 个（"簪、在"两字在两人所唱中重现）是抚州采茶戏与抚州方言发音不一致的，占 26%，而其余 74%（51 个）字声韵则是完全相同的。

抚州采茶戏与抚州方言发音相同的 51 字中，有 8 个字读入声韵，分别带 [-t]、[-ʔ] 两个塞音韵尾：

接咸三	贴咸四	发山三	结山四	不臻一	莫宕一	若宕三	刻曾一
iɛt	iɛt	at	iɛt	ut	oʔ	oʔ	eʔ

读阳声韵的字（22 个）中，属于梗摄的"生、敬、情、灵"4 个字都读舌尖前鼻音韵尾：

生梗二 en　敬梗三 in　情梗三 in　灵梗四 in

再看读阴声韵的字（19 个）中，"头、我、止、住、如"5 个字的声母和"哥、我、头、后"4 个字的韵母情况：

头定	x	我疑	ŋ	止章	ts	住澄	ts'	如日	l
哥果一	o	我果一	o	头侯一	eu	后侯一	eu		

上述字的发音都显示了抚州采茶戏舞台语音中所包含的抚州方言的音韵特色。

下面再详列抚州采茶戏与抚州方言发音不一致的 18 个字的读音：

例　字	两来	涟来	离来	泪止合一	杯蟹合一	妹蟹合一
采茶戏	lioŋ	liɛn	li	lei	pei	mei
抚州方言	tioŋ	tiɛn	ti	lui	pi	moi

例　字	簪咸开一	时禅	世书	神船	手书	眼疑山二
采茶戏	tsuon	sʅ	sʅ	sen	sen	iɛn
抚州方言	tson	çi	çi	çin	çiu	ŋan

例　字	义疑	赠从	在从	地定	日日臻三	给深三
采茶戏	i	tsen	tsai	ti	zʅ	kei
抚州方言	ŋ	ts'en	ts'ai	t'i	ŋit	kie

可以看出，抚州采茶戏与抚州方言字音的不同主要表现在三个方面：

（1）声母差异。

"两、涟、离"3 个古来母细音字，抚州方言中都读塞音（舌尖中音）声母 [t]，抚州采茶戏中则读边音声母（舌尖中音）[l]。"赠、在、地"3

个古全浊声母仄声字，抚州方言中都读送气（清音）声母，抚州采茶戏中则读相同部位的不送气（清音）声母。"义"字（古疑母细音字），抚州方言中声母读舌面音（鼻音）[ȵ]，抚州采茶戏中则为零声母[∅]。

（2）韵母差异。

中古合口字"杯"、"泪"、"妹"3个字，抚州方言中分别读[i]、[ui]、[oi]韵母，抚州采茶戏中则都读[ei]韵母。中古开口字"簪"字，抚州采茶戏较抚州方言多了一个[u]介音。

（3）声母、韵母差异。

"时、世、神、手"4个中古船、书、禅母字，抚州方言中声母都读舌面音（擦音）[ɕ]，韵母相应读齐齿呼，抚州采茶戏中声母则读舌尖音（擦音）[s]，韵母相应读开口呼。"眼"字（古疑母洪音字），抚州方言中声母读舌根音[ŋ]，韵母相应读开口呼韵母[an]，抚州采茶戏中则读齐齿呼韵母[iɛn]，声母为零声母[∅]。

这些差异反映了抚州采茶戏舞台语音的"书面语化"和"官话化"，即词语采用书面语读音，字音标准朝着民族共同语靠拢。值得注意的是，上列"给"字所读只是一种完全的书面构拟发音，方言口语中无此字音；"日"字所读则属于个别的直接移植普通话中的读音，其声母和韵母并不能归入采茶戏舞台语音的音系。

五　几点认识

通过对抚州采茶戏舞台语音的考察，我们可以得到以下认识：

（一）抚州采茶戏舞台语言是以抚州方言为基础演变发展而成的社会方言

我国的戏曲在形成之初，所使用的舞台语言都是其发源地的地点方言。在后来的发展过程中，舞台语言会因剧种流播地的扩大和迁徙而发生演变。除了京剧这样的广泛流行已不再有地域性的剧种外，大多数剧种仍属于具有地域特点的地方戏曲，其舞台语言也总是与其发源地和流行地的方言有联系。当然这种联系会因剧种的不同有着紧密程度上的差异。就抚州采茶戏的情况看，其舞台语言与抚州方言有较强的一致性。

抚州采茶戏的舞台语言与抚州方言也存在差异，它实际上并不与抚州方言中的任何一处具体地点方言完全相同。广义的方言包括地域方言和社会方言，我们还可以称抚州采茶戏的舞台语言属于方言，其实应该指的是社会方言。

（二）抚州采茶戏舞台语音是抚州方言"书面语化"和"官话化"的结果

作为流行区域相对较小的地方小戏，抚州采茶戏对观众来说一般不存在听懂上的障碍。舞台语音之所以发生"书面语化"和"官话化"的演变，主要是为了表达台词、唱词中的书面语，适应剧情的需要和角色的要求。更根本的原因则是，戏剧这种艺术形式，哪怕是地方戏曲，也都有着追求"去俗趋雅"的审美要求。

"官话化"实即向民族共同语靠拢，在汉民族共同语标准已经确立并普遍推广的今天，就是"普通话化"。不过"官话化"是一个历史过程，抚州采茶戏某些"官话化"演变现象所提供的显然是近代时期的民族共同语特点的线索。例如"白、百、住、如"几个字在 70 岁左右更老一辈的采茶戏艺人发音中就有读作［pɚ］、［pɚ］、［tsʻy］、［ʐy］的。这样的读音既不是方言，也不是普通话，其实是戏曲上所说的"中州韵"，反映的是近代官话的面貌。

（三）抚州采茶戏舞台语音未来发展应在向普通话靠拢的同时保持抚州方言的语音特色

在现实社会条件下要得到传承和发展，传统戏曲作出变革势在必行。舞台语音的"普通话化"即变革之一。某些剧种的一些演出团体，或为了扩大流行区域，或为了适应部分（年轻）观众的喜好，或限于演员本身的语言条件，舞台语音已经近乎完全实行"普通话化"。不过，这一做法是值得商榷的。地方戏曲"作为一门方言艺术，地方语言是其生命力所在"①。一旦抛弃了方言，其地域特色也就无所依存了。特色既失，发展也是大有问题的。

对于抚州采茶戏来说，其所面对的都是赣方言抚（州）广（昌）片的观众，舞台语音在向普通话靠拢的同时保持抚州方言的语音特色，既是适应观众语言心理的需求、保持与最广大观众的密切联系，同时也是顺应当前强调、凸显区域文化的"文化多元化"发展新趋势的。

---

① 游汝杰：《地方戏曲音韵研究》，商务印书馆 2005 年版，第 144 页。

（四）作音韵考察研究是促进抚州采茶戏语言传承特色、规范发展的基础性工作

赣方言抚广片内部也有更小方言片之间的差异，这使得抚州采茶戏舞台语言因剧团活动范围和演员母语情况存在着一些不够统一规范的问题。特别是长期以来艺人们都以口口相授的方式传艺，舞台语言的歧异势所难免。例如前面所提到的两位演员，在唱效摄三四等字（如"少、表、条"）时，汪高发常把韵母发成［eu］、［ieu］，而潘凤仙则常发成［au］、［iau］。

作为相对独立的一个地方戏曲分支的小剧种，实现舞台语音的统一，对于抚州采茶戏如何更好地传承特色、实现规范化发展无疑是有积极意义的。当务之急是要审定韵白字音，编制抚州采茶戏韵谱，以便传习、推广。这样，本文所作对抚州采茶戏音韵的考察研究，且不谈在汉语方言和历史音韵研究方面的价值，仅就抚州采茶戏的传承发展而言，便也是一项不可缺少的基础性工作了。

参考文献

［1］游如杰、周振鹤：《方言与中国文化》，上海人民出版社 1997 年版。

［2］游如杰：《地方戏曲音韵研究》，商务印书馆 2005 年版。

［3］抚州市戏曲资料编辑小组编：《抚州市戏曲资料汇编（手写本）》，1986 年。

［4］抚州地区群众艺术馆、文物博物管理所编：《赣东史迹》，1981 年。

［5］黄建荣：《抚州采茶戏发展史》，中国戏剧出版社 2007 年版。

［6］黄振村、上官涛：《舞台绝唱——临川地方戏剧精粹》，百花洲文艺出版社 2006 年版。

［7］黄振村、上官涛、章军华：《临川戏剧史》，中国戏剧出版社 2006 年版。

［8］临川县志编纂委员会：《临川县志·文化志》，新华出版社 1991 年版。

［9］《中国戏曲音乐集成·江西卷》编辑委员会编著：《中国戏曲音乐集成·江西卷》（下册），中国 ISBN 中心出版社 1999 年版。

［10］抚州地区《戏曲志》编辑部编：《抚州地区戏曲志》（铅印本），1994 年。

［11］苏子裕：《中国戏曲声腔剧种考》，新华出版社 2001 年版。

［附记：本文系江西省高校人文社会科学研究项目"江西省地方戏曲语言研究"（项目批准号：YY0701）系列成果之一。］

编后记

2009 年 11 月,"第二届赣方言国际学术研讨会"在南昌举行。研讨会由南昌大学主办,南昌大学客赣方言与语言应用研究中心与南昌大学人文学院中文系、南昌大学赣学研究院共同承办。本论文集系由提交研讨会宣读交流的论文选编而成。

江西是赣方言通行的主要地区,作为江西地方高校,南昌大学自然成为研究赣方言的前沿阵地。学校一直将赣方言研究作为重点学科、优势学科进行培育、建设和重点发展。2002 年"南昌大学客赣方言与语言应用研究中心"组建,并遴选为江西省高校人文社会科学重点研究基地,包括赣方言在内的"客赣方言"确定为研究中心的主要学科研究方向。长期以来,依赖本学科的老一辈学者的辛勤开拓,依靠一批中青年学者的共同努力,本研究中心在赣方言研究方面完成了诸多研究项目,取得了一系列研究成果,从而在学术界形成了一定影响。

自从罗常培先生《临川音系》公开发表以后,学术界对赣方言的研究方兴未艾。改革开放以来,国内外学者在客、赣方言研究方面更有了长足的发展,积累了丰硕的研究成果。为推进赣方言研究深入发展,交流研究经验和研究成果,进一步扩大赣方言研究的影响,壮大赣方言研究的队伍,南昌大学文学院于 2002 年 7 月举办了"首届赣方言学术研讨会"。这次研讨会与"第五届客家方言学术研讨会"合并举行,会后出版了论文集《客赣方言研究》。首届赣方言学术研讨会的召开,在一定程度上对赣方言研究起到了很好的推动作用。

自首届专题研讨会召开以来,学术界对赣方言的研究无论方法、理论与研究成果方面都有了新的进展。及时总结交流研究经验、研究方法、研究成果,无论对推动本研究中心的学科建设发展,还是推进赣方言研究的深入,都显得非常必要。结合南昌大学"211 工程"重点学科"赣学"学科的建设,学校决定再次举办赣方言专题学术研讨会。在学术界的积极响应和大力支持下,经过近一年的筹备,"第二届赣方言国际学术研讨会"于 2009 年

11 月 8 日至 11 日在南昌大学前湖校区顺利举行。北京大学、中国社会科学院、台湾"中央研究院"等 30 余所大学和研究单位的 50 余名方言研究专家学者参加了此次研讨会。其中有老一辈的权威学者，如北京大学王福堂教授、王洪君教授，暨南大学詹伯慧教授，中国社会科学院语言研究所张振兴教授，湖南师范大学鲍厚星教授；有方言学界的中坚力量，如北京大学李小凡教授、北京语言大学曹志耘教授、中国传媒大学张民权教授、湖南师范大学罗昕如教授等中青年学者；有来自台湾"中央研究院"语言研究所的方言专家江敏华教授；更有一批赣方言研究的青年才俊，如浙江师范大学孙宜志博士、广东外语外贸大学严修鸿博士、宁波大学肖萍博士等，可谓"群贤毕至，少长咸集"。

研讨会上共宣读 50 余篇论文，内容广博，成果丰硕。有宏观论述，也有微观考察；有语音研究，也有语法、词汇研究；有赣方言本体研究，也有客赣方言比较研究；有江西境内赣方言研究，也有江西境外赣方言研究；有现代赣方言研究，也有赣方言历史研究；还有赣方言的应用研究。为更好地总结展示研讨会成果，研讨会会务组决定遴选与会论文结集出版。考虑到论文集的学术质量，会后组成的论文集编辑组聘请了部分知名专家学者对全部与会论文进行评选，并对所评阅的论文提出修改意见。最后实际收入论文集的论文为 42 篇，其中包括研讨会上宣读的 40 篇，另有 2 篇论文于会前提交，后作者因故未能参会，通过评审也一并收入。编辑组多次与各位入选论文作者协商论文稿的修改，对入选论文作了统一编辑和校订。考虑到与首届赣方言学术研讨会的衔接，拟定书名为《赣方言研究（第二辑）——2009 南昌赣方言国际学术研讨会论文集》，交由中国社会科学出版社出版。

学术研讨会举办期间，以及论文集的编辑过程中，南昌大学语言专业部分研究生做了大量工作，付出了辛勤的劳动，他们是：黄丽敏、刘艳生、陈昌芳、熊瑜、徐奇、詹纯、吴然、刘珂、江文娟、钟永超、涂纳。

本届研讨会的召开和研讨会论文集的出版，得到了南昌大学领导和学校 211 办、社科处，以及人文学院和中文系领导的大力支持，也得到了校内学科同行和研究中心同人的工作上的诸多配合，谨此再表谢忱。

南昌大学客赣方言与语言应用研究中心　　　　胡松柏　李　军
第二届赣方言学术研讨会论文集编辑组
二〇一一年十一月八日